APLICAÇÕES DA
MATEMÁTICA
ADMINISTRAÇÃO, ECONOMIA E CIÊNCIAS CONTÁBEIS

Dados Internacionais de Catalogação na Publicação (CIP)
(Câmara Brasileira do Livro, SP, Brasil)

```
Leite, Angela
   Aplicações da matemática : administração, economia e
ciências contábeis / Angela Leite. -- 2. ed. --
São Paulo : Cengage Learning, 2022.

   1. reimpr. da 2. ed. de 2016.
   Bibliografia.
   ISBN 978-85-221-1989-9

   1. Cálculo  2. Matemática  I. Título.


15-00436                                          CDD-515
```

Índice para catálogo sistemático:

1. Matemática aplicada   515

APLICAÇÕES DA MATEMÁTICA
ADMINISTRAÇÃO, ECONOMIA E CIÊNCIAS CONTÁBEIS

2ª Edição

Angela Leite

CENGAGE Learning

Austrália • Brasil • Japão • Coreia • México • Cingapura • Espanha • Reino Unido • Estados Unidos

CENGAGE Learning

Aplicações da Matemática: Administração, Economia e Ciências Contábeis
2ª Edição

Angela Leite

Gerente Editorial: Noelma Brocanelli

Editora de Desenvolvimento: Marileide Gomes

Supervisora de Produção Gráfica: Fabiana Alencar Albuquerque

Copidesque: Fábio Gonçalves

Revisão: Mônica de Aguiar Rocha

Revisão Técnica da 1ª edição: Hiroco Fuita

Diagramação: Triall Composição Editorial Ltda.

Capa: MSDE / MANU SANTOS Design

Imagem da Capa: © Nikrub/Shutterstock

© 2016 Cengage Learning Edições Ltda.

Todos os direitos reservados. Nenhuma parte deste livro poderá ser reproduzida, sejam quais forem os meios empregados, sem a permissão, por escrito, das editoras. Aos infratores aplicam-se as sanções previstas nos artigos 102, 104, 106 e 107 da Lei nº 9.610, de 19 de fevereiro de 1998.

Esta editora empenhou-se em contatar os responsáveis pelos direitos autorais de todas as imagens e de outros materiais utilizados neste livro. Se porventura for constatada a omissão involuntária na identificação de algum deles, dispomo-nos a efetuar, futuramente, os possíveis acertos.

A editora não se responsabiliza pelo funcionamento dos links contidos neste livro que possam estar suspensos.

Para informações sobre nossos produtos, entre em contato pelo telefone
0800 11 19 39
Para permissão de uso de material desta obra, envie seu pedido para
direitosautorais@cengage.com

© 2016 Cengage Learning. Todos os direitos reservados.

ISBN: 13: 978-85-221-1989-9
ISBN: 10: 85-221-1989-9

Cengage Learning
Condomínio E-Business Park
Rua Werner Siemens, 111 – Prédio 11 – Torre A – 9º andar – Lapa de Baixo – CEP 05069-900 – São Paulo –SP
Tel.: (11) 3665-9900 – FAX: (11) 3665-9901

Para suas soluções de curso e aprendizado, visite **www.cengage.com.br**

Impresso no Brasil
Printed in Brazil
1. reimpressão de 2022.

*A todos aqueles
a quem se furtou uma possibilidade
de compreensão da matemática.*

Apresentação

Apresentamos esta nova edição de *Aplicações da Matemática: administração, economia e ciências contábeis*, que aborda cálculo diferencial e integral e é destinada a cursos de Administração do Ensino Superior e áreas correlatas.

Fruto da experiência da autora em docência – em cursos de nível superior e médio/técnico – e na colaboração editorial nos diversos segmentos de ensino, este livro aborda algumas das aplicações do cálculo diferencial como tema para o desenvolvimento dos conceitos matemáticos de derivada e integral.

Em mente, durante a elaboração da primeira e desta nova edição, estava o vasto mercado a que se destina uma obra como esta e a amplitude de frentes de trabalho que se põe ao dispor de um graduado em Administração de Empresas e áreas afins. Este trabalho pode também ser adotado em cursos técnicos ou tecnológicos, que exijam o conhecimento das ferramentas matemáticas e de técnicas do cálculo diferencial associadas à visão do empreendedor.

A obra considera os conteúdos exigidos em avaliações destinadas ao Ensino Médio e das graduações, incorporando questões de vestibulares, do Exame Nacional do Ensino Médio (Enem), de ingresso em especializações, do antigo Exame Nacional de Cursos (ENC) e do atual Exame Nacional de Desempenho de Estudantes (Enade), por exemplo.

No cotidiano docente, são muitas as experiências relativas ao ensino e à aprendizagem da disciplina de cálculo diferencial que podem ser objeto de análise. Tal disciplina apresenta questões para a reflexão que percorrem todo o eixo ensino-aprendizagem, como:

Pré-cálculo: Trata-se de uma revisão dos conceitos dos Ensinos Fundamental e Médio desvinculados das aplicações que ora interessam ao discente ou em estreito vínculo com esses novos conteúdos aplicados? A revisão deve preceder os novos conteúdos abordados ou ser realizada quando se fizer necessária? Em um suplemento ao livro do aluno ou no corpo do texto?

Novas tecnologias: Que papel os softwares gráficos, ou mesmo as calculadoras, têm nesse processo? Como a obra didática pode se valer desses recursos sem se tornar um manual de uso deles?

Contextos e aplicações: Qual é a importância e que espaço devem ter em uma obra de Matemática?

Aplicações ou contextos de outras áreas do conhecimento: Em que medida podem incrementar a visão do discente (e do docente) a respeito do tema? Em que medida dificultam a valorização das aplicações na própria área de interesse ou em áreas correlatas?

Muitas outras questões podem ser colocadas em discussão, mas almejamos ter equacionado algumas delas neste livro.

A metodologia adotada trata as eventuais deficiências remanescentes dos Ensinos Fundamental e Médio, sem que o discente seja desmotivado por mais uma revisão de conteúdos de Matemática pura; considera a tecnologia disponível, pretendendo que seja utilizada com vigor e rigor. E, sobretudo, insere o discente – desde o estudo dos conceitos mais simples – no mundo das decisões, da modelagem, dos negócios, das aplicações em sua futura área de atuação profissional.

Seções especiais complementam a teoria, os exemplos e as seções de *Exercícios e problemas propostos* e *Exercícios e problemas complementares* (esta última é uma novidade da segunda edição, que amplia significativamente a quantidade e diversidade de atividades da obra). A seção **FAQ** *(Frequently Asked Questions)* tem por objetivo responder às questões mais frequentes que inquietam os discentes, seja por algumas dificuldades remanescentes de outros níveis escolares, seja porque o conteúdo em si gera questionamentos diversos. A seção **Revisão Orientada** relembra os conteúdos do Ensino Médio ou os pré-requisitos para o desenvolvimento de um tema já estudados em capítulos anteriores quando se fazem necessários. **Tecnologia** engloba tanto o uso de calculadoras ou planilhas eletrônicas como o de um software gráfico (*Winplot*). **No Mundo Real** é composta por um texto relacionado aos temas estudados extraído de revistas ou jornais especializados ou não. Essas seções especiais também foram consideravelmente ampliadas nesta segunda edição.

O Gabarito apresenta as respostas de todos os exercícios do volume e está disponível na página do livro, no site da Cengage, em www.cengage.com.br.

Evitamos ao máximo apresentar contextualizações artificiais, modelos com restrições sem as justificativas correspondentes a essas restrições, listas de exercícios sem um princípio norteador, sem gradação ou sem objetivos claros – exercícios apenas mecânicos ou repetitivos, contextos sem pontos de contato com a realidade brasileira, sabendo, no entanto, que, em muitos momentos, é tarefa árdua contextualizar uma ciência com forte característica de linguagem como a Matemática.

Considerando a realidade brasileira dos cursos de Administração e áreas correlatas, a disciplina cálculo diferencial necessitava de uma obra que enredasse alunos e professores. Esperamos ter atingido tal objetivo, sobretudo porque consideramos fortemente as aspirações dos estudantes, além das sugestões de monitores da disciplina e dos colegas da área.

Agradecendo e aguardando sua
apreciação, atenciosamente,
Angela Leite

Sumário

Prefácio XV

PARTE 1
APLICAÇÕES DAS FUNÇÕES ELEMENTARES 1

Capítulo 1   Oferta, demanda e ponto de equilíbrio de mercado 3
                1.1. Demanda 3
                     Exercícios e problemas propostos *13*
                1.2. Oferta 17
                     Exercícios e problemas propostos *27*
                1.3. Ponto de equilíbrio de mercado 29
                     Exercícios e problemas propostos *33*
                1.4. Análises que envolvem o ponto de equilíbrio de mercado 35
                     Excesso de oferta ou Excesso de demanda 35
                     Deslocamento das curvas de oferta ou de demanda 39
                     Exercícios e problemas propostos *43*
                     Exercícios e problemas complementares *48*

Capítulo 2   Receita total, custo total e lucro total de 1º grau 54
                2.1. Funções receita, custo e lucro: conceitos 54
                     Receita total 54
                     Exercícios e problemas propostos *57*
                     Custo total 58
                     Exercícios e problemas propostos *63*
                     Lucro total 65
                     Exercícios e problemas propostos *68*
                2.2. Ponto de ruptura (*break even point* – BEP) 69
                     Exercícios e problemas propostos *72*
                2.3. Margem de contribuição e margem de segurança 74
                     Margem de contribuição 74

Exercícios e problemas propostos *81*
Margem de segurança 87
Exercícios e problemas propostos *96*
Exercícios e problemas complementares *103*

Capítulo 3 Sistemas de capitalização 115
    3.1. Capitalização simples 115
        Exercícios e problemas propostos *118*
    3.2. Capitalização composta 122
        Exercícios e problemas propostos *134*
        Exercícios e problemas complementares *136*
        Fator de capitalização 138
        Exercícios e problemas propostos *142*
        Capitalização contínua e o número *e* 143

PARTE 2
DERIVADAS   147

Capítulo 4 Variações médias 149
    4.1. Taxa de variação média 149
    4.2. Função constante 151
    4.3. Função de 1º grau 152
    4.4. Função de 2º grau 153
        Exercícios e problemas propostos *157*
        Receita total de 2º grau 158
        Variação da variação (ou Variação segunda) 167
        Exercícios e problemas propostos *169*
    4.5. Outras funções 170
        Função raiz quadrada 170
        Função exponencial 174
        Função logarítmica 176
        Funções trigonométricas 177
        Exercícios e problemas complementares *180*

Capítulo 5 Variações marginais 183
    5.1. Conceito de derivada 183
    5.2. Limite da razão incremental 187

Exercícios e problemas propostos 200
Exercícios e problemas complementares 202

Capítulo 6 Derivadas de algumas funções 203
    6.1. Funções polinomiais 203
        Função constante 203
        Função de 1º grau 204
        Função de 2º grau 205
        Função de 3º grau 206
    6.2. Regras de derivação 210
        Adição 210
        Multiplicação por constante 212
        Subtração 214
        Exercícios e problemas propostos 215
        Exercícios e problemas complementares 217
        Produto 218
        Exercícios e problemas propostos 219
        Quociente 220
        Exercícios e problemas propostos 223
        Exercícios e problemas complementares 224
        Regra da cadeia 226
        Exercícios e problemas propostos 233
        Exercícios e problemas complementares 235
    6.3. Funções exponencial e logarítmica 236
    6.4. Funções trigonométricas 237
        Exercícios e problemas propostos 239

PARTE 3
APLICAÇÕES DAS DERIVADAS 241

Capítulo 7 Estudo da variação das funções 243
    7.1. Variação de uma função e pontos críticos 243
        Exercícios e problemas propostos 247
        Informações da derivada primeira 257
        Derivadas de ordem superior 264
        Exercícios e problemas propostos 265
    7.2. Concavidade e pontos de inflexão 266
        Informações da derivada segunda 267

Exercícios e problemas propostos *273*
Limites 275
Exercícios e problemas propostos *284*
7.3. Estudo completo de uma função 284
7.4. Teste da derivada segunda 295
Exercícios e problemas propostos *298*
Exercícios e problemas complementares *302*

Capítulo 8 Análise marginal 309
8.1. Inclinação da reta tangente a uma curva 309
Exercícios e problemas propostos *321*
Existência da derivada 324
Exercícios e problemas propostos *327*
Diferentes pontos de inflexão 327
8.2. Receita total, média e marginal 328
Exercícios e problemas propostos *332*
8.3. Custo total, médio e marginal 334
Exercícios e problemas propostos *341*
Exercícios e problemas complementares *342*

Capítulo 9 Situações de otimização 347
9.1. Condições para Receita Total Máxima 347
Exercícios e problemas propostos *352*
Exercícios e problemas complementares *354*
9.2. Condições para Custo Médio Mínimo 356
Exercícios e problemas propostos *363*
Exercícios e problemas complementares *367*
9.3. Condições para Lucro Total Máximo 372
Exercícios e problemas propostos *381*
Exercícios e problemas complementares *388*

PARTE 4
NOÇÕES DE INTEGRAL 397

Capítulo 10 Integral indefinida 399
10.1. Conceito de integral: antiderivada 399
Regra da soma 401
Regra da multiplicação por constante 401
Regra da subtração 401

10.2. Integração de funções polinomiais 404
    Derivada nula 404
    Derivada constante e não nula 404
    Derivada de 1º grau 404
    Derivada de 2º grau 404
    Exercícios e problemas propostos *407*
10.3. Integral das funções receita marginal, custo marginal e lucro marginal 409
    Exercícios e problemas propostos *410*
    Exercícios e problemas complementares *411*

Capítulo 11 Técnicas de integração 415
    11.1. Integração por substituição 415
        Exercícios e problemas propostos *418*
        Exercícios e problemas complementares *419*
    11.2. Integração por partes 419
        Exercícios e problemas propostos *422*
        Exercícios e problemas complementares *422*

Capítulo 12 Integral definida 423
    12.1. Integral definida 423
        Exercícios e problemas propostos *424*
        Área de regiões limitadas por curvas 425
        Exercícios e problemas propostos *439*
        Exercícios e problemas complementares *441*
    12.2. Aplicações da integral definida 443
        Lucro máximo 443
        Excedente do consumidor 446
        Excedente do produtor 447
        Exercícios e problemas propostos *452*
        Exercícios e problemas complementares *454*
        Referências bibliográficas 459
        Gabarito ....Disponível na página do livro, no site da Cengage, em www.cengage.com.br.

Prefácio

Foi com grande prazer que recebi esta nova obra da professora Angela Leite, que, tenho certeza, vem atender a uma lacuna importante no ensino da Administração no Brasil.

O livro é fruto da experiência da professora em cursos dos níveis médio e superior e revela seu amplo conhecimento do tema e também sua grande experiência na exposição e discussão de assuntos complexos e muitas vezes distantes da experiência dos alunos.

Pois a verdade é que o estudante de Administração de Empresas típico enfrenta dificuldades no aprendizado das disciplinas de exatas apresentadas ao longo do curso, dificuldades estas provenientes de dois fatores principais: a falta de proficiência na área, resultante de deficiências adquiridas nos níveis anteriores de ensino, e a falta de uma percepção clara de como os conteúdos podem ser utilizados na prática administrativa.

A obra da professora Leite inova nesses dois sentidos, ao oferecer uma revisão do conteúdo na medida em que este se faz necessário e ao contextualizar de forma realista a aplicação do cálculo diferencial na vida profissional que o estudante terá futuramente.

Igualmente importante é o tratamento que se dá às tecnologias atualmente disponíveis e que estão ao alcance de todos os profissionais que utilizam a linguagem matemática no seu dia-a-dia. Entre estas, é especialmente interessante o uso que se faz das planilhas eletrônicas e de softwares gráficos.

Cabe também esclarecer por que o conteúdo de disciplinas exatas tem aumentado nos cursos de Administração, principalmente naqueles que são referência na área. A principal razão é o grande valor que as empresas dão ao conhecimento da linguagem matemática. No mundo corporativo contemporâneo, o executivo que não souber lidar com números terá um forte limitador na sua carreira.

Na administração, a linguagem matemática é a base para um bom entendimento de finanças, estatística, pesquisa de mercado, elaboração de planos, acompanhamento de resultados, relacionamento com investidores, entre outras necessidades importantes. Na indústria bancária, por exemplo, a matemática é fundamental para o trabalho dos analistas do mercado financeiro. E em todos os setores, espera-se dos altos executivos o domínio da linguagem matemática.

Além do domínio da linguagem, no entanto, o conhecimento de ferramentas e conceitos matemáticos auxilia no melhor entendimento do mundo que nos cerca. A matemática oferece a possibilidade de se construir modelos da realidade extremamente úteis para o gestor de negócios ao se analisar diferentes alternativas para uma determinada decisão. Em algumas situações, o executivo talvez não construa um modelo matemático completo, mas, ainda assim, a representação do problema em uma linguagem que requer precisão de conceitos e rigor simbólico será útil na sua compreensão.

Finalmente, deve-se reconhecer que dominar a linguagem a esse ponto exige do aluno a transposição da teoria para a prática em uma disciplina abstrata por definição e creio que nisso reside a grande virtude desta obra: oferecer um sentido de aplicação ao estudante de forma clara, mas sem perder o rigor necessário à utilização consciente das ferramentas. Pois é fácil apresentar cenários artificiais, que pecam pela superficialidade e guardam pouca ou nenhuma relação com o mundo concreto. Já a construção de cenários realistas, envolventes e complexos, cenários que efetivamente representem situações da prática administrativa, é difícil e trabalhosa e a professora Angela demonstrou grande talento e competência no trânsito entre o mundo executivo concreto e o mundo abstrato da ciência matemática.

Prof. Dr. Alexandre Gracioso
Vice-presidente Acadêmico
ESPM

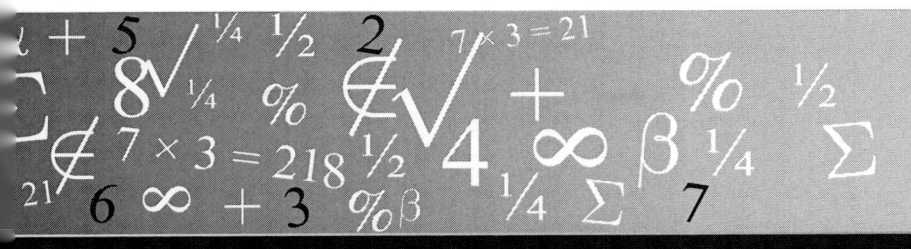

PARTE 1

APLICAÇÕES DAS FUNÇÕES ELEMENTARES

Capítulo 1 ▶ Oferta, demanda e ponto de equilíbrio de mercado

- Demanda
- Oferta
- Ponto de equilíbrio de mercado
- Análises que envolvem o ponto de equilíbrio de mercado

Capítulo 2 ▶ Receita total, custo total e lucro total de 1º grau

- Funções receita, custo e lucro: conceitos
- Ponto de ruptura (*break even point* – BEP)
- Margem de contribuição e margem de segurança

Capítulo 3 ▶ Sistemas de capitalização

- Capitalização simples
- Capitalização composta

Oferta, demanda e ponto de equilíbrio de mercado

1.1. Demanda

A quantidade demandada de determinado produto é resultado da influência de diversos fatores, tais como: qualidade, quantidade ofertada, preço unitário, preço unitário do concorrente, visibilidade, renda do consumidor etc.

Se o preço unitário de um produto concorrente aumentar é provável que o consumidor mantenha ou aumente a procura pelo produto com preço menor, desde que ele apresente características semelhantes (qualidade, disponibilidade etc.).

Se verificarmos uma queda na demanda por um produto, é provável que o preço unitário tenha subido.

Imaginemos que todas aquelas variáveis citadas variem ao mesmo tempo, por exemplo: aumente a qualidade do produto, caia a quantidade ofertada, aumente o preço unitário, caia o preço unitário do concorrente, aumente a visibilidade no ponto de venda... O que aconteceria com a quantidade demandada desse produto? Aumentaria ou diminuiria?

Quando tantas variáveis estão em jogo é bem mais difícil, embora possível, identificar o efeito por elas provocado em uma variável dependente delas.

Desse modo, a quantidade demandada é uma função de diversas variáveis v_1, v_2, v_3, v_4, ..., v_n.

Considerando a quantidade de determinado produto demandada pelo consumidor (x), temos:

$$x = f(v_1, v_2, v_3, v_4, ..., v_n)$$

O gráfico de uma tal função não pode ser visualizado, embora seja possível dar a ela um tratamento matemático da mesma forma como fazemos com as funções de uma variável ($y = f(x)$) cujo gráfico está em um plano ($\Re^2 = \Re \times \Re$),

4 Aplicações da matemática

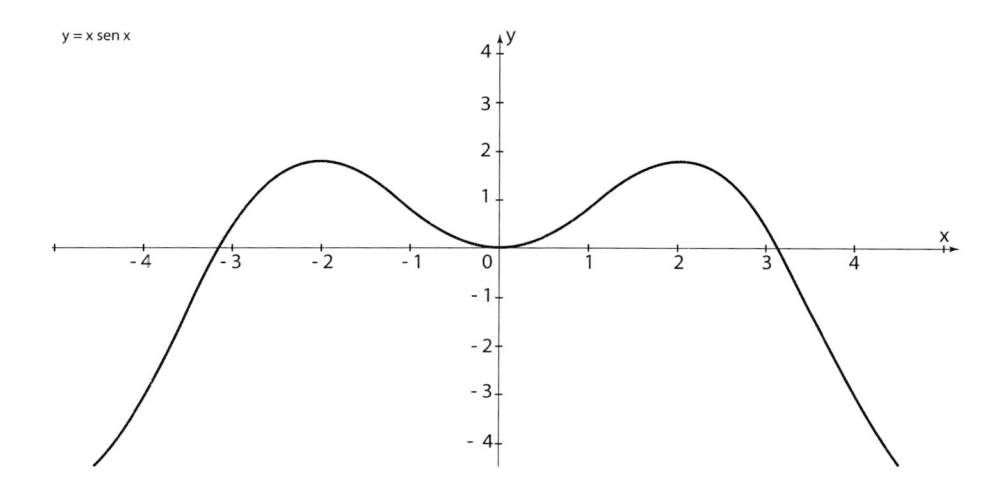

$y = x \operatorname{sen} x$

ou com aquelas de duas variáveis ($z = f(x, y)$) cujo gráfico está no espaço ($\Re^3 = \Re \times \Re \times \Re$).

$z = \dfrac{\operatorname{sen}(x^2 + y^2)}{x^2 + y^2}$

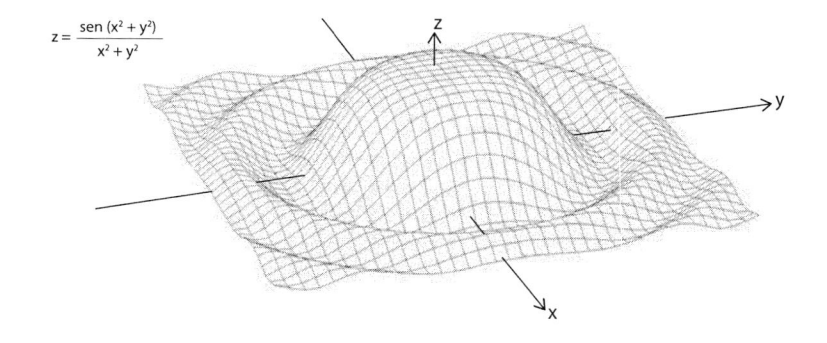

A princípio, vamos eliminar algumas variáveis para evitarmos o estudo de tantas ao mesmo tempo, o que seria possível e mais próximo das situações reais, mas mais complexo do ponto de vista da matemática a ser utilizada.

Eliminar variáveis não significa torná-las iguais a zero; não precisamos que a qualidade, por exemplo, seja igual a zero, basta que ela não varie, não afetando, portanto, a relação entre a quantidade demandada e as demais variáveis.

Vamos, então, considerar um cenário em que variem apenas a quantidade demandada (x) e o preço unitário do produto (y), de modo que as demais variáveis – qualidade, quantidade ofertada, preço unitário do concorrente, visibilidade, estratégia de lançamento do produto, dentre outras – estejam constantes.

Assim, a cada alteração na quantidade demandada, saberemos que o fator que provocou esse efeito foi uma variação no preço unitário do produto.

Se for possível manter as demais variáveis constantes em uma semana, é nessa semana que estaremos analisando o comportamento da quantidade demandada em relação ao preço unitário ou vice-versa; se aquelas variáveis mantiverem-se constantes em um mês, ou em um trimestre, ou em um século, será esse intervalo de tempo que estaremos considerando em nossas análises.

A primeira característica da relação entre preço unitário e quantidade demandada que podemos apontar é: as duas variáveis têm, em geral, comportamentos opostos, isto é, se uma aumenta, a outra diminui.

Se o preço unitário de um produto subir, a quantidade demandada – a procura – cairá.

Se o preço unitário de um produto cair, a quantidade demandada – a procura – aumentará.

Considerando que essas duas variáveis estão se relacionando uma em dependência da outra, podemos utilizar aqui o conceito de função em Matemática:

> **Função** é uma relação de dependência entre duas ou mais variáveis em que a cada valor da variável independente associamos um único valor da variável dependente.

Certamente escolheremos uma função decrescente para representar o preço unitário como função da quantidade demandada, ou vice-versa, pois à medida que uma das variáveis aumenta a outra diminui.

Mas há situações em que isso não ocorre, ou seja, o preço unitário aumenta e a procura pelo produto não cai?

Há diversos exemplos em que esse comportamento não se verifica, ou seja, embora o preço unitário do produto aumente a procura por ele não cai, ou mesmo aumenta: produtos cuja demanda tem comportamento sazonal, que dependem da época do ano como sorvetes, bebidas, guarda-chuvas etc.; produtos que "entrem na moda"; produtos de extrema necessidade, como alimentos, combustível ou remédios de uso contínuo, dentre outras possibilidades.

Tais exemplos são situações particulares e como tais devem ser tratadas. Em geral (o que não quer dizer "sempre"), vale a *lei geral da oferta e da procura*.

TECNOLOGIA
Software Gráfico

O *Winplot*

"*Winplot* é um programa gráfico que vem sendo desenvolvido há mais de dez anos pelo Prof. Richard Parris, da Academia Exeter.

Possui uma interface simples, com inúmeros recursos para as mais variadas atividades matemáticas que dependem da construção de gráficos não só no plano, como também no espaço tridimensional.

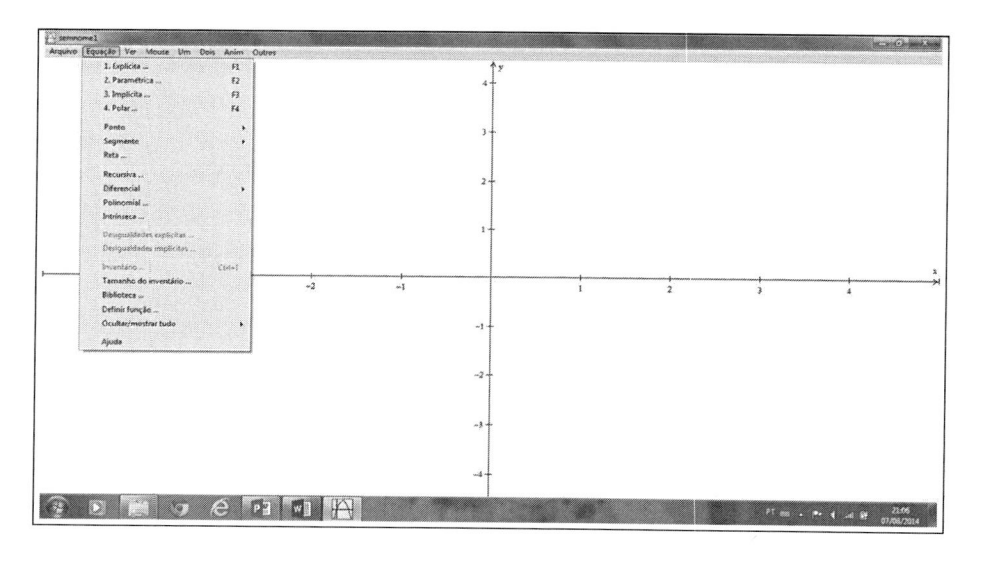

É um freeware, superior em muitos aspectos aos softwares comerciais da sua categoria.

Não é um programa de geometria dinâmica, como o Cabri e o GSP.

Os objetos geométricos não são gerados dinamicamente com cliques do mouse, mas por suas equações (cartesianas, paramétricas, polares etc.).

Trata-se de um software indicado para a exploração da Geometria Analítica e de todas as disciplinas que dela dependem (como o estudo de funções reais de variável real)."

Fonte: Tutorial do *Winplot* em <http://www.gregosetroianos.mat.br/default.asp>.

Capítulo 1   Oferta, demanda e ponto de equilíbrio de mercado

EXEMPLO

Se, por meio de uma pesquisa de mercado, coletarmos as seguintes informações e verificarmos que a variação do preço unitário (y) em relação a quantidade demandada (x) apresenta, por exemplo, o seguinte padrão, estaremos lidando com uma função de 1º grau.

x (unidades)	y (em reais)
10	80
20	60
30	40
40	20

Note que a cada variação – queda – no preço unitário (Δy) de R$ 20,00, corresponde uma variação – aumento – na quantidade demandada (Δx) de 10 unidades. Esse padrão de regularidade – monótono, repetitivo em diversos intervalos ou mesmo em pontos – é característico de uma reta ou de uma função de 1º grau.

taxa de variação média do preço unitário em relação a quantidade demandada
$$m = \frac{\Delta y}{\Delta x} = \frac{-20}{+10} = \frac{-10}{+5} = \frac{-2}{+1} = -2 = \frac{+2}{-1}$$

Observe que:

- a quedas (variações negativas) de R$ 20,00 no preço unitário, correspondem aumentos (variações positivas) de 10 unidades na quantidade demandada;
- a quedas de R$ 10,00 no preço unitário, correspondem aumentos de 5 unidades na quantidade demandada;
- a quedas de R$ 2,00 no preço unitário, corresponde um aumento de uma (1) unidade na quantidade demandada;
- a aumentos de R$ 2,00 no preço unitário, corresponde uma queda de uma (1) unidade na quantidade demandada.

A variação no preço unitário (Δy) é medida em reais (R$) ou unidades monetárias e a variação da quantidade demandada (Δx) é medida em unidades do produto (litros, quilolitros, quilowatts, toneladas, peças, número de candidatos por vaga em um vestibular etc. conforme o produto considerado ou o serviço oferecido).

Então, a *taxa de variação média* do preço unitário em relação a quantidade demandada é medida em reais por unidade $\left(\frac{R\$}{unidade}\right)$.

Esse número – o *coeficiente angular* da reta – $\left(m = \dfrac{\Delta y}{\Delta x}\right)$ fornece uma medida de sensibilidade do consumidor às variações do preço unitário do produto. Dois consumidores podem apresentar sensibilidades diferentes em relação às variações de preço de um mesmo produto. Por exemplo, se no Paraná, tivermos $m = -2$ para determinado produto e, em São Paulo, para o mesmo produto, $m = -8$, o mercado consumidor de São Paulo, nesse caso, é menos sensível às variações no preço unitário do produto, porque seria preciso que o preço caísse R$ 8,00 para que a procura aumentasse em uma (1) unidade. Já no Paraná, bastaria reduzir o preço unitário em R$ 2,00 para verificar o mesmo efeito na procura.

Observe que esse comportamento "linear" ocorre para uma amplitude pequena de variação do preço unitário. Isso porque, para um produto que custe R$ 40,00, uma redução de preço de R$ 10,00 (10 em 40 ou 1 em 4 ou 25 em 100 ou, ainda, 25%) certamente não provocaria a mesma reação no consumidor (aumento da procura em 5 unidades) do que se tivesse seu preço reduzido de R$ 1 000,00 para R$ 990,00 (10 em 1 000 ou 1 em 100 ou ainda 1%).

A quantidade (x) de determinado produto demandada (procurada) pelos consumidores pode se relacionar ao preço unitário (y) do produto por meio de uma função de 1º grau:

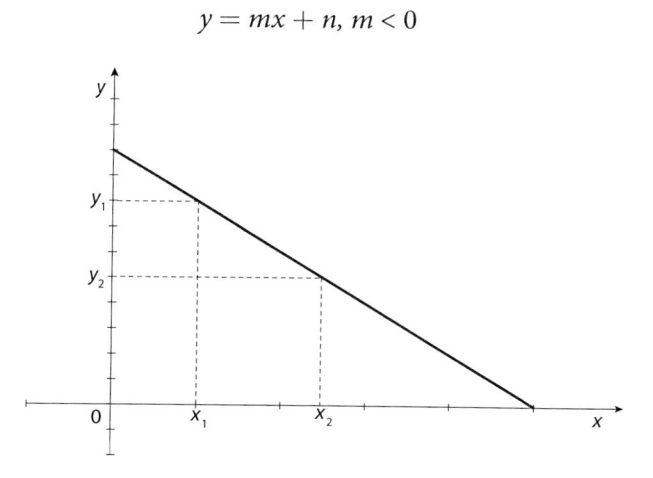

$$y = mx + n, \ m < 0$$

Quedas de preço (de y_1 para y_2) provocam aumento da quantidade demandada (de x_1 para x_2), de tal modo que $\dfrac{\Delta y}{\Delta x}$ mantém-se constante e é, em geral, negativo.

Para que a relação entre o preço unitário e a quantidade demandada seja representada por uma reta no plano, temos que considerar ao menos dois pressupostos:

1. Curto prazo (também para que outras variáveis não interfiram na relação).
2. Pequena amplitude na variação dos preços (para que a relação se mantenha com o padrão de regularidade linear ou de uma reta).

Admitindo aquele padrão de regularidade, podemos acrescentar outros pontos na tabela, seja interpolando ou completando as sequências aritméticas:

x (unidades)	y (em reais)
0	100
10	80
20	60
30	40
35	30
40	20
50	0

REVISÃO ORIENTADA
Progressão Aritmética

Uma *progressão aritmética* é uma sequência numérica em que o termo seguinte, a partir do segundo, pode ser obtido adicionando-se uma constante ao termo anterior, ou seja:

$$a_1 \in \Re \quad \text{(I)}$$
$$a_n = a_{n-1} + r, r \in \Re, n \in \mathbb{N}, n \geq 2$$

Como:

$$a_2 = a_1 + r$$
$$a_3 = a_2 + r = (a_1 + r) + r = a_1 + 2r$$
$$a_4 = a_3 + r = (a_1 + r) + r + r = a_1 + 3r$$
...
$$a_n = a_1 + (n-1)r \quad, n \in \mathbb{N}, n \geq 2 \quad \text{(II)}$$

Pela fórmula acima (II) podemos encontrar qualquer termo a partir do primeiro e da razão da PA, o que não acontecia com (I) por ser ela uma lei de recorrência.

São exemplos de PA:

a) 0, 2, 4, 6, 8, ... (PA crescente de razão $r = 2$)
b) $-1, -4, -7, -10, ...$ (PA decrescente de razão $r = -3$)
c) $\sqrt{2}, \sqrt{2}+3, \sqrt{2}+6, \sqrt{2}+9, ...$ (PA crescente de razão $r = 3$)

As progressões aritméticas são funções que a cada posição na sequência associam um número da sequência:

$$f: \mathbb{N}^* \to \mathfrak{R}$$
$$n \mapsto a_n$$

Elas são funções de 1º grau, uma vez que a taxa r de variação média dos valores da sequência é constante.

Embora não muito utilizados no cotidiano, mas com valor discriminante (e esclarecedor) em relação aos juros compostos, os montantes acumulados em regime de *juros simples* formam e são exemplos de progressões aritméticas.

O ponto (35, 30) destacado na última tabela foi obtido considerando $m = \frac{\Delta y}{\Delta x} = \frac{-10}{+5}$ e interpolando, isto é, mantendo o ritmo, a velocidade, a sensibilidade do consumidor, ou seja, a taxa de variação média do preço em relação a quantidade demandada. Os outros dois pontos destacados – (0, 100) e (50, 0) – também foram acrescentados considerando $m = \frac{\Delta y}{\Delta x} = \frac{+20}{-10}$ e $m = \frac{-20}{+10}$ respectivamente.

Os pontos (0, 100) e (50, 0) indicam características relevantes desse mercado consumidor:

▸ se o preço unitário fosse R$ 100,00, não haveria procura;
▸ se o produto fosse oferecido gratuitamente, a procura seria de 50 unidades.

Temos assim, as situações-limite que, muito provavelmente, não se realizarão, mas indicam o *preço máximo* que o consumidor pagaria pela unidade do produto (R$ 100,00) e a maior demanda – *demanda potencial* – atingida (50 unidades) via reduções de preço.

Conhecendo $m = -2$ e $n = 100$ (para $x = 0$ em $y = mx + n$, resulta $y = n$), temos a equação da função de 1º grau que relaciona o preço unitário com a quantidade demandada, chamada função preço ou *função demanda*:

$$d: y = -2x + 100$$

Como y é o preço unitário e x é a quantidade demandada, o gráfico dessa função ocupa apenas o 1º quadrante do plano cartesiano, pois o domínio da função (possíveis valores para x) é $\Re_+$ e seu contradomínio (possíveis valores para y) também é $\Re_+$.

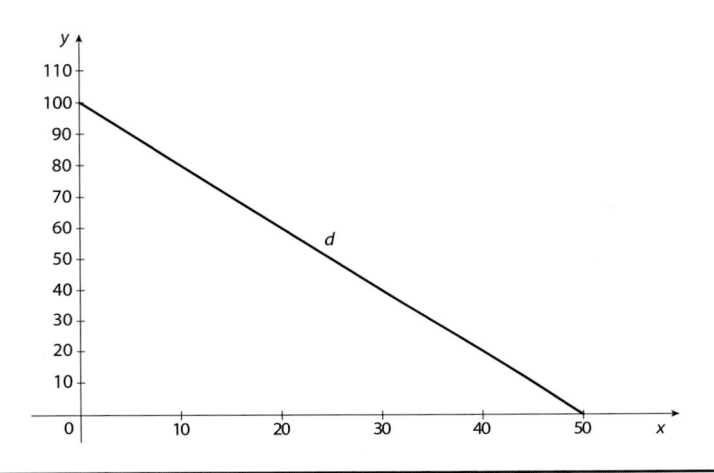

REVISÃO ORIENTADA
Função de 1º grau e equação da reta

Toda função de 1º grau tem por gráfico uma reta.
A uma reta não vertical corresponde uma função constante ou uma função de 1º grau.
Para determinar a equação de uma reta bastam dois pontos.
Há diversas formas de equações de retas:

Forma geral: $ax + by + c = 0$, $a \in \Re^*$ ou $b \in \Re^*$ e $c \in \Re$
Forma reduzida: $y = mx + n$, $m \in \Re$ e $n \in \Re$
Forma ponto-declividade: $y - y_0 = m(x - x_0)$, $m \in \Re$ e (x_0, y_0) é um ponto da reta.

A partir de uma forma podemos obter as demais, por exemplo:

$$y - 10 = -8(x - 5) \ (forma\ ponto\text{-}declividade)$$

Isolando y:

$$y = -8x + 40 + 10$$
$$y = -8x + 50 \ (forma\ reduzida)$$

Ou ainda:

$$8x + y - 50 = 0 \ (forma\ geral)$$

A partir dos pontos (1, 42) e (−1, 58), por exemplo, podemos determinar a equação da reta que passa por eles, de diversos modos.

▶ Resolvendo um sistema:
Substituindo as coordenadas dos pontos na forma reduzida $y = mx + n$:

$$42 = m \cdot 1 + n$$
$$\underline{58 = m \cdot (-1) + n} \ +$$
$$100 = 2n$$
$$50 = n$$

Para $n = 50$: $42 = m \cdot 1 + 50 \rightarrow m = -8$
Portanto, $y = -8x + 50$.

▶ Calculando e anulando o determinante (condição de alinhamento de 3 pontos):

$$\begin{vmatrix} x & y & 1 \\ 1 & 42 & 1 \\ -1 & 58 & 1 \end{vmatrix} \begin{matrix} x & y \\ 1 & 42 \\ -1 & 58 \end{matrix} = 0$$

▶ Utilizando a forma ponto declividade, calculando o coeficiente angular m:

$$m = \frac{\Delta y}{\Delta x} = \frac{58 - 42}{-1 - 1} = \frac{16}{-2} = -8$$
$$y - 58 = -8[x - (-1)]$$
$$y = -8x - 8 + 58$$
$$y = -8x + 50$$

TECNOLOGIA
Software Gráfico

No *Winplot*, para construir o gráfico de *d:* $y = -2x + 100$, escolha:

Janela – 2-dim

Arquivo – Novo

Equação – Explícita

E, então, digite –2*x + 100 ou apenas – 2 x + 100 em "f(x) = ".

E escolha "travar intervalo" com x mín igual a 0 e x máx, o valor da demanda potencial.

Se necessário, salve o gráfico e será possível, por exemplo, colá-lo em um documento de texto.

> **FAQ** — Então, na demanda, ao preço máximo corresponde a demanda máxima?

Não, pelo contrário. Note que embora ambos sejam máximos, um não corresponde ao outro.

Quando o preço é o maior possível – máximo –, a demanda é a menor possível, mínima, ou seja, zero.

Quando a demanda é a maior possível – máxima ou potencial –, o preço unitário é o menor possível, mínimo, ou seja, zero.

Quanto à demanda mínima, cabe ainda esclarecer: a escolha pelo zero é uma convenção. Muitos definem a demanda mínima como igual a uma unidade (1), considerando que o preço máximo será praticado quando houver demanda por, ao menos, uma unidade do produto.

De fato, o preço máximo não será praticado. Ninguém comprará nenhuma unidade do produto por ele e, nesse sentido, ele não se parece com um preço.

Mas a convenção deve-se ao fato de que podemos estar lidando com um produto que seja uma grandeza contínua, ou seja, sua unidade de medida possa assumir valores inteiros e não inteiros, como, por exemplo, 0,5 tonelada de soja ou 0,01 quilolitro de água.

Nesse caso, não poderíamos considerar uma unidade (1 tonelada ou 1 quilolitro) como a demanda menor possível.

EXERCÍCIOS E PROBLEMAS PROPOSTOS

1. Determine a equação de demanda "linear" em cada item:
   a) (7; 25,00) e (10; 10,00);
   b) (1; 122,00) e (10; 95,00);
   c) (9; 1 075,00) e (40; 300,00);
   d) m = – 4 e preço máximo igual a R$ 26,00;
   e) m = $-\frac{1}{8}$ e (0, 300);
   f) m = – 5,20 e (10; 14,00);
   g) m = – 9 e (1; 39,00).

2. (FGV – ECONOMIA)

Ano	IDH do Brasil
2004	0,790
2005	0,792

Nível de desenvolvimento humano	IDH
Baixo	Até 0,499
Médio	De 0,500 até 0,799
Alto	Maior ou igual a 0,800

(Programa Nacional das Nações Unidas para o Desenvolvimento (PNUD)).

Ajustando um modelo linear afim aos dados tabelados do IDH brasileiro, de acordo com esse modelo, uma vez atingido o nível de alto desenvolvimento humano, o Brasil só igualará o IDH atual da Argentina (0,863) após
a) 35,5 anos
b) 34,5 anos
c) 33,5 anos
d) 32,5 anos
e) 31,5 anos

3. (ENC – C. CONTÁBEIS) O Contador de custos da empresa Sul Marketing S/A recebeu de seu chefe a incumbência de analisar preços e volumes do principal produto da empresa, com a finalidade de ampliar a participação de mercado, em vista da entrada de novos concorrentes. Depois de estudar o assunto, verificou que, se vendesse o produto a R$ 20,00 a unidade, poderia vender 50 000 unidades; se vendesse a R$ 18,00 a unidade, poderia vender 55 000 unidades, e se vendesse a R$ 16,00 a unidade, poderia vender 60 000 unidades. Esse fato é explicado:
a) pela lei dos rendimentos decrescentes;
b) pela lei da oferta e da procura;
c) pelo sofisma de composição;
d) pelo sistema de elasticidade unitária;
e) pelo monopsônio.

4. Uma revendedora estima que um carro popular será comprado por 1 850 pessoas se vendido a R$ 10 400,00. Mas se vendido a R$ 9 660,00, haverá um aumento de 20% nas vendas em relação ao previsto anteriormente.
a) Determine a equação da função de demanda.
b) Construa o gráfico da função.
c) Qual é o preço máximo pelo qual esse artigo poderia ser vendido?
d) Para uma unidade do produto demandada, qual é o preço correspondente?
e) Para um preço de R$ 14 000,00, a quantidade demandada é de 50 carros populares. Se a quantidade demandada cair para 49 carros, como o preço será afetado?

5. (ENC – ADM) Uma empresa fabrica e vende um produto por R$ 100,00 a unidade. O Departamento de Marketing da empresa trabalha com a equação da de-

manda apresentada abaixo, onde Y_D e X_D representam, respectivamente, o preço e a quantidade da demanda.

$$Y_D = -2X_D + 10\,100$$

Como um primeiro passo para a elaboração do Plano de Produção dessa empresa, indique a opção que responde à pergunta: "Quantas unidades produzir?"
a) 5 000   b) 5 050   c) 5 100   d) 5 150   e) 5 200

6. Uma empresa de bebidas tem analisado o desempenho de um de seus produtos no mercado: o refrigerante X teve uma demanda de 35 000 litros por dia na região A, quando seu preço estava fixado em R$ 1,25, o litro. Com uma redução de 20% no preço, a empresa prevê um aumento de demanda de 1 000 litros.
   a) Determine a equação de demanda para esse refrigerante.
   b) Qual é o preço máximo que o mercado suportaria?
   c) Com a redução de preço efetuada, a previsão de aumento da demanda não se verificou nos níveis esperados pela empresa, havendo um aumento de apenas 500 litros. Redefina a equação de demanda.
   d) Esboce o gráfico da função demanda do item a.

7. Em períodos distintos, uma empresa teve a relação demanda × preço descrita pelas equações de demanda seguintes:

$$d_1 : y = -\frac{2}{5}x + 100 \quad \text{e} \quad d_2 : y = -0{,}7x + 103$$

   a) Determine a variação média de preços no intervalo de variação da demanda: $x \in [235, 245]$, no período 1.
   b) Comparando as taxas de variação média de preços em relação às quantidades demandadas, nos dois períodos, você diria que:

   I) Na situação 1, o mercado estava mais sensível a alterações de preços. ou
   II) Na situação 2, o mercado estava mais sensível a alterações de preços.

   c) Calcule o preço que gerou uma demanda de 20 unidades, na situação 2; se o preço subir R$ 14,00, como se comportará a demanda? (considerando constantes outros fatores que afetam a demanda).
   d) Conforme a sua resposta no item b), compare os preços máximos na demanda nas situações 1 e 2.

8. (FGV) Uma empresa acredita que, diminuindo 8% o preço de determinado produto, as vendas aumentarão cerca de 14%. Suponha que a relação entre o preço do produto e a quantidade vendida seja expressa por uma função linear. Nesse caso, uma redução de 14% no preço do produto acarretará um aumento na quantidade vendida de:
   a) 18,4%   b) 20%   c) 26,5%   d) 24,5%   e) 8%

NO MUNDO REAL

AÉREAS

Empresa diz querer consolidar imagem de oferecer as menores tarifas;
Varig anuncia descontos para a Páscoa
Gol reduz preço e pode abrir guerra tarifária

Maeli Prado da Reportagem Local

A Gol anunciou ontem uma reestruturação tarifária que reduzirá seus preços em até 56% e que, na visão de especialistas, pode ser o estopim de uma guerra de tarifas no setor. A principal prejudicada será a Varig, em situação financeira cada vez mais delicada.

A reformulação de preços foi atribuída pela Gol à necessidade de consolidar o conceito de "low cost, low fare" [baixo custo, baixa tarifa] da companhia. A ideia, diz Tarcísio Gargioni, vice-presidente de marketing e serviços da empresa aérea, é aproveitar a baixa temporada para isso. A Varig também anunciou preços promocionais, na última sexta-feira, mas os restringiu aos voos dos próximos dias 25 e 26, durante a Páscoa.

Entre analistas, a visão é que a decisão da Gol de reduzir tarifas é uma resposta ao crescimento da demanda em fevereiro, de 5,8% ante mesmo mês de 2004, abaixo do registrado por Varig e TAM (respectivamente 14,6% e 43,6%). Aventa-se também a possibilidade de que a aérea, em parte, queira desestabilizar ainda mais a Varig.

Os salários na Varig estão atrasados e a empresa tenta negociar prazos maiores para pagar combustível. Além disso, oito aeronaves da frota da empresa estão paradas, pois a aérea não tem dinheiro para repor suas peças.

Em um período de baixa temporada, fica especialmente suscetível à redução nas tarifas por parte de outras companhias.

Gargioni nega que a Gol, que hoje divulga resultados muito favoráveis em seu balanço do quarto trimestre de 2004, esteja tentando ganhar "market share" ou balançar a Varig.

"O objetivo não é ganhar mercado, é consolidar nosso conceito", afirma. "Nosso crescimento não foi maior porque não tínhamos como absorver a alta da demanda por não termos recebido aeronaves. O problema foi falta de oferta", completa. A empresa passa a operar mais dois aviões a partir do final deste mês.

O receio da guerra tarifária também surge porque as principais aéreas pretendem importar muitas aeronaves neste ano. O receio é que a elevação na oferta seja maior do que a alta da demanda.

Quando há excesso de bilhetes aéreos ofertados, a tendência é as empresas baixarem preços para atrair passageiros. Como o consumidor no Brasil é muito sensível a preço, a possibilidade de essa situação passar para uma briga de tarifas é muito alta. Isso favorece o passageiro, mas corrói a geração de caixa das companhias aéreas, que oferecem preços mais e mais baixos para evitar a debandada de seus passageiros.

Capítulo 1 — Oferta, demanda e ponto de equilíbrio de mercado — 17

NO MUNDO REAL

RESTRIÇÕES

As tarifas que foram reduzidas pela Gol – os novos preços começaram a valer ontem – estão sujeitas a diversas condições, como a compra da passagem pela internet, antecedência e realização da viagem fora dos horários de pico.

"Os preços mínimos estarão disponíveis em horários específicos e contemplam horários e voos específicos em quantidades limitadas", diz texto encaminhado ontem pela companhia aérea.

A Gol informou que sua promoção está de acordo com a regra estipulada pelo DAC (Departamento de Aviação Civil) para voos domésticos, que diz que o desconto deve ser no máximo 65% da tarifa cheia. Ontem, o site da companhia aérea ficou congestionado durante boa parte do dia.

Fonte: *Folha Dinheiro*, S. Paulo, 8 mar. 2005.

1.2. Oferta

A decisão a respeito de qual quantidade ofertar de determinado produto é definida por diversos fatores tais como: custos, quantidade demandada, preço unitário, preço unitário do concorrente, tecnologia, estratégia de lançamento do produto etc.

Se o preço unitário de um produto concorrente aumentar é provável que o fornecedor possa disponibilizar também seu produto por um preço superior ao que vinha praticando, o que faria com que ele oferecesse mais de seu produto (é *interessante* vender mais a preços mais altos e é *possível* oferecer mais a preços mais altos porque um preço maior custeia uma produção maior, o que permite ofertar mais).

Se verificarmos uma queda na demanda pelo produto, o preço unitário deverá ser reduzido tentando incentivar uma recuperação, mas o ofertante pode ter que reduzir também a quantidade ofertada, porque esse preço menor permite apenas custear uma produção menor do que a anterior.

Imagine que todas aquelas variáveis citadas variem ao mesmo tempo, por exemplo: aumentem os custos, caia a quantidade demandada, aumente o preço unitário, caia o preço unitário do concorrente, faça-se um investimento em tecnologia... O que aconteceria com a quantidade ofertada? Aumentaria ou diminuiria?

Novamente, quando tantas variáveis estão em jogo, é bem mais difícil, embora possível, identificar o efeito por elas provocado em uma variável dependente delas.

Desse modo, a quantidade ofertada também é uma função de diversas variáveis $v_1, v_2, v_3, v_4, \ldots, v_n$.

Considerando a quantidade de determinado produto a ser ofertada pelo fornecedor (x), temos:

$$x = f(v_1, v_2, v_3, v_4, \ldots, v_n)$$

Vamos, da mesma forma como fizemos com a demanda, eliminar algumas variáveis para evitarmos o estudo de tantas ao mesmo tempo, o que seria possível e mais próximo das situações reais, mas mais complexo do ponto de vista da matemática a ser utilizada.

Eliminar variáveis não significa torná-las iguais a zero; não precisamos que o preço do concorrente, por exemplo, seja igual a zero, basta que ele não varie, não afetando portanto a relação entre a quantidade ofertada e as demais variáveis.

Vamos, então, considerar um cenário em que variem apenas a quantidade ofertada (x) e o preço unitário do produto (y), de modo que as demais variáveis – custos, quantidade demandada, preço unitário, preço unitário do concorrente, tecnologia, estratégia de lançamento do produto – estejam constantes.

Assim, a cada alteração na quantidade ofertada saberemos que o fator que provocou esse efeito foi uma variação no preço unitário do produto.

Novamente, se isso for possível em uma semana, é nessa semana que estaremos analisando o comportamento da quantidade ofertada em relação ao preço unitário ou vice-versa; se aquelas variáveis mantiverem-se constantes em um mês, ou em um trimestre, ou em uma década, será esse intervalo de tempo que estaremos considerando em nossas análises.

EXEMPLOS

1. Leia o texto a seguir.

    KLM diminui um vôo semanal Amsterdã-São Paulo
    A companhia aérea holandesa KLM Royal Dutch Airlines, que voa para o Brasil há 55 anos, promoveu uma reestruturação global em suas operações. No trecho Amsterdã-São Paulo, a empresa passou a operar cinco voos semanais, contra os seis anteriores, que devem ser retomados a partir de outubro. A KLM é a única companhia aérea do mundo a voar direto entre essas duas cidades.
    A empresa holandesa ajustará a capacidade de muitos destinos durante o verão de 2003, devido às circunstâncias do mercado. A capacidade de algumas rotas será simplificada, empregando-se aeronaves menores ou reduzindo-se as freqüências dos vôos. Em rotas que tradicionalmente atraem mais passageiros no verão do que no inverno, a KLM aumentará a frequência e/ou a capacidade.[...]

    Fonte: *O Estado de S. Paulo*, 4 fev. 2003.

A empresa aérea reviu a quantidade ofertada diante de uma queda de demanda que pode ter sido provocada, na altura, por questões de segurança, ou mesmo por redefinição de destinos turísticos diante da queda na procura por destinos mais sujeitos a catástrofes naturais (tsunamis, furacões etc.), dentre outras possibilidades.

2. Se admitirmos que a variação do preço unitário (y) em relação a quantidade ofertada (x) apresenta o seguinte padrão, estaremos lidando com uma função de 1º grau.

x (unidades)	y (em reais)
0	80
10	110
20	140
40	200

A cada variação (aumento) no preço unitário (Δy) de R$ 30,00, corresponde uma variação (aumento) na quantidade ofertada (Δx) de 10 unidades. Esse padrão de regularidade – monótono, repetitivo a cada intervalo, ou mesmo em um ponto – é característico de uma reta ou de uma função de 1º grau.

$$m = \frac{\Delta y}{\Delta x} = \frac{+30}{+10} = \frac{+15}{+5} = \frac{+3}{+1} = +3 = \frac{-3}{-1}$$

Observe que:

▶ a aumentos de R$ 30,00 no preço unitário, correspondem aumentos de 10 unidades na quantidade ofertada.
▶ a aumentos de R$ 15,00 no preço unitário, correspondem aumentos de 5 unidades na quantidade ofertada.
▶ a aumentos de R$ 3,00 no preço unitário, corresponde aumento de uma (1) unidade na quantidade ofertada.
▶ a uma redução de R$ 3,00 no preço unitário, corresponde uma queda de uma (1) unidade na quantidade ofertada.

Admitindo aquele padrão de regularidade, podemos acrescentar outros pontos na tabela, seja interpolando ou completando a sequência:

x (unidades)	y (em reais)
0	80
7,5	102,50
10	110
20	140
40	200
55	245

O ponto (7,5; 102,50) foi obtido considerando $m = \dfrac{\Delta y}{\Delta x} = \dfrac{+30}{+10} = \dfrac{+15}{+5} = \dfrac{+7,50}{2,50} = +3 = \dfrac{-7,50}{-2,50}$ ou observando que a quantidade ofertada (x) aumentou de 0 para 7,5, então o preço deve aumentar R$ 15,00 + R$ 7,50, indo de R$ 80,00 para R$ 102,50.

Para determinarmos o outro ponto – (55, 245) –, observamos que x foi de 40 para 55, variando 15 unidades; desse modo, o preço unitário (y) deve variar R$ 45,00 (R$ 30,00 + R$ 15,00), mantendo $m = \dfrac{\Delta y}{\Delta x} = \dfrac{+45}{+15} = +3$.

Note que poderíamos determinar o preço unitário correspondente a qualquer quantidade ofertada completando a tabela e mantendo a taxa de variação média da função $m = \dfrac{\Delta y}{\Delta x} = +3$. No entanto, esse procedimento não seria tão simples ou rápido para, por exemplo, o preço R$ 126,77.

Mas, determinando a equação de oferta, resolvemos facilmente esse problema. Conhecendo $m = +3$ e $n = 80$ (para $x = 0$ em $y = mx + n$, resulta $y = n$), temos a equação da função de 1º grau que relaciona o preço unitário com a quantidade ofertada, chamada *função preço* ou *função oferta*:

$$o: y = +3x + 80$$

E, então, para $y = 126,77$, temos a quantidade ofertada $x = 15,59$.

O ponto (0, 80) indica uma característica relevante desse fornecedor: se o preço unitário for R$ 80,00, não haverá oferta, seja porque esse ofertante quer forçar a alta de preços, seja porque ele não pode, com esse valor, sequer custear sua produção ou, ainda, ele não obtém um lucro mínimo desejado, dentre outros possíveis fatores.

Temos assim, o que se denomina *preço mínimo* – o valor a partir do qual o ofertante passa a disponibilizar o seu produto.

Como y é o preço unitário e x é a quantidade ofertada, o gráfico dessa função ocupa apenas o 1º quadrante do plano cartesiano, pois o domínio da função (possíveis valores para x) é $\Re_+$ e seu contradomínio (possíveis valores para y) também é $\Re_+$.

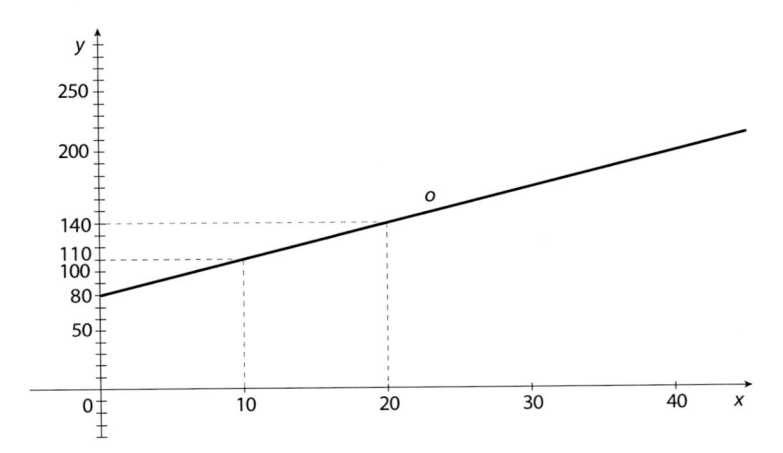

REVISÃO ORIENTADA
Proporcionalidade

Grandezas diretamente proporcionais são aquelas que variam de modo "direto", ou seja, se uma aumentar, a outra também aumentará, ou, se uma diminuir, a outra diminuirá e há uma proporcionalidade entre as grandezas, ou seja, se uma dobrar a outra dobrará, se uma triplicar, a outra também triplicará.

Em termos matemáticos dizemos que duas grandezas x e y são *diretamente proporcionais* se:

$$\frac{y}{x} = k, k \text{ constante real}$$

ou então que

$$y = kx$$

O gráfico de y como função de x é, então, uma reta e a função é *linear*, passando pela origem do plano cartesiano, (0, 0).

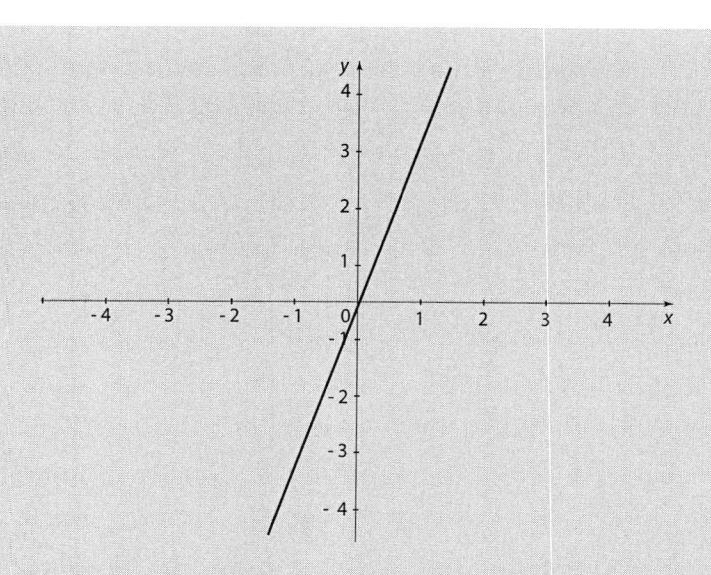

Grandezas inversamente proporcionais são aquelas que variam de modo "inverso", ou seja, se uma aumentar, a outra diminuirá, ou se uma diminuir, a outra aumentará e há uma proporcionalidade entre as grandezas, ou seja, se uma dobrar, a outra cairá pela metade, se uma triplicar, a outra ficará reduzida à terça parte.

Em termos matemáticos dizemos que duas grandezas x e y são *inversamente proporcionais* se:

$$xy = k, k \text{ constante real}$$

ou então que $y = \dfrac{k}{x}$ cujo gráfico é uma curva chamada *hipérbole*, e não uma reta.

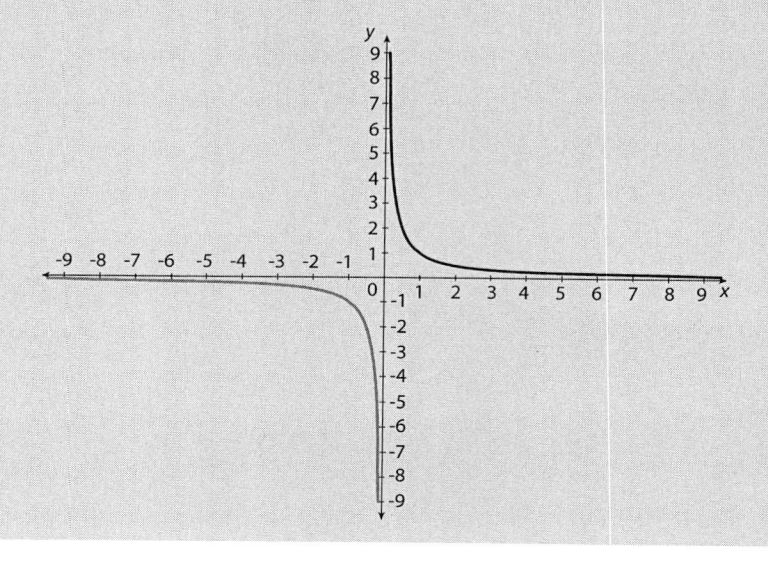

Capítulo 1 — Oferta, demanda e ponto de equilíbrio de mercado

FAQ: Por que não podemos calcular um determinado preço correspondente a uma quantidade demandada ou ofertada por uma regra de três?

Inicialmente é preciso lembrar que a regra de três auxilia o cálculo quando há proporcionalidade direta ou inversa entre duas ou mais grandezas.

Note que considerando uma reta – gráfico de uma função de 1º grau – crescente, o que é constante é o quociente das variações, ou seja:

$$m = \frac{\Delta y}{\Delta x}$$

e não o quociente das grandezas em si $\left(\frac{y}{x}\right)$, a menos que tenhamos $n = 0$.

Para as funções de oferta e de demanda, podemos utilizar a regra de três desde que "descontemos" o valor de n.

Observe:

$$\frac{110 - 80}{10 - 0} = \frac{140 - 80}{x - 0} \rightarrow x = 20$$

Esse fato pode ser observado por meio de um gráfico e lembrando do teorema de Tales que diz sobre a proporcionalidade de segmentos formados por duas ou mais paralelas em transversais:

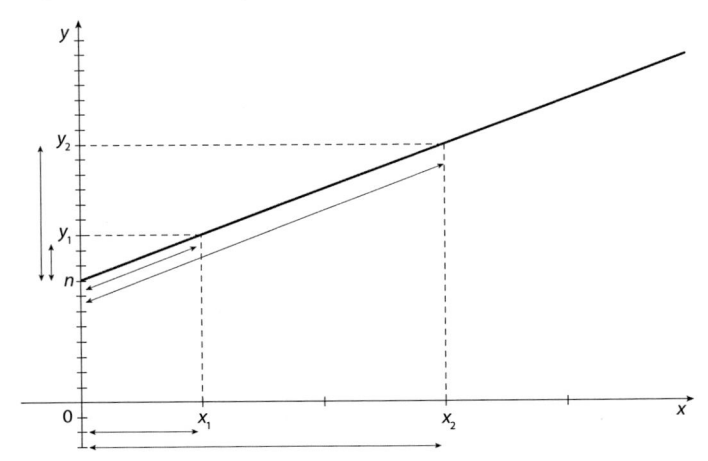

Pelo teorema de Tales, temos:

$$\frac{x_1}{x_2} = \frac{y_1 - n}{y_2 - n}$$

A variação no preço unitário (Δy) é medida em reais (R$) ou unidades monetárias, e a variação da quantidade ofertada (Δx) é medida em unidades do produto (litros, quilolitros, quilowatts, toneladas, peças, vagas oferecidas por curso em um vestibular etc. conforme o produto considerado).

Então, a taxa de variação média do preço unitário em relação a quantidade ofertada é medida em R$ por unidade $\left(\dfrac{R\$}{\text{unidade}}\right)$.

Esse número $\left(m = \dfrac{\Delta y}{\Delta x}\right)$ fornece uma medida de sensibilidade do fornecedor em relação às variações do preço unitário do produto. Dois ofertantes de um mesmo produto podem apresentar sensibilidades diferentes em relação às variações de preço de um mesmo produto conforme sua capacidade instalada, sua estrutura de custos, suas estratégias de marketing etc.

A quantidade de determinado produto a ser ofertada pelo fornecedor (x) pode se relacionar ao preço unitário do produto (y) por meio de uma função de 1º grau:

$$y = mx + n, \ m > 0$$

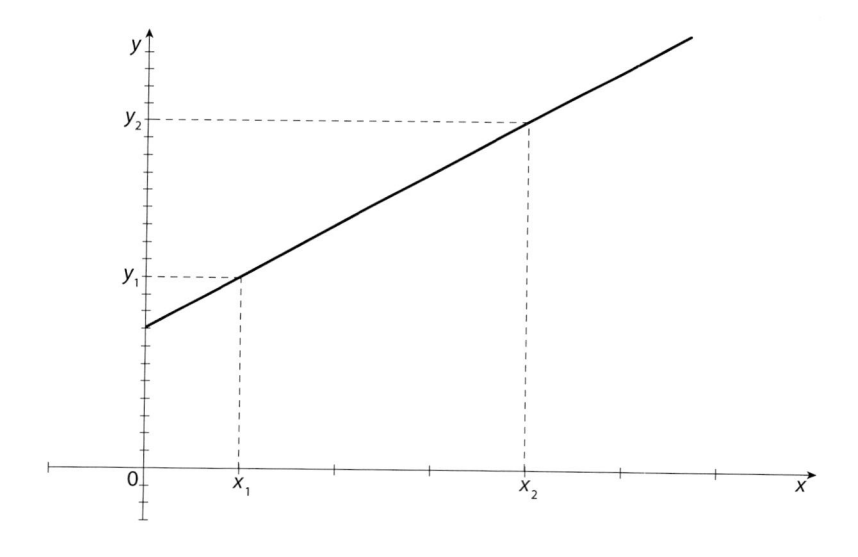

Aumentos de preço (de y_1 para y_2) provocam aumentos na quantidade ofertada (de x_1 para x_2) e, por isso, m é, em geral, positivo.

Capítulo 1 Oferta, demanda e ponto de equilíbrio de mercado

> **FAQ**
>
> Mas há situações em que isso não ocorre, ou seja, o preço unitário aumenta e a oferta pelo produto não aumenta?

Há diversos exemplos em que esse comportamento não se verifica, ou seja, embora o consumidor deseje pagar um preço unitário pelo produto maior do que o ofertante está cobrando, a oferta não aumenta. Observe o exemplo:

> A teoria econômica define como produto de oferta inelástica, aquele cuja quantidade ofertada no mercado permanece constante, independentemente da variação do preço e da demanda.
> A cachaça Havana (atual Anísio Santiago), produzida desde 1943, por Anísio Santiago, na Fazenda Havana, em Salinas/MG, é o típico produto que se encaixa neste conceito econômico de oferta e procura.
> Fonte: <http://www.partes.com.br/ed27/servicos.asp>.

Diversos produtos com características ditas artesanais apresentam essa relação entre o preço unitário e a quantidade ofertada.

TECNOLOGIA
Software e Gráfico

No *Winplot*, para construir o gráfico de $o: y = + 3x + 80$, escolha:

Janela – 2-dim
Arquivo – Novo
Equação – Explícita

E, então, digite $3*x + 80$ ou apenas $3x + 80$ em *"f(x) = "*.

Em seguida, escolha "travar intervalo" com x mín igual a 0 e *x* máx o valor que desejar.

Para gráficos com significado econômico apenas no 1º quadrante como os de demanda ou de oferta, pode ser interessante escolher em "Ver" a opção "Ver" e determinar o menor (*esquerdo*) e o maior (*direito*) valor para *x* e o menor (*inferior*) e maior valor para a função $y = f(x)$ (*superior*).

Se o menor valor escolhido para *x* e para *f(x)* for 0, não será possível visualizar adequadamente os eixos; embora o domínio e o contradomínio dessas funções seja $\Re_+$, escolha um valor um pouco menor, conforme os valores envolvidos.

Por exemplo, para $3x + 80$, temos que escolher *superior* igual a um valor, de preferência, bem maior do que o preço mínimo da oferta (80); em consequência dessa escolha, considerar *inferior* igual a –1 também não permitirá ver bem os eixos e a origem do plano cartesiano. Talvez –10 ou –50 ou até –100 sejam escolhas melhores. Teste!

NO MUNDO REAL

MANDELBROT

Antonio Delfim Netto

Morreu recentemente um grande matemático, Benoit Mandelbrot, inventor dos "fractais" (uma espécie de objeto em que cada parte reproduz exatamente o todo).

Se tivesse sido levado a sério pelos pequenos matemáticos e grandes economistas que tentaram construir uma "ciência econômico-financeira" copiada da física, provavelmente o mundo não teria vivido a crise de 2007-09. Ou seria ela menos intensa.

O fato realmente interessante é que os grandes economistas – mas pequenos matemáticos – julgavam que Mandelbrot era um "heterodoxo". Logo, não merecia atenção...

Em 1962, ele fez uma análise estatística dos preços do algodão e verificou que eles não obedeciam às hipóteses geralmente aceitas pelos economistas que chamavam a si mesmos de "ortodoxos".

Ele concluiu que a distribuição dos preços, com relação a sua média (uma forma de entender a incerteza), poderia assumir formas diferentes das que sugeriam os construtores da economia financeira.

Isso parecia estranho porque, na natureza, o valor de muitas variáveis (altura e peso dos homens, erros de medida, por exemplo) tendem a se agrupar em torno da média, e a probabilidade de desvios em relação a ela diminui dramaticamente com o seu tamanho.

A explicação de Mandelbrot para o fato é que os preços em cada momento pareciam ter "memória" e os agentes (compradores e vendedores) interagiam influenciando-se reciprocamente (no entusiasmo ou na desconfiança).

A consequência desses argumentos é que a dinâmica dos preços nos mercados financeiros seria diferente da dinâmica nos mercados de bens (onde a procura diminui com o aumento dos preços).

Naqueles, uma "alta" dos preços pode aumentar a demanda e gerar novas "altas".

Uma "baixa" pode gerar novas "baixas", criando internamente tendências autônomas: uma espécie de "Maria vai com as outras" (comportamento de manada) que pode terminar numa "bolha". Em larga medida, a crise do "subprime" foi uma manifestação concreta dos mecanismos sugeridos por Mandelbrot. Quando os preços dos imóveis caíram, eles explodiram uma "bolha" imobiliária que quase destruiu o sistema financeiro internacional.

À custa de acreditar nas hipóteses do mercado perfeito e nos "modelos" que controlavam os riscos, os bancos centrais reduziram as taxas de juros. Isso levou os agentes financeiros a aumentar a sua alavancagem a limites inimagináveis.

Quando a "bolha" explodiu, levou de roldão a credibilidade de grandes economistas – mas pequenos matemáticos – e deixou como herança o mundo em frangalhos...

Fonte: *Folha de S.Paulo*, 23 fev. 2011.

Exercícios e problemas propostos

1. Determine a equação de oferta "linear" em cada item:
   a) (1; 113,50) e (10; 145,00)
   b) (10; 121,00) e (11; 121,10)
   c) (0; 1 175,00) e (25; 2 425,00)
   d) m = 4,3 e preço mínimo igual a R$ 70,00
   e) m = 7 e (0, 56)
   f) m = 90 e (7; 970,00)
   g) m = 5 e (1,5; 47,50)

2. (FGV) Na tabela ao lado, x é diretamente proporcional ao quadrado de y.
   Sendo $y > 0$, os valores de m e p são, respectivamente:

   a) $\dfrac{1}{4}$ e $\dfrac{1}{16}$ c) 16 e 4   e) 4 e 8

   b) 4 e 16   d) $\dfrac{1}{16}$ e 1

x	y
1	2
m	8
4	p

3. As empresas nacionais e internacionais produtoras de celulose têm realizado paradas de produção para controlar a oferta (*Gazeta Mercantil*, 16 abr. 2001). Dentre os fatores abaixo, quais podem estar gerando esse comportamento? (Justifique sua resposta.)
   a) O preço da tonelada do produto caiu de US$ 690 para US$ 610.
   b) Altos estoques: o nível de equilíbrio de estoques, segundo analistas, é de 1,5 milhão de tonelada e o preço justo de US$ 600 a tonelada.
   c) A demanda mostra tendência de rápida recuperação.
   d) A demanda mostra tendência de lenta recuperação.

4. Leia os trechos da reportagem a seguir, identifique quais variáveis estão relacionadas em cada um e explique a situação utilizando a lei da oferta e da procura:
   I. Por outro lado, a redução da escala de produção de cinescópios (os tradicionais tubos de imagem) faz com que os aparelhos convencionais passem a ficar mais caros. Em maio, por exemplo, a Americanas pedia R$ 329 pela Semp Toshiba 14 polegadas 1450MAV. O preço atual é R$ 349. Ou seja, o televisor está 6% mais caro.
   II. Para o presidente da Eletros, Paulo Saab, é exatamente por este motivo que haverá aumento até o fim do ano. Devido à rápida substituição dos convencionais por aparelhos de plasma e LCD em mercados como o dos Estados Unidos, Europa e Japão, muitos fabricantes de cinescópios tradicionais fecharam fábricas, e a oferta do produto caiu fortemente, diz. Já o reajuste nos preços dos aparelhos mais modernos se dará, principalmente, por conta do aumento do custo de fretes.
   Fonte: <http://www.jt.com.br/editorias/2006/10/12/eco-1.94.2.20061012.1.1.xml>.

5. Um produtor agropecuário disponibilizava 800 kg de seu produto que tinha o preço fixado em R$ 2,00, o quilograma. Considerando esse preço muito baixo, ele retirou-se do mercado no que diz respeito a esse produto. Após novas negociações com o governo, teve o preço reajustado para R$ 2,80 o quilograma, oferecendo então 1 600 kg ao mercado.
    a) Qual é o preço mínimo do produto?
    b) Encontre a equação de oferta para esse produto.
    c) Determine o preço para a limitação de produção que é de 3 toneladas.
    d) Esboce o gráfico da função.

6. Uma empresa opera com uma variação do preço de seu produto no mercado em relação à quantidade do produto oferecida, conforme a tabela abaixo:

quantidade	500	750	400	300	620
preço unitário (R$)	1 700	2 450	1 400	1 100	2 060

Com base nos dados, responda:
   a) Um acréscimo de 100 unidades na quantidade ofertada representa que aumento no preço correspondente?
   b) A partir dos dados acima tabelados, encontre a equação da função oferta do produto.
   c) Trace o gráfico da função oferta.
   d) Quando o preço de mercado do produto estiver em R$ 800,00, qual será a quantidade oferecida pela empresa?
   e) Qual é o preço mais baixo pelo qual esse artigo poderia ser oferecido?

7. A oferta NÃO foi responsável pela queda dos preços em apenas uma das situações abaixo. Indique qual e justifique sua opção.
   a) As máquinas avançam nas áreas de arroz, tanto no Sul como no Centro-Oeste. A melhor oferta no mercado deu estabilidade aos preços nesta semana, que já se aproximam dos praticados na safra de 2003. Em fevereiro, estavam bem acima.
   b) Os preços do milho continuam em queda em relação aos do início do ano. Previsões de safra maior e mercado mais bem abastecido neste ano derrubam os preços, que só não caem mais devido às exportações.
   c) A soja caiu ontem em Chicago devido às notícias de novo foco de gripe aviária nos Estados Unidos. A possibilidade de menor consumo de farelo de soja nas rações provocou a queda nos preços, apesar da existência de estoques mundiais reduzidos.
   d) A grande safra mundial de açúcar do ano passado ainda inibe os preços internacionais, que são inferiores aos de há um ano.

   Fonte: *Folha de S.Paulo*, caderno *Dinheiro*, 9 mar. 2004.

8. Visando controlar as longas filas nos pedágios das rodovias que levam ao litoral, nos horários críticos dos fins de semana, a empresa responsável definiu uma função que estabelece a variação dos preços do pedágio de acordo com uma estimativa do número de carros que passa no pedágio a cada hora. Observe a tabela:

Capítulo 1 — Oferta, demanda e ponto de equilíbrio de mercado

SÁBADO		
Horário (h)	Nº de carros	Preço unitário (R$)
...	...	...
8 – 9	50 000	5,00
...	...	...
12 – 13	20 000	4,50
...	...	...
16 – 17	5 000	4,25

a) Determine, com base na tabela acima, a equação da função preço.
b) A função é crescente ou decrescente? Justifique.
c) Qual seria o preço mínimo cobrado no pedágio?
d) Para que estimativa de número de carros o preço seria R$ 4,75?

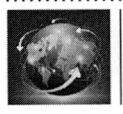

NO MUNDO REAL

O bom cenário para o café neste ano favorece os preços. Essa alta se deve à queda de produção em alguns dos principais países produtores, principalmente no Brasil. A manutenção no ritmo de elevação do consumo e a menor oferta mundial do produto nos últimos dois anos estão tirando os preços do fundo do poço. Mesmo exportando um volume menor, o Brasil vem aumentando as receitas conseguidas com o café no mercado externo neste ano.

Fonte: *Folha de S.Paulo*, caderno *Dinheiro*, 8 mar. 2005.

1.3. Ponto de equilíbrio de mercado

O equilíbrio de mercado é atingido quando o preço cobrado (y_o) é o mesmo que o demandado (y_d) e quando a quantidade demandada (x_d) coincide com a ofertada (x_o).

Trata-se de um acordo entre dois pontos de vista, em certa medida, opostos: o do ofertante e o do consumidor.

Para determinar, algebricamente, o ponto de equilíbrio de mercado (PE), basta resolvermos o sistema formado pelas equações de oferta e de demanda.

Graficamente, o ponto de equilíbrio é o ponto de intersecção dos gráficos das funções de oferta e demanda.

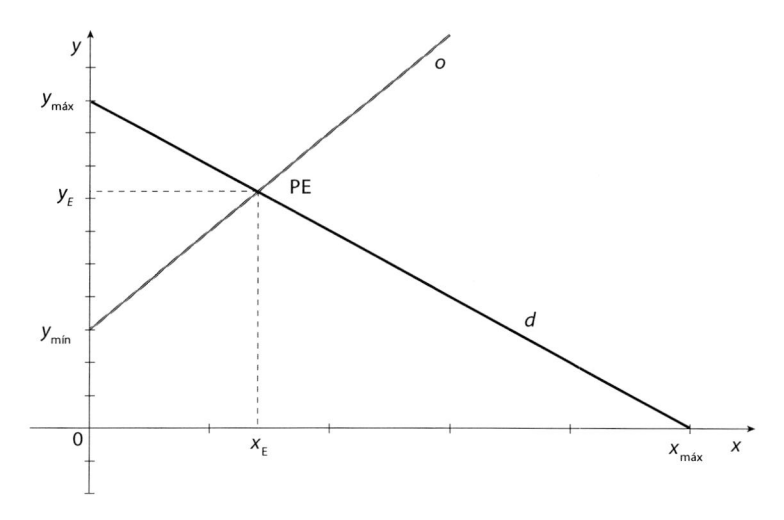

O gráfico tem significado econômico em $[y_{mín}, y_{máx}]$, pois, nesse intervalo, as quantidades ofertadas ou demandadas são positivas ou nulas.

Para um ponto de ordenada $0 \leq y < y_{mín}$, temos $x_{(oferta)} < 0$ embora $x_{(demanda)} > 0$.

Para um ponto de ordenada $y > y_{máx}$, temos $x_{(oferta)} > 0$, mas $x_{(demanda)} < 0$.

Considerando o eixo Ox, o gráfico tem significado econômico em $[0, x_{máx}]$, pois para $x > x_{máx}$, $y_{(oferta)} > 0$, mas $y_{(demanda)} < 0$.

Desse modo, podemos analisar economicamente o problema, considerando o eixo Ox (eixo das abscissas) ou o eixo Oy (eixo das ordenadas).

ANÁLISE PELO EIXO Ox:

$[0, x_E[$	$y_o < y_d$	Excesso de demanda
Em x_E	$y_o = y_d = y_E$	Ponto de equilíbrio de mercado (PE)
$]x_E, x_{máx}]$	$y_o > y_d$	Excesso de oferta

ANÁLISE PELO EIXO Oy:

$[y_{mín}, y_E[$	$x_o < x_d$	Excesso de demanda
Em y_E	$x_o = x_d = x_E$	Ponto de equilíbrio de mercado (PE)
$]y_E, y_{máx}]$	$x_o > x_d$	Excesso de oferta

EXEMPLOS

1. Leia o texto a seguir.

> Em média, um patamar de utilização de capacidade acima de 80% já é considerado elevado, com possíveis impactos nos preços, dependendo do nível de consumo.(...)

Num ambiente mais competitivo da indústria, (...) não existe um risco de forte aumento de preços industriais em razão da oferta mais estreita, sob risco de perda de mercado. É que a demanda, ainda que em expansão, não está tão aquecida ao ponto de permitir reajustes expressivos, segundo ele.

De acordo com Cunha, boa parte da demanda tem origem nas classes de menor poder de compra, o que também impede fortes aumentos de preço.

Fonte: <http://www1.folha.uol.com.br/fsp/dinheiro/fi0108200605.htm>.

Embora a oferta seja menor, nesse caso ela não deve provocar aumento de preços, pois a demanda não atingiu ainda um volume que permita esse aumento.

2. Sendo as equações de oferta e demanda a seguir, vamos determinar o PE de mercado.

$$o: y = + 3x + 80$$
$$d: y = - 2x + 100$$

No PE, temos:

$$y_o = y_d$$
$$3x + 80 = -2x + 100$$
$$5x = 20$$
$$x_E = 4$$

Substituindo $x_E = 4$ em qualquer das duas equações:

$$y_E = -2 \cdot 4 + 100 \rightarrow y_E = 92$$

Assim, o PE de mercado é: (4, 92); observe o gráfico.

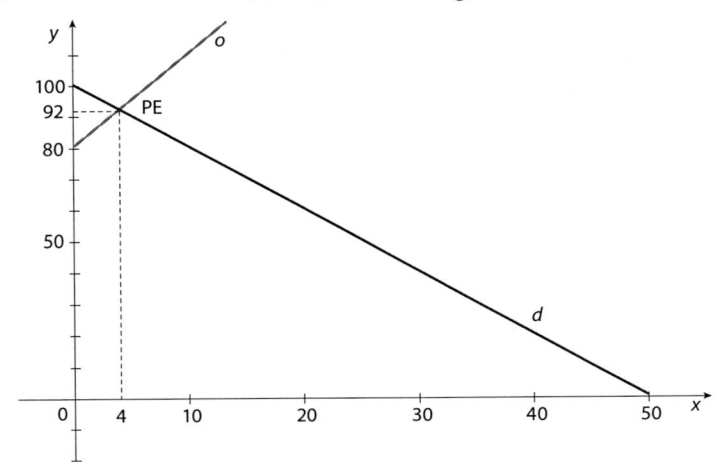

Ao disponibilizar 4 unidades a R$ 92,00 cada uma, não haverá nem sobra nem falta do produto no mercado, pois o consumidor demandava exatamente 4 unidades a esse preço unitário.

TECNOLOGIA
Software e Gráfico

No *Winplot*, com ambos os gráficos construídos $d: y = -2x + 100$ e $o: y = +3x + 80$, basta escolher "Dois" e em "Intersecções" teremos o *ponto de equilíbrio de mercado (PE)*. Em "Ver", escolha "Grade" e verifique o que ocorre variando suas opções.

Ao cobrar um valor *maior* do que o preço de equilíbrio, o fornecedor ou ofertante observará uma sobra de produto no mercado, ou seja, um *excesso de oferta* ou uma escassez de demanda; ao cobrar *menos* do que o preço de equilíbrio, haverá *excesso de demanda* ou escassez de produto ou de oferta.

Análise econômica:

- para $80 \leq y < 92$, temos *excesso de demanda*;
- para $y = 92$, estamos no *ponto de equilíbrio de mercado (PE)*;
- para $92 < y \leq 100$, temos *excesso de oferta*.

NO MUNDO REAL

**GOVERNO AMEAÇA MULTAR QUEM MAQUIOU PRODUTO
SANÇÃO PODE CHEGAR A ATÉ 30% DO FATURAMENTO SE
HOUVER FORMAÇÃO DE CARTEL**

Francisco Carlos de Assis e Marcia de Chiara

O governo poderá multar as empresas que não tenham informado claramente mudanças nas quantidades dos produtos ou que tiveram nitidamente formado cartel para manipular preços, através da alteração das embalagens.

No primeiro caso, o da falta de transparência de informações, a multa poderá variar de 200 (R$ 212,82) a 3 milhões de Ufir (R$ 3,19 milhões). No segundo caso, a multa varia de 1% a 30% do faturamento anual da empresa.

A ameaça foi feita ontem pelo secretário de Direito Econômico do Ministério da Justiça, Paulo de Tarso Ribeiro, após um encontro que reuniu o Secretário de Acompanhamento Econômico, do Ministério da Fazenda, Cláudio Considera, fabricantes de biscoitos e de papel higiênico, representantes do Instituto de Pesos e Medidas (IPEM), Inmetro e Procon-SP.

Na próxima quinta-feira, haverá uma reunião em Brasília com o Ministério da Justiça, Procon-SP, Inmetro e fabricantes de biscoitos para tentar chegar a uma padronização das embalagens. A indústria de biscoitos, por sua vez, reúne-se amanhã em São Paulo para tentar encontrar soluções para o problema, segundo o presidente da Associação Nacional da Indústria de Biscoitos, Cid Maraia de Almeida.

Capítulo 1   Oferta, demanda e ponto de equilíbrio de mercado   **33**

A investigação sobre a possível formação de cartel por parte dos fabricantes de papel higiênico prossegue. Há indícios de que os três maiores fabricantes do setor tenham mudado as metragens dos rolos, do 40m para 30m, de forma coordenada. "A questão de preço não entra na discussão, porque eles estão livres, mas a mudança deve ficar clara para o consumidor", disse Considera.

O problema, porém, pode ser mais amplo, segundo denúncia da coordenadora do Movimento das Donas de Casa de Minas Gerais, Lúcia Pacífico. Segundo ela, por informações de consumidores, existiriam também alterações em outros itens, como achocolatados, fraldas descartáveis, sabonetes, desodorantes, extratos de tomate, caldo de galinha, cera em pasta, sardinhas, pães de forma e rações para cachorro.

Em virtude do grande número de itens que têm suas embalagens modificadas, com redução das quantidades, sem a proporcional mudança nos preços dos produtos, a Fundação Instituto de Pesquisas Econômicas (Fipe), que mede a variação dos preços na capital paulista, decidiu rever o cálculo do Índice de Preços ao Consumidor (IPC). Segundo o coordenador do IPC, Heron do Carmo, isso vai representar um aumento de 0,08 ponto percentual no índice do mês.

Para Heron do Carmo, a mudança representa um aumento maquiado de preços.

"Mesmo pequeno, isso altera a taxa de inflação", disse ele.

O assunto foi levado pelo coordenador da Fipe, na última sexta-feira, ao secretário Cláudio Considera. Heron disse que algumas empresas enviaram documentos à Fipe alegando mudanças nas fórmulas e nas embalagens.

Fonte: *O Estado de S. Paulo,* 21 ago. 2001.

EXERCÍCIOS E PROBLEMAS PROPOSTOS

1. (FGV – Especialização *Business Economics*) No gráfico a seguir, estão representadas as funções $f(x)$ e $g(x)$ assim definidas $f(x) = ax + b$ e $g(x) = 3 - x$. Se $a - b = 2$, então, $a \cdot b$ é igual a:

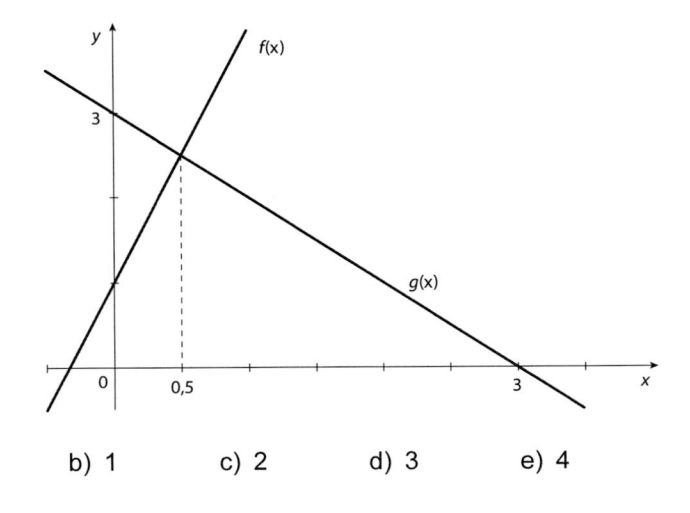

a) 0   b) 1   c) 2   d) 3   e) 4

(FGV – Especialização *Business Economics*) O texto a seguir se refere às questões 2 e 3.

O preço e a quantidade de *equilíbrio de mercado* são aqueles representados pelas coordenadas do ponto de intersecção das curvas de oferta e de demanda.

As funções de oferta e de demanda de um produto são, respectivamente, $x - 6p + 10 = 0$ e $p^2 + p + x - 20 = 0$, em que p dezenas de reais é o preço por unidade do produto e x milhares de unidades, a quantidade.

2. Na situação de *equilíbrio de mercado,* a quantidade do produto oferecida e demandada deverá ser igual a:
    a) 8 000 unidades
    b) 3 000 unidades
    c) 800 unidades
    d) 5 000 unidades
    e) 300 unidades

3. O preço mais alto que nenhum consumidor estaria disposto a pagar pelo produto é:
    a) R$ 50,00
    b) R$ 40,00
    c) R$ 57,00
    d) R$ 80,00
    e) R$ 17,00

4. O preço mínimo para que um artigo possa ser produzido é R$ 20,00. A empresa pode colocar no mercado mais 225 unidades do produto, a cada elevação de 1 real no preço unitário. Por outro lado, se no preço mínimo há uma procura de duas mil unidades do produto, o preço máximo que o mercado suportaria seria de R$ 100,00.
    a) Determine as funções de oferta e de demanda.
    b) Esboce o gráfico conjunto.
    c) Determine o preço para equilíbrio de mercado.

5. Ao elevar o preço unitário em R$ 2,50, permitindo uma oferta de mais 25 litros, um pequeno empresário viu a demanda por seu principal produto cair 12,5 litros. Quando ele reduziu o preço para R$ 30,00 o litro, ainda não obteve resultado satisfatório: em torno de 7,5 litros não foram comercializados; esse mercado pagaria, no máximo, por volta de R$ 56,90, o litro. Determine:
    a) a equação de demanda;
    b) a equação de oferta;
    c) e construa um gráfico ilustrativo da situação indicando o ponto de equilíbrio de mercado (PE).

6. Durante as férias escolares, uma loja de salgadinhos dispunha de um estoque de 30 kg de um determinado produto e cobrava R$ 10,00, o quilograma desse produto. Ao final das férias, o estoque correspondia a 50% do que era, e o comerciante reduziu seu preço para R$ 7,00. Com o início das aulas, a demanda aumentou, chegando a 10 kg em um só dia. Realizando uma pesquisa "informal" entre os escolares, o comerciante calcula que aumentando seu preço para R$ 8,00, o quilograma, haverá uma redução de 50% na demanda.
    a) Determine a equação de oferta do produto.
    b) Determine a equação de demanda do produto.

c) Qual é o preço mínimo na oferta? Qual é o preço máximo na demanda?
d) Determine o ponto de equilíbrio de mercado (PE).
e) Ao cobrar R$ 7,00, o quilograma, houve excesso de demanda ou excesso de oferta? Quantifique.
f) Elabore uma crítica a respeito dos dados utilizados para determinar a equação de demanda.
g) Construa o gráfico ilustrativo da situação.

1.4. Análises que envolvem o ponto de equilíbrio de mercado

Excesso de oferta ou Excesso de demanda

Um excesso de oferta ou de demanda pode ser representado em um gráfico de PE observando a distância "horizontal" entre os gráficos de oferta e demanda:

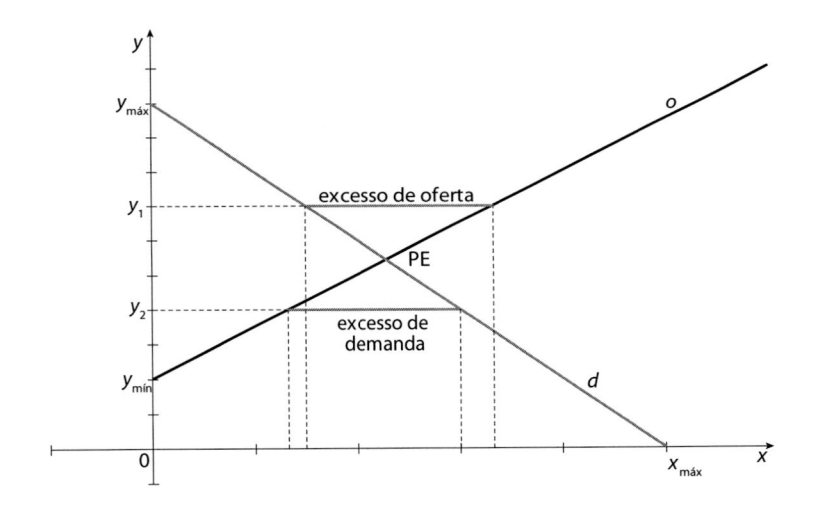

Ao preço y_1 foi demandada uma quantidade de produto menor do que a ofertada; sobrou produto no mercado e a tendência será de queda no preço unitário tendendo ao preço de equilíbrio.

Ao preço y_2 foi ofertada uma quantidade de produto menor do que a demandada; faltou produto no mercado e a tendência será de alta no preço unitário tendendo ao preço de equilíbrio.

O quanto sobrou do produto (excesso de oferta) ou quanto faltou (excesso de demanda) é o comprimento de cada segmento-distância horizontal indicado no gráfico, pois é a diferença $x_o - x_d$ ou $x_d - x_o$, respectivamente.

EXEMPLO

A cada redução de R$ 9,00 no preço unitário, a procura por determinado produto cresce uma unidade. O preço unitário mínimo é R$ 100,00. Com R$ 292,00 de preço, há uma disponibilidade de 32 unidades, mas *sobram* 20 unidades.
Considerando essas informações, determine:

a) equação de oferta
Sabemos que o preço mínimo da oferta é R$ 100,00, portanto $n = 100$.
A 32 unidades corresponde o preço unitário R$ 292,00, portanto o ponto (32, 292) está na reta que estamos procurando.
Desse modo, utilizando a forma reduzida de equação da reta:

$$y = mx + n$$
$$y = mx + 100$$
$$292 = m \cdot 32 + 100$$
$$m = 6$$

E a equação de oferta é: $y = 6x + 100$.

b) a equação de demanda
Para a equação de demanda, temos, explicitamente, apenas uma informação:

$$m = \frac{\Delta y}{\Delta x} = \frac{-9}{+1} = -9$$

Mas também sabemos que a R$ 292,00 sobraram 20 unidades, das 32 unidades que foram oferecidas. Portanto, 12 unidades foram vendidas e, então, foram demandadas.
Determinando a equação de demanda usando a forma ponto-declividade:

$$y - y_0 = m(x - x_0)$$
$$y - 292 = -9(x - 12)$$
$$y = -9x + 400$$

c) se o preço R$ 292,00 está acima ou abaixo do preço de equilíbrio (justifique sem usar o item d).
Se houve excesso de oferta, o preço cobrado estava acima do que os consumidores estavam dispostos a pagar e, portanto, acima do preço de equilíbrio.

d) o ponto de equilíbrio de mercado (PE).
Basta igualar o preço do ponto de vista do ofertante com o preço que os consumidores estão dispostos a pagar:

$$6x + 100 = -9x + 400$$
$$15x = 300$$
$$x_E = 20$$

e $y = -9 \cdot 20 + 400$, ou seja, $y_E = 220$.
Assim, PE (20, 220).

e) e construa um gráfico ilustrativo da situação, representando o excesso mencionado.

Os gráficos de oferta e demanda são retas e bastam dois pontos para determinar cada uma. O ponto de equilíbrio de mercado estará em ambas.

Oferta		Demanda	
x	y	x	y
0	100	12	292
20	220	20	220

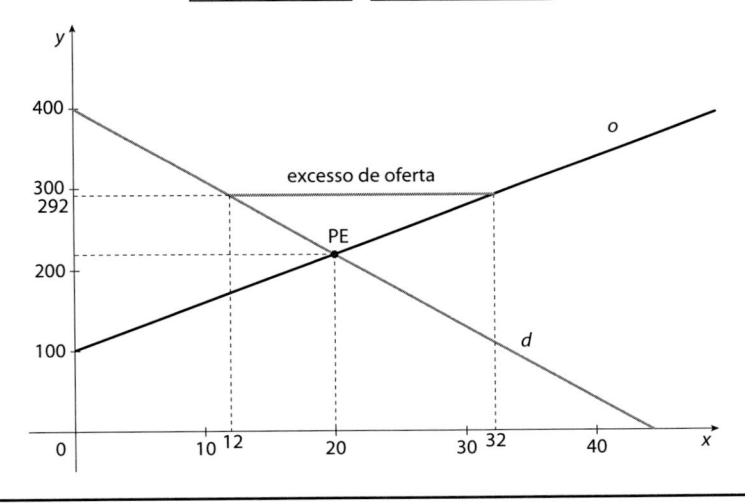

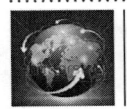

NO MUNDO REAL

EXPANSÃO EM RITMO ACELERADO

Os últimos números do desempenho do setor no Brasil confirmam a percepção de editores e livreiros de um fenômeno que cedo ou tarde acontece nos grandes mercados editoriais: a superprodução.

Por alto, Sergio Machado calcula que sejam mais de 2 milhões de livros. Isso considerando só o excesso, "algo de que a gente poderia se desfazer sem afetar em nada a editora". Estão estocados há cinco, seis anos, num armazém alugado próximo à sede da Record, grupo editorial que Machado preside, ali junto ao estádio do Vasco, na zona norte do Rio. Lá seguiriam indefinidamente não fosse o recente pedido de desocupação do lugar. Agora o dono da maior editora de obras de interesse geral do País tem poucos meses para dar destino às pilhas que abarrotam o lugar. "Estamos alugando outro espaço e avaliando alternativas", diz Machado. "É provável que alguma coisa seja destruída."

A eliminação de sobras de livros é tema abordado com cautela por empresários, mas a prática de "transformar em aparas", como eles preferem, é bem menos rara do que se possa pensar, em especial neste momento em que o mercado editorial brasileiro produz muito mais do que consegue vender. A mais recente pesquisa, realizada pela Fundação Instituto de Pesquisas Econômicas (Fipe), dá a dimensão. Em 2010, as editoras produziram quase 23% mais exemplares de livros que em 2009, enquanto o crescimento no número de cópias vendidas foi de apenas 13%. Conforme a estimativa, ao longo do ano foram produzidos 55 milhões de livros a mais do que se comercializou para o mercado e o governo, mantendo uma tendência à superprodução já percebida nos últimos anos. Num momento em que o digital domina o debate sobre o futuro do livro, o presente é feito de encalhe de livros em papel.

Os números confirmam a percepção unânime de editores e livreiros desse fenômeno que, mais cedo ou mais tarde, repete-se em vários países. "Há uma superprodução. Trabalho na área desde 1984 e nunca vi coisa igual. De uns dois anos para cá, deu um salto", diz Ricardo Schil, gestor de negócios da Livraria Cultura. Atuando nos dois lados do negócio, o editor e livreiro Alexandre Martins Fontes diz não ter dúvida de que hoje se produz muito mais do que o mercado pode consumir. "E me pergunto onde isso vai parar. Em algum momento o mercado terá de se autorregular. Porque, se você publica e não vende, uma hora você quebra."

O inchaço na produção teve como estímulos o aumento das compras pelo governo, o maior poder aquisitivo da classe C e o crescimento de um público leitor mais jovem, decorrência do sucesso de Harry Potter. Mas, mais do que o número de compradores em potencial, o que impulsionou essa superprodução foram as facilidades tecnológicas. "Antigamente, para editar um livro eram necessários equipamentos caros e sofisticados. Aquilo era uma espécie de filtro. Com as novas possibilidades de edição e impressão ficou tudo mais viável", diz Sérgio Machado.

Entre edições e reedições, publicaram-se em 2010 no Brasil quase 55 mil títulos, numa média de 210 diferentes obras chegando ao mercado por dia útil. Só o Grupo Record, adepto de uma agressiva estratégia de publicar muito para que os sucessos compensem os fracassos, coloca no mercado todo mês 80 novos títulos. Nem uma esfriada nas vendas, como a percebida nos últimos meses pela diretora editorial da casa, Luciana Villas-Boas, prejudica a produção do grupo, que imprime 600 mil exemplares por mês. "Se caem as vendas, acabamos publicando mais títulos, porque as máquinas ficam menos tempo ocupadas com impressões."

Esse tipo de pensamento incomoda editoras menores. "Se por um lado essa variedade de títulos parece boa, ao final, quando o gargalo é a distribuição, o problema fica ainda maior. A disputa por espaço nas livrarias torna-se inviável", diz Cristina Warth, editora da Pallas.

Com cerca de cem associadas, a Libre, entidade que reúne pequenas e médias editoras, entende que o excesso de oferta prejudica a bibliodiversidade. Foi o que constatou também uma recente pesquisa divulgada na Espanha pela FGEE, a maior entidade editorial local: naquele país, um novo título tem no máximo 30 dias para chamar a atenção do público leitor antes de dar lugar a títulos ainda mais novos.

O excesso de oferta pode parecer positivo para o leitor, mas não é bem assim. No Brasil, desde 2004 as pesquisas apontam para uma queda no preço do livro, mas mais lenta do que fariam supor as facilidades de impressão e a concorrência acirrada. Como as editoras publicam muito mais do que as livrarias conseguem estocar, os gastos com estratégias de exposição aumentam os custos da produção. "Com o exagero na produção de títulos, algumas coisas boas, autores ou títulos, já nascem mortas, pois não conseguirão o mesmo espaço para divulgação na imprensa ou nas livrarias", diz Warth, da Pallas.

Capítulo 1 Oferta, demanda e ponto de equilíbrio de mercado

Estocagem. Há algum tempo, o escritor amazonense Márcio Souza recebeu do governo do Pará a sobra de uma HQ baseada em seu romance Galvez, o Imperador do Acre, editada com financiamento público. Era algo em torno de 300 exemplares, que Souza começou a distribuir entre amigos. "Acho que seria mais fácil eu me livrar de um cadáver do que dessa sobra. Ainda tenho aqui uns cem. Ninguém tem tanto amigo."

Doar é sinônimo de dor de cabeça. Para editoras, preparar kits com poucos exemplares de cada livro e distribuir entre instituições sairia mais caro que estocar e não resolveria a questão da quantidade; tampouco interessa às instituições receber mil exemplares de um livro só. "A doação existe, mas não resolve. Além disso, dependendo do contrato, você não consegue doar sem pagar direitos autorais. Daí precisa de documentação para fins de doação do autor e do governo", diz Roberto Feith, diretor da Objetiva.

Maria Zenita Monteiro, coordenadora do Sistema Municipal de Bibliotecas de São Paulo, responsável por mais de cem pontos na cidade, diz que iniciativas de doações são raríssimas. "Quase 100% dos livros que as bibliotecas têm são comprados. Este ano, recebemos uma única doação de uma editora, Editora 34, que teve uma sobra de coisas que publicaram pelo governo."

Junta-se a isso o fato de que estocar é muito mais caro que destruir o encalhe, mesmo que a destruição implique perder o dinheiro da edição. No caso dos dois milhões de livros para os quais a Record precisa achar uma solução, até fazer um saldo seria difícil, já que, segundo Machado, os autores teriam de autorizar. Só de nacionais, ele imagina, são cerca de 1 200, num universo de 3 mil títulos.

Feith acredita que a seleção cada vez maior de títulos será imprescindível. "Tudo tem o seu ponto de equilíbrio, o mercado editorial precisa descobrir o seu. Vamos ter de descobrir quando começar a existir prejuízo." É claro que, no caso do mercado editorial, o caso é mais complicado, já que um único best-seller pode compensar toda a aposta em títulos que encalham.

Fonte: <http://www.estadao.com.br/noticias/impresso,expansao-em-ritmo-acelerado,761201,0.htm>. Acesso em 20 ago. 2011.

Deslocamento das curvas de oferta ou de demanda

Uma empresa utilizava uma equação de demanda d_1 para fazer estimativas de demanda a cada preço unitário de seu produto. Verificando seguidas vezes que a demanda era maior do que a estimada àquele preço, redefiniu sua equação de demanda para d_2.

Observe o gráfico.

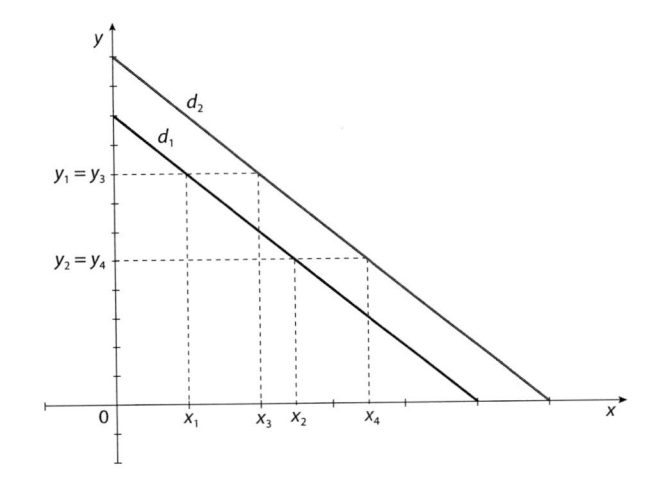

Para o preço y_1, a demanda esperada era de x_1 unidades, mas a demanda que se verificou foi x_3, ou seja, faltou produto no mercado.

Se o preço fosse y_2, a demanda esperada seria de x_2 unidades, mas a demanda verificada seria x_4, ou seja, faltaria produto no mercado.

Por que a demanda foi maior se os preços foram os mesmos?

É provável que alguma ou algumas daquelas variáveis estejam interferindo no comportamento da demanda individualmente ou de forma conjunta. Por exemplo, a qualidade do produto pode ter aumentado, fazendo com que mais unidades fossem demandadas sem que o preço unitário tenha caído; ou um concorrente saiu do mercado no que diz respeito a esse produto e houve, então, uma "migração" para o produto dessa empresa; ou a renda do consumidor subiu e ele percebe, agora, um mesmo preço como se ele fosse menor, comparado com sua renda, demandando, portanto, mais do produto.

Observando o gráfico a seguir, podemos supor situações opostas as que acabamos de comentar, para justificar o comportamento da demanda.

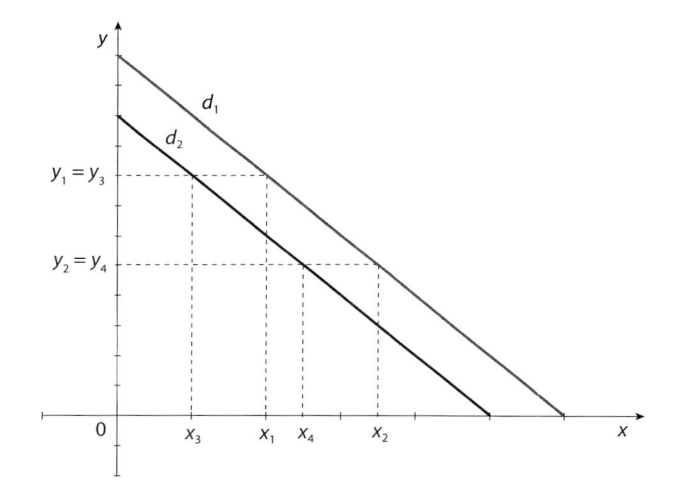

Por exemplo, a qualidade do produto pode ter caído, fazendo com que menos unidades fossem demandadas sem que o preço unitário tenha subido; ou um novo concorrente entrou no mercado e houve, então, uma "migração" para o produto dele; ou a renda do consumidor caiu e ele percebe, agora, um mesmo preço como se ele fosse maior, comparado com sua renda, demandando, portanto, menos do produto.

Capítulo 1 Oferta, demanda e ponto de equilíbrio de mercado

Para a função oferta, podemos considerar situações semelhantes. Um ofertante pode passar a oferecer mais de seu produto, sem que o preço unitário esteja mais convidativo, seja porque teve seus custos reduzidos, ou porque tem uma estratégia de promoção do produto (Gráfico I a seguir).

Ou então esse ofertante passa a ofertar menos, porque verificou uma sobra de produto no mercado, ou porque o produto passa por uma renovação e será relançado, dentre outras possíveis situações (Gráfico II a seguir).

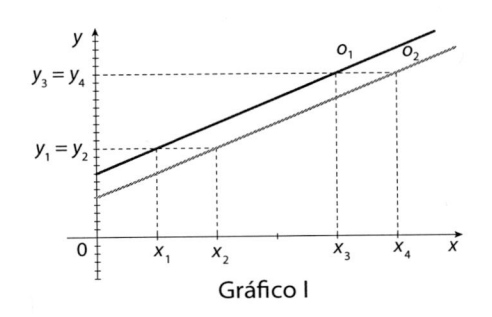

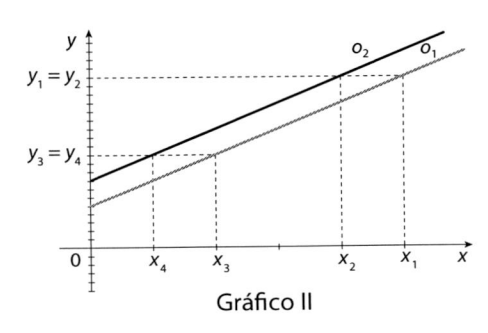

Gráfico I

Gráfico II

Note que, em ambos os casos, as retas representativas da demanda ou da oferta sofreram translações (deslocamentos) e conseguimos representar a interferência de uma ou de diversas outras variáveis sem ter de sair do plano ($\Re^2$).

Podendo oferecer maior quantidade do produto com os mesmos preços, a empresa passa a trabalhar com um novo ponto de equilíbrio em que o preço de equilíbrio será menor e, consequentemente, a quantidade de equilíbrio será maior (a preços menores, haverá maior demanda). Observe:

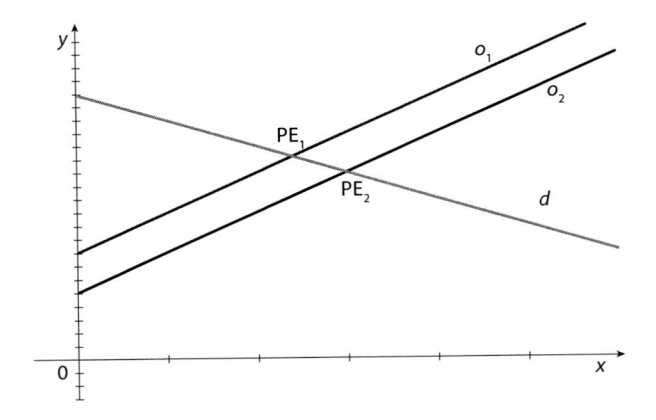

EXEMPLOS

1. Leia o texto a seguir.

   Já faltam peças para produzir TVs no país
   Adriana Mattos da Reportagem Local

   A Semp Toshiba teve de mandar em agosto uma equipe de profissionais para a Ásia na tentativa de comprar mais componentes para a produção de TVs. Como a procura pelo produto cresceu, foi necessário fechar compras de urgência nos últimos dias para a produção de setembro e de outubro. A direção do grupo, assim como o comando da fabricante Evadin, diz que poderá faltar mercadoria no final do ano.

   Afonso Hennel, presidente da Semp Toshiba, informou ontem que acredita que o volume de TVs produzidos para atender aos pedidos neste ano ficará 20% abaixo da demanda. As fábricas do setor já aumentaram o ritmo de produção.

   A preocupação do setor, conforme a Folha antecipou, está na dificuldade em obter peças (como circuitos integrados) e cinescópios (tubos de imagem, só fabricados no país pelas empresas Philips e Samsung).

   "O problema todo é que as companhias não acham componentes porque a demanda no mundo cresceu", diz Leo Kryss, presidente da Evadin, fabricante da marca Mitsubishi.

   A Semp Toshiba espera vender de 1,5 milhão a 1,7 milhão de TVs neste ano.

   A previsão inicial era de 1,2 milhão.

   Fonte: <http://www1.folha.uol.com.br/fsp/dinheiro/fi0109200408.htm>.

   A previsão inicial de demanda da companhia foi inferior ao que se verificou realmente e é provável, devido ao aumento internacional da demanda e à dificuldade da companhia em ampliar a oferta, que os preços subam para controlar a demanda até que a oferta possa ser ajustada ao novo cenário.

2. Sendo as equações de oferta e demanda:

$$o_1: y = 3x + 80$$
$$o_2: y = 3x + 50$$
$$d: y = -2x + 200$$

Capítulo 1 — Oferta, demanda e ponto de equilíbrio de mercado

O ponto de equilíbrio considerando o_1 e d é PE (24, 152).
O ponto de equilíbrio considerando o_2 e d é PE (30, 140).

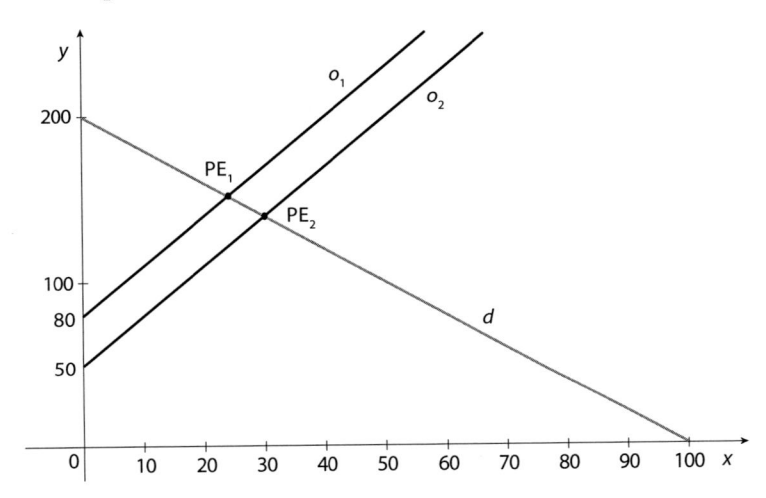

A empresa está oferecendo maior quantidade de produto ao mesmo preço unitário; consequentemente haverá mais produto disponível e o novo equilíbrio acontece a um preço menor (todos os possíveis preços caíram, inclusive o de equilíbrio) e a uma maior quantidade (preços menores, demanda maior).

Exercícios e problemas propostos

1. Leia a reportagem e identifique quais variáveis podem ser postas em relação e como cada uma afetou o comportamento da outra.

    Por que os imóveis encolheram

    1. O processo de urbanização provocou o aumento da procura de imóveis
    2. A demanda fez subir o preço dos terrenos
    3. Construir apartamentos ficou mais barato que construir casas
    4. A migração para as cidades continuou
    5. O preço dos terrenos não parou de subir
    6. Construir apartamentos menores foi a solução
    7. A renda das pessoas caiu
    8. O financiamento imobiliário secou
    9. A saída foi construir apartamentos ainda menores

    (Núcleo de Estudos sobre Habitação e Modos de Vida da Universidade de São Paulo)
    Fonte: *Veja online*, edição 1790.

2. Dadas as equações a seguir, identifique-as deste modo: equações de oferta (O), equações de demanda (D), podem representar ambas, oferta ou demanda (A), ou nenhuma delas (N):
   a) $3x + 2y - 15 = 0$
   b) $2x - 6y + 9 = 0$
   c) $4y - 5 = 0$
   d) $3x = -2$
   e) $x = \frac{1}{2}y$
   f) $x = 20$
   g) $3x + 5y + 12 = 0$
   h) $2x = 6y - 3$
   i) $y - 2 = -3(-2 + x)$
   j) $y = 2x - 5,5$

3. O clorofluorcarbono ou gás CFC, o vilão da camada de ozônio, é uma substância condenada à extinção: "No processo de eliminação do produto as fábricas são fechadas e, [...]" (*Gazeta Mercantil*, 30 mar. 2001).
   Dentre as alternativas abaixo, quais podem completar corretamente a frase acima? (Justifique sua resposta.)
   a) ...como consequência, há um aumento dos preços".
   b) ...embora a venda seja livre no mercado, a oferta tende a diminuir com o tempo".
   c) ...o produto sofrerá uma queda na demanda devida à substituição pelo HFC (substituto definitivo) ou pelo HCFC (produto de transição), gases menos destrutivos".
   d) ...consequentemente, a demanda mostrará tendência de lenta recuperação".

4. Uma empresa *dispunha* da seguinte equação de demanda para um de seus produtos:
   $$y = -3x + 10$$
   Devido a algumas alterações no mercado, ela acredita poder oferecer seu produto a preços maiores sem ter a demanda reduzida por isso. Nesse caso, podemos afirmar que:
   a) a reta representativa da demanda deslocou-se para a direita;
   b) a reta representativa da nova situação *quantidade demandada* × *preço* é mais inclinada que a anterior;
   c) a reta representativa da demanda deslocou-se para a esquerda;
   d) a reta representativa da nova situação *quantidade demandada* × *preço* é menos inclinada que a anterior.

5. Uma empresa ofereceu ao mercado 10 500 unidades de um produto ao preço unitário R$ 77,50, com uma expectativa de demanda em torno de dez mil unidades. No entanto, suas estimativas revelaram-se completamente equivocadas: a esse preço a empresa conseguiu vender apenas 4 500 unidades. Feita uma pesquisa, constatou-se que, reduzindo em 10% seu preço, haveria um incremento de 1 550 unidades, aproximadamente, na procura; com tal redução de preço, a empresa produzirá 8 950 unidades.
   a) Com base nesses dados, você poderia afirmar se o preço R$ 77,50 está acima ou se está abaixo do preço de equilíbrio? Por quê?
   b) Encontre a equação de demanda e a equação de oferta.
   c) Determine o preço mínimo pelo qual o produto poderia ser oferecido; e o preço máximo que os consumidores estariam dispostos a pagar.

Capítulo 1   Oferta, demanda e ponto de equilíbrio de mercado

d) Compare o preço na oferta e o preço na demanda para uma quantidade igual a 6 000 unidades, indicando se haverá excesso de oferta, excesso de demanda ou nenhum deles.
e) Determine o ponto de equilíbrio de mercado.
f) Trace o gráfico das funções oferta e demanda em um mesmo plano cartesiano e analise economicamente a situação.

6. A É_PACABÁ S/A. colocou no mercado 8 000 unidades de seu produto a R$ 12,00 a unidade. Por esse preço, *sobraram* 4 000 unidades. A empresa reestudou seu preço reduzindo R$ 0,50 no preço anteriormente cobrado e oferecendo 7 000 unidades do produto. Como consequência da redução de preço, a demanda subiu para 5 000 unidades.
   a) Determine as equações de oferta e de demanda para o produto em questão.
   b) Determine o preço mínimo que a empresa poderia fixar; qual é o preço máximo que os consumidores pagariam pelo produto?
   c) Encontre o Ponto de Equilíbrio de Mercado (PE).
   d) Para uma quantidade igual a 6 500, diga se haverá excesso de demanda ou excesso de oferta.
   e) Esboce os gráficos de demanda e oferta, indicando as coordenadas do PE.

7. O gráfico a seguir ilustra a oferta e a demanda de mercado de um determinado produto:

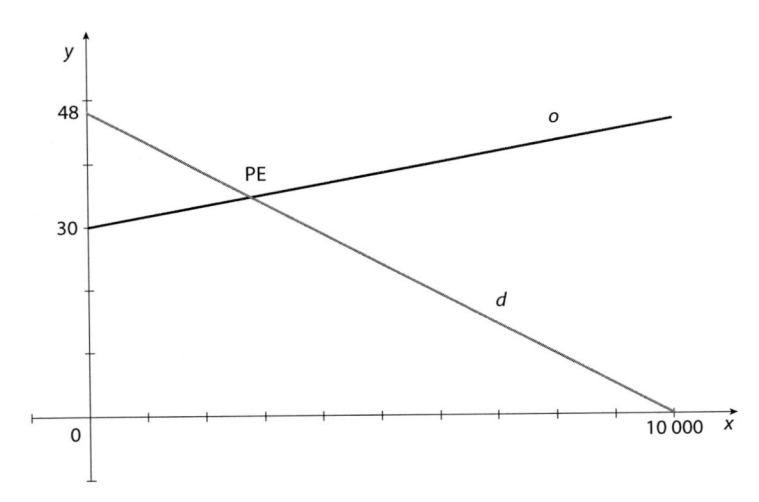

A partir das informações do gráfico e considerando um excesso de oferta de 8 375 unidades quando o preço é R$ 45,00, determine:
   a) o preço mínimo da oferta e o preço máximo que os consumidores estariam dispostos a pagar;
   b) a função demanda;
   c) a função oferta;
   d) e o ponto de equilíbrio de mercado (PE).

8. Em maio de 2001, noticiou-se uma estimativa para 2002 da produção mundial de açúcar de 129,62 milhões de toneladas: 3% abaixo do consumo esperado (*Gazeta Mercantil*, maio 2001). Com fundamento nessas previsões, não é correto afirmar que (justifique sua resposta):
   a) Diante da boa demanda mundial, os usineiros *podem* voltar suas atenções ao mercado internacional de açúcar.
   b) Há um desequilíbrio entre a produção e o consumo mundial de açúcar.
   c) A demanda mundial é de 133,51 milhões de toneladas.
   d) Há excesso de oferta.
   e) A demanda supera a oferta em, aproximadamente, 4 milhões de toneladas.

9. A partir das informações a seguir, classifique cada sentença em verdadeira (V) ou falsa (F) e justifique sua opção:

   A R$ 120,34 há uma demanda por 32 kg. Um desconto de R$ 10,50 acarreta um aumento de demanda de 2,10 kg. Nesse caso, a empresa oferece ao mercado uma quantidade tal que gera um excesso de demanda de 26,10 kg. A cada R$ 4,00 de desconto na unidade, essa empresa deixa de oferecer 1 kg.
   a) O preço mínimo é R$ 280,34.
   b) A uma redução de R$ 31,50 no preço unitário corresponde um aumento de 6,30 kg na demanda.
   c) O preço de equilíbrio de mercado é R$ 167,84.
   d) A demanda potencial é, aproximadamente, 56 kg.
   e) Se a empresa cobrar R$ 210,84 por quilograma, observará um excesso de demanda de 19,35 kg.

10. Uma loja de calçados opera em um mercado para o qual o preço máximo é R$ 48,00. Conforme sua estrutura de custos, a loja estima poder oferecer a esse mercado mais 50 pares a cada 1 real que puder elevar seu preço e o preço mínimo por par é R$ 30,00. Ao dar 10% de desconto sobre o preço máximo, verifica-se ainda uma sobra de produto – um excesso de oferta – de 540 pares. Determine:
    a) a função oferta;
    b) a função demanda;
    c) o ponto de equilíbrio de mercado (PE);
    d) e analise economicamente a situação.

11. Ao disponibilizar 13 250 unidades de seu produto ao mercado, um distribuidor observou uma sobra de 7 575 unidades. Tal produto destina-se a um mercado cujo preço máximo é estimado em R$ 456,75. O distribuidor opera com preço mínimo de R$ 135,00.

    Por meio de pesquisas, verificou-se que cada aumento de R$ 1,00 no preço unitário gera uma redução de cem unidades na demanda; a esse aumento corresponde uma variação de 50 unidades na oferta do produto. Determine:
    a) a equação de oferta;
    b) a equação de demanda;
    c) o PE de mercado;

d) o preço unitário para o qual houve o excesso de oferta mencionado e os correspondentes valores das quantidades ofertada e demandada;
e) e construa um gráfico ilustrativo da situação.

12. O preço unitário máximo de um produto é R$ 400,00. A cada aumento de R$ 6,00 no preço unitário, o ofertante disponibiliza mais 1 unidade. Com R$ 310,00 de preço, há uma disponibilidade de 35 unidades, mas, nesse caso, há um *excesso de oferta* de 25 unidades. Considerando essas informações, determine:
    a) a equação de oferta;
    b) a equação de demanda;
    c) se o preço R$ 292,00 está acima ou abaixo do preço de equilíbrio (justifique sem usar o item d));
    d) o ponto de equilíbrio de mercado (PE);
    e) e construa um gráfico ilustrativo da situação.

13. Classifique as afirmações a seguir (V ou F), considerando as equações $y = -7x + 156$ e $y = 3x + 84$, em que y representa o preço unitário, em reais, de um produto e x, a quantidade desse mesmo produto.
    a) A cada R$ 3,00 de aumento no preço unitário são demandadas mais 7 unidades do produto.
    b) O ponto de equilíbrio de mercado ocorre para 7,2 unidades.
    c) A empresa realizou cortes substanciais de custos, passando a operar com preço mínimo de R$ 56,00. Desse modo, o novo equilíbrio ocorre para $y_E = 86$.
    d) Uma redução de R$ 3,50 no preço unitário produz um incremento de 2 unidades na procura pelo produto.
    e) O preço máximo nesse mercado é R$ 105,60.

14. Ao elevar o preço unitário em R$ 2,00, permitindo uma oferta de mais 20 unidades, um pequeno empresário viu a demanda por seu principal produto cair 10 unidades. Quando ele reviu o preço para R$ 31,50 a unidade, ainda não obteve resultado satisfatório: em torno de 30 peças ficaram nas prateleiras; mas ele só pode reduzir seu preço até por volta de R$ 15,80. Determine:
    a) a equação de oferta;
    b) a equação de demanda;
    c) e construa um gráfico ilustrativo da situação indicando o ponto de equilíbrio de mercado (PE).

TECNOLOGIA
Software Gráfico

Construa todos os gráficos das funções solicitadas nesta seção de Exercícios e problemas complementares, com o auxílio do *Winplot*.

Exercícios e problemas complementares

1. Uma empresa considera como preço máximo R$ 120,00. A cada R$ 3,00 que elevar seu preço, ela terá a demanda por seu produto reduzida em uma peça. Trabalhando com um excesso de oferta de 8,56 unidades, espera não ter que reduzir seu preço para valores inferiores a R$ 58,00. A R$ 82,00, a unidade, foram disponibilizadas ao mercado 4,8 unidades. Determine:
    a) as equações de demanda e de oferta;
    b) qual é o preço unitário correspondente àquele excesso de oferta;
    c) qual é o preço unitário em que há 3,6 unidades de excesso de demanda;
    d) o PE de mercado;
    e) e construa os gráficos de oferta e demanda em um mesmo plano cartesiano, exibindo o PE e os excessos mencionados.

2. A demanda potencial de um produto é 24,44 unidades. A cada R$ 50,00 que elevar seu preço, a empresa terá a demanda por seu produto reduzida em uma peça e o preço unitário não deve superar R$ 1 222,00. A R$ 1 112,00, não há excesso de oferta nem de demanda, mas a R$ 1 202,00 há um excesso de oferta de 3,3 unidades. Determine:
    a) a equação de demanda;
    b) a equação de oferta;
    c) o PE de mercado;
    d) e construa os gráficos de oferta e demanda em um mesmo plano cartesiano, exibindo o PE e o excesso acima mencionado.

3. *Poucos se dão conta disso, mas aqueles coloridos adesivos grudados nas portas de geladeiras e freezers da maioria das casas representam uma excelente oportunidade de negócio. ...A prova é o bom desempenho da Fermag Ferritas Magnéticas, indústria localizada em Itabira (MG), a maior produtora nacional de mantas magnéticas, insumo básico para a confecção das peças. "Se tivéssemos capacidade para produzir 200 mil metros de manta por mês, venderíamos tudo," afirma Elias Carneiro Rodrigues, gerente administrativo da empresa (Pequenas Empresas, Grandes Negócios – PEGN Editora Globo/Agência O Globo).*

    Considerando que a capacidade de oferta dessa empresa fosse ampliada a mesmos patamares de preço, poderíamos dizer que (indique a(s) afirmação(ões) correta(s), justificando sua(s) opção(ões)):
    a) uma curva de oferta sofreria um deslocamento para a esquerda;
    b) uma curva de oferta sofreria um deslocamento para a direita;
    c) uma curva de oferta não sofreria deslocamento;
    d) o ponto de equilíbrio de mercado permaneceria inalterado;
    e) a quantidade de equilíbrio aumentaria e o preço seria reduzido em relação a situação anterior;
    f) a quantidade de equilíbrio diminuiria e o preço aumentaria em relação a situação anterior.

4. Considerando as equações de oferta $o: y = 7x + 588,50$ e demanda $d: y = -12x + 750$, classifique cada afirmação em verdadeira (V) ou falsa (F) justificando sua opção:

a) O equilíbrio de mercado ocorre a R$ 8,50.
b) O fabricante disponibiliza 14 unidades a R$ 686,50 a unidade.
c) Há um excesso de demanda de, aproximadamente, 10 unidades quando o preço unitário é R$ 693,50.
d) Ao preço R$ 582,00 a demanda é por 14 unidades, mas, a esse preço, não se encontra o produto no mercado.
e) A demanda potencial é de 62,5 unidades.

5. (ENADE – C. ECONÔMICAS) O gráfico abaixo mostra o efeito de um imposto específico pago pelo vendedor, no qual p_0, q_0 e p_1, q_1 são preços e quantidades antes e após o imposto.

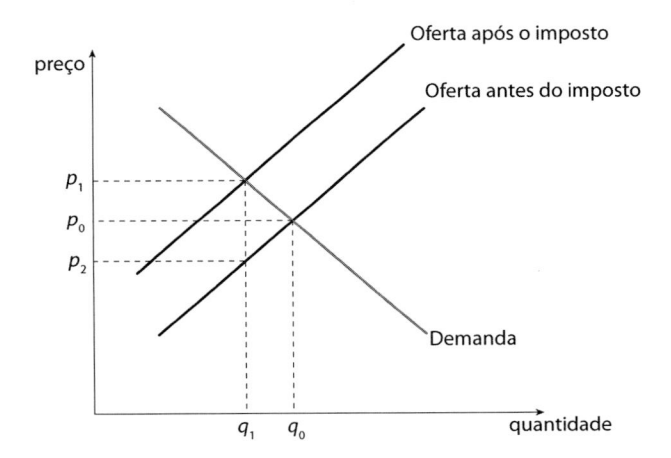

Analisando-se o gráfico, conclui-se que
a) não há como afirmar quem pagará o imposto.
b) quanto mais elástica a demanda, mais o imposto incidirá sobre o comprador.
c) o preço p_2 é o que o comprador pagará após o imposto.
d) o imposto será pago pelo vendedor.
e) a maior parte do imposto será paga por quem for mais inelástico.

6. Ao oferecer 40 unidades de um produto, cobrando R$ 370,49 por unidade, um pequeno empresário verificou uma sobra de produto. Como esse mercado consumidor parece demandar mais duas unidades a cada variação de R$ 9,00 reais no preço unitário desse produto, o empresário reduziu seu preço para R$ 349,49; nesse preço, ele ainda verificou um pequeno excesso de oferta de 4 unidades. O preço abaixo do qual não é possível sustentar alguma oferta de produto é R$ 230,49.

Determine:
a) a equação de oferta;
b) equação de demanda;
c) o ponto de equilíbrio de mercado (PE);
d) e construa um gráfico ilustrativo da situação.

7. Considerando as informações do gráfico a seguir, associe as colunas escrevendo a letra e o número correspondentes. Justifique suas respostas.

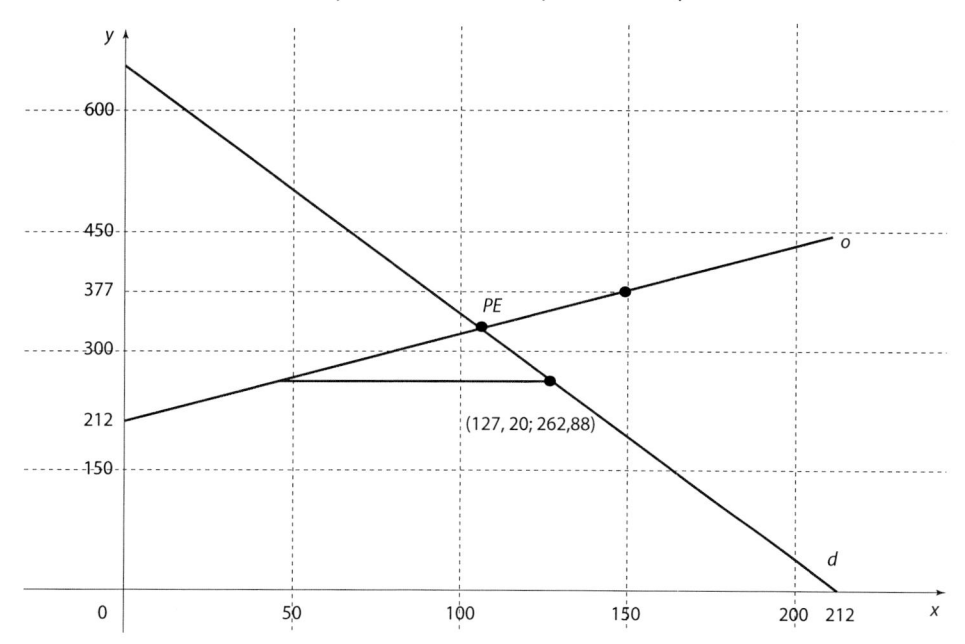

A. preço máximo da demanda
B. x_E
C. demanda potencial
D. y_E
E. preço correspondente a um excesso de demanda de 80,95 unidades aproximadamente.

(1) 212
(2) 657,20
(3) 262,88
(4) 106
(5) 328,60

8. Considerando seus custos e o lucro pretendido, um varejista fixou o preço de um produto em R$ 65,20, a unidade, oferecendo ao mercado 521 unidades. Ao observar um excesso de oferta de 20 unidades, ele, estrategicamente, reduziu o preço unitário para R$ 64,99. Nesse preço, as 514 unidades disponibilizadas foram insuficientes: suas vendas dispararam e houve um excesso de demanda de 29 unidades.

Determine:
a) a equação de oferta;
b) a equação de demanda;
d) o PE de mercado;
e) construa os gráficos de oferta e demanda no mesmo plano cartesiano, exibindo o PE;
f) e represente graficamente os excessos mencionados.

Capítulo 1 — Oferta, demanda e ponto de equilíbrio de mercado

9. Considerando as informações do gráfico e que há um excesso de demanda de 5 unidades ao preço de R$ 172,00, determine:

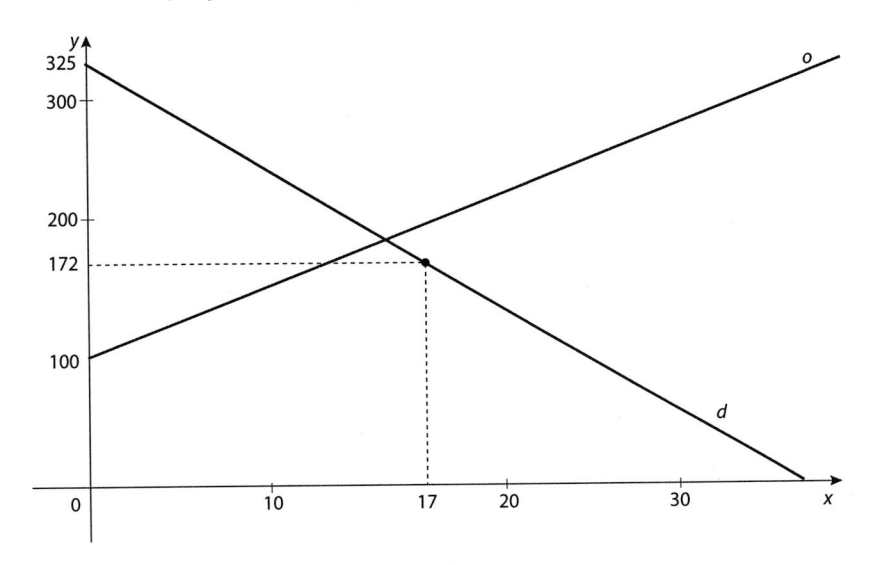

a) a equação de demanda;
b) a equação de oferta;
c) o PE de mercado;
d) e represente o excesso mencionado em um gráfico de PE.

10. Considerando as informações do gráfico a seguir, determine:

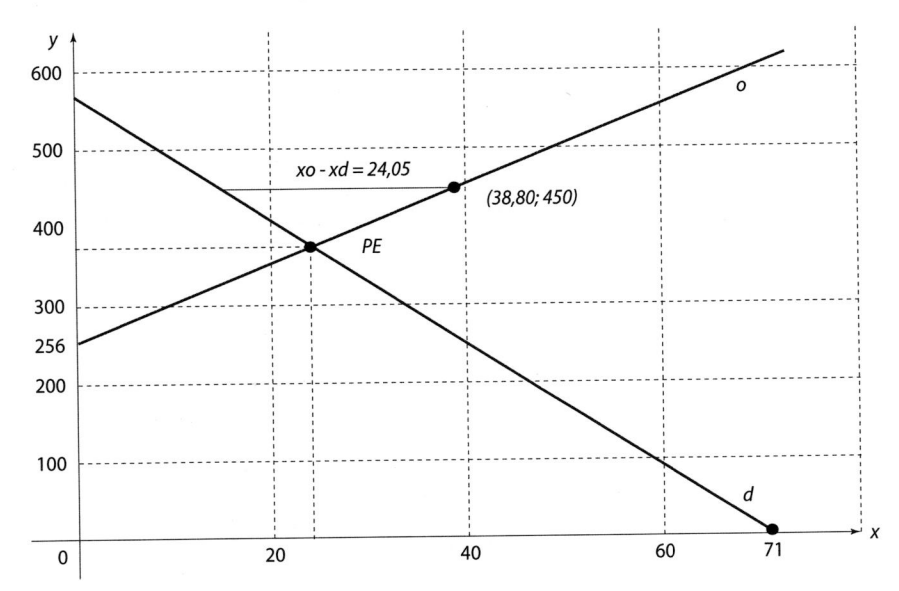

a) a equação de oferta;
b) a equação de demanda;
c) o PE de mercado;
d) o excesso de demanda para o preço unitário de R$ 300,00;
e) e represente o excesso do item **d** em um gráfico de PE.

11. (ENC ECO – adaptado) Uma firma, operando em um mercado onde a competição não é perfeita, percebe que a quantidade vendida de seu produto é uma função decrescente do preço cobrado, expressa pela função de demanda $x = f(p)$, onde x é a quantidade do produto, e p é o preço cobrado. Um dos assuntos que mais interessa aos economistas é determinar de que maneira alterações no preço cobrado induzem alterações na quantidade demandada.
    a) Escreva, em símbolos matemáticos, esta razão entre variações de quantidade e variações de preço. Qual é o significado gráfico desta razão?
    b) Qual é o grande problema deste tipo de medida de variação?

NO MUNDO REAL

BEBIDAS

Resultado líquido caiu 18% em 2004, apesar de aumento de preços; empresa aponta reflexo da reestruturação do grupo
AmBev amplia vendas, mas lucra menos

Adriana Mattos
da Reportagem Local

A AmBev fechou o ano de 2004 com uma receita líquida de R$ 12 bilhões – o que representa uma elevação de 38,3% sobre o ano de 2003 – e faz da empresa a oitava maior do país em vendas no setor privado (a mesma posição de 2003). O lucro líquido, no entanto, caiu 17,7% no mesmo intervalo – foi de R$ 1,2 bilhão – e o custo de produção subiu no ano.

Alguns gastos também cresceram. Para manter as suas marcas de cerveja (Skol, Brahma, Antarctica) com uma boa participação de mercado, foi preciso colocar a mão no bolso. Em 2004, as despesas com vendas e marketing da AmBev no Brasil subiram 32,8%, e a própria companhia esperava um aumento menor, de 25%. Foram R$ 834 milhões, sendo que desse montante R$ 245,3 milhões apenas com cervejas, no período de outubro a dezembro.

"Apesar desse gasto maior, tivemos um crescimento em *market share* [participação de mercado] no ano", explica João Castro Neves, diretor financeiro do grupo. No último mês de 2003, a empresa era dona de 63,2% das vendas de cerveja pilsen no país. Em dezembro de 2004, o número estava em 68,1%, diz a companhia. Detalhe: em janeiro caiu para 67,9%.

Mas a cervejaria já chegou a bater nos 70% de participação em 2003 e caiu com a entrada da marca Nova Schin no mercado em setembro daquele ano.

"Esse aumento com mídia foi compensando por uma queda no custo do produto vendido no último trimestre. No final das contas, o balanço anual mostrou, em linhas gerais, um bom resultado", diz Tania Sztamfater, analista da área de consumo do Unibanco.

Ela afirma que a redução no lucro anual – de R$ 1,4 bilhão para R$ 1,2 bilhão – é consequência da "nova estrutura de capital do grupo" e não deve ser analisado com pessimismo. "A companhia teve, por exemplo, de amortizar o ágio que pagou relacionado à incorporação da Labatt no ano passado. Isso pesa no resultado final", diz.

A AmBev, na negociação anunciada com a Interbrew em março de 2004, adquiriu a Labatt. Ainda segundo o balanço, o custo com produto vendido passou de R$ 4 bilhões a R$ 4,8 bilhões de 2003 para 2004. No entanto, no balancete do último trimestre houve queda de 5,7% nesse custo por hectolitro (100 litros).

Essa redução não refletiu em preços menores ao consumidor. A AmBev informou ontem que conseguiu um aumento na receita líquida por hectolitro (100 litros) e isso foi "obtido por meio da bem-sucedida implementação de um reposicionamento médio de 5% dos preços no final de dezembro de 2004", informa. Um aumento das vendas pela rede de distribuição da empresa também ajudou. A empresa diz ainda que reajustou abaixo da inflação do ano.

Fonte: *Folha de S. Paulo*, caderno *Dinheiro*, 3 mar. 2005.

capítulo 2

Receita total, custo total e lucro total de 1º grau

2.1. Funções receita, custo e lucro: conceitos

Receita total

Considerando

x: quantidade vendida
y: preço unitário de venda

temos que a receita total com a venda das x unidades de certo tipo de produto é calculada pela multiplicação:

$$RT(x, y) = yx$$

Essa função receita total depende de duas variáveis, ou seja, se a quantidade vendida se alterar, isso afetará a receita total da empresa e, se o preço unitário do produto variar, isso também gerará modificações no faturamento da empresa; seria necessário, então, trabalharmos no espaço cartesiano, ou em $\Re^3$, dispondo os valores de cada uma das três variáveis (duas livres ou independentes: quantidade (x) e preço (y); e uma dependente: receita total — RT) em cada eixo desse espaço cartesiano.

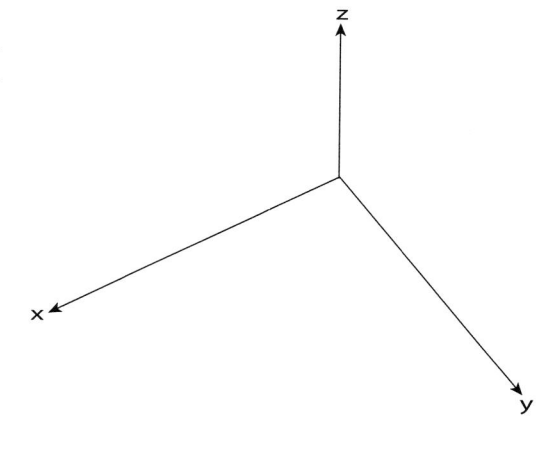

Para que o modelo matemático considerado no momento seja mais simples, vamos analisar a receita em um determinado período de tempo em que o preço unitário do produto não tenha variado e indicar isso acrescentando um índice que nos lembre de que o preço unitário de venda está sendo mantido constante:

y_v: preço unitário de venda (constante)

Como o preço unitário está agora sendo considerado constante, a função receita total é de 1º grau e valem as relações:

$$RT(0) = 0 \qquad \frac{\Delta RT}{\Delta x} = y_v$$

A primeira relação deve ser válida para qualquer função que se pretenda representar a relação entre receita total e quantidade vendida, pois se a empresa não vender nada de um determinado produto ($x = 0$), não pode ter receita ou faturamento algum ($RT(0) = 0$). Essa função receita total é *linear*.

O coeficiente angular ou taxa de variação média da função receita ($m = \frac{\Delta RT}{\Delta x}$) mede o acréscimo de receita que a empresa terá ao vender mais uma unidade do produto, ou seja, o preço unitário desse produto (y_V).

EXEMPLO

Na função $RT(x) = 135x$, temos o preço de venda: $y_v = 135$.

Sendo a função receita de 1º grau, para construir seu gráfico – uma reta – bastam dois pontos.

O ponto (0, 0) sempre estará no gráfico, porque essa função receita é linear.

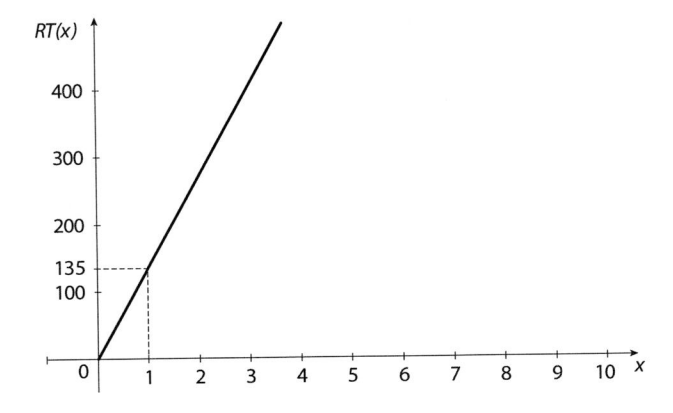

Se a empresa produz e vende n tipos de produtos, o faturamento devido a venda de certa quantidade (x_i) a determinado preço unitário (y_i) de todos os n tipos de produtos pode ser calculado assim:

$$RT(x_i, y_i) = y_1 x_1 + y_2 x_2 + y_3 x_3 + \ldots + y_n x_n = \sum_{i=1}^{n} y_i x_i$$

TECNOLOGIA
Software Gráfico

No *Winplot*, para construir o gráfico de $RT(x) = 135x$, escolha:

Janela – 2-dim
Arquivo – Novo
Equação – Explícita

E, então, digite 135*x ou apenas 135x em "f(x) = ".

E escolha "travar intervalo" com x mín igual a 0 e x máx o valor que desejar.

NO MUNDO REAL

A venda individual de livros totaliza, em média, 35 reais. Já a média de um eletroeletrônico ultrapassa os 450 reais. Apesar disso, nenhuma das grandes do setor pensa em deixar de lado os livros. Em razão do preço, eles são um dos primeiros artigos comprados pelos internautas de primeira viagem e abrem caminho para a venda de produtos mais caros. Além disso, os livros oferecem às empresas margens de lucro mais altas que as dos eletrônicos. "Os livros são isentos de ICMS e garantem o dobro do lucro em relação à venda de um eletroeletrônico", diz André Shinohara, diretor comercial da Submarino.

Fonte: *Veja online*, 17 mar. 2003. <http://veja.abril.com.br/190303/p_082.html>.

Capítulo 2 Receita total, custo total e lucro total de 1º grau

Exercícios e problemas propostos

1. O gráfico representa a relação entre a receita total e a quantidade vendida de um produto (x).

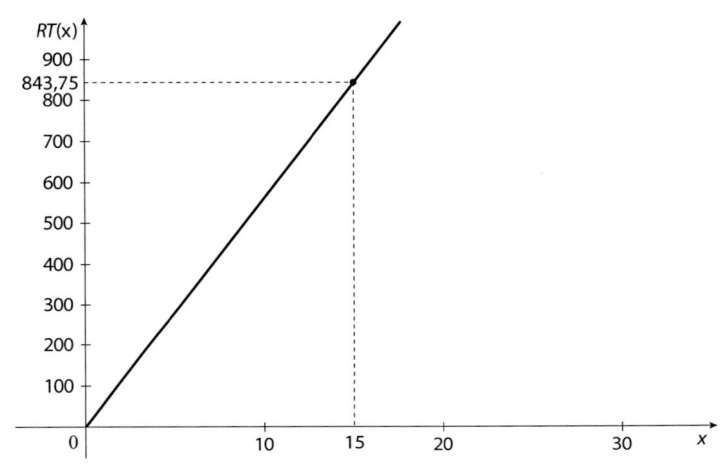

   Determine a função receita total: $RT(x)$.

2. (CEAG) Uma loja vende CDs pelos preços unitários de R$ 10,00, ou R$ 15,00, ou R$ 20,00. Num determinado dia, a relação de unidades vendidas para cada preço cobrado é dada pelo gráfico abaixo:

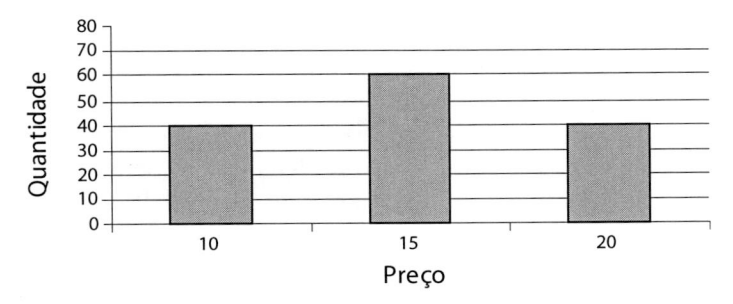

   A receita auferida nesse dia foi de:
   a) R$ 2 000,00
   b) R$ 2 200,00
   c) R$ 2 100,00
   d) R$ 2 300,00
   e) R$ 2 400,00

3. (FGV) Um teatro aumenta o preço do ingresso em 8%. Em consequência, o número de ingressos vendidos diminui em 5%.
   a) Qual é a variação, em porcentagem, da receita obtida pelo teatro?
   b) Determine a variação, em porcentagem, no número de ingressos vendidos, de modo que o valor da receita não se altere em consequência do aumento de 8% no preço.

Custo total

Custos são gastos referentes ao processo de produção dos diferentes bens destinados à venda.

Eles podem ser classificados em relação a sua dependência com a produção em:

- *custos fixos*: independem do volume de produção, mantendo-se constantes à medida que a produção aumenta ou diminui. Exemplos: aluguéis, imposto predial e territorial urbano (IPTU), salários etc.
- *custos variáveis*: dependem do volume de produção, variando com as quantidades produzidas no período. Exemplos: matéria-prima, embalagem, impostos sobre a produção, distribuição, comissões etc.

FAQ — Energia é um custo fixo ou variável?

Depende. Se a energia a que a pergunta se refere é energia para funcionamento de máquinas em uma indústria (seja energia elétrica, térmica, eólica, gás, carvão), quanto maior a produção, mais energia é gasta. Nesse sentido, ela é um custo variável com a quantidade produzida.

Mas se estivermos falando de uma loja em um shopping center... a energia elétrica usada para, basicamente, iluminação é um custo que independe de quantas peças de roupa, ou quantos vidros de perfume essa loja vende em um dia, mês, trimestre, ano... Pode haver alguma variação de consumo de energia devida à redução ou extensão do horário de funcionamento em meses com muitos feriados ou com datas festivas, mas a variação será tão pequena que pode ser desprezada.

Mas agora pensemos na loja do shopping como uma lanchonete em que a energia elétrica é utilizada para aquecer a comida ou resfriar as bebidas etc. Nesse caso, parece que devemos considerar a energia elétrica como um custo variável com a venda ou com a frequência da loja.

É importante informar em relação a que estamos considerando um custo como variável ou como fixo. O aluguel, por exemplo, é um custo variável com a localização, com a área da superfície locada; mas é fixo em relação à produção.

NO MUNDO REAL

CUSTO FIXO?

Antes de eliminar despesas, empresário tem de listar o que é valorizado pelo freguês
Cliente determina como economizar

Fernando Moraes/Folha Imagem
Freelance para a *Folha* de S.Paulo

Toda despesa feita pela empresa precisa ser valorizada pelo cliente – do contrário, deve ser cortada. Especialistas em reestruturação ensinam que só faz sentido gastar com aquilo que causa impacto na percepção da clientela. A mesma lógica diz que só deve escapar dos cortes o que de fato for importante para o freguês.

Isso não significa que o empresário deva perguntar ao cliente como poupar energia ou diminuir a conta de telefone. Mas saber o que o cliente espera do negócio é fundamental para tomar qualquer decisão administrativa.

"Quando uma despesa fixa não estiver agregando nenhum diferencial ou benefício para o cliente, pode ser eliminada", afirma Luís Alberto Lobrigatti, consultor financeiro do Sebrae-SP (Serviço de Apoio às Micro e Pequenas Empresas de São Paulo).

Estar em um prédio bonito, em um ponto nobre da cidade, por exemplo, só faz sentido se o cliente realmente se importa com isso. Fazendo essa análise, a advogada trabalhista Sylvia Romano trocou o escritório na esquina das avenidas Brigadeiro Faria Lima e Cidade Jardim (região oeste) por um no centro, mais barato e próximo à Justiça do Trabalho.

"Antes pagava R$ 15 mil. Agora pago R$ 3 500 e tenho o dobro do espaço. Fora o condomínio, que era altíssimo", revela a advogada. Ela diz que entrega pareceres até via internet e que a clientela vai pouco ao escritório.

A economia também foi repassada ao preço dos serviços, pois não há mais grandes gastos com o deslocamento dos advogados até o tribunal. Romano ficou mais distante de casa, mas não se arrepende. "Pego trânsito, mas estou feliz e gasto bem menos."

Oportunidades

No caso de negócios em que a mudança de ponto gera grande impacto no movimento, é preciso cuidado, mas às vezes basta estar atento às oportunidades.

Um exemplo foi o salão Tokos Cabeleireiros, localizado em Perdizes, zona oeste, que se mudou para uma loja maior a menos de um quarteirão de distância. "O salão dobrou de tamanho, e a clientela e o faturamento, também", conta a proprietária, Solange Noda, 51, que, com mais espaço, incluiu depilação entre os serviços.

Para Noda, a grande preocupação era manter a clientela. Quando encontrou o novo ponto, vibrou. "Não poderia ser melhor."

Limites

O principal limite para a eliminação de gastos é a qualidade do produto ou do serviço oferecido pela empresa. Mais uma vez, quem manda é o cliente, que pode abandonar a empresa se houver prejuízos no atendimento.

"Trabalhar com redução de custos fixos é um dos maiores desafios em qualquer empresa, em qualquer segmento, principalmente porque a redução deve ser inteligente. Esses custos estão diretamente relacionados à manutenção da empresa e, por consequência, à sua competitividade", diz o diretor administrativo da rede de franquias Microsiga (softwares), Fábio Jorge Celeguim. Para o pequeno, a tarefa é ainda mais árdua. "Como ele não tem muita elasticidade para sobreviver a crises e não tem reservas, é importante trabalhar sempre com o mínimo de custo fixo possível", diz Tales Andreassi, professor de empreendedorismo da FGV-Eaesp (Escola de Administração de Empresas de São Paulo, da Fundação Getulio Vargas).

Em alguns casos, é preciso investir para economizar. Entre duas empresas de mesmo segmento e porte, uma gasta R$ 100 e a outra R$ 200 por mês em marketing: quem está melhor? Depende da relação custo-benefício. Pode ser que a segunda empresa fature R$ 1 000 a mais, e a primeira, com R$ 100, nem note diferenças. Manter um site, por exemplo, o que implica gastos periódicos com hospedagem e atualização, pode atrair clientes. O importante é avaliar eficiência e retorno.

Fonte: <http://www1.folha.uol.com.br/fsp/negocios/cn2507200402.htm>.

Considerando

x: quantidade produzida
c: custo variável unitário (constante)
CF: custo fixo (constante)
CV: custo variável total
CT: custos totais

Temos a função custo total:

$$CT(x) = CV(x) + CF$$

Escrevendo $CV(x) = cx$ e substituindo na expressão acima:

$$CT(x) = cx + CF$$

Como c pode ser um custo variável constante? É variável ou constante?

Vamos entender esse custo unitário como um custo de "natureza variável", ou seja, c só inclui custos que variam com a produção, tais como matéria-prima, embalagem, impostos sobre a produção, ou venda, de cada unidade.

Mas estamos considerando esse custo como *constante*, pois se o custo variável unitário dependesse do tamanho da produção (o que, em geral, acontece), teríamos uma função custo total bem mais elaborada do que a que estamos trabalhando.

Se:
$$CT(x) = c(x) \cdot x + CF$$

com *c(x)* uma função de 1º ou de 2º grau (no caso de haver padrão de regularidade), já teremos uma função custo total de 2º ou de 3º grau, respectivamente.

Em geral, ao comprar matéria-prima, por exemplo, para um lote de produção de 10 000 unidades, o empresário consegue um preço melhor do que quando comprar para um lote de 500 unidades. Então, cada unidade do lote de 10 000 sairia mais em conta do que cada unidade de um lote de 500. Assim, *c (*10 000*)* < *c* (500). Ambos são custos unitários, mas dependem do tamanho da produção.

Para evitarmos uma função custo total mais elaborada logo de início, vamos considerar que não há essa diferença, o que não causará grandes distorções nos resultados obtidos, pois isso equivale a considerar um valor médio.

Observe que, em $CT(x) = cx + CF$:

$$CT(0) = CF$$

Lendo a última igualdade acima, da direita para a esquerda, temos uma definição de custo fixo mais precisa: os custos fixos são os custos totais quando a produção é zero, ou seja, pare máquinas, ou não preste serviço algum neste mês, ou não venda nenhum item de sua loja, os gastos que "sobram" são gastos fixos, independentes da quantidade produzida ou comercializada ou do número de serviços prestados.

O coeficiente angular da equação $CT(x) = cx + CF$ é $\dfrac{\Delta CT}{\Delta x} = c$.

Observe que a expressão acima quer dizer que cada peça a mais produzida aumenta o custo total do custo variável unitário, pois serão gastos matéria-prima, embalagem, impostos sobre a produção para mais essa peça. Os custos fixos não interferem, enquanto estivermos dentro da capacidade instalada, na variação dos custos totais.

Se a empresa produz n tipos de produtos, o custo variável total pode ser assim calculado:

$$CV(x_i) = c_1 x_1 + c_2 x_2 + c_3 x_3 + \ldots + c_n x_n = \sum_{i=1}^{n} c_i x_i$$

EXEMPLO

Na função $CT(x) = 100x + 15\,820$, temos $\dfrac{\Delta CT}{\Delta x} = c = 100$ e $CF = CT(0) = 15\,820$.

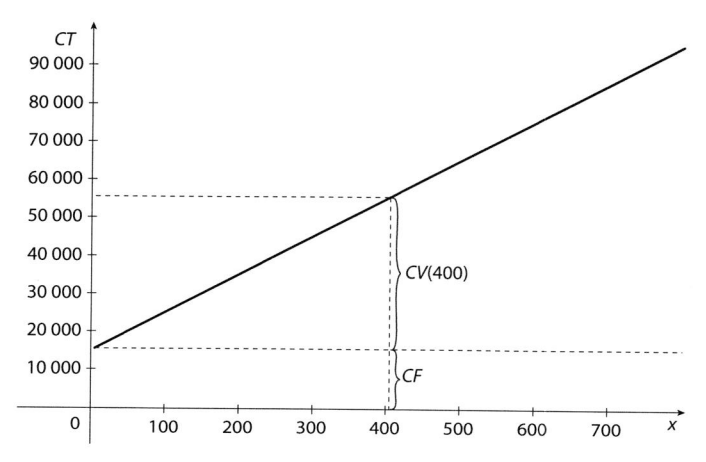

Observe que, no gráfico do custo total, o custo fixo é esse patamar sempre presente em qualquer produção (x). No gráfico do custo total, o segmento que completa o custo fixo até o ponto que indica o custo total é o custo variável para aquela produção, que, naturalmente, aumenta à medida que a produção aumenta.

Sendo a função custo de 1º grau, para construir seu gráfico – uma reta – bastam dois pontos. O ponto de coordenadas (0, CF) sempre estará no gráfico – essa função custo total é *afim*.

A inclinação da reta (m) – medida de ritmo, de rapidez, de variação média do custo total – é o custo variável unitário (c). Quanto maior for o gasto com matéria-prima, embalagem, impostos sobre a produção por unidade, mais rápido crescem os custos totais à medida que aumenta a produção (x).

TECNOLOGIA
Software Gráfico

No *Winplot*, para construir o gráfico de $CT(x) = 100x + 15\,820$, escolha:

Janela – 2-dim
Arquivo – Novo
Equação – Explícita

E, então, digite 100*x+15 820 ou apenas 100x+15 820 em "f(x) =".

Capítulo 2 Receita total, custo total e lucro total de 1º grau

Em seguida, escolha "travar intervalo" com *x* mín igual a 0 e *x* máx o valor que desejar.

Para gráficos com significado econômico apenas no 1º quadrante como os de receita ou de custo, pode ser interessante escolher em "Ver" a opção "Ver" e determinar o menor (*esquerdo*) e o maior (*direito*) valor para *x* e o menor (*inferior*) e maior valor para a função (*superior*).

Se o menor valor escolhido para *x* e para *f(x)* for 0 não será possível visualizar adequadamente os eixos; embora o domínio e o contradomínio dessas funções seja $\Re_+$ escolha um valor um pouco menor do que zero conforme os valores envolvidos.

Por exemplo, para $100x + 15\,820$, temos que escolher *superior* igual a um valor, de preferência, bem maior do que o custo fixo; em consequência dessa escolha, considerar *inferior* igual a –1 também não permitirá ver bem os eixos e a origem do plano cartesiano, porque teremos uma unidade muito pequena (gerando dificuldades quanto à escala). Talvez –1 000 ou –5 000 ou até –10 000 sejam escolhas melhores. Teste!

Exercícios e problemas propostos

1. Os gráficos a seguir representam as relações do custo variável e do custo fixo com a quantidade produzida (*x*) de uma mercadoria. Determine a função custo total *CT(x)* e construa seu gráfico.

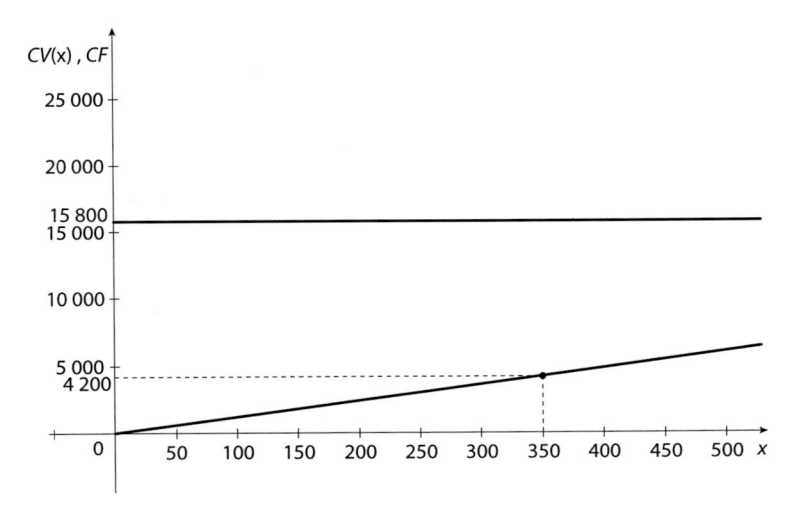

2. (FGV) João deseja adquirir um telefone celular. Dois planos lhe são oferecidos.
   I. **Plano alfa**: Se o consumo não ultrapassar 100 minutos, o preço por minuto será de R$ 0,70. Se o consumo ultrapassar 100, mas não for maior que 400 minutos, o preço por minuto terá um desconto de R$ 0,001 (um milésimo de real) multiplicado pelo número de minutos que exceder o consumo de 100 minutos. Se o consumo ultrapassar 400 minutos, o preço por minuto será de R$ 0,40.

II. **Plano beta**: Há um preço fixo de R$ 50,00, com o direito de uso de 87 minutos (franquia) de ligação, e o minuto excedente custará R$ 0,80.

Para quantos minutos de ligação o plano beta é o mais vantajoso?

3. (CEAG) Uma pequena empresa fabrica malhas de um único modelo. Quando são produzidas 40 malhas por mês, o custo de produção é R$ 3 200,00. Quando são produzidas 60 unidades por mês, o custo é R$ 3 800,00. Admitindo que o custo seja uma função do 1º grau da quantidade produzida, podemos concluir que o custo fixo mensal é igual a:
   a) R$ 2 600,00
   b) R$ 2 000,00
   c) R$ 2 400,00
   d) R$ 2 200,00
   e) R$ 1 800,00

4. (FUVEST) Os estudantes de uma classe organizaram sua festa de final de ano, devendo cada um contribuir com R$ 135,00 para as despesas. Como 7 alunos deixaram a escola antes da arrecadação e as despesas permaneceram as mesmas, cada um dos estudantes restantes teria de pagar R$ 27,00 a mais. No entanto, o diretor, para ajudar, colaborou com R$ 630,00. Quanto pagou cada aluno participante da festa?
   a) R$ 136,00
   b) R$ 138,00
   c) R$ 140,00
   d) R$ 142,00
   e) R$ 144,00

5. (CEAG) Do custo de produção de certo produto, uma empresa gasta 25% com mão de obra e 75% com matéria-prima. Se o gasto com a mão de obra subir 10% e o da matéria-prima se mantiver estável, o custo do produto aumentará:
   a) 2,5%   b) 4,5%   c) 3,5%   d) 4%   e) 3%

6. (ENADE – ADM) As decisões sobre a localização de empresas são estratégicas e integram o planejamento global do negócio. Considerando que o preço de venda da grande maioria dos bens produzidos é estabelecido pelo mercado, faz-se necessário que as empresas conheçam em detalhes os custos nos quais incorrerão em determinada localidade. O modelo padrão "custo-volume-lucro" é útil na decisão de localização.

A figura a seguir apresenta, em um único gráfico, as curvas de custo total *versus* quantidade produzida mensalmente para as cidades de Brasília, São Paulo e Goiânia, as quais foram previamente selecionadas para receber uma nova fábrica de brinquedos. Sabe-se que a receita total é a mesma para as três localidades e que a decisão com base no lucro esperado em cada localidade varia com a quantidade produzida.

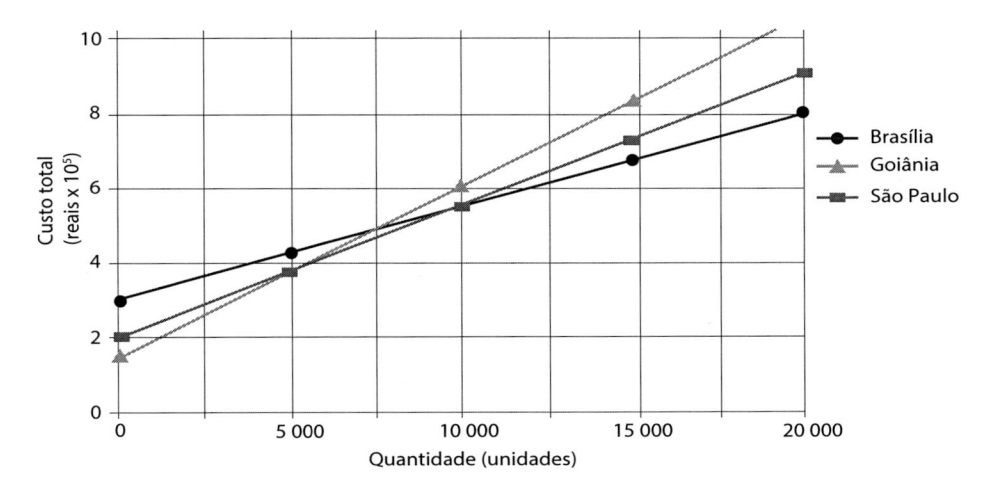

Capítulo 2 — Receita total, custo total e lucro total de 1º grau

A análise do modelo de "custo-volume-lucro" apresentado no gráfico revela que
a) São Paulo é a localidade que proporcionará maior lucro para a nova fábrica, se a quantidade mensal a ser produzida variar entre 5 000 e 10 000 unidades, considerando-se a estrutura de custos apresentada.
b) São Paulo é a cidade na qual deve ser instalada a nova unidade produtiva, se a quantidade a ser produzida mensalmente for maior que 7 500 unidades, pois, a partir desse volume de produção, é a localidade que proporcionará maior lucro.
c) Brasília é a localidade mais indicada para receber a nova fábrica para volumes de produção mensal inferiores a 5 000 unidades, pois é a cidade que viabilizará maior lucro.
d) Goiânia deve receber a instalação da nova fábrica, se a quantidade produzida mensalmente for superior a 10 000 unidades, tendo em vista que, nas condições apresentadas, é a cidade que poderá dar maior lucro.
e) Tanto Goiânia quanto Brasília podem receber a nova fábrica, se o objetivo é produzir uma quantidade mensal exatamente igual a 5 000 unidades, considerando que o lucro será o mesmo nas duas localidades.

Lucro total

Sendo x a quantidade produzida e vendida de determinado produto, podemos determinar o lucro total (LT) de uma empresa na produção e venda de x unidades fazendo:

$$LT(x) = RT(x) - CT(x)$$

Substituindo a receita total e o custo total pela forma como os calculamos:

$$LT(x) = x\, y_v - (cx + CF)$$
$$LT(x) = x\, y_v - cx - CF$$
$$LT(x) = (y_v - c)x - CF$$

Observe que:

$$LT(0) = -CF$$

Devemos entender a última igualdade como: o lucro total, quando a produção é zero, é um prejuízo (lucro negativo) do montante do custo fixo. Ou seja, com produção zero, não teremos faturamento algum ($RT(0) = 0$), mas teremos que arcar com os custos fixos ($CV(0) = 0$, mas $CT(0) = CF$).

FAQ

O custo fixo é negativo (− CF)? Como um custo pode ser negativo?

Note que, em $LT(0) = -CF$, estamos dizendo que *o lucro total é negativo* quando a produção é zero e seu valor é igual, em módulo, ao do custo fixo, pois, embora não tenhamos receita, temos que pagar o aluguel, o IPTU, o salário dos funcionários etc.

A expressão $LT(0) = -15\,326$, por exemplo, deve ser entendida como: na produção zero a empresa tem um prejuízo (lucro negativo) de R$ 15 236,00 que é o montante do custo fixo dessa empresa ($LT(0)$).

A taxa de variação média do lucro total em relação à quantidade produzida e vendida é

$$\frac{\Delta LT}{\Delta x} = y_v - c$$

De fato, o ritmo, a velocidade do lucro, depende do preço unitário cobrado e do quanto se gasta em cada peça, porque o custo fixo é *fixo* (é aquele patamar sempre presente e constante para qualquer produção x).

Se a empresa produz e vende n tipos de produtos:

$$LT(x_i) = RT_1 - CT_1 + RT_2 - CT_2 + RT_3 - CT_3 + \ldots + RT_n - CT_n = \sum_{i=1}^{n}(RT_i - CT_i)$$

EXEMPLO

Sendo a função $RT(x) = 135x$ e a função $CT(x) = 100x + 15\,820$ temos:

$LT(x) = RT(x) - CT(x) = 135x - (100x + 15\,820) = (135 - 100)x - 15\,820$
$LT(x) = 35x - 15\,820$

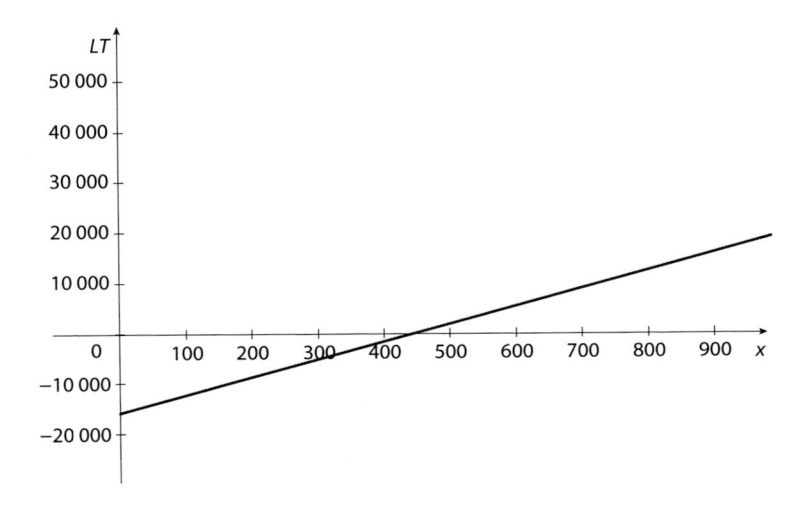

Observe que, no gráfico do lucro total, temos $LT(0) = -CF$. O lucro total quando a empresa está "parada" é negativo e seu valor, em módulo, é o custo fixo.

Sendo a função lucro de $1^{\underline{o}}$ grau, para construir seu gráfico – uma reta – bastam dois pontos. O ponto $(0, -CF)$ sempre estará no gráfico – essa função lucro total também é uma função *afim*.

Como o lucro total pode assumir valores negativos, o gráfico do lucro tem sentido econômico no $1^{\underline{o}}$ e no $4^{\underline{o}}$ quadrantes do plano cartesiano.

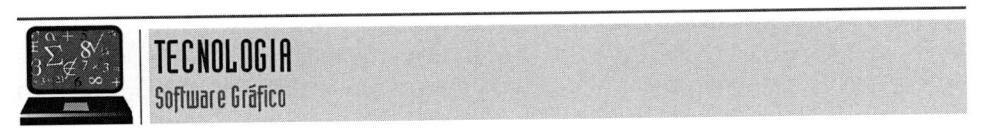

TECNOLOGIA
Software Gráfico

No *Winplot*, com ambos os gráficos construídos $RT(x) = 135x$ e $CT(x) = 100x + 15\,820$, basta escolher "Dois" e em "Combinações", $f - g$, sendo f, a função receita e g, a função custo, que teremos o gráfico da função lucro.

Também é possível construir o gráfico da função lucro como fizemos anteriormente, digitando sua equação.

Lembre-se de que uma função lucro tem sentido econômico também no $4^{\underline{o}}$ quadrante. Então escolha qual intervalo "travar" ao construir o gráfico e quais as limitações da janela que deseja "Ver".

Exercícios e problemas propostos

1. Identifique cada função de 1º grau a seguir com *RT, CT, LT* ou *ND*, conforme possa representar, respectivamente, receita, custo, lucro total ou nenhuma delas:
   a) $f(x) = 5x - 10\,000$
   b) $h(x) = 2x + 125\,637$
   c) $g(x) = -x - 10\,000$
   d) $v(x) = 8\,000x$
   e) $f(x) = -75x - 625$
   f) $y = 26x + 3\,500$
   g) $f(x) = x$
   h) $g(x) = -16\,250x$
   i) $f(x) = 125x - 50\,000$
   j) $u(x) = 30x + 8\,679$

2. Determine o coeficiente linear e o coeficiente angular em cada equação do exercício anterior (que não seja ND) e seus significados econômicos.

TECNOLOGIA
Software Gráfico

Construa, no *Winplot,* o gráfico das funções classificadas no exercício 1 como *RT, CT* ou *LT.*

3. (IBMEC) Um comerciante de bicicletas, notou que quando o preço de venda de uma bicicleta era de R$ 160,00 o número de bicicletas vendidas por dia era 20. Ao reduzir o preço para R$ 140,00, o número de bicicletas vendidas aumentava em 50%. Admitindo que o gráfico do preço (*y*) em função do número *x* de bicicletas vendidas seja uma reta:
   a) Obtenha a expressão de *y* em função de *x*.
   b) Sabendo que o custo de cada bicicleta para o comerciante é de R$ 60,00, qual a melhor alternativa para o comerciante: vendê-las a R$ 140,00 a unidade, ou a R$ 130,00 a unidade? Justifique a sua resposta.

4. Associe cada função: *lucro, custo, demanda* ou *receita* ao gráfico que melhor expressa seu comportamento.

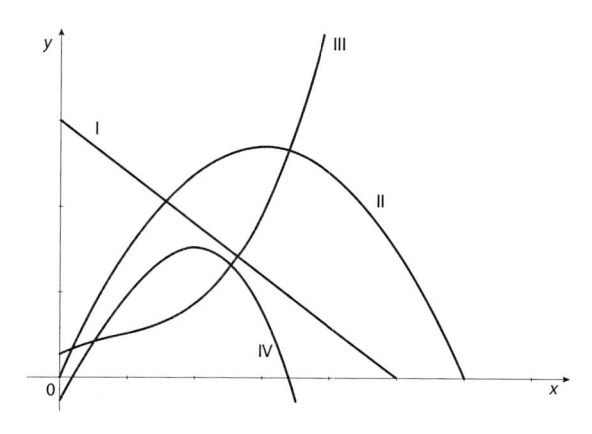

Capítulo 2 — Receita total, custo total e lucro total de 1º grau

5. (ENC – ADM) A empresa XXX produz um só produto e possui a seguinte estrutura de preço e custo:

Preço de venda por unidade	R$ 200,00
Custos variáveis por unidade	R$ 140,00
Custos fixos totais	R$ 120 000,00

Qual deverá ser o volume de vendas, em unidades, que irá produzir um lucro antes dos juros e do imposto de renda (lucro operacional) de 20% das vendas?

6. (CEAG) O custo de fabricação de um produto é de R$ 11,00 por unidade, e o custo total para produzir 8 mil unidades em um mês é R$ 108 000,00. O fabricante pretende fixar em R$ 15,00 o preço de venda por unidade. Sendo 30% a alíquota do imposto de renda sobre o lucro bruto, para que possa auferir o lucro líquido (lucro bruto menos imposto de renda) de R$ 42 000,00, o fabricante deverá produzir e vender:
   a) 20 mil unidades
   b) 10 mil unidades
   c) 25 mil unidades
   d) 15 mil unidades
   e) 18 mil unidades

7. (CEAG) A função de custo de produção de uma empresa, em função da quantidade (q) produzida, é $C(q) = 10\,000 + 3{,}4q$. Sabe-se que tudo o que é produzido é vendido ao preço unitário de R$ 11,40. Quanto deve ser vendido para que o lucro seja o dobro do custo de produção?
   a) 15 000 unidades
   b) 18 333 unidades
   c) 25 000 unidades
   d) 20 000 unidades
   e) 19 666 unidades

8. (FGV) Para produzir um objeto, uma empresa gasta R$ 12,00 por unidade. Além disso, há uma despesa fixa de R$ 4 000,00, independentemente da quantidade produzida. Vendendo os objetos produzidos a R$ 20,00 a unidade, o lucro atual da empresa é de R$ 16 000,00.

   Com o intuito de enfrentar a concorrência, a empresa decide reduzir em 15% o preço unitário de venda dos objetos. Para continuar auferindo o mesmo lucro, o aumento percentual na quantidade vendida deverá ser de:
   a) 100%   b) 15%   c) 60%   d) 40%   e) 70%

2.2. Ponto de ruptura (*break even point* – BEP)

O *ponto de ruptura* é um ponto de equilíbrio das contas da empresa. O que caracteriza o BEP é:

$$LT(x_E) = 0 \text{ ou } RT(x_E) = CT(x_E)$$

A quantidade de ruptura (x_E) é o número mínimo de peças do produto a serem produzidas e vendidas de modo a não ter prejuízo.

Algebricamente, é o ponto que resolve o sistema formado pelas equações de receita total e custo total ou é a raiz da função lucro total.

Graficamente, é o ponto de intersecção dos gráficos de RT e CT:

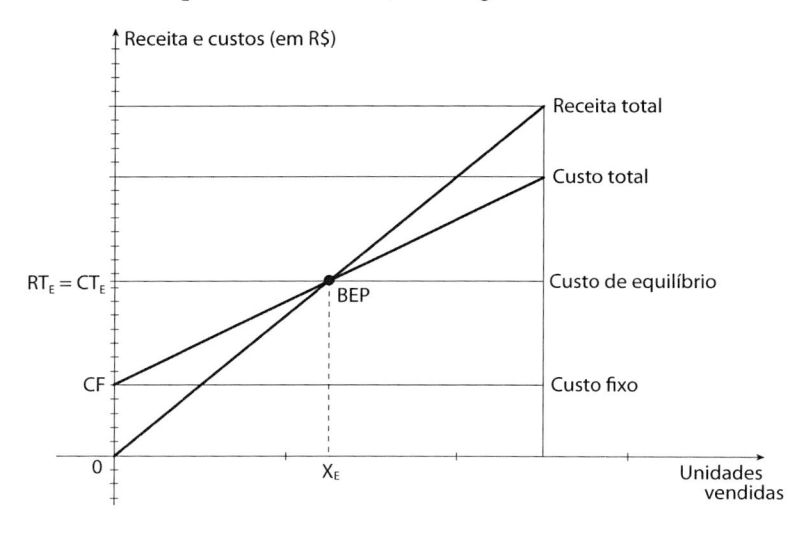

EXEMPLO

Sendo a função $RT(x) = 135x$ e a função $CT(x) = 100x + 15\,820$, temos:

$$LT(x) = RT(x) - CT(x)$$
$$LT(x) = 35x - 15\,820$$

No BEP, $LT(x_E) = 0$:

$$35x - 15\,820 = 0$$
$$x_E = \frac{15\,820}{35} = 452$$

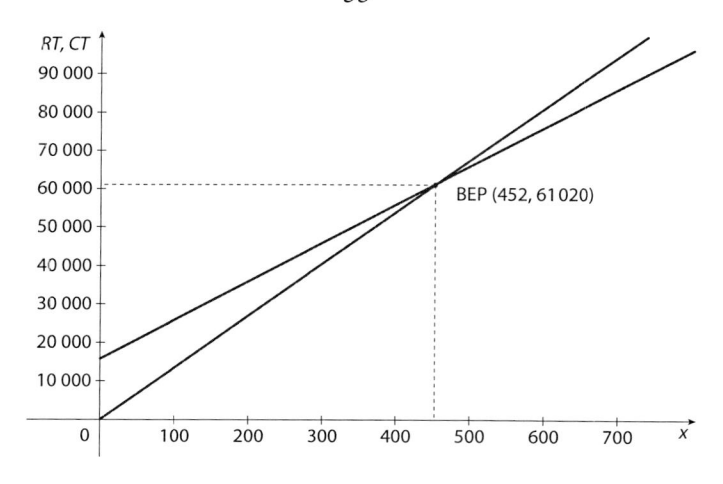

Substituindo $x_E = 452$ na função custo ou na função receita, teremos o custo ou a receita no equilíbrio, ou seja, a ordenada do ponto de equilíbrio:

$$RT_E(452) = 61\,020$$
$$CT_E(452) = 61\,020$$

Em um gráfico de receita, custo e volume de vendas, como o anterior, a distância – na vertical – entre os dois gráficos representa o lucro a cada produção e venda (x).

Com a venda de x_E unidades do produto obtemos uma receita total – RT_E – igual ao custo total – CT_E. Desse modo, o ponto de ruptura tem por coordenadas:

$$\text{BEP}(x_E, RT_E) \text{ ou BEP}(x_E, CT_E)$$

ou ainda, considerando-se o gráfico do lucro total, BEP $(x_E, 0)$, pois para x_E, $LT = 0$

TECNOLOGIA
Software Gráfico

No *Winplot*, com ambos os gráficos construídos $RT(x) = 135x$ e $CT(x) = 100x + 15\,820$, basta escolher "Dois" e em "Intersecções" teremos o *break even point*.

NO MUNDO REAL

(...) Mas este não é o único senão. Um outro problema da produção de livro está no custo. O papel, principal elemento do setor, é uma commodity, que tem seu preço variado de acordo com o dólar. "A alta da moeda americana fez com que o custo subisse, mas pelo mercado acanhado, o preço não pôde ser repassado ao consumidor final. Segundo a Constituição brasileira o setor editorial é imune ao pagamento do Imposto Sobre Circulação de Mercadorias e Serviços (ICMS), mas muitos não o consideram suficiente", observa o presidente da CBL.

O custo da produção de livros é uma incógnita. Os editores alegam que a variação é muito diversa. No entanto, a maioria se defende das críticas frequentes aos preços praticados pelas editoras e livrarias – numa ampla pesquisa realizada no país, intitulada "Retrato da Leitura no Brasil", cerca de 13% dos apreciadores de livros afirmaram que se eles fossem mais baratos leriam mais. O principal argumento é a falta de escala de produção.

Segundo o Banco Nacional de Desenvolvimento (BNDES), um livro médio com 160 páginas e preço de R$ 16 tem seu "break even" na faixa dos 1 600 exemplares. Um livro nas mesmas condições, mas com tiragem de dez mil unidades, tem seu "break even" aos 2 200 livros. "Um best-seller nos Estados Unidos já sai do prelo com cerca de 500 mil a um milhão de exemplares. No Brasil, esse mesmo livro traduzido e publicado em brochura tem uma tiragem de cerca de cinco mil", compara Oswaldo Siciliano. A CBL considera um best-seller um livro com vendagem acima de 20 mil exemplares.

A revista "Information Weekly" revela que o preço médio de um livro nos Estados Unidos é de US$ 25. No Brasil, este mesmo livro sai por R$ 45, cerca de 20% do salário mínimo. A questão é que a balança comercial do setor de livros está superavitária. As últimas pesquisas apontam que mais de 90% dos autores de títulos lançados no país são de autores brasileiros, graças aos livros didáticos.

Fonte: <http://www.cbl.org.br/news.php?action=newsview&recid=964>.

Exercícios e problemas propostos

1. (ENC – ADM – adaptado) Suponha que a Guaíba Posters, um pequeno varejista de pôsteres, tenha custos operacionais fixos de R$ 3000,00, que seu preço de venda por unidade (pôster) seja de R$ 15,00, e seus custos operacionais variáveis sejam de R$ 5,00 por unidade. De quantas unidades, aproximadamente, é o ponto de equilíbrio da empresa?
   a) zero b) 200 c) 300 d) 600 e) 3 000

2. (CEAG) Para fabricar x unidades por mês, uma empresa arca com um custo $C = 3\,000 + 15x$. Cada unidade é vendida por R$ 18,00. O gráfico da função lucro $L(x)$ intercepta o eixo das abscissas no ponto de abscissa:
   a) 950 b) 1 150 c) 1 000 d) 1 100 e) 1 050

3. (ENC ADM) A Pedroso Ltda. está realizando um estudo de viabilidade econômica para Aloha Surf Ltda., uma pequena fábrica de pranchas de surfe. Para tal, determinou o custo fixo anual de operação da fábrica em R$ 1 500 000,00 e um custo unitário variável de R$ 100,00. A Aloha pretende vender suas pranchas a um preço unitário de R$ 200,00. De quantas unidades deve ser o ponto de equilíbrio (produção em que a receita total é igual ao custo total) anual da fábrica?
   a) 100 000 b) 75 000 c) 50 000 d) 20 000 e) 15 000

4. (CEAG) Um fabricante vende o seu produto a R$ 6,00 por unidade. Os custos fixos mensais são mantidos constantes em R$ 3 300,00, independentemente do número de unidades produzidas, e os custos variáveis são estimados em 45% da receita total. Para fazer frente aos custos totais de produção, o fabricante deverá vender mensalmente, pelo menos:
   a) 600 unidades
   b) 2 000 unidades
   c) 1 500 unidades
   d) 1 000 unidades
   e) 800 unidades

5. Determine o preço de venda de um produto cujo custo unitário é R$ 3,00, sendo o custo fixo R$ 30 000,00, de modo que a quantidade de ruptura seja 5 000 unidades.

6. Uma empresa dispõe das seguintes informações relativas a preço e custos (em reais) de um de seus produtos:

Preço unitário	10,00
Custo variável unitário	5,00
Custos fixos totais	2 500,00

   a) Determine, com base nos dados da tabela acima, o ponto de ruptura (BEP) dessa empresa.
   b) Avalie o impacto no ponto de ruptura (x_E), considerando as alterações (*independentes*):
      I. um aumento de 20% nos custos fixos;
      II. um aumento de R$ 2,50 no preço de venda unitário;
      III. um aumento do custo variável unitário para R$ 7,50;
   c) O que ocorre com o ponto de ruptura se a empresa implementar simultaneamente todas as três alterações?

   (Fonte: Gitman, Lawrence J. *Princípios de administração financeira*. 3. ed. São Paulo: Harbra, 1987, p. 176-178.)

7. (ESPM) Na composição do preço de um produto, os materiais representavam 50%, a mão de obra, 40% e o lucro, 10%. De um ano para cá os materiais tiveram aumento de 20% e a mão de obra aumentou 42,5%. Para manter o mesmo percentual de lucro sobre o preço final, esse produto deverá ter um aumento de:
   a) 21%   b) 27%   c) 34%   d) 30%   e) 25%

8. (ENC – C. CONTÁBEIS) A Indústria Cimentatudo S.A. tem capacidade instalada para produzir 500 000 kg de seu produto. Nesse nível de produção, seu custo total monta a R$ 2 000 000,00 por mês, sendo o custo fixo total, no mesmo período, de R$ 500 000,00.

   Sabendo-se que o preço unitário de venda é de R$ 8,00 por quilograma, e que a empresa adota, para fins gerenciais, o custeio direto, seu ponto de equilíbrio operacional, em unidades, é de
   a) 500 000
   b) 250 000
   c) 200 000
   d) 100 000
   e) 62 500

9. (ENADE – C. CONTÁBEIS) Suponha que determinada empresa atinge seu ponto de equilíbrio contábil (lucro zero) vendendo 250 unidades de seu produto, conforme discriminado na tabela abaixo:

Demonstração do lucro (no ponto de equilíbrio)		
Vendas: 250 unidades a R$ 8,00	R$ 2 000,00	100%
(-) Custos variáveis: 250 unidades a R$ 2,00	R$ 500,00	25%
(-) Despesas variáveis: 250 unidades a R$ 0,80	R$ 200,00	10%
= Lucro marginal	R$ 1 300,00	65%
(-) Custos fixos	(R$ 1 300,00)	65%
= Lucro operacional	R$ 0	0%

A empresa deseja avaliar o impacto de aumentar, simultaneamente, no próximo período, os custos fixos para R$ 1 500,00, o preço de venda unitário para R$ 10,00, o custo variável por unidade para R$ 4,00 e as despesas variáveis para R$ 1,00. Além disso, ela deseja alcançar lucro operacional de R$ 500,00.

Considerando que essa empresa implemente todas as alterações projetadas para o próximo período, para atingir seu novo ponto de equilíbrio (econômico), ela deverá vender

a) 260 unidades
b) 300 unidades
c) 360 unidades
d) 400 unidades
e) 600 unidades

2.3. Margem de contribuição e margem de segurança

Margem de contribuição

A *margem de contribuição unitária* (Mg) de um produto pode ser definida como a diferença entre o *preço unitário de venda* e o *custo variável unitário*. Note que não se trata de um lucro unitário, pois para o custo variável unitário (c) consideramos apenas os custos de matéria-prima, embalagem etc., ou seja, c não inclui gastos como os fixos.

$$Mg = y_v - c$$

A margem de contribuição é assim nomeada, pois contribui para o pagamento dos custos fixos e para o lucro.

EXEMPLO

Suponha os dados a seguir (expressos em reais) para dois produtos:

Produto 1	Produto 2
$y_v = 10$	$y_v = 1\,000$
$-c = 8$	$-c = 998$
$Mg = 2$	$Mg = 2$

Note que os valores absolutos das margens de contribuição nos fariam crer que ambos os produtos apresentam a mesma situação. Classificaríamos ambos como produtos de margem R$ 2,00 por unidade.

No entanto, no caso do Produto 1, a empresa pode contar com uma margem de R$ 2,00 de um produto com preço R$ 10,00; já no caso do Produto 2, cada unidade contribuirá com R$ 2,00 de um preço R$ 1 000,00.

Valores relativos mostrariam como os produtos são diferentes no que diz respeito à margem de contribuição.

Capítulo 2 — Receita total, custo total e lucro total de 1º grau

É preciso comparar o valor absoluto da margem de contribuição unitária com algum parâmetro, uma referência que permita distinguir situações aparentemente iguais.

Podemos expressar a margem de contribuição relativamente ao preço unitário, como uma porcentagem:

$$Mg(\%) = \frac{y_v - c}{y_v}$$

EXEMPLO

Em porcentagem, teremos:

Produto 1

$y_v = 10$
$-c = 8$
$Mg = 2 \text{ reais}$

$$Mg(\%) = \frac{10 - 8}{10} = \frac{2}{10} = \frac{20}{100} = 20\%$$

Produto 2

$y_v = 1\,000$
$-c = 998$
$Mg = 2 \text{ reais}$

$$Mg(\%) = \frac{1\,000 - 998}{1\,000} = \frac{2}{1\,000} = \frac{0{,}2}{100} = 0{,}2\%$$

Note que, agora, com os valores relativos, percebemos a diferença entre a contribuição do Produto 1 e a do Produto 2.

REVISÃO ORIENTADA
Porcentagem

Uma porcentagem é o resultado de uma comparação considerando-se como um dos elementos comparados o 100. Mesmo que nenhum dos dois valores que estamos comparando seja 100, pensamos, calculamos e nos expressamos como se um deles fosse.

Por exemplo, em "10% da população tem acesso à internet" queremos dizer que de cada 100 habitantes, 10 têm acesso à internet.

Essa informação é, de alguma forma, mais clara do que se fosse assim exposta: "Em cada 2 110 habitantes, 211 têm acesso à internet".

$$\frac{211}{2110} = \frac{1}{10} = \frac{10}{100} = 10\%$$

Definimos a margem de contribuição em termos unitários, mas também é possível fazê-lo em relação a toda a produção:

$$Mg \cdot x = (y_v - c) \cdot x$$
$$Mg \cdot x = y_v x - cx$$

$$Mg_{TOTAL}(x) = RT(x) - CV(x)$$

EXEMPLO

Para a produção de 1 000 unidades do Produto 1, teríamos

$$Mg_{TOTAL} = R\$\ 2\,000{,}00.$$

Para a produção de 2 000 unidades do Produto 1, teríamos

$$Mg_{TOTAL} = R\$\ 4\,000{,}00.$$

A margem de contribuição total é função da produção (varia com a produção) exatamente porque se refere e está expressa em termos totais.

Por isso, optamos por trabalhar com a margem unitária: para que ela não esteja atrelada a uma produção ou venda específica.

Também podemos expressar a margem de contribuição como porcentagem do custo variável unitário:

$$Mg(\%) = \frac{y_v - c}{c}$$

Optaremos por usar a margem como porcentagem do preço de venda em todas as atividades deste livro, salvo menção em contrário.

É possível obter uma nova expressão para o lucro total que envolva o conceito de margem de contribuição.

Observe:

$$LT(x) = RT(x) - CT(x)$$
$$LT(x) = xy_v - (cx + CF)$$
$$LT(x) = xy_v - cx - CF$$
$$LT(x) = (y_v - c)x - CF$$

$$LT(x) = Mg\,x - CF$$

A margem de contribuição é um conceito que ganha, então, relevância, pois é uma medida de ritmo – de velocidade – do lucro. A margem é a taxa de variação média da função lucro ou seu coeficiente angular:

$$\frac{\Delta LT}{\Delta x} = y_v - c = Mg$$

O custo médio unitário é definido como:

$$C_{Me}(x) = \frac{CT(x)}{x} = \frac{cx + CF}{x} = c + \frac{CF}{x}$$

A diferença entre os conceitos de custo variável unitário (c) e custo médio unitário (C_{Me}) é que o C_{Me} inclui partes – frações – do custo fixo (aluguel, salários etc.).

Observe que, quando x (a quantidade produzida) é relativamente grande ($x \to +\infty$; lê-se: "x tende a infinito positivo"), o custo médio tende ao custo variável unitário, porque $\frac{CF}{x}$ (custo fixo unitário) tende a zero ($\frac{CF}{x} \to 0$; lê-se: "custo fixo unitário tende a zero").

Então, para grandes produções – em escala – a margem de contribuição pode ser considerada o lucro unitário, porque o custo fixo unitário tende a zero.

NO MUNDO REAL

"ARMAS DE ATAQUE" GERAM DIVERGÊNCIA

Freelance para a Folha de S.Paulo

Na hora de escolher o método para economizar, há duas opções: apostar na conscientização e na sensibilização da equipe ou armar-se com mecanismos que forçam a economia de recursos como água e energia elétrica.

A Baby Roger, fabricante de fraldas com sede em Várzea Paulista (a 63 km de São Paulo), revela que, após tentativas frustradas de conscientização dos cerca de 120 funcionários, a alternativa foi recorrer à tecnologia.

"Não tenho dúvida de que funciona melhor do que as campanhas. Fazendo assim, acabei com o problema", diz o sócio Rogério Bezerra, 33. "Se há recursos tecnológicos para resolver [o problema], é mais rápido do que doutrinar as pessoas."

Na empresa, após cinco minutos de conversação, o telefonema cai automaticamente. Departamentos e funcionários selecionados têm acesso a códigos que evitam a operação. Também foram adotados temporizadores, que estipulam horários para que as luzes se apaguem automaticamente – economia de 10% a 15%.

De acordo com Bezerra, no entanto, apesar da preocupação constante em instalar novos sistemas, a empresa não gasta muito. "Não é caro investir, o difícil é descobrir os mecanismos que existem no mercado."

Já no escritório Menezes e Lopes Advogados a opção foi por fazer uma campanha interna batizada de Surpreenda-se – Veja a Diferença que Você Faz. A ideia é ensinar os funcionários a criar o hábito de economizar, dando dicas que servem para usar tanto na empresa como em casa.

O personagem Sr. Meneis (brincadeira com o nome de um dos donos) ajuda a sensibilizar a equipe, deixando recados de parabéns ou broncas no computador. Os recadinhos são contabilizados num levantamento de quem mais se empenhou na campanha. Os mais bem colocados participam do sorteio de uma viagem com acompanhante a um *resort*.

Fonte: <http://www1.folha.uol.com.br/fsp/negocios/cn2507200402.htm>.

EXEMPLO

Uma empresa tem capacidade instalada para a produção de 1 000 unidades mensais de um produto, obtendo assim uma receita de R$ 50 000,00, com margem de contribuição de 60% e custo fixo igual a R$ 6 000,00. Pretende-se obter lucro de R$ 29 000,00 nesse período. Responda:

a) Qual é o lucro na produção máxima?

Como a receita para 1 000 unidades é de R$ 50 000,00, cada unidade tem preço de venda: $y_v = 50$.

Como a margem de contribuição é 60% e, sendo o inteiro de referência dessa porcentagem o preço unitário, temos que $Mg = 60\% \cdot 50 = 30$ e, então, $c = 20$.

Assim:

$$\begin{aligned} LT(1\,000) &= RT(1\,000) - CT(1\,000) = \\ &= 50\,000 - (20 \cdot 1\,000 + 6\,000) = \\ &= 50\,000 - 20\,000 - 6\,000 = \\ &= 24\,000 \end{aligned}$$

b) A fim de obter o lucro desejado na produção máxima, em que porcentagem a empresa deverá aumentar o preço?

Note que poderíamos estimar o aumento desejado no lucro como sendo de 20%, pois:

$$R\$\ 29\,000,00 - R\$\ 24\,000,00 = R\$\ 5\,000,00 \text{ e } \frac{5\,000}{24\,000} \cong \frac{5\,000}{25\,000} = \frac{1}{5} = 20\%$$

O aumento de preço necessário para que o lucro aumente 20% é também 20%?

A resposta é não, pois como o preço unitário está envolvido em multiplicações ($RT(x) = y_v \cdot x$), aumentá-lo em 20% gerará efeitos, na receita e no lucro, maiores do que o desejado.

Há diversas maneiras de resolver essa questão, mas vamos apresentar um modo numérico e um algébrico.

1º modo:

Os R$ 5 000,00 (R$ 29 000,00 − R$ 24 000,00) que desejamos de aumento no lucro potencial serão obtidos com o aumento de preço, ou seja, de receita. Como a receita para 1 000 unidades era de R$ 50 000,00, ela deve, com o aumento de preço, passar a R$ 55 000,00. Então, o novo preço unitário será $\frac{55\,000}{1\,000} = 55$ e o aumento percentual será de 5 em 50 ou 10 em 100, ou seja, 10%.

2º modo:

$$LT(1\,000) = 29\,000 = RT(1\,000) - CT(1\,000)$$

$$29\,000 = RT(1\,000) - CT(1\,000)$$
$$29\,000 = y_v \cdot 1\,000 - (20 \cdot 1\,000 + 6\,000)$$
$$29\,000 = y_v \cdot 1\,000 - 26\,000$$
$$55\,000 = y_v \cdot 1\,000$$

e $y_v = 55$, resultando em um aumento de 10% sobre o preço unitário anterior.

Com um preço maior, pagamos os custos fixos e os custos variáveis da ruptura com uma produção menor.

Observe no gráfico a seguir as alterações no BEP:

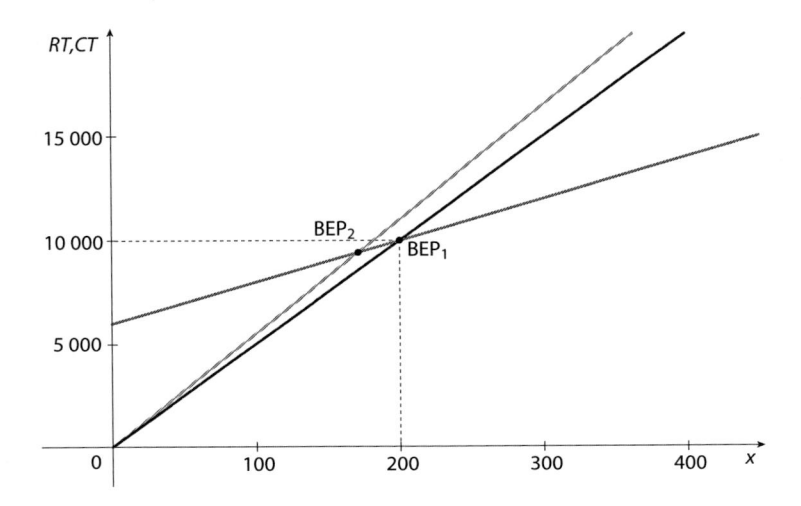

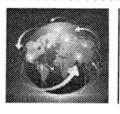

NO MUNDO REAL

CUSTO FIXO?

Reestruturações, controles e contratação temporária são saídas para reduzir os gastos Senha é pensar despesa como variável

Freelance para a Folha de S.Paulo

Tratar custos fixos como despesas variáveis, condicionando-os à produção e às vendas, é o conselho dos especialistas para orientar os cortes de gastos na empresa.

"Os custos variáveis, em geral, as empresas controlam bem. Nos custos fixos é que elas se perdem", afirma Victor Eduardo Báez, consultor de reestruturação de empresas que se considera um "caçador de custos fixos". "A ideia é transformar o fixo em variável na cabeça das pessoas, para que relacionem gastos com resultados."

No caso de despesas como mão de obra, a opção é redesenhar a política de remuneração da empresa e criar cargos em que os ganhos sejam compostos por uma parcela de valores fixos e outra de variáveis, sempre atrelada ao cumprimento de metas.

O exemplo clássico é o do comissionamento dos vendedores, mas, de acordo com os especialistas, o mecanismo funciona para todo funcionário que atua na produção. Um engenheiro projetista, por exemplo, pode ter parte de sua remuneração dependente do cumprimento de prazos.

Sob controle

Mas como fazer para que gastos com telefonia variem conforme a produção? Além de recursos técnicos, anotar as chamadas e analisá-las no fim do mês dá uma noção da relação entre custos e resultados.

Em razão da demanda flutuante do negócio, a academia Team 1, em Cotia (SP), opta por contratar estagiários através do CIEE (Centro de Integração Empresa-Escola) nos meses de pico. "A academia é muito sazonal, 'estoura' de agosto a novembro, depois o pessoal viaja e só volta após o Carnaval. No verão, 'estoura' de novo e, em julho, fica tudo parado outra vez. Os estagiários vêm para aprender – não trabalham como professores, ajudam a conter a demanda", explica Sandra Cristina Keller, 35, sócia.

Ela também exige que todas as ligações feitas sejam anotadas em uma planilha, com o nome de quem ligou, o telefone e o nome do cliente contatado. A receita serviu para entender como variável o custo fixo com chamadas telefônicas e, claro, para poupar.

Aleatoriamente, a empresária checa a veracidade das informações. "Só o fato de haver um controle estimula a seguir a regra." A empresa também decidiu contratar um especialista para ajudar nos cortes. "Não quero correr o risco de errar", afirma Keller.

Com medidas simples como o levantamento dos endereços de todos os empregados e a realização de um roteiro de transporte, a rede de franquias Golden Services reduziu em pelo menos 20% seus gastos com vale-transporte.

Também modificou a forma de ligar para celulares – automaticamente, a chamada é originada também de um celular e fica mais barata do que se feita do fixo.

Outra opção para economizar são os escritórios terceirizados: a empresa pode começar seus negócios sem investir de cara em mobiliário e em infraestrutura.

Fonte: <http://www1.folha.uol.com.br/fsp/negocios/cn2507200402.htm>.

Capítulo 2 — Receita total, custo total e lucro total de 1º grau

Exercícios e problemas propostos

1. A partir das informações, determine o que se solicita em cada item:
   a) $Mg = 7$ e $CF = 15\,238$; $LT(x)$
   b) $y_v = 25$, $c = 12{,}50$; $Mg(\%)$
   c) $RT(x) = 64x$; $Mg(\%) = 10\%$, $CF = 30\,000$; $CT(x)$
   d) $x_E = 1\,000$ e $CF = 40\,000$; LT

2. (CEAG) Margem de contribuição por unidade (m) de um produto é definida como sendo a diferença entre o preço de venda (p) e custo variável unitário (c). Uma loja compra um produto e o revende com margem de contribuição por unidade igual a 25% do preço de venda. Podemos afirmar, então, que:
   a) $m = 0{,}25\,c$ d) $m = 0{,}75\,c$
   b) $c = 1{,}25\,p$ e) $p = 1{,}33\,c$
   c) $p = 0{,}75\,c$

3. Considere as seguintes informações referentes à venda de um dos livros de uma editora no ano passado:

Preço unitário	R$ 50,00
Custo variável unitário	R$ 48,00
Custos fixos totais	R$ 40 000,00

   Determine quantos livros a editora precisará vender este ano de modo a atingir o ponto de equilíbrio, nas seguintes (e independentes!) circunstâncias:
   a) Todos os valores permanecem inalterados neste ano.
   b) Os custos "fixos" elevam-se 10%.
   c) A margem de contribuição passa a ser R$ 2,50 e todos os custos permanecem iguais aos do ano anterior.

   (Adaptado de 6-1 em: Gitman, Lawrence J. *Princípios de administração financeira*. 3. ed. São Paulo: Harbra, 1997. p. 197.)

4. Leia o texto a seguir.

   Playcenter corta gastos e "aposenta" brinquedos
   Sérgio Ripardo da *Folha Online*

   > O Playcenter, maior parque de diversões da capital paulista, passa por um processo de reestruturação para espantar a crise.
   >
   > O parque está demitindo diretores, vai aposentar brinquedos e antecipou de agosto para este mês sua promoção mais rentável – o evento "Noites do Terror".
   >
   > Com as chuvas desde janeiro, os visitantes sumiram, prejudicando o caixa do parque, que ainda enfrenta a concorrência das atrações dos shoppings.

   Fonte: *Folha de S.Paulo*, caderno *Dinheiro*, São Paulo, 7 mar. 2004.

   Das afirmações citadas a seguir qual delas *não* pode explicar a situação do parque *ou* contribuir para a melhoria da situação:

a) O parque pode devolver um imóvel equivalente a 12% de sua área para evitar ação de despejo.
b) O presidente e fundador do Playcenter, Marcelo Gutglas, disse que investirá até R$ 15 milhões neste ano em melhorias no parque, com recursos próprios.
c) Gutglas culpou a redução dos impostos e do desemprego pela crise do setor.
d) O fundador revelou que o parque – com capacidade para 15 mil pessoas – já chegou a receber apenas 30 visitantes em um dia. "Fomos muito castigados pela chuva", disse ele.
e) Afirma Gutglas: "Vamos também devolver brinquedos e depois comprar outros, bem como contratar mais gente para o Noites do Terror. Precisamos nos adaptar ao mercado."

5. Associe cada situação à(s) correspondente(s) alteração(ões) algébrica(s) ou gráfica(s) que pode(m) representá-la:

   (1) aumento do preço de venda unitário;
   (2) redução de custos fixos, pela dispensa de um prédio locado, por ex.;
   (3) maior margem de contribuição unitária;
   (4) aumento da demanda devido ao aumento do poder aquisitivo, sem variação absoluta de preço unitário;
   (5) redução da quantidade de ruptura.

   (a) deslocamento vertical da reta representativa dos custos totais, com redução do coeficiente linear;
   (b) redução da taxa de variação média dos custos totais;
   (c) aumento da inclinação da reta representativa da receita total;
   (d) aumento do coeficiente angular da reta representativa do lucro total;
   (e) deslocamento da curva representativa da demanda para a direita.

6. (CEAG) Margem de contribuição por unidade de um produto é definida como sendo a diferença entre o preço de venda e custo variável unitário. Se, para determinada mercadoria, a margem de contribuição por unidade é 20% do seu custo unitário variável, então a margem de contribuição por unidade, em relação ao seu preço, será de:
   a) 16,67%   c) 15%   e) 22,33%
   b) 24,33%   d) 2,5%

7. No final de outubro de 2 001, os produtores de Santa Catarina iniciavam a colheita de algumas variedades mais precoces de cebola. Um dos principais produtores de cebola da região – fornecedor de grandes grupos de supermercados – não poderia afirmar corretamente (justifique sua resposta):
   a) "Tomara que o preço não baixe de 30 centavos por quilo, pois deixará de ser compensador, com um custo de produção ao redor de 25 centavos, o quilo."
   b) "O atual nível de preços não se manterá à medida que a produção catarinense começar a pesar no mercado."
   c) "Com um rendimento de 20 toneladas por hectare, uma área cultivada no Vale da Cebola de 16 084 hectares e preço entre 30 e 40 centavos o quilo, podemos esperar aproximadamente R$ 9 milhões no Vale."
   d) "O custo de produção fica em R$ 0,25, o quilograma, para um rendimento de 20 toneladas por hectare. O custo unitário, portanto, varia com a produção."

8. (ENADE – C. CONTÁBEIS) A Indústria Laboriosa fabrica apenas um produto, gastando 12 minutos de hora/máquina para produzir cada unidade. Em um determinado mês sua estrutura de custos e despesas é a seguinte:

Dados	Valor
Custos fixos mensais	R$ 1 920 000,00
Custos variáveis	R$ 1 260 000,00
Despesas fixas mensais	R$ 1 200 000,00
Despesas variáveis de vendas	R$ 0,20 para cada R$ 1,00 das vendas
Horas máquina totais/mês aplicadas	2 000 horas

Nessas condições, para a empresa vender toda a sua produção e obter um resultado, antes do Imposto de Renda e Contribuições, no valor de R$ 1 400 000,00, qual a margem de contribuição unitária?
a) R$ 140,00
b) R$ 318,50
c) R$ 452,00
d) R$ 578,00
e) R$ 722,50

9. (FGV) O custo médio, c_m, de produção de q unidades de um artigo, é obtido dividindo-se o custo C pela quantidade q, ou seja $c_m = \dfrac{C}{q}$. Sendo $C = 2q^2 - 3q + 20$ o custo, em milhares de reais, para a produção de q milhares de unidades de garrafas plásticas, considere as seguintes afirmações:

I. A função custo médio será dada por $c_m = 2q - 3 + \dfrac{20}{q}$.

II. O custo total para a produção de 5 000 garrafas plásticas é R$ 55 000,00.

III. Quando 10 000 garrafas plásticas são produzidas, o custo por unidade é R$ 19,00.

Associando V ou F a cada afirmação, conforme seja verdadeira ou falsa, tem-se:
a) V, V, V
b) V, V, F
c) V, F, F
d) F, V, V
e) V, F, V

10. (ENADE – C. CONTÁBEIS) A Empresa CustaKaro Ltda. apresentou, em determinado momento, os dados abaixo:

Dados	Produto Alpha	Produto Beta
Margem de contribuição (considerando somente os custos variáveis)	R$ 380,00	R$ 420,00
Matéria-prima	R$ 240,00	R$ 360,00
Preço de venda (líquido dos impostos)	R$ 860,00	R$ 900,00

De acordo com esses dados, qual o percentual de participação da matéria-prima em relação ao custo variável total dos produtos Alpha e Beta, nessa ordem?
a) 25% e 50%
b) 44% e 46%
c) 50% e 25%
d) 50% e 75%
e) 75% e 50%

(FGV) O texto abaixo se refere às questões 11, 12 e 13.

Paulo é um fabricante de brinquedos que produz determinado tipo de carrinho. A figura a seguir mostra os gráficos das funções custo total e receita, considerando a produção e venda de x carrinhos fabricados na empresa de Paulo.

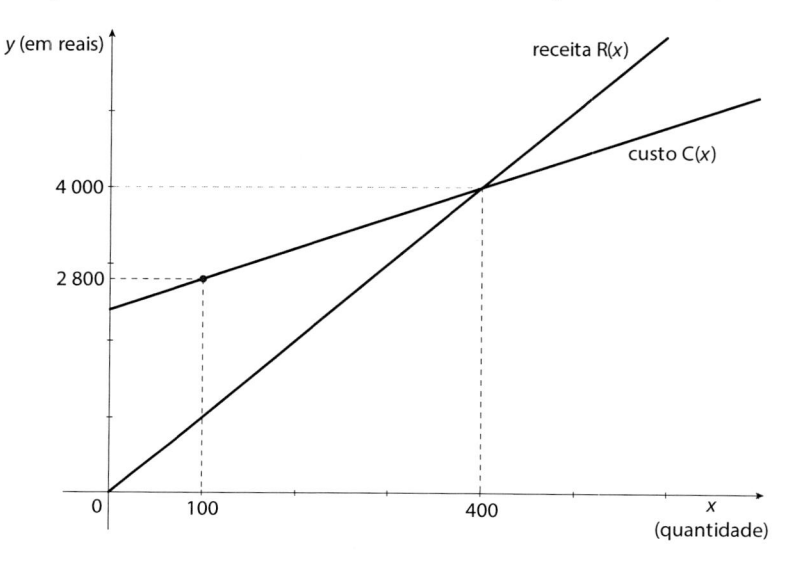

11. Existem custos, tais como: aluguel, folha de pagamento dos empregados e outros, cuja soma denominamos custo fixo, que não dependem da quantidade produzida, enquanto a parcela do custo que depende da quantidade produzida chamamos de custo variável. A função custo total é a soma do custo fixo com o custo variável. Na empresa de Paulo, o custo fixo de produção de carrinhos é:
   a) R$ 2 600,00
   b) R$ 2 800,00
   c) R$ 2 400,00
   d) R$ 1 800,00
   e) R$ 1 000,00

12. A função lucro é definida como sendo a diferença entre a função receita total e a função custo total. Paulo vai obter um lucro de R$ 2 700,00 na produção e comercialização de:
   a) 550 carrinhos
   b) 850 carrinhos
   c) 600 carrinhos
   d) 400 carrinhos
   e) 650 carrinhos

13. A diferença entre o preço pelo qual a empresa vende cada carrinho e o custo variável por unidade é chamada de margem de contribuição por unidade. Portanto, no que diz respeito aos carrinhos produzidos na fábrica de Paulo, a margem de contribuição por unidade é:
   a) R$ 6,00
   b) R$ 10,00
   c) R$ 4,00
   d) R$ 2,00
   e) R$ 14,00

Capítulo 2 — Receita total, custo total e lucro total de 1º grau — 85

NO MUNDO REAL

CONTRIBUIÇÃO MARGINAL – UMA FERRAMENTA GERENCIAL QUE PODE MELHORAR A AVALIAÇÃO DE RESULTADOS DA GRÁFICA

Em virtude do ramo gráfico produzir sob encomenda, o acompanhamento da realização de custos fixos sempre foi mais trabalhosa que aqueles segmentos industriais cujos produtos e volumes podem obedecer a uma padronização (mesmo que por curto período de tempo).

Por consequência desta característica, o acompanhamento da contribuição marginal gerada pelo faturamento da gráfica constitui-se em uma grande ferramenta para avaliar a realização de seus custos fixos.

Neste artigo, a CALCGRAF mostrará ao empresário gráfico, o conceito de Contribuição Marginal e como ele pode ser aplicado de forma eficiente na administração de seu negócio.

1. O que é contribuição marginal

É a diferença entre o valor faturado e os custos variáveis gerados pela produção e venda do bem (materiais, serviços externos, impostos, comissões e juros). Em outras palavras, pode ser definido como a soma dos custos de transformação e o lucro líquido obtido na comercialização do produto.

Tomemos como exemplo o seguinte cálculo de produto gráfico:

(a) Materiais diretos

Papel	$ 1 600,00
Tinta	$ 200,00
Chapa	$ 100,00
Mat. diversos	$ 100,00
TOTAL	$ 2 000,00

(b) Custos de transformação (mão de obra)

Pré-impressão	$ 200,00
Impressão	$ 900,00
Acabamento	$ 300,00
TOTAL	$ 1 400,00

(c) Serviços externos (terceirizações)

Plastificação	$ 400,00
TOTAL	$ 400,00

(d) Total do custo de produção (a)+(b)+(c)

TOTAL	$ 3 800,00

(e) Custos de venda

Comissões (5%)	$ 304,00
Impostos (9%)	$ 547,20
Juros (3,5%)	$ 212,80
TOTAL	$ 1 064,00

(f) Lucro

LUCRO (20%)	$ 1 216,00

Preço de venda (d)+(e)+(f)

$ 6 080,00

Contribuição marginal
= Preço de venda − Materiais − Serviços externos − Custos de venda
= 6 080,00 − 2 000,00 − 400,00 − 1 064,00

ou

= Custo de transformação + Lucro
= 1 400,00 + 1 216,00
= 2 616,00 (43% do preço de venda)

2. Como usar a contribuição marginal

O primeiro passo é levantar a soma dos custos fixos da gráfica (salários, encargos sociais, despesas fixas como aluguel, telefone etc. e depreciações) no período de um mês. Em seguida, deve-se obter a soma das contribuições marginais de todos os trabalhos faturados no mês.

Para obter-se o resultado operacional do período, deduz-se o custo fixo da soma da contribuição marginal.

Exemplo 1
Soma da contribuição marginal $ 60 000,00
Custo fixo (−) $ 50 000,00
Resultado (lucro) (=) $ 10 000,00

Exemplo 2
Soma da contribuição marginal $ 45 000,00
Custo fixo (−) $ 50 000,00
Resultado (prejuízo) (=) ($ 5 000,00)

O exemplo 1 demonstra resultado positivo (lucro) de $ 10 000,00, ou seja, a contribuição marginal gerada pelo faturamento foi suficiente para pagar os custos fixos e deixar saldo positivo.

Já no segundo exemplo, o resultado foi de prejuízo, já que os custos fixos não foram cobertos pela contribuição do faturamento.

É importante ressaltar que no exemplo 2, os pedidos não teriam necessariamente preços com margens negativas (prejuízo) em sua formação. Neste caso, as vendas estariam abaixo da capacidade instalada, gerando ociosidade. Consequentemente, a lucratividade embutida nas vendas realizadas é "utilizada" para realizar custo fixo dos setores ociosos.

Uma política de preços afinada com a leitura da contribuição marginal acumulada por centros de custo ajuda a evitar a situação descrita no exemplo 2, pois alguns preços poderiam ser negociados de forma a "preencher" o tempo de produção e evitar a transferência do lucro de "bons pedidos" para os centros deficitários.

3. Calculando o faturamento de equilíbrio provável

O faturamento de equilíbrio (*break even point*) é aquele que gera contribuição marginal suficiente para pagar os custos fixos.

Na indústria gráfica, este valor não é exato na medida em que a contribuição marginal flutua conforme a formação do custo de produção (relação matéria-prima/mão de obra), volumes produzidos, além dos *markups* de venda (variações na tributação e comissões).

Porém, o estabelecimento de uma meta de faturamento sempre é interessante, principalmente quando se trabalha com vendedores.

Para calcular o faturamento de equilíbrio, toma-se o custo fixo da gráfica e divide-se pelo percentual médio de contribuição marginal do faturamento.

Exemplo:
Custo fixo $ 50 000,00
Contribuição marginal média dos últimos 30 dias: 40%
Faturamento de equilíbrio = 50 000,00 / 0,4 = 125 000,00
Atenção: o percentual de contribuição marginal deve ser obtido na forma de média ponderada, ou seja, deve-se dividir o valor total de contribuição marginal de um mês pelo total de faturamento do mesmo período, e não simplesmente pela média aritmética dos percentuais dos trabalhos faturados.

4. Conclusão
Para que a leitura da contribuição marginal seja confiável, é fundamental que:
a) a formação do preço de venda leve em consideração todos os custos (produção e venda) e que os mesmos sejam apurados de forma correta (tarifas e levantamento de quantidades);
b) os custos fixos estejam corretamente apurados.

Fonte: <http://www.calcgraf.com.br/content.php?recid=19&type=A>. Calcgraf Informática e Consultoria Ltda.

Margem de segurança

A *margem de segurança (MS)* de um produto diz respeito a valores de produção. Ela mede o quão longe do ponto de ruptura (BEP) está a produção de um determinado produto.

No caso de ser necessária a redução da produção por um problema qualquer não previsto – como a quebra de uma máquina ou uma redução significativa da demanda com consequente excesso de oferta –, a margem de segurança diz a segurança que a empresa tem ou, de outro modo, mede a distância do prejuízo.

A margem de segurança é a diferença entre a produção atual da empresa (x) e a produção no equilíbrio (x_E):

$$MS = x - x_E$$

EXEMPLO

Suponha os dados a seguir (expressos em unidades) para dois produtos:

Produto 1	Produto 2
$x = 800$	$x = 1\,300$
$- x_E = 500$	$- x_E = 1\,000$
$MS = 300$	$MS = 300$

Se for preciso reduzirmos a produção, em ambos os casos, podemos fazê-lo em 300 unidades. Qualquer redução maior que essa levará a empresa para uma produção menor que a da ruptura e, portanto, ao prejuízo.

Note que os valores absolutos das margens de segurança também nos fariam crer, como no exemplo da margem de contribuição, que ambos os produtos apresentam mesma situação.

No entanto, no caso do Produto 1, a empresa está relativamente mais longe do BEP, pois produziu 300 unidades além de x_E que é de 500 unidades. A empresa produziu quase "mais um equilíbrio".

Valores relativos mostrariam como os produtos são diferentes no que diz respeito à margem de segurança.

É preciso comparar o valor absoluto da margem de segurança com algum parâmetro, uma referência que permita distinguir situações aparentemente iguais. Nesse caso, a referência pode ser o BEP.

Podemos expressar a margem de segurança relativamente à quantidade de equilíbrio deste modo:

$$MS(\%) = \frac{x - x_E}{x_E}$$

Graficamente, a margem de segurança é a distância entre a produção e venda atuais (x) e a produção e venda do equilíbrio (x_E):

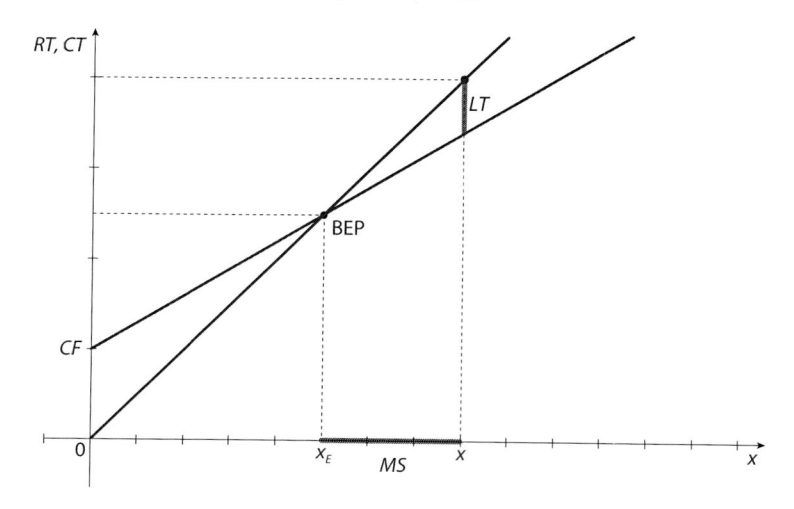

EXEMPLO

Em porcentagem, considerando o equilíbrio como o inteiro de referência, teremos:

Produto 1

$$x = 800$$
$$- \quad x_E = 500$$
$$\overline{MS = 300 \text{ unidades}}$$

$$MS(\%) = \frac{800 - 500}{500} = \frac{300}{500} = \frac{60}{100} = 60\%$$

Produto 2

$$x = 1\,300$$
$$- \quad x_E = 1\,000$$
$$\overline{MS = 300 \text{ unidades}}$$

$$MS(\%) = \frac{1\,300 - 1\,000}{1\,000} = \frac{300}{1\,000} = \frac{30}{100} = 30\%$$

O valor da margem de segurança expresso em porcentagem nos permite notar a diferença significativa dos dois produtos.

Observe que como o todo — o inteiro da porcentagem — é o BEP, se for preciso reduzir a produção, não devemos calcular 30% de x, produção atual da empresa, porque a porcentagem foi calculada considerando x_E como parâmetro (100%).

FAQ — Se a empresa está produzindo 3 000 unidades e a ruptura é em 1 000, a margem de segurança é 2%?

A margem de segurança, em valores absolutos, é $MS = 3\,000 - 1\,000 = 2\,000$. Observe que essa empresa produziu a quantidade de ruptura e foi, além dela, mais 2 rupturas, ou seja, $2 \cdot 1\,000 = 2\,000$ unidades. Sua margem de segurança, então, não pode ser tão pequena: 2%

É provável que se tenha calculado a margem de segurança em porcentagem, em termos relativos, assim:

$$MS(\%) = \frac{3\,000 - 1\,000}{1\,000} = \frac{2\,000}{1\,000} = 2$$

e acrescentado ao resultado o símbolo de porcentagem (%).

Mas o correto seria:

$$MS(\%) = \frac{3\,000 - 1000}{1000} = \frac{2\,000}{1000} = 2 = \frac{200}{100} = 200\%$$

Também não devemos ficar surpresos por encontrar valores maiores do que 100%.

Eles são não só possíveis como desejáveis, pois indicam que a empresa está distante da ruptura e, portanto, com altos lucros.

Ao encontrar, por exemplo, o resultado 1,59 para a margem de segurança em porcentagem, não bastaria acrescentar o símbolo de porcentagem (%), porque:

$$MS(\%) = 1{,}59 = \frac{159}{100} = 159\%$$

Ou, ainda, ao calcular a margem de segurança em valores absolutos a partir da margem de segurança em porcentagem, não basta tirar o símbolo de porcentagem:

$$60\% = \frac{60}{100} = 0{,}60 = 0{,}6$$

Nesse caso, 0,6, embora não esteja escrito em forma de porcentagem, ainda é um valor relativo, um número puro, e não 0,6 unidade.

A margem de segurança também pode ser expressa em valores monetários: ela indica o quanto podemos perder de receita até atingir a receita do equilíbrio, ou seja, aquela que nos permite pagar todos os custos.

$$MS = RT(x) - RT(x_E)$$

O lucro total devido às vendas de um produto é calculado por:

$$LT(x) = RT(x) - CT(x)$$
$$LT(x) = x\,y_v - (cx + CF)$$
$$LT(x) = x\,y_v - cx - CF$$
$$LT(x) = (y_v - c)x - CF$$

No denominado *ponto de ruptura* ou *break even point* (BEP):

$$LT(x_E) = 0$$
$$(y_v - c)\,x_E - CF = 0$$
$$Mg \cdot x_E = CF$$

$$x_E = \frac{CF}{Mg} \quad (1)$$

Capítulo 2 — Receita total, custo total e lucro total de 1º grau

Embora a última expressão para a quantidade de ruptura tenha sido obtida por meio de uma dedução e assemelhe-se a uma fórmula, o resultado por ela expresso é bastante natural e poderíamos concluí-lo por meio de um raciocínio direto: no BEP pagamos todos os custos (os variáveis da quantidade de ruptura e os fixos); de quantas margens necessitamos para reunir o montante do custo fixo? É a essa pergunta que a "fórmula" anterior responde: precisamos das margens da quantidade de ruptura, porque é no BEP que pagamos o custo fixo.

Podemos, então, obter uma nova expressão para o lucro total que envolva os conceitos de margem de contribuição (Mg) e margem de segurança (MS). Observe:

$$LT(x) = (y_v - c)x - CF$$
$$LT(x) = Mgx - CF$$

Como, de (1), $CF = x_E \, Mg$

$$LT(x) = Mg \cdot x - Mg \cdot x_E$$
$$LT(x) = Mg\,(x - x_E)$$

$$\boxed{LT(x) = Mg \cdot MS}$$

Embora a última expressão para o lucro total também tenha sido obtida por meio de uma dedução e assemelhe-se a uma fórmula, o resultado por ela expresso também é bastante natural e poderíamos concluí-lo por meio de um raciocínio direto: o lucro total obtido é devido às unidades produzidas e vendidas acima das da ruptura.

A receita obtida das unidades produzidas e vendidas antes da quantidade de ruptura apenas contribui para o pagamento dos custos de produção dessas unidades e do custo fixo. As unidades acima da ruptura irão pagar seus custos de produção, por meio de seu preço unitário e, com a margem de contribuição (Mg), dar lucro, porque os custos fixos já foram pagos no equilíbrio.

Para as unidades acima da ruptura, a margem de contribuição converte-se em lucro unitário.

Respondemos a duas questões: *Quais unidades dão lucro?* e *Como elas dão lucro?* As unidades produzidas e vendidas além da ruptura (MS) é que proporcionam lucro por meio da sua margem de contribuição (Mg).

FAQ — Se a empresa tem $MS = 20\%$ e $Mg = 10\%$, para calcular o lucro total, basta multiplicar usando $LT = MS \cdot Mg$?

Não. Observe que esta expressão $LT(x) = Mg \cdot MS$ para o lucro total, foi obtida a partir de

$$LT(x) = Mg \cdot x - Mg \cdot x_E$$

e, nessa expressão, os valores têm unidades: Mg está em R$ (unidades monetárias) e x e x_E estão expressos em unidades do produto.

Em $LT = MS \cdot Mg$, os valores de Mg e de MS não estão em porcentagem. Até mesmo porque o lucro é, em geral, indicado em reais (ou unidades monetárias).

Vamos, então, analisar as duas finalidades da *margem de contribuição* (Mg): dar lucro e pagar custos fixos.

Antes do BEP, a Mg não é suficiente para o pagamento dos custos nem para dar lucro.

No BEP, a Mg cumpre apenas uma de suas finalidades: contribui, na íntegra, para o pagamento dos custos fixos (no BEP, o lucro é zero). Note que, no BEP, também pagamos os custos variáveis da quantidade de ruptura, mas quando nos referimos a margem de contribuição, estamos falando do resultado de $y_v - c$, ou seja, já consideramos os custos variáveis unitários pagos.

Após o BEP, a Mg das unidades além da ruptura, ou seja, das unidades de MS, converte-se em lucro unitário, porque o custo fixo foi pago no BEP.

FAQ

É preciso decorar todas essas fórmulas?

Não. Todas essas relações vieram de uma expressão bastante simples, do senso comum: $LT(x) = RT(x) - CT(x)$ e do conceito de *break even point*.

É possível, conhecendo as representações e os conceitos envolvidos, deduzir qualquer expressão a partir dessa.

É certo que todas aquelas expressões parecem fórmulas, mas as "fórmulas" são uma maneira de "materializar" os raciocínios envolvidos, esses sim, muito simples.

EXEMPLO

O custo médio unitário de um produto no BEP é de R$ 30,00. Considerando que o empresário trabalhe com margem de segurança de 450%, margem de contribuição de 50% e tenha custos com salários, locação do prédio, impostos independentes da produção em torno de R$ 53 700,00, determine:

a) o BEP

Sendo $C_{Me}(x_E) = 30$, temos $y_v = 30$. Considerando $Mg(\%) = 50\%$, calculamos

$$Mg = \frac{50}{100} \cdot 30 = 15$$

e $x_E = \dfrac{53\,700}{15} = 3\,580;\ RT(3\,580) = 3580 \cdot 30 = 107\,400$

∴ BEP (3 580, 107 400)

b) o lucro obtido com a referida segurança
   Com MS(%) = 450%, temos:

$$x = x_E + \dfrac{450}{100}x_E = 3\,580 + \dfrac{450}{100} \cdot 3\,580 = 19\,690$$

e sendo $LT(x) = MS \cdot Mg$:

$$LT(19\,690) = (19\,690 - 3\,580) \cdot 15 = 241\,650$$

c) o custo médio unitário para a produção do item anterior (considere até centavos)
   Como $c = 30 - 15 = 15$:

$$C_{Me}(19\,690) = \dfrac{15 \cdot 19\,690 + 53\,700}{19\,690} \cong 17{,}73 \dfrac{R\$}{\text{unidade}}$$

d) e construa o gráfico conjunto Receita, Custo e volume de vendas.
   Sendo as funções $RT(x) = 30x$ e $CT(x) = 15x + 53\,700$, construímos o gráfico conjunto:

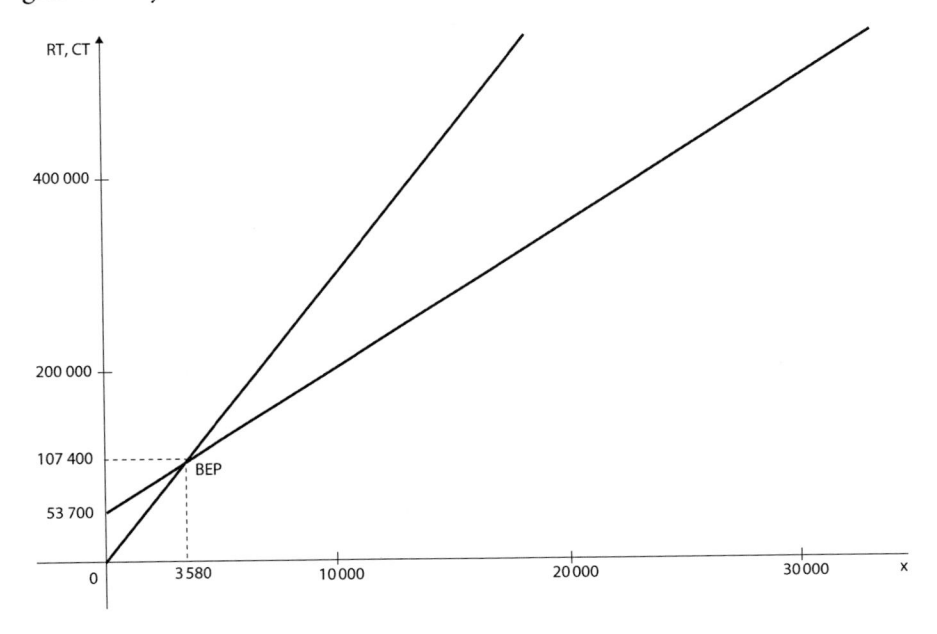

e) Ao reduzir em 1 centavo o preço unitário, o empresário verificou um aumento considerável de demanda, de tal modo que trabalha agora com uma segurança de 600%; qual foi o impacto no lucro obtido com esse produto (mensure)?

O novo preço é $y_v = 29,99$. Com a alteração de preço, teremos uma nova margem de contribuição e um novo BEP:

$$Mg = 29,99 - 15 = 14,99 \text{ e } x_E = \frac{53\,700}{14,99} \cong 3\,582$$

A produção e venda com $MS(\%) = 600\%$ é

$$x = x_E + \frac{600}{100} x_E = 3\,582 + \frac{600}{100} \cdot 3\,582 = 25\,074$$

O lucro total para essa venda é

$$LT(25\,074) = (25\,074 - 3\,582)(29,99 - 15) = 322\,165,08$$

O lucro total aumentou em:

$$322\,165,08 - 241\,650 = 80\,515,08$$

NO MUNDO REAL

CONFIRA MANEIRAS DE REDUZIR GASTOS

Aluguel

Talvez não seja necessário manter a empresa no atual endereço. Se for possível se mudar sem prejuízo para o negócio, não tenha medo. Pagar caro para estar em um prédio bonito só faz sentido se os clientes valorizarem isso de fato. Uma loja de rua, no entanto, pode perder toda a clientela se mudar de ponto.

Se o reajuste previsto no contrato for pesar muito, tente, se possível quatro meses antes, dizer isso ao locador. Mas não blefe: se o locador insistir no novo valor, será preciso se mudar.

Alugue um ponto menor e mais barato e tente complementar com um espaço mais informal, como um quintal de amigo. No endereço alternativo, pode ficar o depósito da firma, por exemplo.

Salários e encargos

Terceirize serviços quando o estudo de custos mostrar que vale a pena, mas só se a lei permitir. Processos trabalhistas podem quebrar pequenas firmas.

Contrate temporários se a sua empresa tem demanda flutuante – não faz sentido manter a equipe durante o ano inteiro. Mas treinar o temporário deve ser mais barato do que manter o funcionário no período ocioso.

Sempre que possível, condicione a remuneração aos resultados. A ideia serve para a área de vendas ou para a de produção.

Tenha o menor número possível de níveis hierárquicos. Sua empresa deve ser ágil.

Água

Mantenha os encanamentos em bom estado, para evitar vazamentos.

Reaproveitar, além de ser ambientalmente correto, reduz a conta. A mesma água que resfria o maquinário pode molhar o jardim.

Use torneiras que desligam automaticamente e descargas de corda.

Luz

Use recursos simples e baratos como lâmpadas fluorescentes e detectores de presença para acender e apagar luzes. Outras opções são equipamentos para evitar picos de energia e temporizadores, que programam horários para acender e apagar luzes.

Avalie se é preciso mesmo ter um ar-condicionado. Será que o cliente dá importância a isso?

Telefone

Relacione custos com telefone com a produção. Uma boa maneira é criar códigos para funcionários e clientes. O empregado A, para ligar para o cliente B, digita os dois códigos. No fim do mês, é possível saber quem fez as ligações – e para quem (se tinha finalidade pessoal ou profissional).

O mercado disponibiliza equipamentos para restringir chamadas e para originar ligações de forma inteligente (se é mais barato ligar de celular para celular do que de fixo para celular, a central telefônica faz a chamada assim).

Também há serviços que buscam automaticamente a operadora mais barata no horário. Uma listinha colada ao lado do telefone, no entanto, já pode ajudar a orientar a equipe.

Manutenção

Lembre-se de que os gastos com manutenção devem ser menores do que os com a amortização de novos equipamentos.

Pesquise e experimente serviços além do prestado pelo fabricante. Podem ser bem mais baratos.

Fuja da "economia burra": não corra o risco de a máquina ficar parada e atrasar sua produção.

Contador

Vá ao mercado saber se há profissionais qualificados cobrando menos, mas mantenha os requisitos de qualidade; tarifas bancárias também devem ser pesquisadas.

Renegocie com o seu contador.

Advogado

Reduza o valor fixo, se houver, e condicione pagamentos às vitórias em causas.

Internet

Para não ter de aumentar ou poder reduzir os gastos com a banda, crie regras ou faça bloqueios. Funcionários baixando músicas, usando programas de mensagens ou ouvindo rádio pela internet congestionam a rede.

Terceirizados

Avalie periodicamente serviços como segurança e jardinagem. Não mantenha a parceria simplesmente porque gosta dos funcionários terceirizados ou os conhece há muito tempo.

Fonte: <http://www1.folha.uol.com.br/fsp/negocios/cn2507200402.htm>.

Exercícios e problemas propostos

1. (ENC – ADM) O gráfico cartesiano abaixo é a imagem geométrica da relação CUSTO × VOLUME × LUCRO das operações de uma empresa. Interprete-o a fim de responder às questões seguintes.

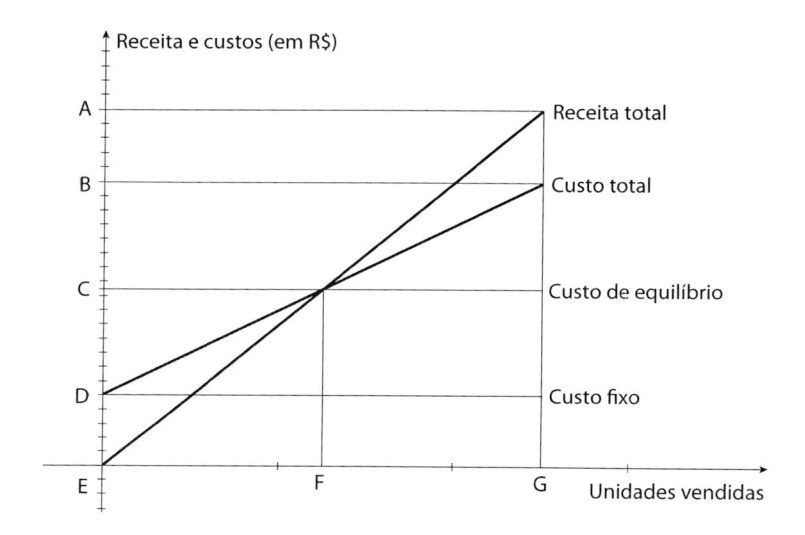

O ponto de equilíbrio entre a receita e os custos, em reais e em quantidades, está representado pelo(s) segmentos(s):
a) DC do eixo das ordenadas;
b) ED do eixo das ordenadas;
c) CB e BA do eixo das ordenadas;
d) ED e DC do eixo das ordenadas;
e) ED e DC do eixo das ordenadas; e EF do eixo das abscissas.

2. O(s) segmento(s) do eixo das ordenadas que representa(m), no gráfico, o lucro para a quantidade vendida G, expresso em reais, é:
a) BA
b) CB
c) DC
d) ED
e) ED, DC, CB, BA

3. A Margem de Segurança com que uma empresa opera é função do montante de receita que ela pode perder até atingir o ponto de equilíbrio. Assim, na situação indicada pelo gráfico, a margem de segurança está representada, em valores de receita, pelo(s) segmento(s) do eixo das ordenadas:
a) CB
b) DC
c) ED
d) CB e BA
e) ED e DC

Capítulo 2 — Receita total, custo total e lucro total de 1º grau

4. Identifique, no gráfico a seguir o que representam o(s) ponto(s) ou segmento(s) destacados:

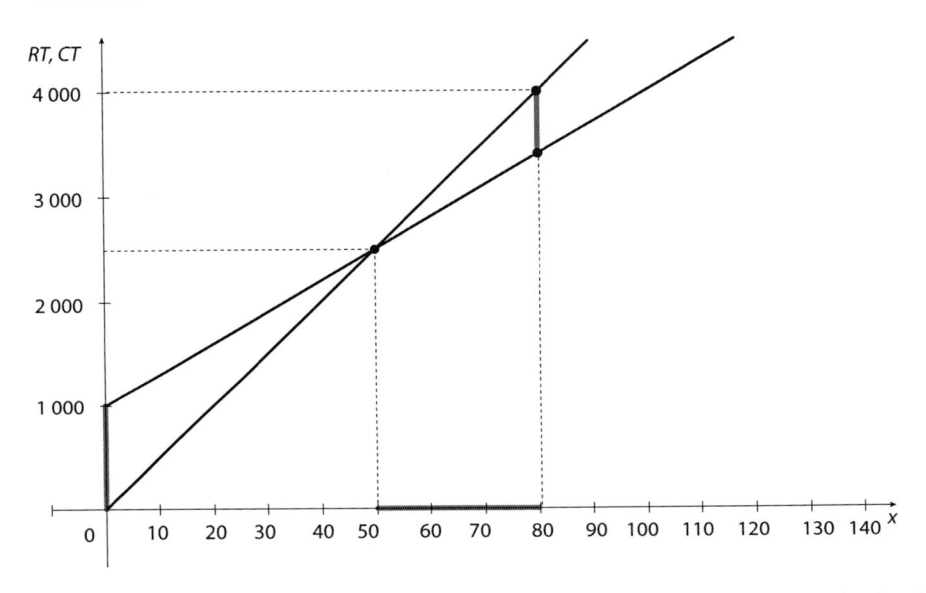

[Gráfico com eixos RT, CT (vertical, de 0 a 4000) e x (horizontal, de 0 a 140). Duas retas partindo respectivamente de (0, 1000) e da origem, cruzando-se em aproximadamente (50, 2500). Pontos destacados em (0, 1000), (50, 2500) e um segmento vertical em x = 80 entre aproximadamente 3400 e 4000.]

5. Se o preço de um produto é p por unidade, seu custo unitário de produção é c e seu custo fixo é CF, expresse a quantidade de ruptura e o lucro em função da margem de contribuição $Mg = p - c$.

6. (ENADE – ECONOMIA) Um consumidor ganha R$ 1 000,00/mês de renda e gasta R$ 200,00 mensalmente com alimentos, R$ 300,00 com aluguel, R$ 100,00 com transporte e R$ 100,00 com saúde (remédios, seguro e médicos). Se o preço dos alimentos cai 10%, o aluguel cai 15%, o preço do transporte aumenta 5%, os serviços de saúde encarecem 10%, e os demais preços não se alteram, então a renda real desse consumidor
    a) aumenta, no máximo, 5%;
    b) aumenta, no mínimo, 5%;
    c) não se altera, havendo compensação entre os preços;
    d) diminui, aproximadamente, 5%;
    e) diminui, no mínimo, 5%.

7. Uma loja especializada em gravatas está instalada em um dos mais movimentados shopping centers de São Paulo. O preço médio das gravatas é de R$ 50,00. Os custos independentes da comercialização incluem salários de 4 funcionárias, pró-labore, energia, aluguel da loja, impostos, despesas com segurança, publicidade etc. e totalizam R$ 6 000,00, aproximadamente. Custos de aquisição do produto, embalagens etc. estão por volta de R$ 25,00, a unidade.
    a) A receita total este mês ficou em R$ 20 000,00. Determine o lucro operacional mensal.
    b) Quantas gravatas é preciso comercializar para pagar todos os custos?

c) Com que margem de segurança (em porcentagem) operou a loja, neste mês?
d) Considere um aumento de 8% nos custos unitários variáveis, em razão da dependência do negócio de fornecedores externos. Como seria afetada a margem de contribuição? E o lucro operacional?
e) De quanto deveria ser o aumento nas vendas de modo a manter o lucro operacional inalterado?
f) Represente graficamente a variação da receita total e dos custos totais em relação ao número de gravatas vendidas em um mês no mesmo plano cartesiano, indicando o BEP (considere os valores sem acréscimo).

8. Uma empresa que trabalha com gesso para decoração (rebaixamento de teto, sancas, arandelas, molduras) obteve, neste mês, uma receita de R$ 45 000,00, cobrando, em média, por serviço médio/grande, R$ 15 000,00. Os custos variáveis totais incluem custos com matéria-prima (gesso em pó, placas de gesso), comissões por produtividade (na instalação), impostos etc. e somam R$ 12 525,00. A loja tem ainda gastos com a mão de obra direta*, locação do imóvel, telefones, água, energia etc. que ficam em, aproximadamente, R$ 21 650,00 mensais. Considerando essas informações, determine:
   a) a margem de contribuição unitária, em reais;
   b) a quantidade de ruptura (admita que a empresa cobra por serviço e atende os de médio e grande porte);
   c) a margem de segurança (em porcentagem);
   d) o lucro para uma margem de segurança de 150%;
   e) as equações de receita total e custo total;
   f) e esboce o gráfico ilustrativo da situação.

9. O gráfico cartesiano abaixo é a imagem geométrica da relação custo × volume × lucro das operações de uma empresa.

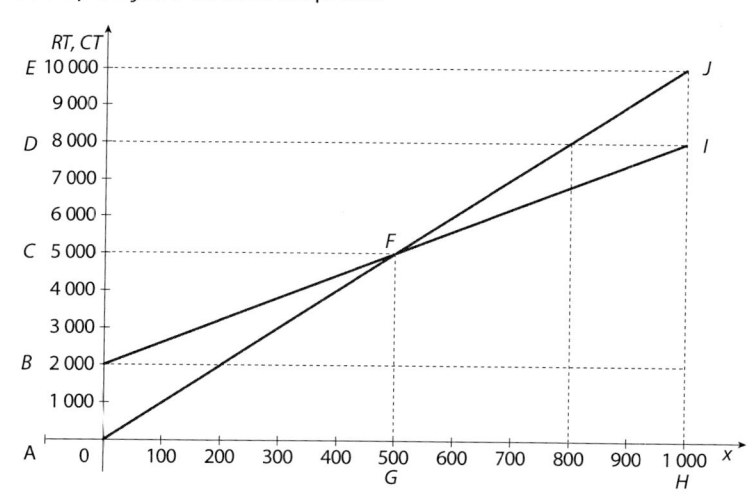

---

* Inclui os salários de instaladores, escultores, auxiliares, motoristas, recepcionista.

Determine, em função da quantidade produzida:
a) a equação dos custos totais;
b) a equação da receita total;
c) a equação do lucro total.

10. Quantifique e identifique, *destacando os segmentos ou pontos do gráfico da questão anterior*:
a) o ponto de ruptura (BEP);
b) a margem de segurança para a produção 1 000;
c) o lucro na produção 1 000;
d) o custo variável na produção de ruptura.

11. (FGV) Cláudio, gerente capacitado de uma empresa que produz e vende instrumentos musicais, contratou uma consultoria para analisar o sistema de produção. Os consultores, após um detalhado estudo, concluíram que o custo total de produção de x flautas de determinado tipo pode ser expresso pela função $C(x) = 2400 + 36x$, sendo R$ 2400,00 o custo fixo.

Atualmente a empresa vende 60 flautas daquele tipo por mês, ao preço de R$ 120,00 por unidade.

O trabalho da empresa de consultoria demonstrou, também, que um gasto extra de R$ 1 200,00 em publicidade provocaria um aumento de 15% no volume atual de vendas das flautas.

Na sua opinião, Cláudio deveria autorizar o gasto extra em publicidade? Justifique matematicamente a sua resposta.

12. Classifique cada sentença abaixo em verdadeira (V) ou falsa (F), efetuando as correções necessárias de modo a torná-las todas verdadeiras:
a) O custo médio unitário de um artigo pode ser calculado pela soma $c + CF$, sendo c o custo variável unitário de produção desse artigo e CF, o custo fixo.
b) A receita média devida a um artigo é igual ao preço unitário desse produto.
c) A margem de contribuição, considerando-se valores totais, pode ser calculada por $RT - CT$, sendo RT a receita total e CT, o custo total.
d) O lucro total pode ser calculado considerando-se a margem de contribuição unitária do artigo e a quantidade vendida.
e) Em termos monetários, a margem de segurança corresponde ao quanto de receita a empresa pode perder até a receita crítica.

13. Uma loja do ramo de cosméticos vendeu, neste mês, 1 350 peças entre perfumes, maquiagem, shampoos, cremes etc. obtendo uma receita de R$ 40 500,00. Os custos variáveis totais incluem custos de aquisição, R$ 16 537,50, e de comercialização, R$ 7 087,50. A loja tem ainda gastos com a mão de obra direta,* com aluguel, condomínio, pró-labore, telefones etc. que ficam em, aproximadamente, R$ 9 375,00 mensais. Considerando essas informações, determine:

---

* Inclui os salários de um gerente, um caixa, duas vendedoras e os respectivos encargos sociais.

a) a quantidade de ruptura (admita um preço de venda médio para cada peça);
b) a margem de segurança (em porcentagem);
c) o lucro para uma margem de segurança de 60%;
d) as equações de receita total e custo total.

14. Uma companhia tem custos fixos iguais a R$ 38 000,00, custo unitário, R$ 16,00 e um preço de venda igual a R$ 63,50.
    a) Calcule a produção da empresa sabendo que ela trabalha atualmente com margem de segurança de 45%;
    b) Prevendo um acréscimo de 11,5% em seus custos unitários e pretendendo manter-se com mesma produção e margem de segurança, de que maneira a empresa deve alterar seu preço de venda para compensar esse acréscimo?
    c) Considerando o acréscimo referido na letra b), sem modificar nem preço de venda nem custos, como pode a empresa manter essa margem de segurança?

15. Uma ponta de estoque de roupas vendeu, neste mês, 1 560 peças, entre acessórios, roupas de dormir, esportivas e sociais, obtendo uma receita total de R$ 124 800,00. Os custos variáveis totais de aquisição e de comercialização dessa mercadoria estão indicados na tabela abaixo:

Discriminação	Valores (R$)
Aquisição	42 888
Comercialização	13 272

    A loja tem ainda gastos com a mão de obra direta,* com aluguel, condomínio, pró-labore, telefones etc. que ficam em, aproximadamente, R$ 22 000,00 mensais. Considerando essas informações, determine:
    a) a quantidade de ruptura (admita um preço de venda médio para cada peça);
    b) a margem de segurança (em porcentagem);
    c) o lucro para uma margem de segurança de 60%;
    d) as equações de receita total e custo total.

16. Uma empresa dispõe dos seguintes dados em relação a seus três produtos:

	Produto A	Produto B	Produto C
Preço unitário de venda (R$)	19 750	24 500	17 250
Custo variável unitário (R$)	13 162	16 850	12 363

    a) Qual dos três produtos tem maior margem de contribuição (em reais)?
    b) E, relativamente ao preço de venda, qual produto tem maior margem de contribuição?

---

* Inclui os salários de um gerente, um subgerente, uma recepcionista, um cabineiro, dois repositores e dois caixas e os respectivos encargos sociais.

c) Considerando que a parcela dos custos fixos referente ao *Produto A* seja de R$ 32 000,00, determine o lucro na venda de 20 unidades.
d) Trabalhando com margem de segurança de 75% para o *Produto B*, a empresa teve gastos totais relativos a esse produto de R$ 297 100,00. Os custos independentes da produção perfazem R$ 61 200,00. Determine o lucro nessa produção.
e) Determine, para o *Produto C*, o ponto de ruptura, considerando CT (20) = 369 435,00 e faça a análise econômica.

17. Considerando os dados descritos abaixo relativos a um produto da empresa A:

	R$
Custos fixos	2 500
Preço de venda por unidade	10
Custo unitário	5

a) Determine a função receita, a função custo e a função lucro para esse produto.
b) Encontre o ponto de ruptura (BEP) e analise economicamente o problema.
c) Construa os gráficos das funções receita e custo (em um mesmo plano cartesiano) e o gráfico da função lucro.
d) Considerando a produção atual de 800 unidades, calcule a margem de segurança (em porcentagem) e a margem de contribuição.
e) Determine o lucro total para a produção de 800 unidades.
f) Avalie o impacto no BEP (x_E) de um aumento de 20% nos custos fixos e determine a nova margem de segurança.
g) Determine de quanto deve ser o aumento no preço para que não haja alteração na quantidade de ruptura, apesar do referido aumento de 20% nos custos fixos (na letra f).
h) Após esse aumento no preço (da letra g), qual é a nova margem de contribuição?

18. Dados o preço e os custos para cada uma das três empresas A, B e C:

	A	B	C
Preço unitário de venda (R$)	36,00	42,00	60,00
Custo variável por unitário (R$)	13,50	27,00	24,00
Custo fixo (R$)	45 000,00	30 000,00	90 000,00

a) Qual é o ponto de ruptura (x_E) de cada uma das empresas?
b) Determine, *para a empresa A*, a margem de contribuição em porcentagem.
c) Calcule, *para a empresa C*, a margem de segurança sabendo que sua produção atual é de 6 500 unidades.
d) Determine, *para a empresa C*, o lucro total na produção de 6 500 unidades.
e) De que forma podemos alterar os dados tabelados acima (mantendo os custos fixos, fixos!) de modo que possamos igualar as quantidades de ruptura das três empresas?
f) De acordo com suas considerações na letra e), calcule a margem de contribuição *para a empresa C*.

g) Construa os gráficos das funções receita e custo (em um mesmo plano cartesiano) e o gráfico da função lucro, *para a empresa B*.
h) Analise economicamente a situação descrita pelos gráficos do item anterior.

19. Uma empresa fixa o preço de venda de um de seus produtos em $y_v = 15{,}50$. Sabe-se que a empresa trabalha com uma margem de contribuição de R$ 7,00. Analisando seus custos independentes da produção, constatamos o valor R$ 49 490,00. Determine:
    a) a função receita total (considerando-a linear);
    b) a função custo total (considerando-a linear);
    c) a função lucro total;
    d) o lucro total que a empresa terá na sua produção máxima que é de 70 000 unidades;
    e) o lucro se a empresa trabalhar com margem de segurança de 50%.

20. Uma fabricante mineira de acessórios femininos de couro produz hoje cerca de 21 000 peças por mês, 78% só em bolsas negociadas a um valor médio de R$ 42,00. Para diminuir o custo fixo operacional da fábrica, a empresa passou a terceirizar parte da produção de bolsas, o que reduziu o quadro de funcionários em 20%: atualmente são 104 trabalhadores. O custo fixo mensal agora (relativo à produção de bolsas) é de, aproximadamente, R$ 28 381,50 e o custo de produção médio de cada bolsa é de R$ 35,70. Determine:
    a) a função receita total considerando uma venda de x bolsas;
    b) a função que expressa o custo total de produção de x bolsas;
    c) a margem de contribuição unitária das bolsas;
    d) o ponto de ruptura (BEP) para essa fabricante, no que diz respeito ao produto bolsas;
    e) a margem de segurança (*em porcentagem*) com que a empresa opera;
    f) o lucro total na operação;
    g) e construa um gráfico ilustrativo da situação.

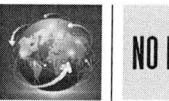

NO MUNDO REAL

AMAZON VENDE TABLET POR PREÇO ABAIXO DO CUSTO

O aparelho tem custo de produção próximo a US$ 201,70 e é vendido por US$ 199 pela empresa

NOVA YORK – O tablet *Kindle Fire da Amazon*, que começou a ser oficialmente vendido nesta semana, custa US$ 201,70 para ser feito, segundo afirmação feita por uma empresa de pesquisas nesta sexta-feira, 19. O valor supera em US$ 2,70 o preço pelo qual o site vende seu produto.

A análise feita pela IHS indica que a Amazon está, ao menos inicialmente, vendendo o tablet assumindo um prejuízo que se espera cobrir com as vendas de livros e filmes a partir do Kindle Fire.

Capítulo 2   Receita total, custo total e lucro total de 1º grau

O CEO da Amazon, Jeff Bezos, disse à AP em setembro que o objetivo da companhia era garantir um pequeno lucro com o aparelho, mas, como uma empresa de varejo, a Amazon almejava viver com uma margem de vendas menor do que as das demais empresas de eletrônicos.

"Nós queremos que o hardware seja lucrativo e que o conteúdo também. Nós não queremos de maneira alguma subsidiar um produto com outro", disse Bezos.

A estimação feita pela IHS inclui o custo de componentes e montagem, mas não os custos de desenvolvimento, marketing ou embalagem. A parte mais cara do Fire é sua tela touch screen colorida de 7 polegadas, que custa US$ 87. A Amazon conseguiu manter o custo do tablet baixo, quando comparado com o iPad da Apple ou tablets similares, ao fabricá-lo com *um tamanho menor que os demais, com uma memória menor e sem câmera e microfone*.

Mas a diferença entre os custos de produção dos tablets é muito menor do que a diferença dos preços com os quais são vendidos no varejo. A IHS precifica um iPad 2 básico em US$ 300, enquanto a Apple o vende por US$ 499.

Em outubro, logo após a apresentação do Kindle Fire, a IHS já havia feito uma estimação do preço de custo do aparelho, que na época foi avaliado em US$ 209,63, e, pelas contas, fazia a Amazon perder US$ 10 a cada venda.

Fonte: <http://blogs.estadao.com.br/link/tablet-da-prejuizo-para-amazon/>. Acesso em 18 nov. 2011.

TECNOLOGIA
Software Gráfico

Construa todos os gráficos das funções solicitadas nesta seção de Exercícios e problemas complementares, com o auxílio do *Winplot*.

EXERCÍCIOS E PROBLEMAS COMPLEMENTARES

1. Um pequeno distribuidor de produtos de limpeza tem custos variáveis unitários de R$ 78,30. O preço de venda do produto está em R$ 104,40. Na produção e venda de 604 unidades, esse empresário não observou lucro. Calcule:
   a) a margem de contribuição (em porcentagem);
   b) o custo fixo;
   c) o BEP;
   d) a margem de segurança (em porcentagem), considerando a venda de 845,6 unidades;
   e) o lucro para uma margem de segurança de 300%;
   f) e construa o gráfico conjunto de receita e custos, indicando o ponto de ruptura.

2. "Fabricar magnetos promocionais, os chamados 'ímãs de geladeira', pode ser especialmente interessante para pequenos empreendedores, pois é um ramo em que a necessidade de investimento e de mão de obra é relativamente baixa. E tem um grande mercado potencial, uma vez que qualquer estabelecimento comercial é um candidato a cliente."
(Fonte: <http://empresas.globo.com/Empresasenegocios/0,19125,ERA450616-2485-1,00.html>.)

Um fabricante tem gastos mensais com matéria-prima (manta magnética adesivada, saquinhos para embalagem individual etc.), impressão e outras despesas relativas a produção que perfazem R$ 12 414,00. Há ainda gastos de comercialização (impostos sobre a produção, por ex.) que totalizam R$ 5 980,00 no mês. A sua produção atual é de 100 000 unidades/mês. A receita operacional mensal ficou em R$ 26 000,00.

Determine:
a) a função receita total considerando uma venda de um lote de x magnetos;
b) a função que expressa o custo total de produção de x magnetos, considerando gastos com mão de obra, aluguel, luz, telefone (independentes da produção) de R$ 3 182,00;
c) a margem de contribuição unitária;
d) o ponto de ruptura (BEP) para esse fabricante;
e) a margem de segurança (*em porcentagem*) com que a empresa opera;
f) o lucro total na operação;
g) e construa um gráfico ilustrativo da situação.

3. "Um grupo de mulheres extrativistas do povoado de Ribeirão, localizado em Axixá (MA) decidiu partir – com recursos do *Programa Comunidade Viva* e o apoio do *Sebrae/MA* – para a produção do sabonete de azeite da andiroba."
(Fonte: *Gazeta Mercantil*, 30 out. 2001.)

O preço médio do sabonete, rico em vitaminas A e E, é de R$ 0,70, a unidade. Uma lata com 20 litros de óleo (a principal matéria-prima) custa, em média, R$ 22,00 e rende 800 sabonetes; as demais matérias-primas, embalagem, energia etc. (gastos dependentes da produção) perfazem R$ 0,3725 por unidade. O projeto beneficia 24 famílias que vivem do extrativismo. A fábrica tem capacidade para produzir 20 mil sabonetes ao mês, o que representa uma margem de segurança de 200%. Determine:
a) a função receita total considerando uma venda de x sabonetes ao mês;
b) a margem de contribuição unitária;
c) o ponto de ruptura (BEP);
d) a função custo total considerando uma produção mensal de x sabonetes;
e) o lucro total mensal na operação;
f) e construa um gráfico ilustrativo da situação.

4. "Juntas, as oito principais franquias brasileiras que atuam no segmento de calçados planejam abrir 115 novas lojas em 2002. Se confirmada, esta projeção representará uma expansão significativa, aumentando em 23% o número de lojas ligadas a estas redes em apenas um ano – hoje são 500 unidades, sendo 64 próprias e 436 franqueadas. A médio prazo, as franquias de calçados projetam um futuro ainda mais promissor."
(Fonte: http://empresas.globo.com/Empresasenegocios/0,19125,ERA4506.16.2485.1,00.html>.)

No fim de 1997, um empresário paulista abriu uma loja franqueada de marca especializada em calçados femininos, em um shopping de São Paulo. Embora o público-padrão do shopping em que está seja de classe média e os sapatos da marca, em torno de R$ 80,00, se destinem à clientela A/B, a loja fatura R$ 50 mil por mês. O aluguel, o condomínio e a folha de pagamento de sete funcionários somam 18% dos custos da loja. A compra de mercadoria e os impostos, outros 82%. O lucro mensal é de R$ 5 mil. Determine:
a) a função receita total considerando uma venda de x pares;
b) a função que expressa o custo total de x pares;
c) a margem de contribuição (*em porcentagem*);
d) o ponto de ruptura (BEP) para essa loja;
e) a margem de segurança (*em porcentagem*) com que a empresa opera;
f) e construa um gráfico ilustrativo da situação.

5. "Um endereço despretensioso tornou-se parada obrigatória de jovens que saem de baladas na zona sul de São Paulo, principalmente nos fins de semana. Antes de se jogarem na cama para recuperar as forças, fazem um pit stop na "fantástica fábrica de salgadinhos", apelido dado pelos próprios clientes à (uma) loja... que fica perto de barzinhos e boates badalados da capital paulista, no bairro do Itaim Bibi, de classe média alta. Faminta, a moçada se acotovela no interior do estabelecimento para se reabastecer com os deliciosos salgadinhos vendidos a 1 real cada um. É um preço convidativo, considerando-se que os salgados são caprichados e a região, de alto poder aquisitivo. O local funciona dia e noite, no segundo andar de uma loja de utensílios domésticos [...], a loja acabou virando ponto de encontro e hoje recebe cerca de 2 000 clientes só por fim de semana. Em média, cada cliente consome dois salgadinhos, o que dá uma ideia do volume de venda."
(Fonte: <http://empresas.globo.com/Empresasenegocios/0,ERA756313-2932,00.html>.)

a) Considerando as informações da reportagem anterior e supondo que a demanda por salgadinhos durante toda a "semana" (5 dias) seja a mesma da do fim de semana, determine a receita mensal da proprietária (considere um mês com 4 fins de semana e 4 "semanas" de 5 dias).
b) Despesas mensais com aluguel, funcionários etc. (gastos *independentes* da confecção dos salgados) giram em torno de R$ 4 000,00. Sendo a margem de contribuição de 20%, qual é o volume de vendas no equilíbrio?
c) Considerando o resultado dos itens a) e b), com que margem de segurança (em porcentagem) opera a loja?
d) Determine o lucro mensal dessa loja.
e) Esboce o gráfico ilustrativo da situação, indicando o BEP.

6. "O aumento da consciência ecológica, além de ser decisivo para a preservação do meio ambiente, abriu novas perspectivas de negócios no país, principalmente na área de reciclagem de materiais – papel, papelão, vidro, alumínio e plástico."
(Fonte: <http://empresas.globo.com/Empresasenegocios/0,ERA610348-2992,00.html>.)

Uma empresa de Itaquaquecetuba, na Grande São Paulo, por exemplo, trabalha com reciclagem de dois tipos de plásticos, o pós-industrial (plástico já limpo) e o pós-consumo (ainda sujo). O plástico ainda sujo passa por uma lavagem antes de ser reciclado, o que significa a compra de uma máquina a mais na hora de montar o negócio. A Itaquá, instalada em um terreno de 11 000 metros quadrados, transforma o plástico usado em grânulos e vende a matéria-prima para fabricantes de lonas, sacos de lixo, sacolas plásticas e até de brinquedos.

a) Considerando que essa empresa tem despesas mensais fixas com funcionários, encargos sociais, aluguel, pró-labore, um contador, luz, água, telefone etc. que ficam em torno de R$ 80 850,00, que a tonelada de plástico (principal gasto variável) é comprada por R$ 300,00 e a reciclada é vendida por R$ 600,00, determine o BEP dessa empresa.
b) A empresa opera com 85,5% de margem de segurança. Quantas toneladas de plástico ela recicla, aproximadamente, por mês?
c) Calcule a margem de contribuição em porcentagem.
d) Determine o lucro para margem de segurança de 50%.
e) Esboce o gráfico ilustrativo da situação, indicando o BEP.

7. "Ensino a distância. O interessado em ingressar nessa atividade necessita dominar o funcionamento de ferramentas específicas, os chamados softwares de *e-learning*. Algumas empresas [...] desenvolvem seus próprios programas. Em razão disso, elas conseguem atuar nos três pilares da educação a distância: desenvolver conteúdo pedagógico, prestar serviço e fornecer tecnologia."
(Fonte: http://empresas.globo.com/Empresasenegocios/0,19125,ERA577208-2485,00.html.)

Uma microempresa faz projetos em *e-learning* em parceria com uma grande empresa que lhe provê a tecnologia, os softwares. Desenvolver o conteúdo pedagógico e prestar serviço em três projetos de porte médio lhe exigiu, neste mês, um gasto de R$ 30 990,00. A empresa tem também gastos com três funcionários, provedor de internet, com materiais de escritório, um contador, contas em geral (telefone, água, luz, limpeza), aluguel, totalizando R$ 19 340,00.

Considerando que essa empresa cobra por projeto de porte médio R$ 20 000,00, determine:
a) o lucro neste mês;
b) a margem de contribuição, em porcentagem;
c) o BEP;
d) o lucro para margem de segurança 200%;
e) e esboce o gráfico ilustrativo da situação, indicando o BEP.

Capítulo 2 — Receita total, custo total e lucro total de 1º grau

8. "Fumegantes e saborosos, eles estão em quase toda esquina. Na hora da fome, poucos resistem a um pastel, apesar de todas as campanhas contra alimentos gordurosos. [...] Só na cidade de São Paulo, estimativas do Sindicato dos Hotéis, Restaurantes, Bares e Similares de São Paulo indicam a existência de aproximadamente mil pastelarias."

    (Fonte: <http://empresas.globo.com/Empresasenegocios/0,19125,ERA490627-2485,00.html>.)

    Uma loja franqueada nesse ramo de negócios tem despesas mensais independentes da produção com funcionários, aluguel, condomínio, contador, manutenção dos equipamentos, em torno de R$ 10 148,40. O *break even* dessa loja ocorre para 8 457 clientes por mês. Determine:
    a) o gasto médio de cada cliente sabendo que os custos variáveis unitários da loja estão em R$ 6,80;
    b) a margem de contribuição, em porcentagem;
    c) o lucro em um mês com 11 276 clientes consumindo;
    d) a margem de segurança, em porcentagem, no mês referido no item anterior;
    e) e esboce o gráfico ilustrativo da situação, indicando o BEP.

9. "Há tempos a insegurança faz parte da rotina no país. [...] Grades, muros e equipamentos de toda ordem tentam barrar a violência vinda da rua. Para atender à demanda, uma série de negócios vêm se desenvolvendo em todo o Brasil. Um deles é o de empresas especializadas na fabricação e instalação de portões que abrem e fecham automaticamente, reduzindo as possibilidades de roubos e assaltos. Em geral são empreendimentos derivados de empresas originalmente dedicadas à produção de portões comuns, que incorporaram sistemas de acionamento automático ao seu processo produtivo."

    (Fonte: <http://empresas.globo.com/Empresasenegocios/0,19125,ERA547275-2485,00.html>.)

    Observe na tabela a seguir algumas informações sobre os resultados de uma empresa em um mês com 30 orçamentos fechados:

Despesas e resultados operacionais mensais (em R$)	
Custos fixos (funcionários, encargos sociais, aluguel, telefone, transporte)	129 250
Custos variáveis (compra de materiais, custos de comercialização)	294 900
Receita operacional	450 000

    Determine:
    a) a margem de contribuição unitária;
    b) o ponto de ruptura (BEP);
    c) a margem de segurança (em porcentagem) com a qual operou a empresa nesse mês;
    d) o lucro total para uma margem de segurança de 300%;
    e) o custo médio unitário nas condições do item anterior, d;
    f) e construa um gráfico ilustrativo da situação.

10. "[...] há poucos anos a microfilmagem era a única ferramenta disponível para racionalizar a guarda de documentos. O microfilme, nas condições ideais de temperatura e umidade, pode durar até 500 anos. Além disso, é reconhecido como documento original. O avanço da tecnologia da informação, porém, vem tornando a digitalização um processo cada vez mais eficiente e barato, criando excelente oportunidade de negócios para empreendedores.

É o caso dos birôs de digitalização e microfilmagem de documentos, que oferecem um serviço essencial para quem precisa reduzir espaço e recursos destinados ao arquivo."

(Fonte: <http://empresas.globo.com/Empresasenegocios/0,19125,ESR294-2467,00.html.>.)

Há gastos com funcionários diretos, encargos sociais, locação de equipamento, aluguel, pró-labore que somam R$ 52 290,96 mensais. A compra de materiais e os custos de comercialização ficaram em R$ 30 000,00 neste mês.

Mesmo "enxuta", uma empresa do ramo tem capacidade para digitalizar 1 milhão de documentos por mês.

Considerando que a empresa operou, neste mês, em sua capacidade máxima, obtendo receita de R$ 150 000,00, determine:
a) a margem de contribuição unitária;
b) o ponto de ruptura (BEP);
c) o custo médio unitário para a capacidade máxima da empresa;
d) a margem de segurança (em porcentagem) com a qual operou a empresa nesse mês;
e) o lucro total mensal para uma margem de segurança de 100%;
f) e construa um gráfico ilustrativo da situação.

11. "Imagem é tudo hoje em dia nas organizações. E uma sinalização bem-feita é o ponto de partida para a projeção de empresas e instituições. Seja por pressão da concorrência ou pela exigência da clientela, um visual harmônico está cada vez mais integrado aos ambientes. Isso abre interessantes perspectivas de negócios para quem planeja oferecer serviços na área."

(Fonte: <http://empresas.globo.com/Empresasenegocios>. Edição 172, maio 2003.)

A Imagem&Cia faz letreiros luminosos, placas em geral, adesivos e sinalização para empresas. Sua estrutura é enxuta e os sócios, atuantes. Entre as ações de marketing estão descontos para quem permite identificar a empresa em letreiros e painéis.

Observe na tabela a seguir algumas informações sobre os resultados dessa empresa em um mês com 40 projetos:

Despesas e resultados operacionais mensais (em R$)	
Custos fixos (funcionários, encargos sociais, aluguel, telefone, transporte, contador, pró-labore)	33 660
Custos variáveis (compra de materiais, custos de comercialização)	35 120
Receita operacional	80 000

Determine:
a) a margem de contribuição unitária;
b) o ponto de ruptura (BEP);
c) o custo médio unitário nesse mês;
d) a margem de segurança (em porcentagem) com a qual operou a empresa nesse mês;
e) o lucro total para uma margem de segurança de 150%;
f) e construa um gráfico ilustrativo da situação.

12. O proprietário da Indústria e Comércio de Calçados Adriana, de Campina Grande (PB) que adquiria matéria-prima em São Paulo, a R$ 1,30 o quilograma, conforme reportagem da *Gazeta Mercantil* (18 abr. 2001), diz que a reciclagem proporcionou um barateamento de 50% nos custos de produção: ele utiliza agora sucatas de bolas de futebol, mangueiras, canos e todo tipo de material à base de PVC, transformando-as em sandálias e solados para tênis. Os catadores recebem entre R$ 0,50 e R$ 0,60 por quilograma de material em PVC.

    Não é preciso mais pagar o frete de São Paulo para Campina Grande e a sucata não tem incidência de Imposto sobre Circulação de Mercadorias e Serviços (ICMS).

    Como as vendas estão fracas a empresa opera com uma produção de 12 mil pares por mês, embora seus 20 funcionários tenham capacidade para produzir 30 mil pares.

    a) Com base nessas informações, analise o que ocorreu com o ponto de ruptura (BEP) dessa empresa com o barateamento dos custos de produção; esboce um gráfico que ilustre as suas considerações.
    b) 1 kg de material em PVC é suficiente para produzir 5 sandálias femininas; considerando que os custos unitários de produção somem R$ 1,00; a empresa funcione em sede própria; o gasto com energia fique em torno de R$ 1 000,00 por mês, em média; e cada funcionário receba um salário mensal de R$ 180,00, determine a quantidade a ser produzida para que todos os custos sejam pagos, sabendo que o preço final de cada sandália é de R$ 2,00;
    c) Se a empresa operasse com sua capacidade máxima, o gasto com energia seria 50% maior; nesse caso, qual seria o lucro mensal da empresa?
    d) Na produção máxima, qual seria a margem de segurança da empresa (em porcentagem)? E na produção atual?
    e) O empresário reconhece: "As vendas estão fracas porque falta dinheiro no bolso dos consumidores de baixo poder aquisitivo, meus principais clientes." Se ele trabalhasse na oferta máxima, o que ocorreria?

13. Um provedor substituiu a cobrança por horas conectadas por uma tarifa unificada: R$ 24,90, por mês.
    a) Construa um gráfico representando a variação do preço em relação ao número de horas de conexão mensal e escreva as equações de oferta e de demanda.
    b) Escreva uma expressão para a receita total mensal do estabelecimento (antes da alteração na forma de cobrança) em função do número de horas de conexão, considerando que o preço médio da hora era R$ 1,00.

c) Na opinião do empresário, uma das principais vantagens da tarifa única é a possibilidade de prever o faturamento. Considerando que o número de usuários do provedor está agora em torno de 15 000, em quanto monta a receita mensal da empresa?

d) Os 12 000 internautas clientes do provedor passavam 1 hora, em média, conectados por dia, antes das alterações na forma de cobrança; você considera que a opção do empresário foi vantajosa para ele? Justifique a sua resposta (utilize 30 dias para um mês).

e) Para que o empresário arque com os custos totais mensais de manutenção, publicidade, salários etc., qual é o número mínimo de clientes do provedor, considerando uma margem de contribuição de 30% e custos fixos de R$ 104 580,00?

f) Calcule o lucro mensal do provedor.

g) Qual é a margem de segurança (em porcentagem) com que a empresa operou nesse mês?

14. "A fim de aumentar o faturamento e o fluxo de clientes do Big Bowling, o proprietário substituiu a cobrança por hora de uso (pistas de boliche, mesas de sinuca etc.) pela tarifa unificada: R$ 5,00 nos dias úteis e R$ 7,00 nos fins de semana."
(Fonte: *Gazeta Mercantil*, 14 a 20 mar. 2001.)

a) Construa um gráfico representando a variação dos preços em relação ao número de horas de diversão dos clientes nos fins de semana e escreva as equações de oferta e de demanda.

b) Os clientes passam de 4 a 6 horas, em média, na casa, e acabam desembolsando o mesmo valor da taxa de entrada com alimentação (o Big Bowling tem uma lanchonete e uma sorveteria). Escreva uma expressão para a função receita total mensal do estabelecimento, considerando o preço médio de R$ 6,00, para dias úteis e fins de semana indistintamente.

c) Na opinião do empresário, uma das principais vantagens da tarifa única é a possibilidade de prever o faturamento, analisando o histórico de frequência. Considerando uma média mensal de 15 mil pessoas, em quanto monta a receita mensal da empresa?

d) Para que o empresário arque com os custos totais de manutenção, energia, salários, abastecimento da lanchonete e da sorveteria etc., qual seria a frequência mínima necessária, considerando uma margem de contribuição de R$ 5,00 e custos fixos de R$ 20 000,00?

e) Construa o gráfico representativo do lucro da casa em função do número de frequentadores por mês.

f) Calcule a margem de segurança do estabelecimento (em porcentagem) em um mês de pico de 19 mil clientes.

15. Se a margem de contribuição de um produto é de 15%, seu custo fixo é de R$ 3 000,00 reais e a receita para a venda de 100 unidades é de R$ 5 000,00, determine o lucro para uma margem de segurança de 35%.

16. Sendo: $x_E = 6\,500$; $Mg = 8\%$; $CF = 52\,000{,}00$. Determine o lucro para $MS = 50\%$.

Capítulo 2 Receita total, custo total e lucro total de 1º grau

17. (Adaptado de ENADE – C. CONTÁBEIS) A Cia. Eficiência fabrica equipamentos de irrigação agrícola modular. Em um determinado mês, produz e vende 450 unidades ao preço unitário de R$ 3 500,00. A estrutura de custos e despesas da empresa é a seguinte:

1. Custos e despesas variáveis unitários	R$ 2 500,00 por mês
2. Custos e despesas fixas	R$ 360 000,00

Com base nos dados apresentados e considerando o conceito de alavancagem operacional, é correto afirmar:
a) A empresa opera com margem de segurança de 20%.
b) A empresa nestas condições obtém um lucro de R$ 60 000,00.
c) O ponto de equilíbrio da empresa se dá após a venda de 380 unidades.
d) A empresa apura, no período, um prejuízo de R$ 100 000,00.
e) O resultado da empresa é nulo.

18. Uma empresa tem gastos independentes da produção de R$ 46 245,00. Neste mês, com a venda de 1 500 unidades de seu principal produto, o gasto médio unitário foi de R$ 1 100,00. Considerando um preço de venda igual a R$ 2 918,97, determine:
a) a margem de contribuição (em porcentagem);
b) o ponto de ruptura (BEP);
c) a margem de segurança (em porcentagem) com a qual operou a empresa nesse mês;
d) o lucro total para uma margem de segurança de 400%;
e) e construa um gráfico ilustrativo da situação.

19. Uma empresa faturou neste mês R$ 14 000,00 com a venda de 1 000 unidades de seu principal produto. Observe na tabela a seguir algumas informações sobre seus custos de produção:

Custo médio unitário (em R$)	
1 000 unidades	12,30
2 000 unidades	10,50

Determine:
a) a margem de contribuição unitária;
b) o ponto de ruptura (BEP);
c) a margem de segurança (em porcentagem) com a qual operou a empresa nesse mês;
d) o lucro total para uma margem de segurança de 400%;
e) e construa um gráfico ilustrativo da situação.

20. O lucro operacional de R$ 4 176,90 auferido neste mês por um microempresário correspondeu a 13,39% de sua receita operacional. Esse faturamento está R$ 12 294,17 acima da receita total obtida em seu BEP.

Considerando custos fixos de R$ 6 432,81, custo médio unitário de R$ 27,00 no BEP e margem de contribuição igual a 34,44% do preço de venda, determine:
a) a margem de segurança (em porcentagem) com a qual operou a empresa nesse mês;
b) o ponto de ruptura (BEP);
c) a margem de contribuição unitária;
d) o lucro total para uma margem de segurança de 300%;
e) e construa um gráfico ilustrativo da situação.

21. Um pequeno empreendedor investiu seus recursos na abertura de uma minifranquia de esmalteria dentro de um salão de beleza. Seus gastos fixos incluem o salário de uma promotora, o aluguel do espaço, uma taxa de rateio de despesas como água, luz, telefone, materiais descartáveis em geral etc. e montam em R$ 1 250,00 ao mês. O custo de cada unidade do principal produto vendido é R$ 4,99, e a margem de contribuição unitária é R$ 5,00. As vendas neste mês ficaram em R$ 4 995,00. Calcule:
a) o preço de venda;
b) a margem de segurança no mês corrente (em porcentagem);
c) o BEP;
d) as vendas necessárias para um lucro de R$ 5 000,00 e a respectiva margem de segurança (em porcentagem);
e) e construa o gráfico conjunto de receita e custos, indicando o ponto de ruptura.

22. O custo variável unitário de produção de uma obra está em torno de R$ 61,60. A editora trabalha, nessa obra, com uma margem de contribuição de 20%. Neste mês as vendas ficaram em R$ 24 065 965,00. Os custos fixos associados a sua produção montam em R$ 1 232 000,00. Determine:
a) o preço unitário de venda;
b) a margem de segurança (em porcentagem) no mês corrente;
c) o lucro para uma margem de segurança de 10%;
d) o impacto no lucro caso o preço caia para R$ 70,00 a unidade;
e) e construa o gráfico representativo das relações *receita e custos* × *volume de vendas*, em um mesmo plano cartesiano.

23. "O sucesso do empreendedor Fabio Bueno Netto, que criou as máquinas de livros das estações de metrô de São Paulo, veio quando ele já havia desistido do negócio. Para queimar o estoque e encerrar as atividades, resolveu fazer uma promoção inusitada: 'Pague quanto acha que vale'. A ação fez as vendas crescerem oito vezes e tirou o negócio do vermelho. [...] Netto garante que a venda de livros no sistema 'Pague quanto acha que vale' dá lucro. 'A maioria das pessoas paga R$ 2, mas lucramos por causa do volume. Compramos muita ponta de estoque de editoras, o segredo é comprar bem', afirma o empreendedor. [...] As máquinas são abastecidas e vistoriadas, no mínimo, duas vezes por dia e há o telefone do

SAC (Serviço de Atendimento ao Cliente) e o celular de um repositor que fica em trânsito no metrô, para corrigir eventuais falhas."
(Fonte: UOL, São Paulo. 25, Fev.2013 . Disponível em:< http://economia.uol.com.br/noticias/redacao/2013/02/25/depois-de-quase-falir-empreendedor-lucra-com-venda-de-livros-sem-preco-fixo-em-maquinas-no-metro.htm>).

Atualmente, são vendidos, em média, 80 000 livros por mês. Considere que a empresa conta com um repositor, um técnico e dois atendentes no SAC que têm salários em torno de R$ 1 500,00 mensais cada um. Outros custos como manutenção, aluguel do espaço etc. somam R$ 10 000,00. Cada livro custa ao empresário algo em torno de R$ 1,50. Determine:
a) o lucro mensal desse empresário;
b) o ponto de ruptura (BEP);
c) a margem de segurança, em porcentagem;
d) o lucro considerando que o empresário fixe o preço de cada livro em R$ 5,00 e passe a operar com margem de segurança de 75%;
e) e construa o gráfico conjunto receita e custo pelo volume de vendas.

24. "No Brasil, empresas como Panasonic, Philips e Gradiente já afirmaram que o televisor de plasma de 42 polegadas, vendido a R$ 4 999 – preço médio das lojas –, é comercializado no vermelho pelas empresas que aceitam praticar esse preço. Ou seja, vende-se, mas sem margem de lucro. [...]

Quando os preços começaram a cair de forma mais acelerada no Brasil, em 2 005 [...] esperava-se que o volume pudesse compensar a queda nos valores. A quantidade vendida cresceu, mas, como a guerra de preços entre marcas e entre redes varejistas continuou, não houve equilíbrio entre preço e volume.

A estimativa de fabricantes no país é que TVs de plasma e LCDs representem 2% das vendas de televisores – cerca de 200 mil unidades – no ano. Como forma de estancar perdas, novas tecnologias (como o sistema de alta definição de imagens) encareceram ligeiramente o aparelho – ou evitaram uma queda ainda maior no preço do produto no ano passado. Mas isso não elevou a margem das fabricantes no país."
(Fonte: <http://www1.folha.uol.com.br/fsp/dinheiro/fi1201200713.htm>.)

Considerando um preço unitário igual a R$ 5 999,00 e a venda de 16 000 unidades mensais de um grande varejista do setor como suficiente apenas para pagar custos, determine:
a) o custo fixo, considerando uma margem de contribuição de 33%;
b) a margem de segurança, em porcentagem, correspondente a uma venda mensal de 20 400 unidades;
c) o lucro para uma margem de segurança de 10%;
d) o preço unitário, considerando que essa rede deseja aumentar a segurança reduzindo a ruptura para 90% do que é atualmente;
e) e construa o gráfico conjunto Receita e Custo pelo Volume de vendas.

NO MUNDO REAL

PRÓ-LABORE PODE SER REAVALIADO, MAS DEVE EXISTIR

Freelance para a Folha de S.Paulo

É preciso cortar, e o empresário olha para o próprio bolso: será que é hora de abrir mão do pró-labore?

Antes de qualquer coisa, é bom não confundir essa verba, que é um "salário" fixo pago pela empresa aos sócios que nela trabalham, com a divisão dos lucros.

O que os consultores dizem é que, em situações de emergência, é possível abrir mão do pró-labore, mas que trabalhar sem ganhar também não funciona.

Se é preciso sempre abrir mão dessa quantia, é o caso de avaliar com critério se realmente vale a pena manter o negócio.

Isso não significa que o valor do pró-labore não possa ser modificado. Pode e deve ser reavaliado, sobretudo se for muito alto para os padrões da firma.

Um erro comum na pequena empresa, segundo os especialistas em reestruturação, é fixar essa remuneração de acordo com o mínimo de que o empresário necessita para sobreviver.

Se esse mínimo ainda for alto, é preciso reduzir o valor com a mesma determinação com que são feitos os demais cortes de custos fixos.

O conselho é que o pró-labore dos sócios seja sempre estipulado em um valor justo, mas dentro daquilo que a empresa pode pagar.

Para chegar à cifra correta, a única receita é a análise financeira. Há quem discorde, mas a maioria dos consultores defende que o pró-labore seja incluído desde o início nos estudos da viabilidade do empreendimento e nos cálculos do ponto de equilíbrio do negócio.

Fonte: <http://www1.folha.uol.com.br/fsp/negocios/cn2507200402.htm>

capítulo 3

Sistemas de capitalização

3.1. Capitalização simples

O *sistema de capitalização simples* não é muito utilizado no cotidiano, mas entendê-lo auxilia a compreensão do *sistema de capitalização composta*. Isso nos motivará a desenvolvê-lo aqui, ainda que de modo abreviado.

Considere uma aplicação de um capital C por certo período de tempo n a uma taxa de juros i, no *sistema de capitalização simples*.

A cada período n, a taxa de juros incide sobre o capital inicial ($C = C_0$) e o juro é incorporado ao capital, mas não para efeito de cálculo dos juros no próximo período de capitalização.

> O juro de cada período de capitalização simples é calculado pela aplicação da taxa de juro sobre o capital inicial.

Assim, a cada período adicionamos ao capital um valor fixo, resultante da aplicação da taxa de juros sobre o capital inicial. Temos, então, a cada período de capitalização, um termo de uma *sequência aritmética*.

$$C_0 = C$$
$$C_1 = C_0 + i \cdot C_0$$
$$C_2 = C_1 + i \cdot C_0$$
...

$$C_{n-1} = C_{n-2} + i \cdot C_0$$
$$C_n = C_{n-1} + i \cdot C_0$$

C_0, C_1, C_2, ... C_{n-1}, C_n é uma *progressão aritmética* de $n+1$ termos, com 1º termo $C_0 = C$ e razão $i \cdot C_0$.

REVISÃO ORIENTADA
Progressão aritmética

Uma *progressão aritmética* é uma sequência numérica em que o termo seguinte (a_n), a partir do segundo, pode ser obtido adicionando-se uma constante ao termo anterior (a_{n-1}), ou seja:

$$a_1 \in \Re \qquad (I)$$

$$a_n = a_{n-1} + r, r \in \Re, n \in \aleph, n \geq 2$$

ou

$$a_n = a_1 + (n-1)\,r, n \in \aleph, n \geq 2 \qquad (II)$$

Pela fórmula acima (II) podemos encontrar qualquer termo a partir do primeiro e da razão da PA, o que não acontecia com (I) por ser ela uma lei de recorrência.

O montante (M) acumulado ao final do período de capitalização pode ser calculado pela expressão do termo geral de uma PA:

$$\begin{aligned} M = C_n &= C_0 + (n+1-1) \cdot i \cdot C_0 \\ &= C_0\,[1 + (n+1-1) \cdot i] = \\ &= C_0\,(1 + n \cdot i) \end{aligned}$$

ou

$$M = C\,(1 + ni)$$

O juro simples (J) acumulado no período é:

$$J = C\,n\,i$$

O montante acumulado depende de todas essas variáveis – capital inicial aplicado, taxa de juros, período de aplicação –, mas, dados um capital inicial (C) e uma taxa de juros (i), o montante (M) será função do período ou tempo (n) em que esse capital ficar aplicado.

Observe que a função montante $M(n)$ é de *1º grau*, sendo seu gráfico uma reta com coeficiente linear $C_0 = C$ e com coeficiente angular ou taxa de variação média $C\,i$:

$$M = C + C \cdot i \cdot n$$

Capítulo 3 — Sistema de capitalização

A cada período o montante é acrescido de um valor fixo, os juros, ou seja, de $C \cdot i$, como indica o coeficiente angular ou taxa de variação média da função montante.

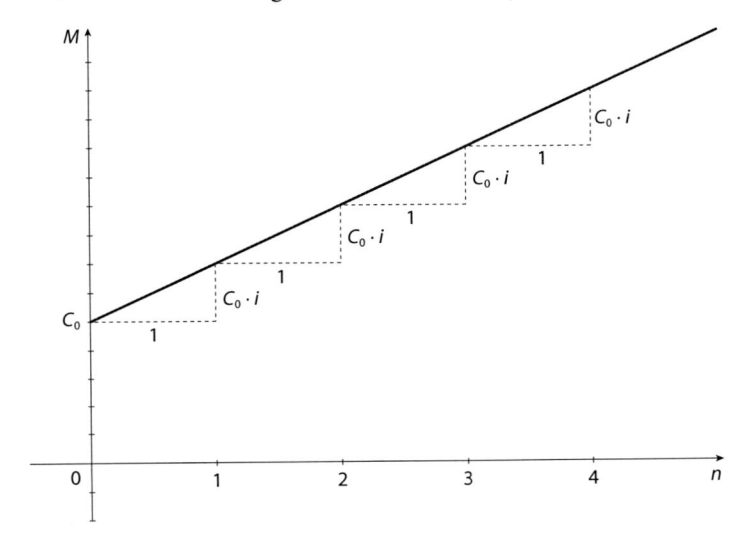

FAQ

Se n é o período ou o tempo de aplicação, $n=1$ ou $n=2$ ou $n=3$ ... ou seja, $n \in \mathbb{N}^*$. O gráfico não seria discreto, formado apenas por pontos alinhados? Podemos unir esses pontos por uma reta?

Considerando $n \in \mathbb{N}^*$, de fato o gráfico da função montante seria formado apenas por pontos alinhados, mas é comum traçar a reta (ou a semirreta) que eles determinam para que a visualização do crescimento dos valores do montante ao longo do tempo seja facilitada.

Embora a capitalização seja feita a cada período, também é possível considerar n como um valor não inteiro, por exemplo, uma aplicação que ocorra por um mês e meio.

EXEMPLO

Emprestando R$ 1 000,00 a um amigo (digamos A1) por um período de um ano com taxa de juros simples de 5% ao mês, qual deve ser o montante devolvido ao final desse período?

Temos:
$$C = 1\,000,00$$
$$i = 5\% = \frac{5}{100} = 0,05 \text{ ao mês}$$
$$n = 1 \text{ ano} = 12 \text{ meses}$$

Note que, como a taxa de capitalização refere-se a um mês, o período pelo qual o dinheiro ficou emprestado (1 ano) também foi expresso na mesma unidade (12 meses).

O montante M a ser devolvido após um ano é:

$$M = C(1 + n \cdot i)$$
$$M = 1\,000\,(1 + 12 \cdot 0{,}05)$$
$$M = R\$\,1\,600{,}00$$

Utilizaremos, em alguns casos, as abreviações a seguir para indicar a periodicidade de aplicação das taxas:

Abreviação	a.d.	a.m.	a.b.	a.t.	a.s.	a.a.
Significado	ao dia	ao mês	ao bimestre	ao trimestre	ao semestre	ao ano

Exercícios e problemas propostos

1. Observe as informações do quadro a seguir e calcule o que está faltando, considerando o regime de capitalização simples:

	C (R$)	i	n	M (R$)	J (R$)
a)	2 000	1% a.m.	12 meses		
b)	3 500	10% a.a.	1 ano		
c)	22 000	1,5% a.m.	12 meses		
d)		2% a.m.	5 meses	50 000	
e)	10 000		8 meses	31 000	21 000
f)	6 000	12% a.a.		8 000	2 000
g)		60% a.a.	42 meses	100 000	

2. Considerando um capital de R$ 1 000,00 e taxa de juros igual a 2% a.m., calcule os juros e os montantes a cada mês por um período de 6 meses em regime de capitalização simples. Sugestão: disponha os valores em uma tabela como esta:

Mês	Capital	Juros ao final do período	Montante acumulado ao final de cada período

3. (ESPM) Um capital C foi aplicado a juro simples, da seguinte maneira: $\frac{1}{3}$ de C, à taxa de 1,5% ao mês, por 3 meses; $\frac{2}{5}$ de C à taxa de 2% ao ano, por 4 meses; e o restante de C à taxa de 2,5% ao mês, por 3 meses. Se o juro total acumulado nessa aplicação foi de R$ 50,85, então C era igual a

a) R$ 596,75
b) R$ 845,00
c) R$ 1 100,00
d) R$ 1 350,00
e) R$ 1 496,74

4. Calcule os montantes e os juros simples e compare as situações a seguir observando as alterações no capital, na taxa ou no período:

	C (R$)	i	n	M (R$)	J (R$)
a)	3 000	1% a.m.	12 meses		
	3 000	2% a.m.	1 ano		
b)	25 000	1,7% a.m.	6 meses		
	25 000	1,7% a.m.	12 meses		
c)	15 500	12% a.a.	5 meses		
	31 000	12% a.a.	5 meses		
d)	10 000	5% a.m.	1 ano		
	5 000	10% a.m.	1 ano		

5. Para a função $M = 5000 (1 + 0{,}08n)$, M em reais e n em meses:
   a) identifique o capital inicial aplicado e a taxa;
   b) determine os montantes dos primeiros 4 meses de aplicação sob capitalização simples;
   c) construa o seu gráfico.

6. (ESPM) Um capital aplicado a juros simples de 5% ao mês triplica o seu valor em:
   a) 2 anos e meio
   b) 2 anos e 8 meses
   c) 3 anos
   d) 3 anos e 4 meses
   e) 4 anos

7. (CEAG) João recebeu R$ 100 000,00 pela venda de um imóvel, investindo essa quantia à taxa de 30% ao semestre, no regime de juro simples. Para que, 3 meses após o investimento, possa comprar uma casa no valor de R$ 150 000,00, João deverá acrescentar, ao montante obtido na aplicação, a quantia de:
   a) R$ 50 000,00
   b) R$ 20 000,00
   c) R$ 15 000,00
   d) R$ 30 000,00
   e) R$ 35 000,00

8. (CEAG) Se uma geladeira é vendida à vista por R$ 1 200,00, ou então a prazo, com 30% de entrada e mais uma prestação de R$ 1 008,00 dois meses após a compra, a taxa mensal de juro simples do financiamento foi de:
   a) 30% b) 25% c) 20% d) 15% e) 10%

9. (CEAG) Se uma loja oferece ao consumidor a possibilidade de pagar um produto em um mês, "sem juros", ou à vista, com 5% de desconto, significa que "embutiu" no preço do produto a taxa de juro mensal de:
   a) 5% b) 6% c) 5,26% d) 4% e) 0%

10. (FGV) Em 31 de março deste ano (2006), o Ibovespa, índice de ações da Bolsa de Valores de São Paulo, estava em 37 900 pontos, e alguns analistas financeiros previam uma queda de 10% no mês de abril, seguida de uma alta de 15% no mês de maio. Desse modo, segundo esses analistas, em 31 de maio o Ibovespa atingiria um nível de pontos:
   a) 5% superior ao de 31 de março;
   b) 3,5% superior ao de 31 de março;
   c) 10% superior ao de 31 de março;
   d) 3,5% superior ao de 30 de abril;
   e) 5% superior ao de 30 de abril.

11. (FGV Economia) Certo capital C aumentou em R$ 1 200,00 e, em seguida, esse montante decresceu 11%, resultando em R$ 32,00 a menos do que C. Sendo assim, o valor de C, em R$, é
    a) 9 600,00
    b) 9 800,00
    c) 9 900,00
    d) 10 000,00
    e) 11 900,00

REVISÃO ORIENTADA
Porcentagem

Para o estudo da capitalização composta, é importante relembrarmos alguns conceitos relacionados a porcentagens.
Vejamos por meio de alguns exemplos.
▶ um aumento de 10% em um preço equivale a multiplicá-lo por 1,1 porque:

$$p + 10\% \, p = p + \frac{10}{100} p = p \left(1 + \frac{10}{100}\right) = p(1 + 0{,}1) = 1{,}1 p$$

Capítulo 3 — Sistema de capitalização — **121**

- um desconto de 10% em um preço equivale a multiplicá-lo por 0,9 porque:

$$p - 10\%\,p = p - \frac{10}{100}p = p\left(1 - \frac{10}{100}\right) = p(1 - 0{,}1) = 0{,}9p$$

- uma inflação de 2% ao mês sobre um valor v seguida de uma inflação de 1,8% ao mês equivale a uma inflação acumulada de 3,836% – e não de 3,8% –, porque:

$$v + 2\%\,v = v + \frac{2}{100}v = v\left(1 + \frac{2}{100}\right) = v(1 + 0{,}02) = 1{,}02v \quad \text{e}$$

$$1{,}02v + 1{,}8\% \cdot 1{,}02v = 1{,}02v + \frac{1{,}8}{100} \cdot 1{,}02v = 1{,}02v\left(1 + \frac{1{,}8}{100}\right) = 1{,}02v(1{,}018) =$$
$$= 1{,}02 \cdot 1{,}018v = 1{,}03836v$$

Mas $\;1{,}03836v = (1 + 0{,}03836)v = \left(1 + \dfrac{3{,}836}{100}\right)v = v + 3{,}836\%\,v$

- sucessivos rendimentos de 15%, –20% e 50% em uma aplicação A correspondem a um rendimento de 38% – e não de 45% – porque:

$$A + 15\%\,A = A + \frac{15}{100}A = A\left(1 + \frac{15}{100}\right) = A(1 + 0{,}15) = 1{,}15A$$

e

$$1{,}15A - 20\% \cdot 1{,}15A = 1{,}15A - \frac{20}{100} \cdot 1{,}15A = 1{,}15A\left(1 - \frac{20}{100}\right) = 1{,}15A(0{,}80) =$$
$$= 1{,}15 \cdot 0{,}80A = 0{,}92A$$

e

$$0{,}92A + 50\% \cdot 0{,}92A = 0{,}92A + \frac{50}{100} \cdot 0{,}92A = 0{,}92A\left(1 + \frac{50}{100}\right) = 0{,}92A(1{,}50) =$$
$$= 0{,}92 \cdot 1{,}50A = 1{,}38A$$

Mas $\;1{,}38 = (1 + 0{,}38)A = \left(1 + \dfrac{38}{100}\right)A = A + 38\%\,A$

3.2. Capitalização composta

Considere uma aplicação de um capital C por certo período de tempo n a uma taxa de juros i, no *sistema de capitalização composta*.

A cada período n a taxa de juros incide sobre o capital anteriormente acumulado, ou seja, o juro é incorporado ao capital para efeito de cálculo dos juros no próximo período de capitalização.

> O juro de cada período de capitalização da operação é calculado pela aplicação da taxa de juro sobre o capital inicial acrescido dos juros incorporados ao final de cada um dos períodos de capitalização.

Assim, a cada período adicionamos ao capital um valor variável, resultante da aplicação da taxa de juros sobre o capital do período anterior. Temos, então, a cada período de capitalização, um termo de uma sequência geométrica.

$C_0 = C$
$C_1 = C_0 + i \cdot C_0 = C_0 (1 + i)$
$C_2 = C_1 + i \cdot C_1 = C_1 (1 + i) = C_0 (1 + i)(1 + i) = C_0 (1 + i)^2$
...
$C_{n-1} = C_{n-2} + i \cdot C_{n-2} = ... = C_0 (1 + i)^{n-1}$
$C_n = C_{n-1} + i \cdot C_{n-1} = ... = C_0 (1 + i)^n$

$C_0, C_1, C_2, ... C_{n-1}, C_n$ é uma *progressão geométrica* de $n + 1$ termos, com 1º termo $C_0 = C$ e razão $1 + i$.

REVISÃO ORIENTADA
Progressão geométrica

Uma *progressão geométrica* é uma sequência numérica em que o termo seguinte (a_n), a partir do segundo, pode ser obtido multiplicando-se uma constante pelo termo anterior (a_{n-1}), ou seja:

$$a_1 \in \Re$$
$$a_n = a_{n-1} \cdot q, q \in \Re, n \in \aleph, n \geq 2 \quad \text{(I)}$$

ou

$$a_n = a_1 q^{n-1}, n \in \aleph, n \geq 2 \quad \text{(II)}$$

Pela fórmula acima (II), podemos encontrar qualquer termo a partir do primeiro e da razão da PG, o que não acontecia com (I) por ser ela uma lei de recorrência.

Capítulo 3 — Sistema de capitalização

O montante (M) acumulado ao final do período de capitalização pode ser calculado pela expressão:

$$M = C_n = C_0 (1 + i)^n$$

ou

$$M = C (1 + i)^n$$

O juro composto (J) acumulado no período é calculado por:

$$J = M - C = C (1 + i)^n - C$$

O montante acumulado depende de todas essas variáveis – capital inicial aplicado, taxa de juros, período de aplicação –, mas, dados um capital inicial (C) e uma taxa de juros (i), o montante (M) será função do período (n) em que esse capital ficar aplicado.

Observe que a função montante $M(n)$ é uma *função exponencial*, sendo seu gráfico uma curva exponencial:

$$M = C (1 + i)^n$$

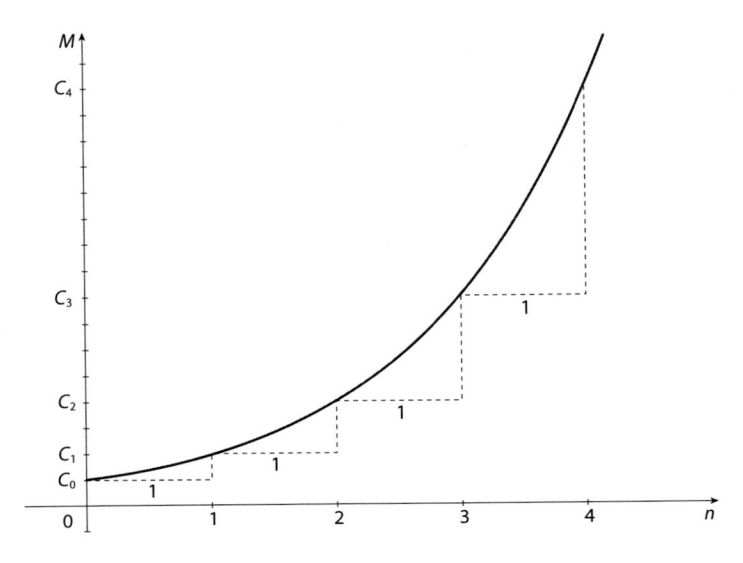

A cada período o montante é acrescido de um valor variável cada vez maior, os juros calculados sobre cada montante parcial, como indica o fator $(1 + i)^n$ da função montante.

REVISÃO ORIENTADA
Função exponencial

Funções exponenciais são expressas por potências em que a variável é o expoente, como em $f(x) = 3^x$.

As funções exponenciais, em termos de crescimento ou decrescimento, têm um comportamento bastante acentuado se comparado, por exemplo, às funções de 2º grau. Observe o gráfico conjunto das funções $f(x) = x^2$ e $g(x) = 2^x$:

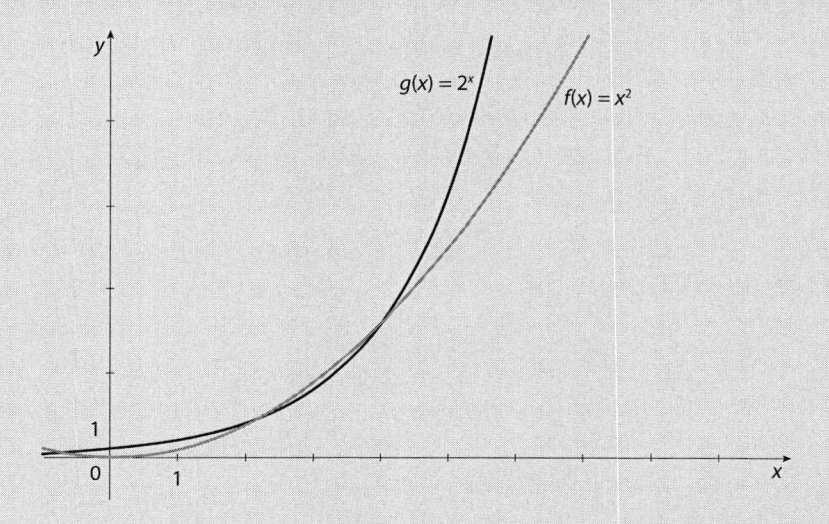

É importante lembrar que, para a função exponencial, só temos imagens positivas, pois qualquer que seja o expoente x (positivo, negativo ou nulo), uma base positiva elevada a ele resultará em um valor positivo.

TECNOLOGIA
Software Gráfico

No *Winplot*, para construir o gráfico de $g(x) = 2^x$, escolha:

Janela – 2-dim
Arquivo – Novo
Equação – Explícita

E, então, digite 2^x.

Se necessário, salve o gráfico e você poderá, por exemplo, colá-lo em um documento de texto.

Considerando conhecidos o capital e a taxa de juros, as variáveis serão o montante (M) e o período de aplicação (n).

A fim de encontrarmos o período de aplicação será preciso calcular o logaritmo de ambos os membros da igualdade

$$M = C(1+i)^n$$

REVISÃO ORIENTADA
Conceito de logaritmo

A partir de

$$2^3 = 8,$$

vamos considerar três equações distintas com incógnitas distintas:

$$x^3 = 8 \ (I) \qquad 2^3 = z \ (II) \qquad 2^y = 8 \ (III)$$

À primeira chamamos equação polinomial de 3º grau; a incógnita, x, está na base da potência e para determiná-la basta aplicar a operação inversa do cubo em ambos os membros da equação.

Assim: $x = \sqrt[3]{8} = 2$.

A equação II é de 1º grau e $z = 8$ é a sua solução; basta resolver a potência.

No caso da terceira equação, em que a incógnita encontra-se no expoente, tentativas podem ser feitas até que encontremos um número y tal que 2 elevado a ele resulte em 8.

Equações desse tipo são denominadas *exponenciais* e o expoente y é chamado *logaritmo*. Nesse caso, logaritmo de 8 na base 2 ou:

$$y = \log_2 8 = 3$$

Quando procuramos um número que resolva a equação $2^t = 9$, não encontramos um resultado muito "agradável" de ser escrito:

$$t \approx 3{,}169925001$$

Então, usualmente, deixamos a operação inversa da exponencial indicada:

$$t = \log_2 9$$

Podemos dizer que, se uma função exponencial associa a cada expoente a potência resultante (dada uma base constante), a função logarítmica correspondente "devolve" a potência no expoente:

$$base\ 2$$
$$2^3 = 8$$

$$\log_2 8 = 3$$

Observe a tabela a seguir, em que indicamos alguns números e os seus logaritmos de base 2:

n	$\log_2 n$
2	1
4	2
8	3
16	4
32	5
64	6

Note que, ao calcularmos o logaritmo de um número em determinada base, estamos descobrindo como escrever esse número como potência daquela base. Naturalmente, encontramos para os logaritmos valores menores e mais fáceis de lidar em cálculos do que os números n.

Note também que, enquanto n cresce em progressão geométrica (PG), $\log_2 n$ cresce em progressão aritmética (PA).

Se os logaritmos são nada mais que expoentes, valem para eles as operações que efetuamos com expoentes de potências de mesma base.

Há, embora no nosso dia a dia não seja comum encontrarmos alguém comentando o uso de funções exponenciais ou logarítmicas, diversas utilidades para os logaritmos e as funções exponenciais e logarítmicas. Sempre que a magnitude dos valores com os quais estamos trabalhando dificultam cálculos ou representações, podemos nos valer dos logaritmos.

Crescimento populacional, escala Richter, desintegração radioativa e idades geológicas são apenas alguns dos temas que estão relacionados a exponenciais e logaritmos.

Quando estamos lidando com variáveis com um crescimento muito acentuado, pode ser o caso de modelar a situação utilizando uma função exponencial. Ao contrário, quando o crescimento é extremamente lento, a função logarítmica pode ser útil.

Observe o comportamento dessas funções no gráfico a seguir:

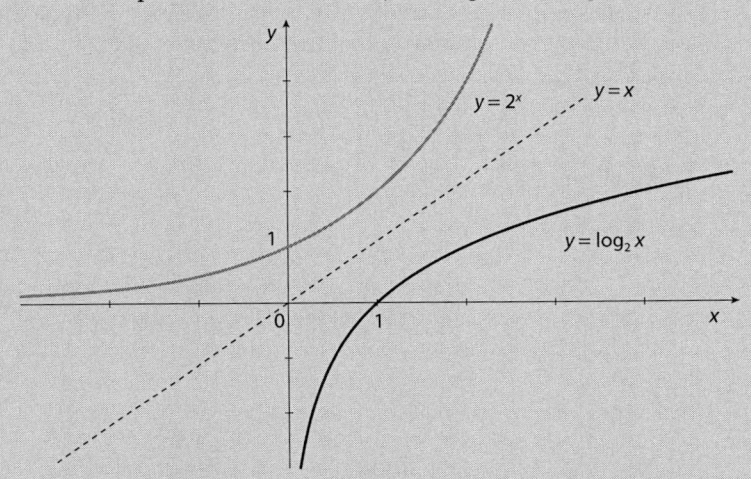

[Gráfico mostrando $y = 2^x$, $y = x$ e $y = \log_2 x$]

Particularmente em cálculos de períodos em uma capitalização composta utilizamos os logaritmos.

Se dois números são iguais seus logaritmos, em uma mesma base, são também iguais. Isso porque a função logarítmica é inversa da função exponencial e também porque ela é estritamente crescente. Assim, ficamos com:

$$M = C(1+i)^n$$
$$\log M = \log[C\,(1+i)^n]$$
$$\log M = \log C + \log(1+i)^n$$
$$\log M = \log C + n \cdot \log(1+i)$$
$$\log M - \log C = n \cdot \log(1+i)$$
$$\frac{\log M - \log C}{\log(1+i)} = n$$
$$n = \log_{(1+i)} \frac{M}{C}$$

FAQ

As fórmulas para determinar o montante (M), ou o capital (C), ou a taxa de juros (i) ou o período (n), supostos conhecidos os demais valores são:

$$M = C(1+i)^n \qquad C = \frac{M}{(1+i)^n} \qquad i = \sqrt[n]{\frac{M}{C}} - 1 \qquad n = \log_{(1+i)} \frac{M}{C}$$

É preciso conhecer todas essas expressões?

Aplicações da matemática

Não. Basta conhecer a primeira: **M = C (1 + i)^n**.

As demais podem ser obtidas dela por dedução, mas, na maioria das situações-problema nem esse trabalho é necessário.

REVISÃO ORIENTADA
Propriedades dos logaritmos

Note que as propriedades dos *logaritmos* utilizadas no cálculo de *n* são idênticas àquelas das potências, afinal *um logaritmo é um expoente*.

O *logaritmo de um produto* é a soma dos logaritmos, assim como o expoente do produto de potências de mesma base é a soma dos expoentes dos fatores!

$$\log_2 (2^3 \cdot 2^4) = \log_2 2^3 + \log_2 2^4 = 3 + 4 = 7 = \log_2 2^7$$

O *logaritmo de um quociente* é a diferença dos logaritmos assim como o expoente do quociente de potências de mesma base é a diferença dos expoentes!

$$\log_3 \left(\frac{3^9}{3^6}\right) = \log_3 3^9 - \log_3 3^6 = 9 - 6 = 3 = \log_3 3^3$$

O *logaritmo de uma potência* de potência é o produto de um expoente (4) por um outro expoente (log (10^3)), como na propriedade de potência de potência!

$$\log (10^3)^4 = 4 \cdot \log (10^3) = 4 \cdot 3 = 12$$

Na dedução da expressão de *n* em função das outras variáveis feita anteriormente, utilizamos todas essas propriedades: do logaritmo do produto, da potência e do quociente, nessa ordem. Também utilizamos a propriedade de *mudança de base*:

$$\log_B A = \frac{\log A}{\log B}$$

EXEMPLOS

1. Emprestando R$ 1 000,00 a um outro amigo (A2) por um período de um ano, com taxa de juros compostos de 1% ao mês, qual deve ser o montante devolvido ao final desse período?

Temos:

$$C = 1\,000,00$$
$$i = 1\% = \frac{1}{100} = 0,01 \text{ a.m.}$$
$$n = 1 \text{ ano} = 12 \text{ meses}$$

Note que, como a taxa de capitalização refere-se a um mês, o período pelo qual o dinheiro ficou emprestado (1 ano) também foi expresso na mesma unidade (meses).

O montante M a ser devolvido após um ano é:

$$M = C\,(1+i)^n$$
$$M = 1\,000\,(1+0,01)^{12}$$

TECNOLOGIA
Calculadora

Em uma calculadora científica utilizamos a tecla x^y ou a tecla y^x para calcular, por exemplo, $1,01^{12} = 1,126825$.

$$M = \text{R\$ } 1\,126,83$$

Note que, embora o regime de capitalização estipulado para o amigo A1 tenha sido o simples e, para o A2, o composto, parece que, ao decidir a taxa de juros, considerou-se A2 "mais amigo" do que A1.

2. Qual deveria ser a taxa mensal de juros compostos para que o amigo 2 pagasse montante igual ao que pagará o amigo 1?

Agora conhecemos:

$$M = 1\,600$$
$$C = 1\,000$$
$$n = 1 \text{ ano} = 12 \text{ meses}$$

Substituindo na expressão do montante:

$$1\,600 = 1\,000(1+i)^{12}$$
$$\frac{1\,600}{1\,000} = (1+i)^{12}$$
$$1{,}6 = (1+i)^{12}$$
$$\sqrt[12]{1{,}6} = 1+i$$
$$\sqrt[12]{1{,}6} - 1 = i$$

TECNOLOGIA
Calculadora

Em uma calculadora científica utilizamos a tecla $\sqrt[x]{y}$ ou a tecla $\sqrt[y]{x}$ para calcular, por exemplo, $\sqrt[12]{1{,}6} = 1{,}039944$.

Essa tecla é, em geral, a segunda função da tecla de potência (x^y) e será preciso acessá-la por meio das teclas *INV* ou *2nd*.

$$0{,}04 = i$$

Então, para que o segundo amigo pagasse R$ 1 600,00 ao final de um ano, a taxa de juros ao mês, no regime de capitalização composta, deveria ser de 4% (0,04 ou $\frac{4}{100}$).

3. Por quanto tempo, nas condições iniciais, o amigo 2 poderia sustentar o empréstimo pensando em pagar R$ 1 600,00 ao final do período.

Sabemos que:

$$M = 1\,600$$
$$C = 1\,000$$
$$i = 1\% = \frac{1}{100} = 0{,}01 \text{ a.m.}$$

Substituindo na expressão do montante:

$$1\,600 = 1\,000(1+0{,}01)^n$$
$$\frac{1\,600}{1\,000} = (1+0{,}01)^n$$
$$1{,}6 = (1+0{,}01)^n$$

Como a variável n está no expoente, temos uma equação exponencial para resolver.

Calculando o logaritmo de base dez (ou então o logaritmo neperiano) em ambos os membros da igualdade e aplicando as propriedades dos logaritmos:

$$\log 1{,}6 = \log(1+0{,}01)^n$$
$$\log 1{,}6 = \log(1{,}01)^n$$
$$\log 1{,}6 = n \cdot \log(1{,}01)$$
$$\frac{\log 1{,}6}{\log 1{,}01} = n$$
$$n = 47{,}23$$

Assim, para que o segundo amigo pagasse R$ 1 600,00 ao final do empréstimo, com taxa de juros de 1% a.m., no regime de capitalização composta, ele poderia permanecer por, aproximadamente, 47,23 meses – em torno de 4 anos – com o dinheiro.

Nesses exemplos, vê-se como a capitalização simples pode superar a capitalização composta, mas não nas mesmas condições, porque as taxas de juros eram muito diferentes.

Observe os gráficos das funções $M = C + C \cdot i \cdot n$ e $M = C(1+i)^n$ considerando mesmos capitais iniciais e mesma taxa em cada período:

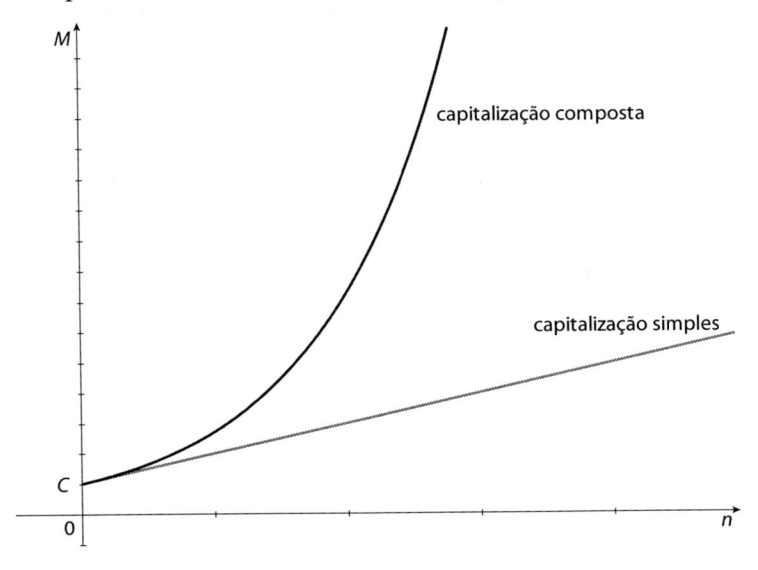

Nas mesmas condições, o regime de capitalização composta tem montantes e crescimento muito superiores ao da capitalização simples.

4. Que capital deve ser aplicado a uma taxa de 8% a.m. por 7 meses para sacar, ao final desse período, R$ 30 000,00 no regime de capitalização composta?
Nesse exemplo, desconhecemos o capital (C). Temos:

$$M = 30\,000$$
$$i = 8\% = \frac{8}{100} = 0{,}08 \text{ a.m.}$$
$$n = 7 \text{ meses}$$

O capital C pode ser calculado por:

$$M = C(1+i)^n$$
$$30\,000 = C(1+0{,}08)^7$$
$$C = \text{R\$ } 17\,504{,}71$$

Em sua calculadora científica, calcule C digitando, na sequência, as teclas:

[1] [+] [0] [.] [0] [8] [=] [yˣ] [7] [=] [1/x] [×] [3] [0] [0] [0] [0] [=]

ou seja, utilize a tecla [1/x] para não precisar "anotar" o valor de $1{,}08^7$.

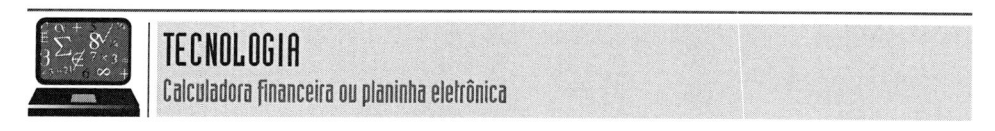

TECNOLOGIA
Calculadora financeira ou planilha eletrônica

Nas calculadoras financeiras os termos *montante* e *capital* são equivalentes a **valor futuro** (*VF* ou *FV* – *future value*) e **valor presente** (*VP* ou *PV* – *present value*).

Basta entrar com os dados e pressionar as teclas correspondentes à taxa, ao valor presente, ao período etc. conforme o que se quiser calcular.

Em uma planilha eletrônica também é possível calcular rapidamente qualquer uma das variáveis desejadas, utilizando funções predefinidas; procure, na sequência, por "Fórmulas" – "Inserir Função" – "Financeira".

Capítulo 3   Sistema de capitalização **133**

REVISÃO ORIENTADA
Função exponencial e função logarítmica: inversas

Observe os gráficos das funções inversas $f(x) = 2^x$ e $g(x) = \log_2 x$:

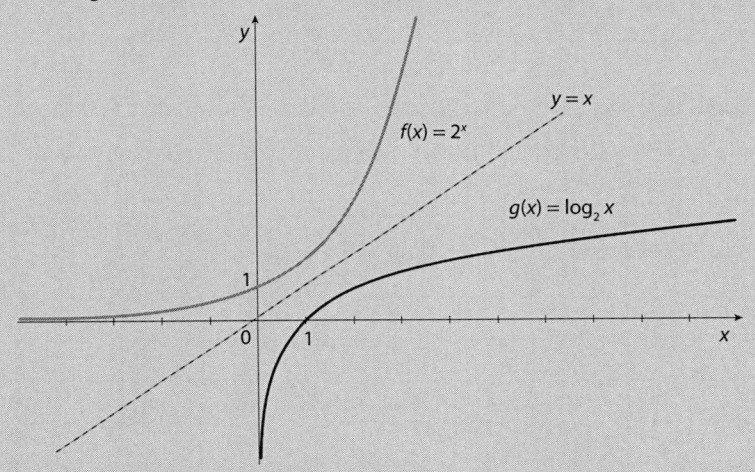

[Gráfico mostrando $f(x) = 2^x$, $g(x) = \log_2 x$ e a reta $y = x$]

Há simetria em relação a bissetriz dos quadrantes ímpares, reta de equação $y = x$ (função identidade).

TECNOLOGIA
Software Gráfico

No *Winplot*, para construir o gráfico de $g(x) = \log_2 x$, escolha:

Janela – 2-dim
Arquivo – Novo
Equação – Explícita

E, então, digite $(ln(x))/(ln(2))$. É preciso mudar da base 2 para a base e, pois o software só trabalha com essa última ($e = 2{,}7182818\ldots$).

Ou ainda, construa o gráfico de $f(x) = 2^x$ e, em *Um*, escolha "Refletir" em relação à reta $x = y$ (clique também nessa janela em *"ver reta"*).

Como a função exponencial $f(x) = 2^x$ e a função logarítmica $g(x) = \log_2 x$ são funções inversas, seus gráficos são simétricos em relação à bissetriz dos quadrantes ímpares de equação $y = x$ (função identidade).

Exercícios e problemas propostos

1. Considerando um capital de R$ 1 000,00 e taxa de juros igual a 2% a.m., calcule os juros e os montantes a cada mês por um período de 6 meses em regime de capitalização composta. Sugestão: disponha os valores em uma tabela como esta:

Mês	Capital	Juros ao final do período	Montante acumulado ao final de cada período

2. Compare o quadro acima com o quadro feito para o regime de capitalização simples.

3. Observe as informações do quadro a seguir e calcule o que está faltando, considerando o regime de capitalização composta:

	C (R$)	i	n	M (R$)	J (R$)
a)	2 000	1% a.m.	12 meses		
b)	3 500	10% a.a.	1 ano		
c)	22 000	1,5% a.m.	12 meses		
d)		2% a.m.	5 meses	50 000	
e)	10 000		8 meses	31 000	21 000
f)	6 000	12% a.a.		8 000	2 000
g)		60% a.a.	42 meses	100 000	

4. Compare o quadro acima com o quadro feito para o regime de capitalização simples.

5. (IBMEC) Na figura abaixo, está representada, fora de escala, uma parte do gráfico da função $y = \log_3 x$.

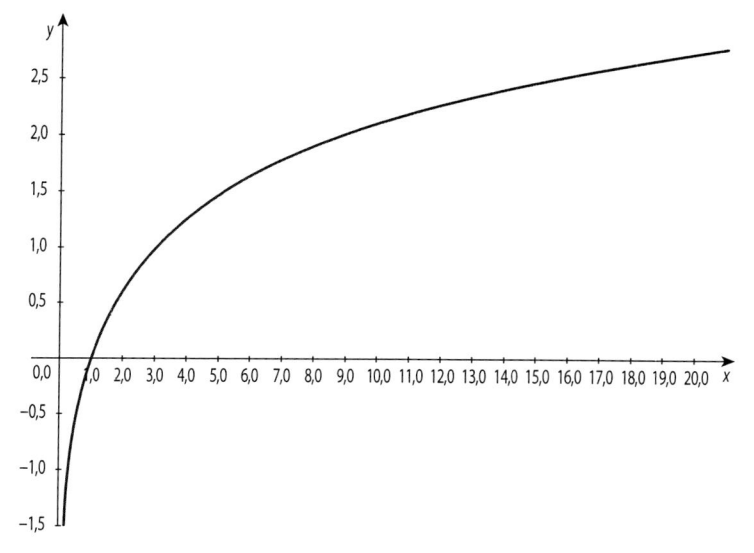

A partir do gráfico, pode-se concluir que a solução da equação $9^x = 15$ vale, aproximadamente,
a) 2,50   b) 1,65   c) 1,45   d) 1,25   e) 1,10

6. Para a função $M = 5000 \cdot 1{,}08^n$, M em reais e n em meses:
   a) identifique o capital inicial aplicado e a taxa;
   b) determine os montantes dos primeiros 4 meses de aplicação sob o regime de capitalização composta;
   c) construa o seu gráfico;
   d) compare com o gráfico da função $M = 5000 (1 + 0{,}08n)$, feito em exercício do tema Capitalização simples.

7. (Cefet – SP) Considere uma calculadora científica que só calcula logaritmos na base 10. Admita também que ela esteja com a tecla do número 4 quebrada.
   Nessa calculadora, para encontrar o valor de $\log_3 4$, pode-se calcular
   a) $(2 \cdot \log 2) \div (\log 3)$
   b) $(\log 2 \cdot \log 2) \div \log 3$
   c) $2 \cdot \log 2 - \log 3$
   d) $2 \cdot (\log 2 - \log 3)$
   e) $\log 12$

8. (FGV) Considerando $\log 2 = 0{,}3$ e $\log 3 = 0{,}48$, o tempo necessário para que um capital aplicado à taxa de juro composto de 20% ao ano dobre de valor é, aproximadamente:
   a) 1 ano   c) 4 anos   e) 3 anos
   b) 4 meses   d) 3 anos e 9 meses

9. Calcule os montantes e os juros compostos e compare as situações a seguir observando as alterações no capital, na taxa ou no período:

	C (R$)	i	n	M (R$)	J (R$)
a)	3000	1% a.m.	12 meses		
	3000	2% a.m.	1 ano		
b)	25000	1,7% a.m.	6 meses		
	25000	1,7% a.m.	12 meses		
c)	15500	12% a.a.	5 meses		
	31000	12% a.a.	5 meses		
d)	10000	5% a.m.	1 ano		
	5000	10% a.m.	1 ano		

10. Compare o quadro acima com o quadro feito para o regime de capitalização simples.

11. Se a inflação foi de 10% no ano retrasado e de 12% no ano passado, a inflação acumulada nesses dois anos foi de:
    a) 2%   b) 22%   c) 120%   d) 23,2%   e) 1,232%

12. (ENC – ADM) A Joãozinho Ltda. recebeu em pagamento um título de R$ 605,00 que vencerá em dois anos. No entanto, a empresa está precisando do dinheiro hoje para pagar uma despesa. Trabalhando sempre com juros compostos e com custo de oportunidade de 10% ao ano, por qual valor mínimo, em reais, deverá vender hoje esse título?
    a) 500,00   b) 504,17   c) 550,00   d) 605,00   e) 665,50

13. (FGV) Um cliente tenta negociar no banco a taxa de juros de um empréstimo pelo prazo de um ano. O gerente diz que é possível baixar a taxa de juros de 40% para 25% ao ano, mas, nesse caso, um valor seria debitado da quantia emprestada, a título de "custo administrativo".
    a) Que porcentagem do capital emprestado deveria ser o custo administrativo para o banco compensar a redução da taxa de juros neste empréstimo?
    b) Que porcentagem da quantia paga pelo cliente deveria ser o custo administrativo, se este fosse cobrado no final do período do empréstimo?

14. Por um projeto, Kalel recebeu R$ 10 000,00. Ele aplicou esse dinheiro a 1,2% a.m. em um fundo no regime de capitalização composta porque pretende conseguir R$ 22 000,00 para comprar um carro popular. Em quanto tempo ele terá o valor necessário para adquirir seu carro?

15. Se, nesse período, o preço do carro que ele deseja subir para R$ 29 000,00, quanto tempo a mais ele terá que manter seu dinheiro aplicado, supondo que o valor do carro não suba novamente?

16. (ESPM) Um empréstimo de R$ 10 000,00 foi pago em 5 parcelas mensais, sendo a primeira, de R$ 2 000,00, efetuada 30 dias após e as demais com um acréscimo de 10% em relação à anterior.
    Pode-se concluir que a taxa mensal de juros simples ocorrida nessa transação foi de aproximadamente:
    a) 2,78%
    b) 5,24%
    c) 3,28%
    d) 6,65%
    e) 4,42%

Exercícios e problemas complementares

1. Considerando $M = C(1+i)^n$, determine o que ocorre com o montante conforme as demais variáveis sofrem as alterações descritas a seguir:

	C	i	n
a)	dobra	constante	constante
b)	constante	triplica	constante
c)	constante	constante	metade

Capítulo 3 Sistema de capitalização

2. Verifique os resultados obtidos no exercício anterior com os dados do exercício 6 da seção Exercícios e problemas propostos anterior.

3. (CEAG) Armando ouve que a proposta orçamentária de 2007 prevê um aumento de 0,1% sobre o Produto Interno Bruto do Brasil – PIB, em relação ao orçamento de 2006. Ele acha esse valor insignificante, mas Alfredo lembra-lhe que o PIB brasileiro previsto é de R$ 1 890 bilhões e que, portanto, o aumento referido, nada insignificante em reais, corresponde a:
   a) 1,89 bilhões
   b) 18,9 bilhões
   c) 1 890 bilhões
   d) 18 900 milhões
   e) 189 bilhões

4. (Fuvest) No próximo dia 8/12, Maria, que vive em Portugal, terá um saldo de 2 300 euros em sua conta corrente, e uma prestação a pagar no valor de 3 500 euros, com vencimento nesse dia. O salário dela é suficiente para saldar tal prestação, mas será depositado nessa conta corrente apenas no dia 10/12.
   Maria está considerando duas opções para pagar a prestação:
   1. Pagar no dia 8. Nesse caso, o banco cobrará juros de 2% ao dia sobre o saldo negativo diário em sua conta corrente, por dois dias.
   2. Pagar no dia 10. Nesse caso, ela deverá pagar uma multa de 2% sobre o valor total da prestação.
   Suponha que não haja outras movimentações em sua conta corrente. Se Maria escolher a opção 2, ela terá, em relação à opção 1,
   a) desvantagem de 22,50 euros
   b) vantagem de 22,50 euros
   c) desvantagem de 21,52 euros
   d) vantagem de 21,52 euros
   e) vantagem de 20,48 euros

5. (FGV Economia) Em regime de juros compostos, um capital inicial aplicado à taxa mensal de juros i irá triplicar em um prazo, indicado em meses, igual a
   a) $\log_{1+i} 3$
   b) $\log_i 3$
   c) $\log_3 (1 + i)$
   d) $\log_3 i$
   e) $\log_{3i} (1 + i)$

6. (Mackenzie) Um aparelho celular tem seu preço "y" desvalorizado exponencialmente em função do tempo (em meses) "t", representado pela equação $y = p \cdot q^t$, com p e q constantes positivas. Se, na compra, o celular custou R$ 500,00 e, após 4 meses, o seu valor é de $\frac{1}{5}$ do preço pago, 8 meses após a compra, o seu valor será
   a) R$ 25,00
   b) R$ 24,00
   c) R$ 22,00
   d) R$ 28,00
   e) R$ 20,00

7. (FGV) "O preço de equilíbrio de um produto corresponde ao valor em que a quantidade demandada do produto é igual à quantidade ofertada pelo produtor."
Se as equações de oferta e demanda de determinada fruta são, respectivamente, $q = 20\,000p^{2,5}$ e $q = 150\,000p^{-2}$, sendo **q** a quantidade expressa em quilogramas e **p**, o preço em reais por quilograma, a partir do conceito acima, o preço de equilíbrio por quilogramas, em reais, é igual a:
   a) $7,50$
   b) $7,50^{4,5}$
   c) $\log_{4,50}(7,50)$
   d) $\log_{2/9}(7,50)$
   e) $7,50^{\frac{2}{9}}$

8. (ENEM) Um jovem investidor precisa escolher qual investimento lhe trará maior retorno financeiro em uma aplicação de R$ 500,00. Para isso, pesquisa o rendimento e o imposto a ser pago em dois investimentos: poupança e CDB (certificado de depósito bancário). As informações obtidas estão resumidas no quadro:

	Rendimento mensal(%)	IR (imposto de renda)
Poupança	0,560	Isento
CDB	0,876	4% (sobre o ganho)

Para o jovem investidor, ao final do mês, a aplicação mais vantajosa é:
   a) a poupança, pois totalizará um montante de R$ 502,80;
   b) a poupança, pois totalizará um montante de R$ 500,56;
   c) o CDB, pois totalizará um montante de R$ 504,38;
   d) o CDB, pois totalizará um montante de R$ 504,21;
   e) o CDB, pois totalizará um montante de R$ 500,87.

Fator de capitalização

Da expressão que fornece o montante acumulado ao final de certo período de capitalização composta:

$$M = C_n = C(1 + i)^n$$

destacamos o fator $(1 + i)^n$, chamado *fator de capitalização*.

Esse fator indica quantas vezes o capital inicial está sendo multiplicado, dando uma medida de sua "expansão" ou "contração", conforme o período e a taxa a ele aplicada.

Um fator de capitalização igual a 1,5, por exemplo, indica que o capital inicial sofrerá uma expansão de 50%, pois:

$$M = 1,5C = (1 + 0,50)C = \left(1 + \frac{50}{100}\right)C = C + \frac{50}{100}C$$

FAQ

Então a taxa de capitalização (i) é igual a 50%?

Não. O número 1 em $M = C_0 \cdot 1{,}5$ indica o próprio capital inicial (C_0) e 0,5 é o quanto ele aumentará no período considerado com uma taxa correspondente.

Há várias possíveis taxas aplicadas a diversos períodos que podem produzir um fator de capitalização igual a 1,5.

1,5 é o resultado deste cálculo: $(1+i)^n$.

É verdade que se $i = 50\% = \dfrac{50}{100} = 0{,}50 = 0{,}5$ e $n = 1$, temos $(1+i)^n = 1{,}5$. Mas há infinitas outras possibilidades de combinações de i e n para que o fator de capitalização resulte 1,5.

Por exemplo, se $i = 125\% = \dfrac{125}{100} = 1{,}25$ e $n = \dfrac{1}{2}$, temos $(1+i)^n = 1{,}5$, porque:

$$(1+i)^n = (1+1{,}25)^{\frac{1}{2}} = 2{,}25^{\frac{1}{2}} = 1{,}5$$

Interessa-nos saber calcular fatores de capitalização equivalentes quando variamos taxas ou períodos. Observe os exemplos.

EXEMPLOS

1. Qual é a taxa de juros ao mês se um capital sofreu uma valorização de 24% no ano?

   Se o capital estava submetido ao regime de capitalização simples, basta dividir 24% por 12 meses para determinar a taxa mensal:

   $$24\% \div 12 = 2\% \text{ a.m.}$$

   Isso significa que aplicar, no regime de capitalização simples, um capital a uma taxa de 2% a.m. durante 12 meses resultará no mesmo montante que se aplicarmos esse mesmo capital à taxa de 24% a.a. por um ano. Na capitalização simples, incorporar os juros ao capital a cada mês ou apenas ao final do ano, não fará diferença.

   Mas se estivermos considerando a capitalização composta, uma taxa de 2% ao mês não equivale a uma taxa de 24% ao ano. Observe os cálculos:

   2% a.m. por 12 meses (1 ano)

   $$M = C(1+0{,}02)^{12} = C(1{,}02)^{12} = C \cdot 1{,}268$$

e 24% a.a. por 1 ano

$$M = C\,(1 + 0{,}24)^1 = C\,(1{,}24)^1 = C \cdot 1{,}24$$

Note que os fatores de capitalização são diferentes: $1{,}268 \neq 1{,}24$.

Então vamos responder à questão: qual é a taxa de juros compostos ao mês equivalente a taxa de 24% ao ano ?

Para tanto, devemos procurar a taxa que resolve a equação:

$$(1 + 0{,}24)^1 = (1 + i)^{12}$$

ou seja, que torna ambos os fatores de capitalização idênticos.

No 1º membro da equação acima, a taxa e o período devem estar na mesma unidade de medida, ou seja, se a taxa é anual (24% a.a.), o período – seja qual for – deve estar em *ano* (no caso, 1 ano).

No 2º membro da equação, a taxa e o período devem estar na mesma unidade de medida, ou seja, se a taxa é mensal, o período – seja qual for – deve estar em *meses* (no caso, 12 meses).

Além disso, os períodos de ambos os membros devem ser equivalentes – 1 ano equivale a 12 meses.

Para resolver

$$(1 + 0{,}24)^1 = (1 + i)^{12}$$
$$1{,}24^1 = (1 + i)^{12}$$

vamos calcular a raiz de índice 12 de ambos os membros da equação:

$$\sqrt[12]{1{,}24} = \sqrt[12]{(1+i)^{12}}$$
$$\sqrt[12]{1{,}24} = 1 + i$$
$$\sqrt[12]{1{,}24} - 1 = i$$

E, então, $i = 0{,}018 = \dfrac{18}{1\,000} = \dfrac{1{,}8}{100} = 1{,}8\%$.

Era de esperar que o resultado desse cálculo fosse menor do que 2%, pois na capitalização composta precisamos de uma taxa menor para obter o mesmo resultado ao final do período do que na capitalização simples, porque, na capitalização composta, os juros incidem também sobre os juros. Esse raciocínio pode auxiliar a estimativa e a checagem de resultados.

2. Qual é a taxa de juros ao ano equivalente a uma taxa de 3% a.m. no regime de capitalização composta?

Basta resolver

$$(1 + 0{,}03)^{12} = (1 + i)^1$$
$$1{,}03^{12} = (1 + i)^1$$
$$1{,}03^{12} = 1 + i$$
$$1{,}03^{12} - 1 = i$$

E, então, $i = 0{,}426 = \dfrac{426}{1\,000} = \dfrac{42{,}6}{100} = 42{,}6\%$.

No regime de capitalização simples, teríamos uma taxa de $3\% \cdot 12 = 36\%$ ao ano. A taxa resultante no regime de capitalização composta, era de esperar, é maior.

3. Um empréstimo de R$ 1 000,00 foi pago após 2 anos por R$ 3 225,10. Considerando a capitalização composta, responda:
   a) Qual foi a taxa de juros mensal aplicada?
   b) Se a capitalização fosse anual, qual seria a taxa de juros equivalente?

Para responder ao item **a**), temos que considerar que os juros são incorporados ao capital mês a mês e resolver

$$M = C(1 + i)^n$$
$$3\,225{,}10 = 1\,000\,(1 + i)^{24}$$

considerando $n = 2$ *anos* $= 24$ *meses*.

$$3\,225{,}10 = 1\,000(1+i)^{24}$$
$$3{,}22510 = (1+i)^{24}$$
$$\sqrt[24]{3{,}22510} = \sqrt[24]{(1+i)^{24}}$$
$$1{,}05 = 1 + i$$
$$0{,}05 = i$$

Então $i = 0{,}05 = 5\%$ *ao mês*.

Para o item **b**), devemos considerar que os juros são incorporados ao capital ano a ano e calcular um fator de capitalização anual equivalente a

$$(1 + 0{,}05)^{24}$$

que é o fator de capitalização mensal, de modo que o empréstimo de R$ 1 000,00 resulte, da mesma forma, em R$ 3 225,10 ao final dos 2 anos. Assim,

$$(1 + 0{,}05)^{24} = (1 + i)^2 \text{ ou } (1 + 0{,}05)^{12} = 1 + i$$

Então $i = 0{,}796 = 79{,}6\%$ *ao ano*.

No regime de capitalização simples, teríamos a cada ano um acréscimo de $\frac{3\,225,10 - 1\,000}{2} =$ R\$ 1 112,55 no capital, ou seja, de $\frac{1\,112,55}{1\,000} = 1,11255$ vezes o capital inicial, o que resulta em uma taxa de 111,255% ao ano ou de $\frac{111,255}{12} = 9,27\%$ ao mês. As taxas anuais ou mensais resultantes no regime de capitalização composta são, como podíamos estimar, menores que essas.

FAQ — E se temos um fator de capitalização que se refere ao ano e queremos o fator equivalente para um trimestre, por exemplo?

É suficiente considerarmos as equivalências entre os fatores de capitalização:

$$(1 + i_{anual})^{1/4} = (1 + i_{trimestral})^1 \quad \text{(I)}$$

ou

$$(1 + i_{anual})^1 = (1 + i_{trimestral})^4 \quad \text{(II)}$$

porque 1 trimestre corresponde a ¼ de um ano (I) ou 1 ano corresponde a 4 trimestres (II).

E, analogamente, para meses, bimestres, semestres etc., respectivamente, como a seguir:

$$(1 + i_{anual})^{1/12} = (1 + i_{mensal})^1 \text{ ou } (1 + i_{anual})^1 = (1 + i_{mensal})^{12}$$

$$(1 + i_{anual})^{1/6} = (1 + i_{bimestral})^1 \text{ ou } (1 + i_{anual})^1 = (1 + i_{bimestral})^6$$

$$(1 + i_{anual})^{1/2} = (1 + i_{semestral})^1 \text{ ou } (1 + i_{anual})^1 = (1 + i_{semestral})^2$$

EXERCÍCIOS E PROBLEMAS PROPOSTOS

1. Observe as informações do quadro a seguir e calcule o que está faltando em cada item. Considere o regime de capitalização composta e utilize uma calculadora ou uma planilha eletrônica:

	i	n	$(1 + i)^n$
a)	1% a.m.	12 meses	
b)	10% a.a.	1 ano	
c)	1,5% a.m.	5 meses	
d)	2% a.m.	1 semestre	
e)	60% a.a.	42 meses	
f)	a.m.	8 meses	4,299817
g)	4% a.m.	mês(es)	1,4233118
h)	12% a.a.	trimestre(s)	1,0287373

Capítulo 3   Sistema de capitalização **143**

2. Compare as informações sobre os dois fundos de investimento a seguir e decida qual deles dá maior retorno sobre o mesmo capital em um período de 10 anos.

Fundo de Investimento	Taxa de remuneração
alfa	1% a.m.
beta	3% a.t.

3. Para efeito de comparação com o índice da caderneta de poupança de 0,7% a.m., determine qual é a taxa de juros mensal equivalente a uma aplicação que rendeu 36% ao ano.

4. Compare os planos de empréstimos (realizados sem amortização da dívida) a seguir:

Plano I	2,5% a.m. por 8 meses
Plano II	5% a.m. por 10 meses
Plano III	10% a.s. por 2 semestres

5. Um índice de inflação de 1,5% ao mês, se mantido nesses patamares, projeta que inflação para o ano?

6. Um produto custava p reais no começo do ano. Após 1 ano seu preço era $3,12p$. Faça uma estimativa da inflação mensal sobre esse produto no decorrer desse ano.

7. Sucessivas altas da bolsa de valores produziram um rendimento a um investidor de 526% em um ano. Estime de que porcentagem seria a alta a cada dia desse ano (considere 250 dias de atividade da bolsa nesse ano) para produzir o mesmo rendimento percentual?

Capitalização contínua e o número *e*

Aplicando C reais durante um ano, com juros compostos de 100% ao ano, ao final de um ano, teremos:

$$C(1+100\%)^1 = C + \frac{100}{100}C = C + 1C = 2C$$

Aplicando C reais durante 1 ano, a 50% ao semestre, ao final de 1 ano, teremos:

$$C(1+50\%)^2 = C(1+0,5)^2 = C(1,5)^2 = 2,25\, C$$

Aplicando C reais durante 1 ano, a 25% ao trimestre, ao final de 1 ano, teremos:

$$C(1+25\%)^4 = C(1+0,25)^4 = C(1,25)^4 = \approx 2,44\, C$$

E se aplicarmos C reais durante um ano com capitalização bimestral?
E se aplicarmos C reais durante um ano com capitalização mensal?
E se aplicarmos C reais durante um ano com capitalização semanal?
E diária? E instantânea?

TECNOLOGIA
Planilha eletrônica

Com o auxílio de uma planilha eletrônica continue os cálculos anteriores para períodos de capitalização cada vez menores: bimestres, meses, semanas, dias, horas etc.

Verifique se o montante acumulado após um ano apresenta uma tendência de crescimento, mas esse crescimento é cada vez mais lento e se aproxima de:

$$\approx 2{,}718\ C$$

O fator de capitalização, nesse caso, é o chamado *Número de Eüler* ou *Número de Neper*:

$$e \approx 2{,}7182818\ldots$$

O *Número de Eüler* é irracional e aparece em muitas relações na natureza, sendo usado como a base dos *logaritmos naturais* ou *neperianos*.

Em uma calculadora científica também encontramos as teclas:

$$\boxed{\ln x} \quad \text{e} \quad \boxed{e^x}$$

separadamente ou uma como "segunda função" da tecla da outra porque e^x e $\ln x$ são funções inversas.

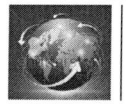

NO MUNDO REAL

O COPOM NO CAMINHO CERTO

A manutenção do juro acima de 10% não tem mais sentido econômico, e o corte de meio ponto é reconhecimento disso

Finalmente o Copom voltou a acelerar o corte da taxa Selic para 0,5 ponto percentual. O interessante é que os argumentos que certamente levaram a essa decisão são os mesmos que existiam há alguns meses. Talvez a informação nova disponível seja a clara consolidação da curva de juros a termo no mercado. Com uma inclinação negativa, isto é, com os juros mais longos na faixa dos 10,3% ao ano, não fazia mais sentido insistir em uma taxa Selic tão elevada.

Por trás dos preços dos principais ativos financeiros negociados no Brasil e no exterior está uma mensagem clara: o mercado tem hoje uma confiança muito grande na capacidade do Banco Central de manter a inflação ancorada abaixo do centro da meta de 4,5% ao ano. A prova disso é que os contratos futuros negociados na BM&F apontam para um número estável e ligeiramente abaixo dos 4% ao ano para o IGP-M nos próximos anos.

Uma leitura correta da mensagem embutida nesses preços precisa ser feita, pois o mercado não costuma ser irracional em questões de dinheiro. O que os preços futuros do IGP-M nos dizem é que, se houver alguma mudança na dinâmica de preços na economia brasileira, o Banco Central vai aumentar os juros com objetivo de trazer a inflação para o centro da meta. E vai conseguir. Havia muito não víamos esse tipo de confiança de longo prazo no controle dos preços no Brasil. E por isso a curva de juros está tão negativamente inclinada.

Em razão dessa leitura do mercado, os juros que influenciam as decisões de empresas e consumidores já estão muito abaixo da taxa Selic. Portanto a manutenção de juros acima de 10% ao ano – nível que me parece correto para a Selic – não tem mais sentido econômico, e a volta dos cortes de 0,5 ponto nas reuniões do Copom é apenas um reconhecimento disso, inclusive na questão da confiança na ação de nossa autoridade monetária.

Eu não tenho medo de dizer hoje que os juros não são mais um limitador importante de nosso crescimento. Se algo precisa ser feito pelo governo para consolidar esse bom momento que estamos vivendo, isso está no campo fiscal.

Observamos um aumento expressivo da arrecadação real de tributos em razão de um crescimento mais acelerado da atividade. Esse maior volume de recursos no caixa do governo, com a economia de juros em razão do novo equilíbrio do mercado, precisa agora ser usado com maior sabedoria e menos populismo. Uma parte dessa folga em nossas contas fiscais precisa ser canalizada para investimentos em infraestrutura, e a outra, para dar início a uma redução de nossa carga fiscal, principalmente nos impostos mais agressivos à racionalidade de uma economia de mercado.

Os dados mais recentes sobre o nível de investimentos no Brasil mostram uma situação interessante. Com base nos últimos dados do IBGE, Fábio Ramos, economista que trabalha também na Quest, calculou a relação formação bruta de capital sobre PIB para alguns Macrossetores. Se considerarmos só o setor privado, menos a indústria da construção civil, essa relação já é hoje compatível com a das economias europeias. Já é um passo de gigante em relação ao passado. É nos setores da construção civil residencial e na infraestrutura econômica que os investimentos são ainda baixos. Avanços nesses dois setores dependem de uma ação mais eficaz do governo. No caso da construção civil, volto a discutir neste espaço possíveis medidas para acelerar os investimentos.

Luiz Carlos Mendonça de Barros, 64, engenheiro e economista, é economista-chefe da Quest Investimentos. Foi presidente do BNDES e ministro das Comunicações (governo FHC).

Fonte: *Folha de S. Paulo*, caderno *Dinheiro*, São Paulo, 8 jun. 2007.

PARTE 2

DERIVADAS

Capítulo 4 ▶ Variações médias

- Taxa de variação média
- Função constante
- Função de 1º grau
- Função de 2º grau
- Outras funções

Capítulo 5 ▶ Variações marginais

- Conceito de derivada
- Limite da razão incremental

Capítulo 6 ▶ Derivadas de algumas funções

- Funções polinomiais
- Regras de derivação
- Funções exponencial e logarítmica
- Funções trigonométricas

capítulo 4

Variações médias

4.1. Taxa de variação média

Uma *taxa de variação média* de uma função é uma medida relativa de variação da função em um dado intervalo. Ela indica o quanto a variável dependente (y ou f(x)) se modifica, em média, conforme determinadas alterações ocorrem no valor da variável independente (x).

A taxa de variação média de uma função f em relação à variável x, em um determinado intervalo (Δx), é assim calculada:

$$\frac{\Delta f}{\Delta x} = \frac{f(x+\Delta x) - f(x)}{(\cancel{x}+\Delta x) - \cancel{x}} = \frac{f(x+\Delta x) - f(x)}{\Delta x}, \Delta x \neq 0$$

ou ainda $\quad \dfrac{\Delta f}{\Delta x} = \dfrac{f(x_1) - f(x_0)}{x_1 - x_0}, x_1 \neq x_0$

A taxa de variação média é uma medida de ritmo, de velocidade de uma função.

A *inclinação de uma reta secante* ao gráfico de uma função f nos pontos $(x, f(x))$ e $(x + \Delta x, f(x + \Delta x))$, pode ser assim calculada:

$$m^s = \frac{\Delta f}{\Delta x} = \frac{f(x+\Delta x) - f(x)}{(x+\Delta x) - x} = \frac{f(x+\Delta x) - f(x)}{\Delta x}$$

e coincide com a taxa de variação média da função nesse intervalo.

Observe o gráfico.

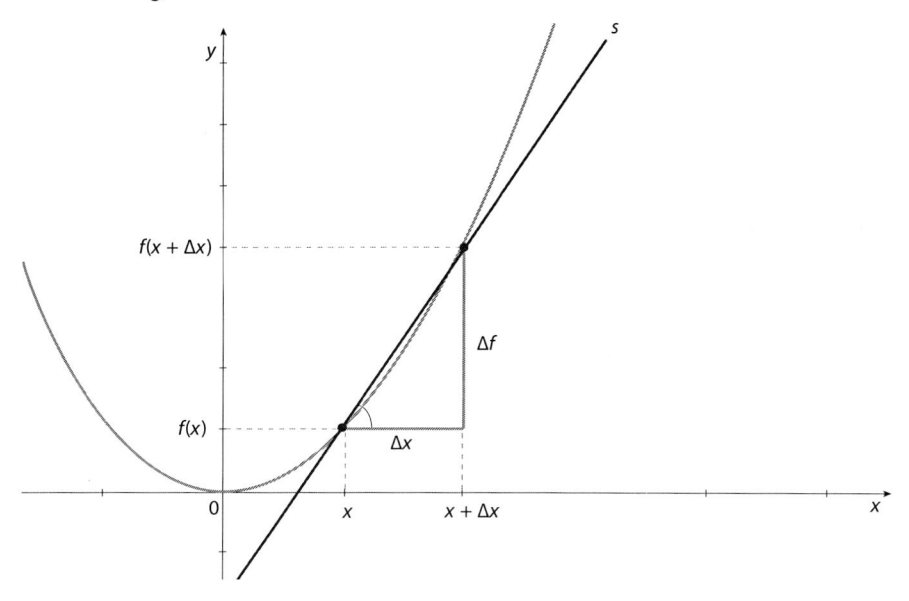

A *taxa de variação média* de uma função pode ser calculada considerando a variação de seus valores em determinado intervalo $[x, x + \Delta x]$:

$$\frac{\Delta f}{\Delta x} = \frac{f(x + \Delta x) - f(x)}{\Delta x}$$

A *inclinação de uma reta secante* ao gráfico de uma função f nos pontos $(x, f(x))$ e $(x + \Delta x, f(x + \Delta x))$ é calculada pela mesma expressão.

EXEMPLO

Sendo uma função $CT(x) = 29x + 1\,970$, determine a sua taxa de variação média no intervalo $[9, 10]$.

Queremos determinar uma medida do quanto, em média, variou o custo total dessa empresa ao passar da produção 9 para a produção 10.

Basta calcular a taxa de variação média dessa função nesse intervalo:

$$\frac{\Delta CT}{\Delta x} = \frac{CT(x + \Delta x) - CT(x)}{\Delta x} = \frac{CT(9 + 1) - CT(9)}{1}$$

ou ainda $\dfrac{\Delta CT}{\Delta x} = \dfrac{CT(10) - CT(9)}{10 - 9} = \dfrac{29 \cdot 10 + 1\,970 - 29 \cdot 9 - 1\,970}{1} = 29\dfrac{R\$}{\text{unidade}}$

Como $c = 29$, constante, e o intervalo é de tamanho 1, a variação média do custo total coincide com o custo variável unitário, pois, ao produzirmos mais uma unidade, gastaremos com ela matéria-prima, embalagem, impostos sobre a produção etc. sendo, consequentemente, esse o acréscimo no custo total.

4.2. Função constante

Para uma função $f(x) = k$, $k \in \Re$, a taxa de variação média, qualquer que seja o intervalo, é:

$$\frac{\Delta f}{\Delta x} = \frac{f(x + \Delta x) - f(x)}{\Delta x} = \frac{k - k}{\Delta x} = \frac{0}{\Delta x} = 0$$

Resultado esse esperado, pois uma função constante tem de ter variação nula. Observe o gráfico:

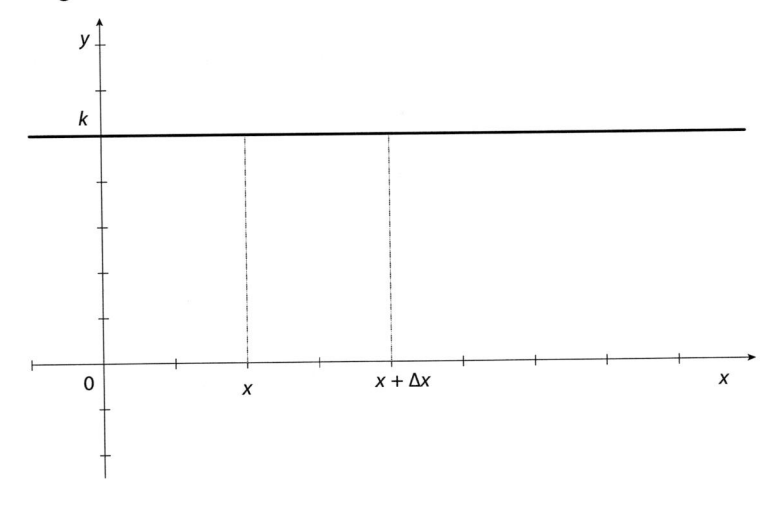

EXEMPLO

Dada a função de oferta $y = 77$, determine a variação unitária do preço relativa à variação da quantidade ofertada de 20 para 25 unidades.

$$\frac{\Delta y}{\Delta x} = \frac{77 - 77}{25 - 20} = \frac{0}{5} = 0 \frac{R\$}{\text{unidade}}$$

A oferta aumentou em 5 unidades, mas essa disponibilidade maior de produto não se deveu a uma variação de preços, pois $y = 77$. Pode se tratar de um preço "tabelado". Ou o fornecedor pode ter oferecido maior quantidade a mesmo preço unitário porque verificou redução de custos, ou aumento de demanda, ou saída de um concorrente etc.

4.3. Função de 1º grau

Para uma função $f(x) = ax + b$, $a \in \Re^*$, $b \in \Re$, a taxa de variação média, qualquer que seja o intervalo, é:

$$\frac{\Delta f}{\Delta x} = \frac{f(x+\Delta x) - f(x)}{\Delta x} = \frac{a(x+\Delta x) + b - (ax+b)}{\Delta x}$$
$$= \frac{\cancel{ax} + a\Delta x + \cancel{b} - \cancel{ax} - \cancel{b}}{\Delta x} = \frac{a\Delta x}{\Delta x} = a$$

O que significa que, em média, uma função de 1º grau varia de modo uniforme, monótono, sempre igual em qualquer intervalo. E a sua *taxa de variação média* coincide com o *coeficiente angular – a*.

Observe o gráfico:

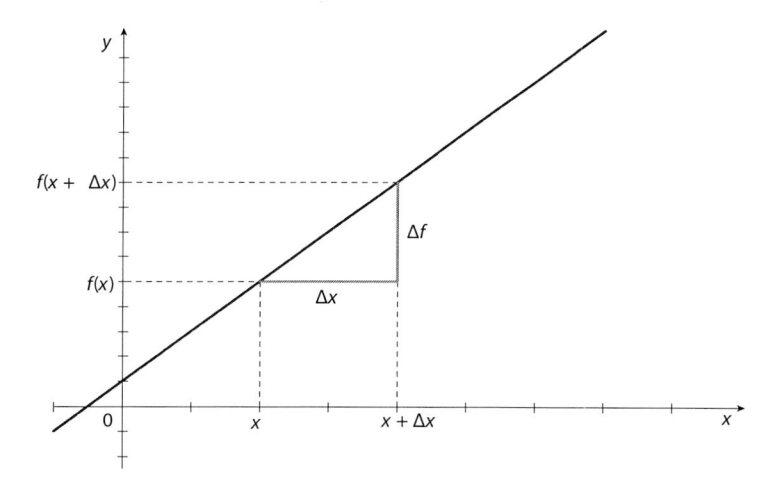

Mas esse resultado também não é óbvio, por que uma função de 1º grau tem por gráfico uma reta?

Uma função de 1º grau tem por gráfico uma reta e a toda reta não vertical corresponde uma função constante ou uma função de 1º grau.

Essa afirmação está correta, mas provar que ela é verdadeira exige que saibamos como é o comportamento de uma função de 1º grau, não apenas em média, mas de forma instantânea, ou seja, para qualquer intervalo, por menor que seja, ou ainda, em um ponto.

EXEMPLO

Para $LT(x) = 22{,}50x - 34\,560$ e considerando a variação de vendas de $x = 2\,000$ para $x = 2\,005$, vamos calcular a taxa de variação média dessa função lucro total nesse intervalo de vendas.

$$\frac{\Delta LT}{\Delta x} = \frac{LT(x + \Delta x) - LT(x)}{\Delta x} = \frac{LT(2\,000 + 5) - LT(2\,000)}{5}$$

ou

$$\frac{\Delta LT}{\Delta x} = \frac{LT(2\,005) - LT(2\,000)}{2\,005 - 2\,000}$$
$$= \frac{22{,}50 \cdot 2\,005 - 34\,560 - 22{,}50 \cdot 2\,000 + 34\,560}{5} =$$
$$= 22{,}50 \frac{R\$}{\text{unidade}}$$

Lembrando que R\$ 22,50 é a margem de contribuição unitária (Mg), temos que a taxa de variação média do lucro total coincide com Mg quando a função lucro é de 1º grau. A margem é uma medida de variação média do lucro total, ou seja, o lucro total cresce de margem em margem, de R\$ 22,50 em R\$ 22,50, a cada unidade a mais vendida.

4.4. Função de 2º grau

Para uma função $f(x) = ax^2 + bx + c$, $a \in \Re^*$, $b \in \Re$, $c \in \Re$, a taxa de variação média, qualquer que seja o intervalo, é:

$$\frac{\Delta f}{\Delta x} = \frac{f(x + \Delta x) - f(x)}{(x + \Delta x) - x} = \frac{a(x + \Delta x)^2 + b(x + \Delta x) + c - (ax^2 + bx + c)}{\Delta x} =$$
$$= \frac{\cancel{ax^2} + 2ax\Delta x + a(\Delta x)^2 + \cancel{bx} + b\Delta x + \cancel{c} - \cancel{ax^2} - \cancel{bx} - \cancel{c}}{\Delta x} =$$
$$= \frac{2ax\Delta x + a(\Delta x)^2 + b\Delta x}{\Delta x} = 2ax + a\Delta x + b$$

O que significa que, em média, uma função de 2º grau não varia de modo uniforme: sua taxa de variação média depende do intervalo (Δx) considerado. Esse resultado já indica que uma função de 2º grau tem por gráfico uma curva, ou, talvez, vários segmentos de reta consecutivos, mas não uma reta.

Observe o gráfico:

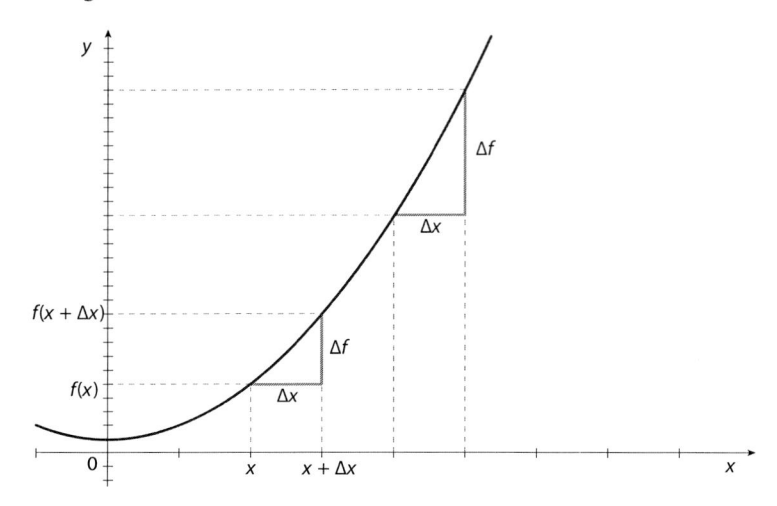

EXEMPLO

Vamos calcular a taxa de variação média para $f(x) = x^2$ nos intervalos [1, 2], [2, 3], [3, 4] e [4;4,5].

Em [1, 2]:

$$\frac{\Delta f}{\Delta x} = \frac{2^2 - 1^2}{2 - 1} = \frac{4 - 1}{1} = \frac{3}{1} = 3$$

ou utilizando a expressão $\dfrac{\Delta f}{\Delta x} = 2ax + a\Delta x + b$ e substituindo x por 1 e Δx por 1:

$$\frac{\Delta f}{\Delta x} = 2 \cdot 1 \cdot 1 + 1 \cdot 1 + 0 = 3$$

Capítulo 4 Variações médias 155

Observe a representação gráfica:

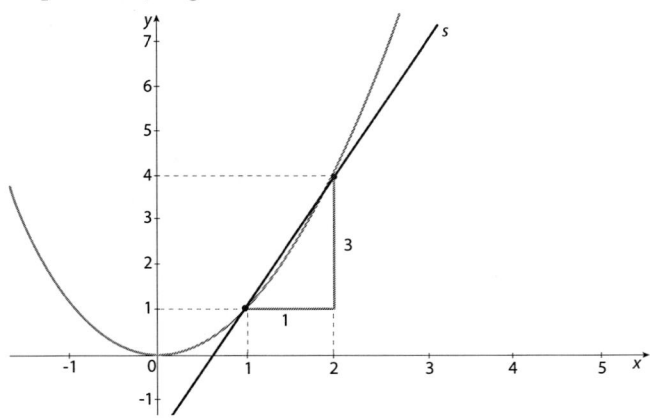

Esse resultado indica que a cada variação de uma unidade em x, $f(x)$ aumenta, em média, 3 unidades no intervalo considerado.

Em [2, 3]:

$$\frac{\Delta f}{\Delta x} = \frac{3^2 - 2^2}{3 - 2} = \frac{9 - 4}{1} = \frac{5}{1} = 5$$

e, utilizando a expressão $\frac{\Delta f}{\Delta x} = 2ax + a\Delta x + b$:

$$\frac{\Delta f}{\Delta x} = 2 \cdot 1 \cdot 2 + 1 \cdot 1 + 0 = 5$$

Observe a representação gráfica:

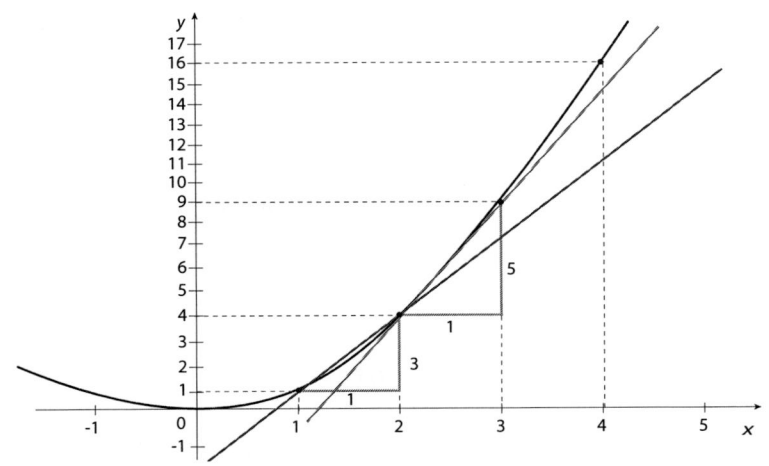

Nesse intervalo, a cada variação de uma unidade em x, $f(x)$ aumenta, em média, 5 unidades.

Em [3, 4]:
$$\frac{\Delta f}{\Delta x} = \frac{4^2 - 3^2}{4 - 3} = \frac{16 - 9}{1} = \frac{7}{1} = 7$$

ou, ainda, substituindo x por 3 e Δx por 1 em $\frac{\Delta f}{\Delta x} = 2ax + a\Delta x + b$:

$$\frac{\Delta f}{\Delta x} = 2 \cdot 1 \cdot 3 + 1 \cdot 1 + 0 = 7$$

Observe a representação gráfica para mais esse intervalo:

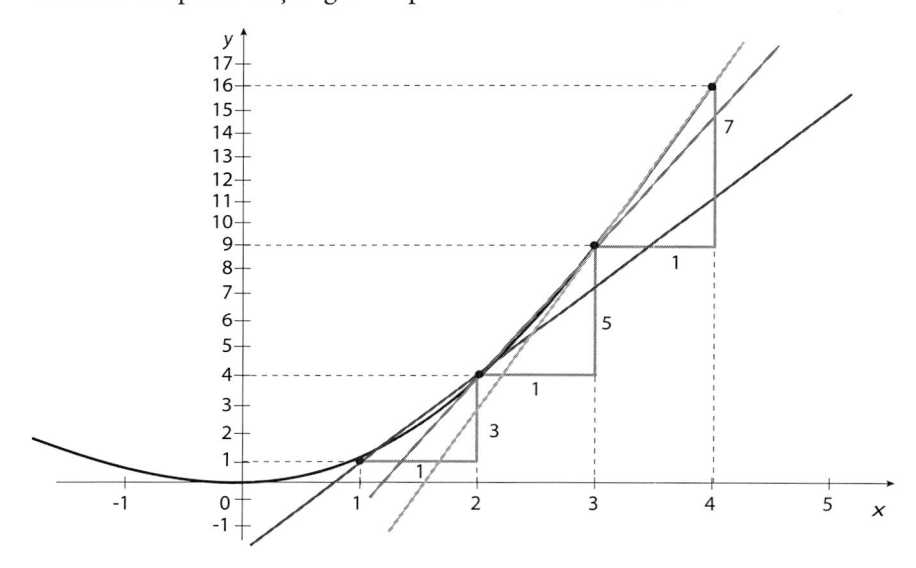

$f(x)$ parece crescer cada vez mais a cada intervalo de mesma amplitude ($\Delta x = 1$).

Em [4; 4,5]: $\frac{\Delta f}{\Delta x} = \frac{4,5^2 - 4^2}{4,5 - 4} = \frac{20,25 - 16}{0,5} = \frac{4,25}{0,5} = 8,5$ ou

$$\frac{\Delta f}{\Delta x} = 2 \cdot 1 \cdot 4 + 0,5 + 0 = 8,5$$

Nesse intervalo, a uma variação de meia unidade em x, $f(x)$ aumenta, em média, 8,5 unidades.

Capítulo 4   Variações médias

EXERCÍCIOS E PROBLEMAS PROPOSTOS

1. Calcule a taxa de variação média de cada função a seguir no intervalo indicado e represente-a no gráfico da função.
   a) $f(x) = 0$, [5; 5,5]
   b) $f(x) = 1\,300$, [30; 30,2]
   c) $g(x) = -8\,200$, [−3, −2]
   d) $g(x) = 30x + 1\,500$, [6,1; 7,2]
   e) $h(x) = -30x + 1\,500$, [4; 10]
   f) $v(x) = x^2 - 100$, [−10, 10]
   g) $f(x) = x^3$, [−1, 1]
   h) $u(x) = x^2 - 5x + 6$, [3, 9]
   i) $t(x) = 10x^2 + 25x + 20$, [0, 1]
   j) $f(x) = 2x^2 + 5x + 4$, [0, 1]
   k) $g(x) = -3x^2 + 6$, [0, $\sqrt{2}$]
   l) $h(x) = -x^2 + 20x - 100$, [−10, 10]

2. Calcule as taxas de variação média da função $f(x) = x^2$ em cada um dos intervalos a seguir e represente-as no gráfico de f:
   a) [0, 1]
   b) [1, 2]
   c) [2, 3]
   d) [−3, −2]
   e) [−2, −1]
   f) [−1, 0]

3. Calcule as taxas de variação média da função $f(x) = -x^2$ em cada um dos intervalos a seguir e represente-as no gráfico de f:
   a) [0, 1]
   b) [1, 2]
   c) [2, 3]
   d) [−3, −2]
   e) [−2, −1]
   f) [−1, 0]

4. Mostre que a taxa de variação média de $f(x) = -x^2$ é oposta à taxa de variação média de $f(x) = x^2$, em qualquer intervalo.

5. (ENEM) O saldo de contratações no mercado formal no setor varejista da região metropolitana de São Paulo registrou alta. Comparando com as contratações deste setor no mês de fevereiro com as de janeiro deste ano, houve incremento de 4 300 vagas no setor, totalizando 880 605 trabalhadores com carteira assinada.

   Disponível em: <http://www.folha.uol.com.br>. Acesso em: 26 abr. 2010 (adaptado).

   Suponha que o incremento de trabalhadores no setor varejista seja sempre o mesmo nos seis primeiros meses do ano.

   Considerando-se que y e x representam, respectivamente, as quantidades de trabalhadores no setor varejista e os meses, janeiro sendo o primeiro, fevereiro o segundo e assim por diante, a expressão algébrica que relaciona essas quantidades nesses meses é:
   a) $y = 4\,300x$
   b) $y = 884\,905x$
   c) $y = 872\,005 + 4\,300x$
   d) $y = 876\,305 + 4\,300x$
   e) $y = 880\,605 + 4\,300x$

Receita total de 2º grau

Observando a tabela a seguir, vamos analisar as variações de duas funções:

- da função preço unitário em relação à quantidade ($y = f(x)$) e
- da função receita total em relação à quantidade ($RT(x)$).

x (quantidade)	y (preço unitário)	$\dfrac{\Delta f}{\Delta x}$	RT (Receita Total)	ΔRT	$\dfrac{\Delta RT}{\Delta x}$	$\dfrac{\Delta^2 RT}{\Delta x^2} = \dfrac{\Delta\left(\dfrac{\Delta RT}{\Delta x}\right)}{\Delta x}$
0	100	–	0	–	–	–
5	90	–2	450	450	90	–
10	80	–2	800	350	70	–4
15	70	–2	1050	250	50	–4
20	60	–2	1200	150	30	–4
21	58	–2	1218	18	18	–12
25	50	–2	1250	32	8	–2,5
30	40	–2	1200	–50	–10	–3,6
35	30	–2	1050	–150	–30	–4
40	20	–2	800	–250	–50	–4
45	10	–2	450	–350	–70	–4
50	0	–2	0	–450	–90	–4

Note que, à medida que o preço unitário cai, a quantidade correspondente aumenta. Esse comportamento é típico da *quantidade demandada* em relação ao preço unitário.

As duas primeiras colunas da tabela podem, então, ter sido obtidas por uma pesquisa de mercado em que, a cada preço unitário inquirido, correspondeu uma determinada quantidade demandada.

Ao calcularmos a taxa de variação média – $\dfrac{\Delta y}{\Delta x}$ (a variação *primeira* do preço em relação a quantidade demandada) –, o fato de essa variação ser constante nos induz a procura de uma função de 1º grau que descreva esse padrão de regularidade.

A função preço, ou função demanda, para esse produto é $y = -2x + 100$, pois $m = \dfrac{\Delta y}{\Delta x} = -2$ e, para $x = 0$, $y = 100$.

Se $\dfrac{\Delta y}{\Delta x}$, a *taxa de variação média da função preço*, fosse calculada para intervalos (Δx) cada vez menores ($\Delta x \to 0$: lê-se "*delta x tendendo a zero*"), os resultados seriam iguais a –2, independentemente do intervalo considerado, porquê:

$$\dfrac{\Delta y}{\Delta x} = \dfrac{-2(x + \Delta x) + 100 - (-2x + 100)}{\Delta x} =$$

$$= \dfrac{\cancel{-2x} - 2\Delta x \cancel{+100} \cancel{+2x} \cancel{-100}}{\Delta x} = \dfrac{-2\cancel{\Delta x}}{\cancel{\Delta x}} = -2$$

Nesse caso, essa taxa poderia também ser denominada *taxa de variação instantânea – ou taxa de variação marginal – da função preço*.

Observemos agora as colunas da quantidade (x) e da receita total ($RT(x)$) correspondente.

A receita total relativa a esse produto foi nula em duas situações: quando nada foi vendido ($x = 0$) ou quando o produto foi oferecido gratuitamente ($y = 0$). São duas situações extremas, mas que nos dão os limites da atividade dessa empresa nesse mercado: a maior demanda possível (correspondente ao preço zero) e o maior preço a ser praticado (correspondente à demanda zero).

A receita total aumenta até certo ponto ($x = 25$) e depois sofre reduções.

Não temos, então, uma reta que represente a função receita. Poderíamos ter dois segmentos de reta como no gráfico a seguir: um ascendente (receita crescente) e outro descendente (receita decrescente), pois o sinal de ΔRT muda de *positivo* para *negativo*, indicando mudança de comportamento da receita de *crescente* para *decrescente*.

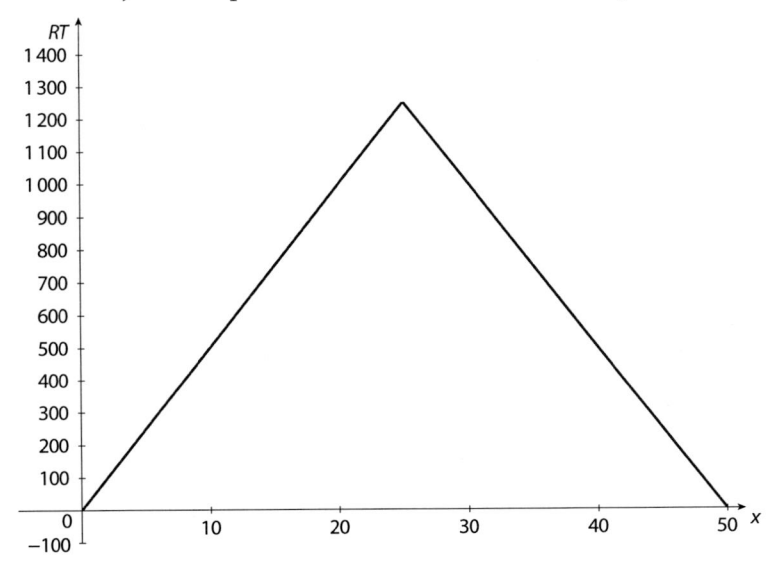

Mas, para tanto, deveríamos ter $\frac{\Delta RT}{\Delta x} > 0$ *e constante* para $0 < x < 25$ e $\frac{\Delta RT}{\Delta x} < 0$ *e constante* para $25 < x < 50$. Como $\frac{\Delta RT}{\Delta x}$ não é constante, ou seja, depende do intervalo considerado, isso nos leva a descartar o gráfico anterior.

Mas ainda poderíamos ter um gráfico formado por vários segmentos de reta consecutivos com inclinações diferentes a cada intervalo considerado na tabela.

Também podemos observar que a função receita apresenta uma simetria em relação à $x = 25$. Para $x = 25$, a receita total assume seu maior valor *da tabela*: R$ 1 250,00.

x (Quantidade)	RT (Receita total)
0	0
5	450
10	800
15	1 050
20	1 200
21	1 218
25	**1 250**
30	1 200
35	1 050
40	800
45	450
50	0

Como não calculamos a receita total para valores entre 21 e 25 ou entre 25 e 30, por exemplo, não há como saber se a venda 25 é, de fato, a venda ideal, ou seja, aquela que torna o faturamento o maior possível. Em $x = 24$ ou 24,99 ou em $x = 25,5$, ou 26 (ou em qualquer outro valor), por exemplo, a receita total pode ser maior do que 1 250.

Sabemos apenas como, em média, a função se comporta nos intervalos da tabela, mas em determinado intervalo pode haver crescimento e, depois, decrescimento, sem que a taxa de variação média explicite esse comportamento. Por exemplo, no intervalo [10, 35] a taxa de variação média é:

$$\frac{\Delta RT}{\Delta x} = \frac{1\,050 - 800}{35 - 10} = \frac{250}{25} = +10$$

e esse resultado significa que, em média, a função receita total cresce nesse intervalo de vendas. Mas sabemos que há crescimento no intervalo [10, 25] e decrescimento em [25, 35].

Capítulo 4 — Variações médias

FAQ
Mas se $RT(x) = -2x^2 + 100x$, então x_V não é 25?

Do estudo de Matemática no Ensino Médio sabemos que uma função de 2º grau tem por gráfico uma curva denominada *parábola* e que, quando o coeficiente de x^2 (a) é negativo, essa curva apresenta concavidade para baixo e, então, tem um ponto de máximo, determinado por:

$$x_V = -\frac{b}{2a} \text{ e } y_V = -\frac{\Delta}{4a}$$

Mas, quando fizemos a pesquisa de mercado cujos dados se encontram na tabela estudada, não sabíamos de antemão quais funções poderiam representar a relação entre preço unitário e quantidade demandada ou entre receita total e quantidade vendida.

Estamos analisando esses dados da tabela e procurando determinar uma função que melhor descreva-os.

De fato, o que se passa é que os números dessa tabela nos dão indícios do aspecto do gráfico que representará essa função. Esses números justificam o aspecto do gráfico.

Como já observamos um padrão de regularidade para a variação do preço unitário em relação à quantidade demandada e representamos esse padrão por uma *função de 1º grau*, $y = ax + b$, temos:

> A receita total ($RT(x)$) de uma empresa, devida a um de seus produtos, pode ser assim calculada:
>
> $$RT(x) = y \cdot x = (ax + b) \cdot x = ax^2 + bx$$
>
> sendo y o preço unitário de venda (variável com a quantidade demandada) e x, a quantidade vendida.

A função receita total para esse produto pode tanto ser obtida por:

$$RT(x) = xy,$$

do modo como fizemos na tabela, como também substituindo y por sua expressão em termos de x:

$$RT(x) = x(-2x + 100) = -2x^2 + 100x$$

Vamos continuar analisando as informações da tabela e verificando como esses dados numéricos revelam aspectos do gráfico da receita total que coincidem com características de uma parábola.

Antes dos *intervalos* [20, 21] e [21, 25], a variação absoluta da receita – ΔRT – é positiva e decrescente (450, 350, 250, 150); nesses intervalos há redução e depois aumento do valor de ΔRT (150, 18, 32); e, após os intervalos, ΔRT é negativo e decrescente (−50, −150, −250, −350, −450).

FAQ — Qual é a diferença entre ΔRT e $\dfrac{\Delta RT}{\Delta x}$?

A taxa de *variação relativa* – $\dfrac{\Delta RT}{\Delta x}$ – leva em conta a diferença de amplitude dos intervalos considerados (Δx); já ΔRT não. Os valores da *variação absoluta* – ΔRT – não podem ser comparados, pois não se referem a intervalos de mesma amplitude gerando a discrepância e a impressão de que as variações da receita (RT) decrescem, crescem e tornam a decrescer.

Comparar, por exemplo, os valores de $\Delta RT = 18$ e de $\Delta RT = 32$ geraria a impressão de que a variação de receita de 32 indicaria melhores condições que a variação de 18. Mas, note que a variação positiva – o aumento de receita – de 18 deu-se pela venda de mais uma unidade (intervalo 20 – 21); já a variação positiva – o aumento de receita – de 32 deu-se pela venda de mais 4 unidades (intervalo 21 – 25).

$\dfrac{\Delta RT}{\Delta x}$ – a taxa de variação média da receita – dá-nos informações relativas a uma unidade. Como dividimos ΔRT pelo tamanho do intervalo – Δx – essa taxa refere-se a uma unidade, sendo comparável com qualquer taxa de variação média em qualquer intervalo.

Próximo à venda ideal (x que maximiza RT), $\dfrac{\Delta RT}{\Delta x}$ deve ser próximo a zero, pois os valores de $\dfrac{\Delta RT}{\Delta x}$ são positivos em um primeiro momento, indicando o crescimento da função receita e negativos após o ponto onde a receita é máxima mostrando que, a partir daí, há perda de receita.

Como os valores variam de negativos a positivos podemos imaginar que, em algum valor de x, $\dfrac{\Delta RT}{\Delta x}$ deve ser zero. Esse valor deve corresponder ao ponto de máximo do gráfico da receita, pois ao atingir seu valor máximo a receita passa de crescente a decrescente. No ponto de máximo a receita não está nem crescendo nem decrescendo – não está variando – e, então, sua variação nesse ponto deve ser igual a zero.

Capítulo 4

Variações médias

FAQ — Mas $\dfrac{\Delta RT}{\Delta x}$ no intervalo 21 – 25 é igual a +8 e não igual a zero. Por quê?

De fato, a taxa de variação média nesse intervalo não é igual a zero. Ela indica um crescimento da receita que ocorre no intervalo de vendas 21 – 25. O que deve ser zero em $x = 25$ é a *taxa de variação instantânea* da função receita total.

Note que, se calculássemos a taxa de variação média no intervalo [10, 40], por exemplo, teríamos um resultado igual a zero:

$$\frac{\Delta RT}{\Delta x} = \frac{800-800}{40-10} = \frac{0}{30} = 0$$

Isso apenas nos diz que, em média, a função receita não variou entre esses dois valores de venda, embora esteja claro na tabela que houve variação da receita nesse intervalo.

A taxa de variação média é calculada considerando-se apenas os extremos do intervalo e, então, descreve um comportamento médio – uniforme – dessa função no intervalo considerado.

Para concluirmos que a função receita tem por gráfico uma curva, precisamos calcular a *taxa de variação instantânea* da função receita.

Como calcular a taxa de variação instantânea?

Para calcularmos essa taxa, utilizando a taxa de variação média, deveríamos fazer $\Delta x = 0$ em $\dfrac{\Delta RT}{\Delta x}$. Mas, então, não poderíamos calcular essa taxa, porque não é possível efetuar uma divisão por zero.

Estamos, assim, em um impasse: para que a taxa de variação seja instantânea ou marginal devemos ter $\Delta x = 0$, mas, ao mesmo tempo, não podemos fazer $\Delta x = 0$.

TECNOLOGIA
Planilha eletrônica

Utilize uma planilha eletrônica para reproduzir aquela tabela e acrescentar as taxas de variação média da receita para intervalos cada vez menores com um dos extremos igual a 20.

[20, 25] : $\quad \dfrac{\Delta RT}{\Delta x} = \dfrac{RT(25) - RT(20)}{25 - 20}$

[20, 24] : $\quad \dfrac{\Delta RT}{\Delta x} = \dfrac{RT(24) - RT(20)}{24 - 20}$

[20, 23] : $\quad \dfrac{\Delta RT}{\Delta x} = \dfrac{RT(23) - RT(20)}{23 - 20}$

E assim por diante, para os intervalos: [20, 22]; [20, 21]; [20; 20,5]; [20; 20,1] e [20; 20,0001], por exemplo.

Considerando a venda $x = 20$, e $RT(x) = -2x^2 + 100x$, por exemplo:

[20, 25]: $\quad \dfrac{\Delta RT}{\Delta x} = \dfrac{1\,250 - 1\,200}{25 - 20} = \dfrac{50}{5} = 10$

[20, 24]: $\quad \dfrac{\Delta RT}{\Delta x} = \dfrac{1\,248 - 1\,200}{24 - 20} = \dfrac{48}{4} = 12$

[20, 23]: $\quad \dfrac{\Delta RT}{\Delta x} = \dfrac{1\,242 - 1\,200}{23 - 20} = \dfrac{42}{3} = 14$

[20, 22]: $\quad \dfrac{\Delta RT}{\Delta x} = \dfrac{1\,232 - 1\,200}{22 - 20} = \dfrac{32}{2} = 16$

[20, 21]: $\quad \dfrac{\Delta RT}{\Delta x} = \dfrac{1\,218 - 1\,200}{21 - 20} = \dfrac{18}{1} = 18$

[20; 20,5]: $\quad \dfrac{\Delta RT}{\Delta x} = \dfrac{1\,209,50 - 1\,200}{20,5 - 20} = \dfrac{9,50}{0,5} = 19$

[20; 20,1]: $\quad \dfrac{\Delta RT}{\Delta x} = \dfrac{1\,201,98 - 1\,200}{20,1 - 20} = \dfrac{1,98}{0,1} = 19,8$

[20; 20,0001]: $\quad \dfrac{\Delta RT}{\Delta x} = \dfrac{1\,200,00199998 - 1\,200}{20,0001 - 20} = \dfrac{0,00199998}{0,0001} = 19,9998$

A sequência de valores das taxas de variação média para intervalos cada vez menores, com um extremo do intervalo mantido fixo ($x = 20$), parece apresentar uma tendência:

10; 12; 14; 16; 18; 19; 19,8; 19,9998...

Os valores se aproximam de 20 $\dfrac{R\$}{\text{unidade}}$.

No próximo capítulo vamos mostrar que é esse o valor limite dessa sequência ao qual denominaremos *taxa de variação instantânea ou taxa de variação marginal*, ou ainda, *derivada* em $x = 20$.

Capítulo 4 — Variações médias — 165

REVISÃO ORIENTADA
Velocidade média e velocidade instantânea

Ao estudarmos, na disciplina de Física no Ensino Médio, os conceitos de velocidade média e de velocidade instantânea, estávamos analisando a variação média e a variação instantânea do espaço (s) em relação ao tempo (t).

Agora, estamos estudando os conceitos de variação média e, posteriormente, de variação instantânea, para qualquer função.

O estudo aqui desenvolvido é, portanto, mais geral do que aquele feito na Física no Ensino Médio.

A variação do espaço medida em relação a uma variação de tempo era denominada velocidade média e assim calculada:

$$v_m = \frac{\Delta s}{\Delta t} = \frac{s_1 - s_0}{t_1 - t_0}$$

A velocidade média dá apenas uma informação "média" sobre o que se passou com o espaço ocupado por um móvel à medida que o tempo variou.

Por exemplo, dois automóveis podem ter velocidades médias iguais a 80 km/h em uma viagem de São Paulo ao Rio de Janeiro, mas terem parado em pontos diferentes das estradas que ligam as duas cidades ou viajado a diferentes velocidades em cada etapa do trajeto. As suas velocidades em cada ponto do trajeto (velocidades instantâneas) podem ser diferentes e, inclusive, diferentes de suas próprias velocidades médias em qualquer intervalo de tempo.

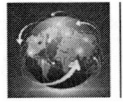

NO MUNDO REAL

PREÇO DE TV FINA CAI, E INDÚSTRIA TEME ABALO
APARELHOS MAIS BARATOS LEVARÃO A QUEBRADEIRA NO SETOR, DIZEM EXECUTIVOS; NO BRASIL, PRODUTO É VENDIDO NO VERMELHO
AUMENTO NO VOLUME VENDIDO NÃO COMPENSOU A QUEDA NOS VALORES DOS TELEVISORES; PREÇO NO PAÍS PODE DEIXAR DE CAIR

Adriana Mattos
da Reportagem Local

Técnico da Sony mostra protótipo de TV fina em Las Vegas.

Fabricantes de televisores de tela fina (plasma e LCD) vivem um raro momento de concordância: a queda de preço chegou para ficar, e um abalo na indústria mundial poderá ser inevitável. Essa redução também aconteceu no Brasil nos dois últimos anos e executivos no país afirmam até que vendem o aparelho com prejuízo.

"Há tantos fabricantes no mercado. Mas quantos sobreviverão?", pergunta Dong Jin Oh, presidente-executivo da unidade norte-americana da Samsung Electronics, durante a feira de tecnologia Consumer Electronics Show (CES), a maior feira do setor no mundo, que terminou ontem, em Las Vegas (EUA).

"A demanda está crescendo muito rápido nos EUA, mas a queda de preços é tão gritante, tão grande que [um abalo na indústria] é inevitável", disse ele.

Na avaliação de Michael Ahn, diretor de operações da LG Electronics nos Estados Unidos, "somente algumas empresas poderão sobreviver e se tornarem fabricantes importantes" no mundo. No Brasil, empresas como Panasonic, Philips e Gradiente já afirmaram que o televisor de plasma de 42 polegadas, vendido a R$ 4 999 – preço médio das lojas –, é comercializado no vermelho pelas empresas que aceitam praticar esse preço. Ou seja, vende-se, mas sem margem de lucro. "Por menos de R$ 5 999, o mercado está vendendo no prejuízo. Não tem como operar com preços tão baixos", afirmou à *Folha* Rui Pena, diretor da Panasonic no Brasil.

Pode não fazer sentido uma indústria produzir uma mercadoria sem retorno garantido. Mas isso pode ocorrer como reflexo de uma guerra de preços agressiva, em que uma oferta atropela a seguinte numa velocidade difícil de controlar.

Quando os preços começaram a cair de forma mais acelerada no Brasil, em 2005 – em novembro daquele ano, a TV começou a ser vendida por R$ 9 999 –, esperava-se que o volume pudesse compensar a queda nos valores. A quantidade vendida cresceu, mas, como a guerra de preços entre marcas e entre redes varejistas continuou, não houve equilíbrio entre preço e volume.

Quedas descartadas

José Fuentes, vice-presidente da divisão de eletroeletrônicos da Philips para o Brasil, acredita que, daqui para a frente, quedas consideráveis nos preços estão descartadas.

De acordo com a Eletros, a associação de fabricantes de eletroeletrônicos, o segmento de LCD e plasma cresceu 400% em 2005, com 58 mil unidades vendidas (0,6% do total) no ano passado. O setor deve representar 3% das vendas até 2008, prevê a entidade. A estimativa de fabricantes no país é que TVs de plasma e LCDs representem 2% das vendas de televisores – cerca de 200 mil unidades – no ano.

Como forma de estancar perdas, novas tecnologias (como o sistema de alta definição de imagens) encareceram ligeiramente o aparelho – ou evitaram uma queda ainda maior no preço do produto no ano passado. Mas isso não elevou a margem das fabricantes no país.

Fornecedores de eletrônicos ao redor do mundo tinham grandes expectativas de que a nova onda de televisores fixados em paredes seriam um novo motivador de lucros. Mas o mercado de US$ 84 bilhões tem sido afetado por incessante queda de preços – tornando os lucros cada vez menores para muitas empresas.

Isso poderia mudar se algumas companhias abandonassem o segmento – o que é péssimo para o consumidor. Ele pode acabar pagando mais pelo produto com a menor concorrência. No entanto, é bom para as contas das empresas.

Demanda global

A demanda global por TVs de tela de cristal líquido (LCD) e de plasma deve subir 52% neste ano no mundo, afirma a empresa de pesquisa DisplaySearch.

Entretanto, por conta da deflação nos preços, em termos de receitas, o crescimento mundial no setor deverá ser de somente 22%. No Japão, o faturamento do mercado de TV fina também deve encolher. Joint venture entre a sul-coreana Samsung e a japonesa Sony deve abrir nova fábrica de LCD este ano. A Matsushita (Panasonic) espera iniciar a operação de sua mais recente unidade de produção de telas de plasma até meados do ano.

Fonte: <http://www1.folha.uol.com.br/fsp/dinheiro/fi1201200713.htm>.

Variação da variação (ou Variação segunda)

Observe novamente a tabela de valores de quantidades, preços e receitas e note que a taxa de variação média, $\dfrac{\Delta RT}{\Delta x}$, é sempre decrescente:

$$90, 70, 50, 30, 18, 8, -10, -30, -50, -70, -90.$$

A função receita, então, quando cresce, o faz de modo cada vez mais lento; e ocorre o mesmo quando decresce.

Há algum padrão de regularidade na sequência dos valores de $\dfrac{\Delta RT}{\Delta x}$: o cálculo de $\dfrac{\Delta^2 RT}{\Delta x^2} = \dfrac{\Delta\left(\dfrac{\Delta RT}{\Delta x}\right)}{\Delta x} = -4$ revela esse padrão.

$\dfrac{\Delta^2 RT}{\Delta x^2}$ é uma variação média *segunda*, ou seja, a variação da variação média da receita total; os valores de $\dfrac{\Delta^2 RT}{\Delta x^2}$ são, quase sempre, iguais, ou seja $\dfrac{\Delta^2 RT}{\Delta x^2}$ é constante. Isso já nos levava a crer que a função receita total seria de 2º grau.

Calculamos $\dfrac{\Delta RT}{\Delta x}$ fazendo $\dfrac{\Delta RT}{\Delta x} = \dfrac{RT_1 - RT_0}{x_1 - x_0}$. Se $\dfrac{\Delta RT}{\Delta x}$ for associada a uma velocidade média da receita total, podemos associar $\dfrac{\Delta^2 RT}{\Delta x^2}$ à aceleração média (medida de variação da velocidade média que, por sua vez, já é uma medida de variação do espaço em relação ao tempo). Desse modo, a função receita total tem "aceleração" negativa. Essa característica é representada graficamente pela *concavidade para baixo* da parábola.

TECNOLOGIA
Planilha eletrônica

Com o auxílio de uma planilha eletrônica, complete as tabelas a seguir e verifique que uma função de *1º grau* tem taxa de variação *primeira* constante; uma função de *2º grau* tem taxa de variação *segunda* (variação da variação) constante; uma função de *3º grau* tem taxa de variação *terceira* (variação da variação da variação) constante e assim por diante.

x	f(x) = x	$\frac{\Delta f}{\Delta x}$
0	0	
1	1	
2	2	
3	3	
4	4	
5	5	
6	6	

x	f(x) = x²	$\frac{\Delta f}{\Delta x}$	$\frac{\Delta^2 f}{\Delta x^2}$
0	0		
1	1		
2	4		
3	9		
4	16		
5	25		
6	36		

x	f(x) = x³	$\frac{\Delta f}{\Delta x}$	$\frac{\Delta^2 f}{\Delta x^2}$	$\frac{\Delta^3 f}{\Delta x^3}$
0	0			
1	1			
2	8			
3	27			
4	64			
5	125			
6	216			

x	f(x) = x⁴	$\frac{\Delta f}{\Delta x}$	$\frac{\Delta^2 f}{\Delta x^2}$	$\frac{\Delta^3 f}{\Delta x^3}$	$\frac{\Delta^4 f}{\Delta x^4}$
0	0				
1	1				
2	16				
3	81				
4	256				
5	625				
6	1296				

Reduza o tamanho dos intervalos considerados e verifique se essa propriedade mantém-se para pequenos intervalos.

Exercícios e problemas propostos

1. Considere as sequências e responda:

$$(1, 2, 4, 8, 16, 32, 64 ...)$$
$$(1, \sqrt{2}, \sqrt{3}, 2, \sqrt{5} ...)$$

a) Essas sequências são crescentes?
b) Calcule a variação de um termo para o seguinte em cada uma das sequências, indicando com o sinal de +, variações positivas, e com o sinal de −, variações negativas.
c) O que você pode concluir sobre o comportamento das sequências observando os cálculos do item anterior?
d) Determine a variação segunda, ou seja, a variação da variação de um termo para o seguinte.
e) O que você pode concluir sobre o crescimento das sequências observando os cálculos do item anterior?

2. Para a função receita total

$$RT(x) = -25x^2 + 1\,375x$$

determine:
a) a equação de demanda;
b) o ponto de máximo dessa função;
c) o preço para o qual a receita total será máxima;
d) e construa seu gráfico.

3. A partir das informações do quadro a seguir, determine:

x	y
9	73,92
11	62,72
13,2	50,40

a) as funções preço (de 1º grau) e receita total;
b) o ponto de máximo da receita total.

4. (ESPM) Um posto de combustíveis vende diariamente uma média de 20 000 litros de gasolina ao preço de R$ 2,60 por litro. Um estudo demonstrou que, para uma variação de 1 centavo no preço do litro, corresponde uma variação de 100 litros nas vendas diárias. Com base nesse estudo, o preço por litro que garante a maior receita é:
a) R$ 2,75
b) R$ 2,65
c) R$ 2,40
d) R$ 2,30
e) R$ 2,10

TECNOLOGIA
Software Gráfico

No *Winplot*, construa o gráfico da função receita do exercício anterior e, a partir das opções:

Equação – Inventário – Tabela

e, em seguida,

Parâmetros

confira o valor da receita máxima.

Escolha *máx* e *mín* conforme os valores com sentido neste contexto e *núm de passos* igual a 50.

---

5. (IBMEC) Um proprietário de um estacionamento notou que quando o preço do estacionamento era R$ 9,00, em média 30 carros estacionavam e que, para cada redução de R$ 1,00 no preço, o número de carros que estacionava aumentava em 10. Qual deve ser o preço cobrado para que a receita seja máxima? Justifique.

4.5. Outras funções

Função raiz quadrada

Vamos observar o gráfico da função raiz quadrada, $f(x) = \sqrt{x}$ (lembrando que o seu domínio é $\Re_+$) e calcular a taxa de variação média dessa função para alguns intervalos.

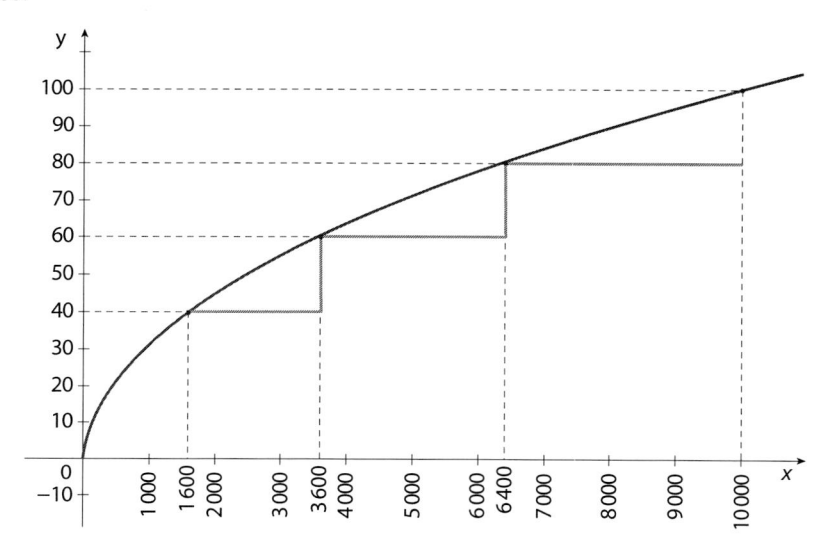

No intervalo [1 600, 3 600], a taxa de variação média da função é:

$$\frac{\Delta y}{\Delta x} = \frac{60-40}{3\,600-1\,600} = \frac{20}{2\,000} = \frac{1}{100}$$

Isso significa que, a cada 100 unidades que nos deslocamos em x, a função desloca-se, em média, uma (1) unidade em y.

No intervalo [3 600, 6 400], temos:

$$\frac{\Delta y}{\Delta x} = \frac{80-60}{6\,400-3\,600} = \frac{20}{2\,800} = \frac{1}{140}$$

Isso significa que, a cada 140 unidades que nos deslocamos em x, a função desloca-se, em média, uma (1) unidade em y. Ou seja, a função está se tornando mais "lenta"; continua a crescer, mas mais lentamente. É preciso que x varie 140 unidades para provocar em y (na função) o mesmo "efeito" provocado com uma variação de apenas 100 unidades em x no intervalo anteriormente considerado.

No intervalo [6 400, 10 000], temos:

$$\frac{\Delta y}{\Delta x} = \frac{100-80}{10\,000-6\,400} = \frac{20}{3\,600} = \frac{1}{180}$$

A cada 180 unidades que nos deslocamos em x, a função desloca-se, em média, uma (1) unidade em y.

Para o intervalo [3, 4], temos:

$$\frac{\Delta y}{\Delta x} = \frac{\sqrt{4}-\sqrt{3}}{4-3} = \frac{2-\sqrt{3}}{1} = 2-\sqrt{3} \cong 0{,}27$$

A cada uma unidade de deslocamento em x, a função sofre um acréscimo de, em média, aproximadamente 0,27 unidade.

Por serem variações médias, e por não haver, até o momento, uma justificativa do porquê o gráfico dessa função ter esse aspecto, esse comportamento da função pode não condizer com a realidade; se reduzirmos os intervalos e calcularmos novas taxas de variação média, não há por que não encontrar um comportamento muito diferente desse que se desenha nos cálculos já feitos.

Desse modo, a taxa de variação média apresenta apenas "indícios" de como pode ser o aspecto do gráfico de uma função (ou o comportamento da função) entre dois pontos quaisquer, extremos de um intervalo.

REVISÃO ORIENTADA
Geometria analítica: parábolas

Podemos escrever a função $f(x) = \sqrt{x}$ como $y = \sqrt{x}$ e, então, elevar ambos os membros dessa igualdade ao quadrado, obtendo:

$$y^2 = x \text{ ou } x = y^2$$

Observe que x como função de y é uma função de 2º grau e seu gráfico seria uma parábola.

Mas estamos interessados no gráfico de y como função de x. Basta trocar os eixos e notar que a cada x só pode corresponder um y, que teremos como gráfico da função $f(x) = \sqrt{x}$ um segmento de parábola com foco no eixo x:

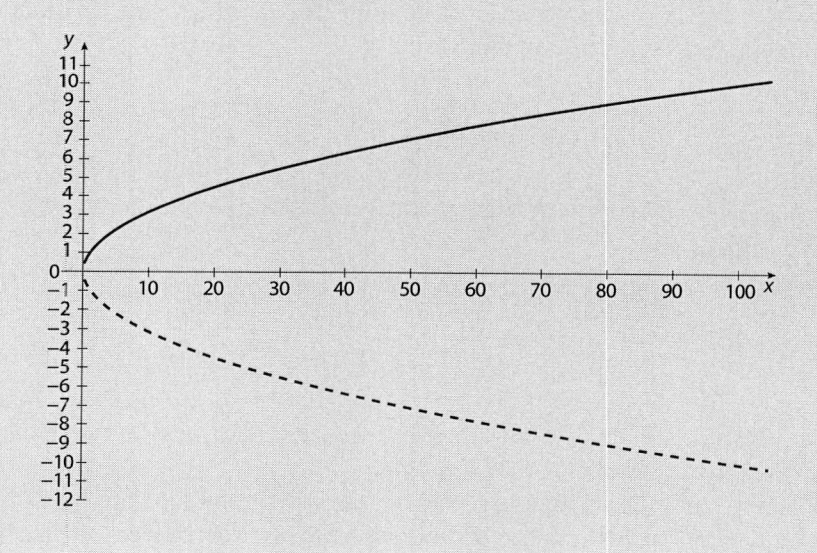

Capítulo 4 — Variações médias

De modo geral, ou seja, para qualquer intervalo, a taxa de variação média da função $f(x) = \sqrt{x}$ pode ser assim calculada:

$$\frac{\Delta f}{\Delta x} = \frac{f(x+\Delta x) - f(x)}{\Delta x} =$$

$$= \frac{\sqrt{x+\Delta x} - \sqrt{x}}{\Delta x} =$$

$$= \frac{\left(\sqrt{x+\Delta x} - \sqrt{x}\right)}{\Delta x} \cdot \frac{\left(\sqrt{x+\Delta x} + \sqrt{x}\right)}{\left(\sqrt{x+\Delta x} + \sqrt{x}\right)} = \frac{\cancel{x} + \Delta x - \cancel{x}}{\Delta x\left(\sqrt{x+\Delta x} + \sqrt{x}\right)} =$$

$$= \frac{\cancel{\Delta x}^{1}}{{}_{1}\cancel{\Delta x}\left(\sqrt{x+\Delta x} + \sqrt{x}\right)} = \frac{1}{\left(\sqrt{x+\Delta x} + \sqrt{x}\right)}$$

FAQ — Em $\dfrac{\sqrt{x+\Delta x} - \sqrt{x}}{\Delta x}$, não podemos escrever $\dfrac{\sqrt{x} + \sqrt{\Delta x} - \sqrt{x}}{\Delta x}$?

Considerando os números reais $a > 0$, $b > 0$ e o natural $n > 1$, *não vale*:

$$\sqrt[n]{a+b} = \sqrt[n]{a} + \sqrt[n]{b}$$

ou seja, a raiz de uma soma *não é* a soma das raízes.

REVISÃO ORIENTADA
Produtos notáveis

Produto da soma pela diferença:

$$(a+b)(a-b) = a^2 - b^2$$

Esse foi o produto notável utilizado, no numerador, em:

$$\ldots = \frac{\left(\sqrt{x+\Delta x} - \sqrt{x}\right)}{\Delta x} \cdot \frac{\left(\sqrt{x+\Delta x} + \sqrt{x}\right)}{\left(\sqrt{x+\Delta x} + \sqrt{x}\right)} = \frac{x + \Delta x - x}{\Delta x\left(\sqrt{x+\Delta x} + \sqrt{x}\right)} = \ldots$$

EXEMPLO

Sendo a função $RT(x) = 25\sqrt{x}$, calcule a taxa de variação média da receita total quando as vendas variam:

a) de 25 a 36 unidades;
b) de 36 a 49 unidades.

Para a variação de vendas do item a), temos:

$$\frac{\Delta RT}{\Delta x} = \frac{RT(36) - RT(25)}{36 - 25} = \frac{25\sqrt{36} - 25\sqrt{25}}{11} = \frac{150 - 125}{11} = \frac{25}{11} \approx 2{,}27 \frac{R\$}{\text{unidade}}$$

Para o item b), temos:

$$\frac{\Delta RT}{\Delta x} = \frac{RT(49) - RT(36)}{49 - 36} = \frac{25\sqrt{49} - 25\sqrt{36}}{13} = \frac{175 - 150}{13} = \frac{25}{13} \approx 1{,}92 \frac{R\$}{\text{unidade}}$$

Assim, parece que o faturamento dessa empresa cresce em ambas as faixas de venda, pois sofre variações positivas; mas, no segundo intervalo, o faturamento cresceu em um ritmo menor ($1{,}92 < 2{,}27$).

Função exponencial

De modo geral, ou seja, para qualquer intervalo, a taxa de variação média da função $f(x) = a^x$, $a > 0$ e $a \neq 1$ pode ser assim calculada:

$$\frac{\Delta f}{\Delta x} = \frac{f(x + \Delta x) - f(x)}{\Delta x} = \frac{a^{(x + \Delta x)} - a^x}{\Delta x} = \frac{a^x \cdot a^{\Delta x} - a^x}{\Delta x} = \frac{a^x(a^{\Delta x} - 1)}{\Delta x}$$

EXEMPLO

Sendo a função $CT(x) = 10^x + 4\,999$, e x a produção em unidades de milhar.

a) Calcule a taxa de variação média do custo quando a produção varia:
   ▸ de 1 a 2 unidades de milhar;
   ▸ de 3 a 4 unidades de milhar.
b) Determine o custo fixo dessa empresa.

No 1º intervalo considerado no item a), temos:

$$\frac{\Delta CT}{\Delta x} = \frac{CT(2) - CT(1)}{2 - 1} = \frac{10^2 + 4\,999 - 10 - 4\,999}{1} = \frac{90}{1} = 90 \frac{R\$}{\text{milhar}}$$

Para o 2º intervalo temos:

$$\frac{\Delta CT}{\Delta x} = \frac{CT(4)-CT(3)}{4-3} = \frac{10^4 + 4\,999 - 10^3 - 4\,999}{1} = \frac{10\,000 - 1\,000}{1} =$$
$$= \frac{9\,000}{1} = 9\,000\frac{R\$}{\text{milhar}}$$

Quando a produção passa de 1 a 2 unidades de milhar, o custo total sofre um acréscimo médio de R$ 90,00 por milhar.

Mas, na faixa de produção de 3 a 4 unidades de milhar, o custo total sofre um acréscimo médio de R$ 9 000,00 por milhar.

Esse comportamento, embora médio, reflete o que sabemos sobre o crescimento acentuado de funções exponenciais como essa.

Para determinar o custo fixo solicitado no item b), basta substituir x por 0 na função custo total:

$$CF = CT(0) = 10^0 + 4\,999 = 1 + 4\,999 = 5\,000$$

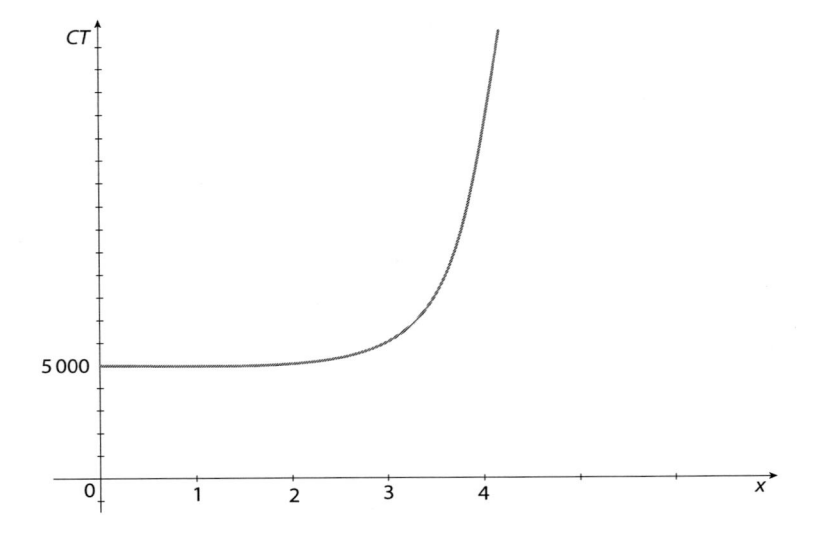

Função logarítmica

De modo geral, ou seja, para qualquer intervalo, a taxa de variação média da função $f(x) = \log x$, $x > 0$ pode ser assim calculada:

$$\frac{\Delta f}{\Delta x} = \frac{f(x+\Delta x) - f(x)}{\Delta x} = \frac{\log(x+\Delta x) - \log x}{\Delta x} = \frac{\log\frac{x+\Delta x}{x}}{\Delta x} =$$

$$= \frac{1}{\Delta x} \cdot \log\frac{x+\Delta x}{x} = \log\left(\frac{x+\Delta x}{x}\right)^{\frac{1}{\Delta x}} = \log\left(1 + \frac{\Delta x}{x}\right)^{\frac{1}{\Delta x}}$$

EXEMPLO

Observe o gráfico da função $f(t) = \log(t+1) + 2$, $t \geq 0$. Suponha que $f(t)$ seja I – o investimento em propaganda, em milhões de reais – variando ao longo do tempo t, em anos, de vida de um produto.

À medida que t cresce, o investimento também cresce, mas cada vez mais devagar. O produto vem se tornando conhecido e já fidelizou seus consumidores, não exigindo mais um investimento tão vultoso como de início.

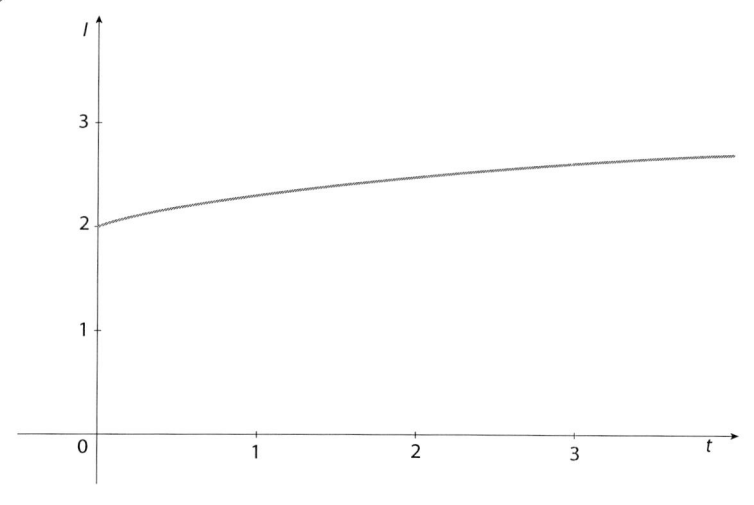

Para $t = 0$, ou seja, no lançamento do produto, a verba destinada à propaganda é igual a R$ 2 milhões.

No 1º ano de vida do produto, a verba aumentou em média:

$$\frac{\Delta f}{\Delta t} = \frac{f(1) - f(0)}{1 - 0} = \frac{\log(1+1) + 2 - \log(0+1) - 2}{1} = \frac{\log 2 - \log 1}{1} \approx$$
$$\approx \text{R\$ } 0{,}30 \text{ milhão por ano}$$

No 2º ano de vida do produto, ou seja, de $t = 1$ a $t = 2$, a verba destinada à propaganda variou:

$$\frac{\Delta f}{\Delta t} = \frac{f(2) - f(1)}{2 - 1} = \frac{\log(2+1) + 2 - \log(1+1) - 2}{1} = \frac{\log 3 - \log 2}{1} \approx$$
$$\approx \text{R\$ } 0{,}18 \text{ milhão por ano}$$

Se considerarmos os dois primeiros anos, temos a variação média:

$$\frac{\Delta f}{\Delta t} = \frac{f(2) - f(0)}{2 - 0} = \frac{\log(2+1) + 2 - \log(0+1) - 2}{2} = \frac{\log 3 - \log 1}{2} \approx$$
$$\approx \text{R\$ } 0{,}24 \text{ milhão por ano}$$

Funções trigonométricas

Para qualquer intervalo, a taxa de variação média da função $f(x) = \text{sen } x$ pode ser assim calculada:

$$\frac{\Delta f}{\Delta x} = \frac{f(x + \Delta x) - f(x)}{\Delta x} = \frac{\text{sen}(x + \Delta x) - \text{sen} x}{\Delta x} = \frac{2 \text{sen} \frac{\Delta x}{2} \cos \frac{2x + \Delta x}{2}}{\Delta x}$$

Para $g(x) = \cos x$, a taxa de variação média é:

$$\frac{\Delta g}{\Delta x} = \frac{g(x + \Delta x) - g(x)}{\Delta x} = \frac{\cos(x + \Delta x) - \cos x}{\Delta x} = \frac{-2 \text{sen} \frac{2x + \Delta x}{2} \text{sen} \frac{\Delta x}{2}}{\Delta x}$$

Para $h(x) = \text{tg } x$, a taxa de variação média é:

$$\frac{\Delta h}{\Delta x} = \frac{h(x + \Delta x) - h(x)}{\Delta x} = \frac{\text{tg}(x + \Delta x) - \text{tg} x}{\Delta x} = \frac{\text{sen} \Delta x}{\Delta x \cdot \cos(x + \Delta x) \cos \Delta x}$$

REVISÃO ORIENTADA
Funções trigonométricas: transformação em produto

Nas igualdades

$$\frac{\operatorname{sen}(x+\Delta x)-\operatorname{sen} x}{\Delta x}=\frac{2\operatorname{sen}\dfrac{\Delta x}{2}\cos\dfrac{2x+\Delta x}{2}}{\Delta x}$$

$$\frac{\cos(x+\Delta x)-\cos x}{\Delta x}=\frac{-2\operatorname{sen}\dfrac{2x+\Delta x}{2}\operatorname{sen}\dfrac{\Delta x}{2}}{\Delta x}$$

$$\frac{\operatorname{tg}(x+\Delta x)-\operatorname{tg} x}{\Delta x}=\frac{\operatorname{sen}(\Delta x)}{\Delta x\cdot\cos(x+\Delta x)\cos\Delta x}$$

utilizamos as fórmulas de transformação em produto:

$$\operatorname{sen} p-\operatorname{sen} q=2\operatorname{sen}\left(\frac{p-q}{2}\right)\cos\left(\frac{p+q}{2}\right)$$

$$\cos p-\cos q=-2\operatorname{sen}\left(\frac{p+q}{2}\right)\operatorname{sen}\left(\frac{p-q}{2}\right)$$

$$\operatorname{tg} p-\operatorname{tg} q=\frac{\operatorname{sen}(p-q)}{\cos p\cdot\cos q}$$

Compare-as!

EXEMPLO

Considere a função demanda de um produto com características sazonais $f(t) = 5 + 4\,sen\,t$, $0 \leq t \leq 24$; o gráfico da função a seguir relaciona a demanda ao longo de dois anos, mês a mês:

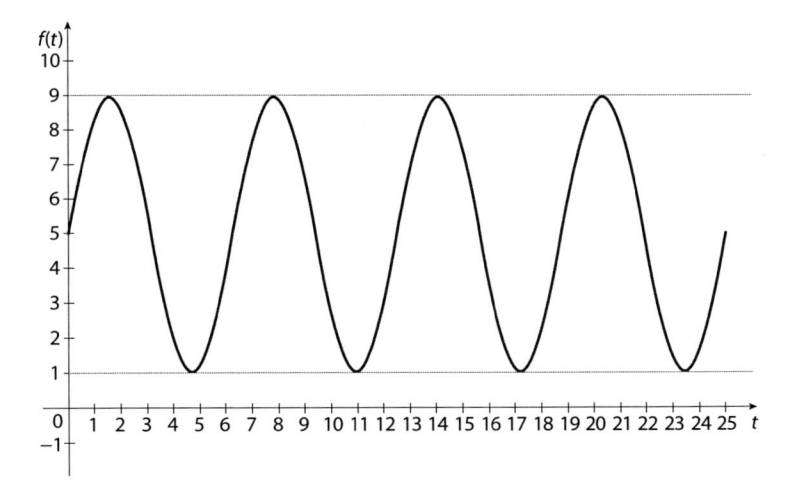

Calcule a taxa de variação média da demanda nos períodos:

▸ [1, 3];
▸ [6, 7];
▸ [16,56; 18].

No período [1, 3], a taxa de variação média da demanda é:

$$\frac{\Delta f}{\Delta t} = \frac{5 + 4\operatorname{sen}3 - 5 - 4\operatorname{sen}1}{3-1} \approx -\frac{2,8}{2} = -1,40 \frac{\text{unidade}}{\text{mês}}$$

Observe que, embora haja um período de crescimento da demanda e depois um período de queda nesse intervalo, a taxa de variação média mostra, por ser negativa, apenas um decréscimo.

No período [6, 7], a taxa de variação média da demanda é:

$$\frac{\Delta f}{\Delta t} = \frac{5 + 4\operatorname{sen}7 - 5 - 4\operatorname{sen}6}{7-6} \approx \frac{3,75}{1} = 3,75 \frac{\text{unidades}}{\text{mês}}$$

No período [16,56; 18], a taxa de variação média da demanda é:

$$\frac{\Delta f}{\Delta t} = \frac{5 + 4\operatorname{sen}18 - 5 - 4\operatorname{sen}16,56}{18 - 16,56} \approx \frac{0}{1,44} = 0 \frac{\text{unidade}}{\text{mês}}$$

Embora a demanda tenha variado nesse período, como podemos observar no gráfico, a taxa de variação média não mostra essa variação, pois, em 16,56 e 18, as demandas eram iguais. Em média, a função não variou.

Aplicações da matemática

> **FAQ** — Então é como na Física: se saio do repouso no quilômetro 4 de uma rodovia, vou até o quilômetro 10 e retorno ao quilômetro 4, minha velocidade média será 0, dando a impressão de que não saí do lugar?

Saindo do repouso no quilômetro 4 e retornando a ele, a impressão de um observador que só considere a situação inicial e a final (as posições nos extremos do intervalo de tempo considerado) é que o móvel não saiu do lugar, ou seja, não houve deslocamento e o móvel tem velocidade média igual a zero nesse intervalo de tempo, embora tenha havido movimento.

EXERCÍCIOS E PROBLEMAS COMPLEMENTARES

1. Calcule as taxas de variação média das funções a seguir no intervalo [0, 4], compare os resultados e represente-as no gráfico de f:
   a) $f(x) = x$
   b) $f(x) = x^2$
   c) $f(x) = x^3$
   d) $f(x) = \sqrt{x}$
   e) $f(x) = 2^x$
   f) $f(x) = \text{sen } x$

2. Calcule a taxa de variação média da função $f(x) = x^3$ em cada intervalo e represente-as no gráfico de f:
   a) [−2, −1]
   b) [−1, 0]
   c) [0, 1]
   d) [1, 2]
   e) [2, 3]
   f) [3, 4]

TECNOLOGIA
Planilha eletrônica

Confira os cálculos dos exercícios anteriores em uma planilha eletrônica.

3. Calcule as taxas de variação média de cada função a seguir no intervalo [0, 1] e construa o gráfico dessas funções em um mesmo plano cartesiano:
   a) $f(x) = x$
   b) $f(x) = x^2$
   c) $f(x) = x^3$
   d) $f(x) = \sqrt{x}$
   e) $f(x) = 2^x$

Capítulo 4   Variações médias   **181**

4. Para construir um gráfico, lhe foi fornecida a tabela:

x	y
0	0
1	1

   a) Qual dos gráficos das funções do exercício anterior você construiria? Por quê?
   b) Qual dos gráficos das funções do exercício anterior você certamente não construiria? Por quê?
   c) Determine a taxa de variação média de cada função do item a) no intervalo [0, 1].
   d) Sem nenhuma informação adicional além dos valores da tabela dada, você conseguiria desenhar os gráficos das funções do item a)? Por quê?

5. Calcule a taxa de variação média da função $f(x) = x^4$ em cada intervalo e compare os resultados obtidos nos intervalos em que $x < 0$ com os intervalos em que $x > 0$:
   a) [−3, −2]   c) [−1, 0]   e) [1, 2]
   b) [−2, −1]   d) [0, 1]   f) [2, 3]

6. Faça o gráfico da função $f(x) = x^4$ lembrando que ela é uma função biquadrada, ou seja, $f(x) = (x^2)^2$, e represente as retas secantes cujas inclinações foram calculadas no exercício anterior.

7. Calcule as taxas de variação média das funções $f(x) = 3^x$ e $g(x) = \log_3 x$ em cada intervalo:
   a) [1, 3]   b) [9, 27]

TECNOLOGIA
Software Gráfico

No *Winplot*, construa os gráficos das funções $f(x) = 3^x$ e $g(x) = \log_3 x$ do exercício anterior e observe a simetria em relação à reta de equação $y = x$.

---

8. Calcule as taxas de variação média das funções $f(x) = \log_3 x$ e $g(x) = \log_{\frac{1}{3}} x$ em cada intervalo:
   a) [1, 3]
   b) [9, 27]
   c) [27, 81]

TECNOLOGIA
Software Gráfico

No *Winplot*, construa os gráficos das funções $f(x) = \log_3 x$ e $g(x) = \log_{\frac{1}{3}} x$ do exercício anterior e compare-os quanto a crescimento e decrescimento.

---

9. Calcule a taxa de variação média da função $f(x) = \cos x$ em cada intervalo:
   a) $[-2\pi, -\pi]$
   b) $[-\pi, 0]$
   c) $[0, \pi]$
   d) $[\pi, 2\pi]$

capítulo 5

Variações marginais

5.1. Conceito de derivada

Para que um empresário decida se vale ou não a pena produzir mais uma unidade do produto, ele precisa investigar quanto será o custo de mais essa unidade sendo que ele já dispõe de uma estrutura montada para a produção (instalações físicas, maquinário, recursos humanos, matéria-prima etc.). Também pode avaliar se a próxima peça lhe trará um lucro satisfatório. Ou ainda, se, mesmo tendo que arcar com custos altos para a produção de mais uma peça (compra de um novo lote de embalagens ou de matéria-prima, por exemplo), vale a pena atender um pedido de um cliente antigo que comprou recentemente 19 toneladas desse produto, por exemplo, e solicitou uma complementação do pedido de 1 tonelada.

É certo que alterações — ainda que pequenas — na quantidade produzida ou vendida afetarão os resultados dessa empresa (custos, receita, lucro).

Ou, de outro modo: alterações, por menores que sejam, nos valores de uma variável (x), afetam os valores de outras variáveis dependentes dessa – funções $f(x)$.

Se o objetivo do empresário for, por exemplo, neste mês, obter o maior faturamento possível, ou seja, receita total máxima, e o seu nível de produção estiver em 20 unidades, o que o aconselharíamos a fazer: aumentar, ou reduzir o preço e vender mais uma unidade do produto?

Vamos considerar a função receita total $RT(x) = -2x^2 + 100x$. Dispomos dessa função e sabemos que a abscissa do vértice é $x = 25$. Diríamos então, ao empresário, que reduza seu preço unitário a fim de aumentar sua produção e venda, pois a empresa ainda não atingiu o ponto de máximo e a receita está com tendência de crescimento.

184 Aplicações da matemática

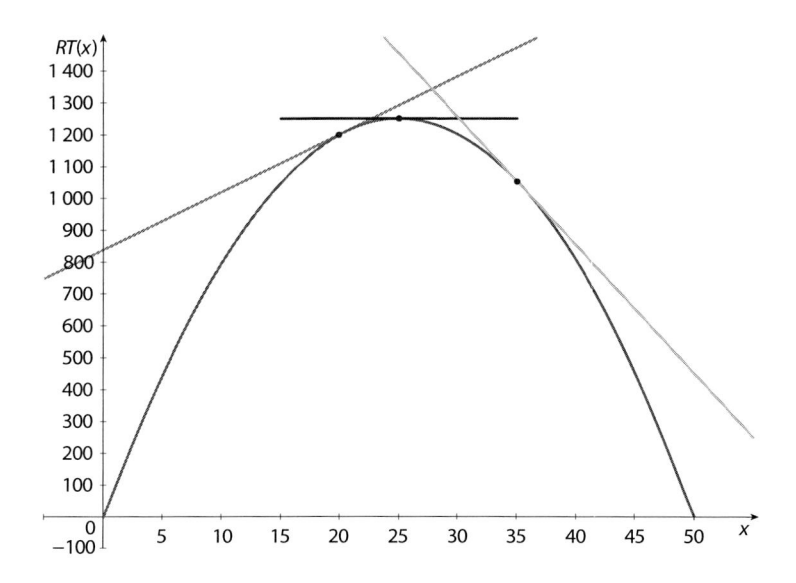

Mas, se, por exemplo, a produção atual for de 35 unidades, nosso conselho seria diferente: a receita apresenta tendência de queda e seu maior valor ocorre para $x = 25$. Devemos dizer ao empresário que aumente o preço unitário a fim de que a demanda se retraia (ele venderá menos a preços maiores) e a receita aumente.

Se o empresário estiver com produção e venda $x = 25$, nossa consultoria lhe diria que não alterasse as condições de venda desse produto (quantidade e preço), pois, no mercado em que ele opera (com sensibilidade do consumidor a variações de preço de $-2\dfrac{\text{R\$}}{\text{unidade}}$ e preço máximo R\$ 100,00) essa é a venda ideal que lhe dá o maior faturamento possível.

> **FAQ** Mas se o empresário sabe que, em $x = 25$, a receita total é máxima, ele já dispõe da informação. Por que é necessária essa análise?

O empresário produziu 20 unidades. Ele nunca produziu 21, ou 25, ou... Qualquer produção além de 20 unidades é "futuro" para esse empresário. Ele conhece o comportamento dos seus resultados localmente e precisa fazer uma previsão, antes de, por exemplo, estando em $x = 35$, reduzir o preço e vender a 36ª unidade para, só então, concluir que o faturamento caiu em decorrência da venda de mais essa unidade.

É como se ele conhecesse apenas um segmento daquela parábola do nosso exemplo.

Capítulo 5   Variações marginais

Podemos decidir sobre a produção e venda de mais uma unidade se soubermos como é o comportamento, a tendência da função analisada – custo, receita, lucro – para pequenas alterações na produção ou venda.

Vamos responder à questão:

Como está variando a função receita para uma pequena variação na quantidade vendida?

ou ainda:

Como calcular a taxa de variação instantânea (ou marginal) da função receita?

Considerando, por exemplo, a venda $x = 20$ e $RT(x) = -2x^2 + 100x$:

[20, 25]: $\quad \dfrac{\Delta RT}{\Delta x} = \dfrac{1\,250 - 1\,200}{25 - 20} = \dfrac{50}{5} = 10$

[20, 24]: $\quad \dfrac{\Delta RT}{\Delta x} = \dfrac{1\,248 - 1\,200}{24 - 20} = \dfrac{48}{4} = 12$

[20, 23]: $\quad \dfrac{\Delta RT}{\Delta x} = \dfrac{1\,242 - 1\,200}{23 - 20} = \dfrac{42}{3} = 14$

[20, 22]: $\quad \dfrac{\Delta RT}{\Delta x} = \dfrac{1\,232 - 1\,200}{22 - 20} = \dfrac{32}{2} = 16$

[20, 21]: $\quad \dfrac{\Delta RT}{\Delta x} = \dfrac{1\,218 - 1\,200}{21 - 20} = \dfrac{18}{1} = 18$

[20; 20,5]: $\quad \dfrac{\Delta RT}{\Delta x} = \dfrac{1\,209{,}50 - 1\,200}{20{,}50 - 20} = \dfrac{9{,}50}{0{,}5} = 19$

[20; 20,1]: $\quad \dfrac{\Delta RT}{\Delta x} = \dfrac{1\,201{,}98 - 1\,200}{20{,}1 - 20} = \dfrac{1{,}98}{0{,}1} = 19{,}8$

[20; 20,0001]: $\quad \dfrac{\Delta RT}{\Delta x} = \dfrac{1\,200{,}00199998 - 1\,200}{20{,}0001 - 20} = \dfrac{0{,}00199998}{0{,}0001} = 19{,}9998$

A sequência de valores das taxas de variação média para intervalos cada vez menores – observamos no capítulo anterior – parece apresentar uma tendência:

$$10;\ 12;\ 14;\ 16;\ 18;\ 19;\ 19{,}8;\ 19{,}9998\ \ldots$$

Os valores se aproximam de $20 \dfrac{R\$}{\text{unidade}}$.

A fim de provarmos que esse valor é, de fato, a taxa de variação instantânea da função receita total em $x = 20$, vamos reduzir o intervalo de tal modo que seus extremos coincidam. Mas se os extremos coincidirem $\Delta x = 0$ e não será possível calcular $\dfrac{\Delta RT}{\Delta x}$, pois teremos uma divisão por zero.

Aqui reside uma das maiores dificuldades com o conceito de derivada: precisamos que Δx seja igual a zero, porque só nesse caso estaremos falando da taxa de variação instantânea, mas não podemos ter esse valor igual a zero, porque isso nos impossibilita de calcular $\dfrac{\Delta RT}{\Delta x}$.

Como contornar esse problema?

Se não é possível calcularmos de modo direto (a partir de $\dfrac{\Delta RT}{\Delta x}$) a taxa de variação instantânea da função receita para $x = 20$, podemos continuar calculando as taxas de variação média para intervalos cada vez menores em que o extremo superior do intervalo se aproxime cada vez mais de 20.

Mas esse processo é infinito e o resultado valerá apenas para $x = 20$. Embora o processo seja infinito, um comportamento tendencioso dos resultados das taxas de variação média delineia um resultado-limite que consideraremos como a taxa de variação instantânea ou marginal.

Se a intenção é reduzir Δx a valores muito próximos de zero, consideremos Δx uma variável para que possamos modificar seus valores.

Então, a taxa de variação média no intervalo $[20, 20 + \Delta x]$ é

$[20, 20 + \Delta x]$: $\quad \dfrac{\Delta RT}{\Delta x} = \dfrac{RT(20 + \Delta x) - RT(20)}{(20 + \Delta x) - 20} = \dfrac{RT(20 + \Delta x) - RT(20)}{\Delta x}$

Agora podemos fazer Δx tender a *zero* e observar o resultado dessa divisão.

O que queremos determinar é a tendência daquela sequência, ou seja, se ela apresenta um limite.

REVISÃO ORIENTADA
Velocidade média e velocidade instantânea

A variação do espaço medida em relação a uma variação de tempo é denominada velocidade média e assim calculada:

$$v_m = \dfrac{\Delta s}{\Delta t} = \dfrac{s_1 - s_0}{t_1 - t_0}, \; t_0 \neq t_1$$

A velocidade instantânea (v) é a velocidade em um intervalo de tempo tão pequeno quanto seja possível imaginar.

$$v = \lim_{\Delta t \to 0} v_m = \lim_{\Delta t \to 0} \dfrac{\Delta s}{\Delta t} = \lim_{t_1 \to t_0} \dfrac{s_1 - s_0}{t_1 - t_0}$$

Capítulo 5   Variações marginais **187**

> O resultado desse cálculo é denominado *velocidade instantânea*.
> Calcular a velocidade instantânea consiste em determinar infinitas velocidades médias, reduzindo o intervalo de tempo mais e mais, e procurar uma tendência para a sequência de valores das velocidades médias encontradas.

5.2. Limite da razão incremental

O que faremos a seguir é determinar a taxa de variação instantânea da função receita total em $x = 20$, como uma tendência apresentada pela sequência de valores de taxas de variação média da função receita em intervalos cada vez menores; 20 é um dos extremos desses intervalos, ou seja, os intervalos são da forma $[20, 20 + \Delta x]$.

Vamos calcular o comportamento daquela sequência, ou sua tendência, ou ainda, um *limite* para onde possam tender seus valores.

Observe o cálculo:

$$\lim_{\Delta x \to 0} \frac{\Delta RT}{\Delta x} = \lim_{\Delta x \to 0} \frac{RT(20+\Delta x) - RT(20)}{(20+\Delta x) - 20} = \lim_{\Delta x \to 0} \frac{RT(20+\Delta x) - RT(20)}{\Delta x} =$$

$$= \lim_{\Delta x \to 0} \frac{-2(20+\Delta x)^2 + 100(20+\Delta x) - (-2 \cdot 20^2 + 100 \cdot 20)}{\Delta x} = \quad \text{(I)}$$

$$= \lim_{\Delta x \to 0} \frac{-2[400 + 40\Delta x + (\Delta x)^2] + 2\,000 + 100\Delta x - 1\,200}{\Delta x} =$$

$$= \lim_{\Delta x \to 0} \frac{-800 - 80\Delta x - 2(\Delta x)^2 + 2\,000 + 100\Delta x - 1\,200}{\Delta x} =$$

$$= \lim_{\Delta x \to 0} \frac{-80\Delta x - 2(\Delta x)^2 + 100\Delta x}{\Delta x} = \quad \text{(II)}$$

$$= \lim_{\Delta x \to 0} \frac{-80 - 2\overset{0}{\Delta x} + 100}{1} = 20 \quad \text{(III)}$$

Em (I), apenas substituímos x por $20 + \Delta x$ na expressão da função receita total $RT(x) = -2x^2 + 100x$.

Em (II), Δx é um fator comum aos termos do numerador e, então, ele pode ser colocado em evidência e cancelado com o Δx do denominador. Ou, de outro modo, todas as parcelas do numerador podem ser divididas pelo Δx do denominador.

Em (III), a expressão $-80 - 2\Delta x + 100$ é uma fórmula para o cálculo de taxas de variação média em intervalos com $x = 20$ como extremo. Observe um exemplo e compare o resultado com o valor de $\dfrac{\Delta RT}{\Delta x}$ da tabela do capítulo anterior:

No intervalo $[20, 21]$, $\Delta x = 1$, então $-80 - 2 \cdot 1 + 100 = 18$.

Ainda em (III), podemos observar que fizemos Δx tender a zero, ou seja, desconsideramos seu valor. Multiplicá-lo por –2 e adicioná-lo às demais parcelas não alteraria significativamente o valor de $-80 - 2\Delta x + 100$, porque Δx é um número extremamente próximo de zero.

> **FAQ**
>
> **Se Δx é igual a zero, por que a divisão da etapa II para a III pôde ser feita?**
>
> Nessa etapa ainda não estávamos considerando Δx igual a zero, ou seja, ainda não estávamos reduzindo o intervalo. Apenas simplificávamos a expressão da taxa de variação média da função. O limite ainda não tinha sido calculado.
>
> Pensemos, por exemplo, em cada etapa do seguinte cálculo:
>
> $$\sqrt{360 - 15 \cdot 9} = \sqrt{360 - 135} = \sqrt{225} = 15$$
>
> Enquanto não sabemos de qual valor extrair a raiz quadrada, continuamos escrevendo o símbolo da raiz quadrada. Quando determinamos esse valor e, efetivamente calculamos a raiz quadrada de 225, não escrevemos mais o símbolo da raiz porque ela já foi calculada.
>
> O mesmo se passa com o cálculo do limite. Até determinarmos uma expressão simplificada – e entenda-se aqui o "simplificada" como uma expressão sem Δx no denominador, zerando-o –, escrevemos o símbolo *lim*. Quando finalmente podemos calcular a tendência, o limite da taxa de variação média quando Δx tende a zero, não escrevemos mais o símbolo *lim* porque o limite foi calculado e a tendência determinada.

REVISÃO ORIENTADA
Soma dos termos da P.G. infinita

O conceito de limite estava presente no Ensino Médio não apenas na disciplina de Física, mas também em Matemática, quando se calculava, por exemplo, a soma dos termos de uma progressão geométrica (PG) infinita.

O próprio nome desse conteúdo parecia um tanto estranho porque se a PG é infinita, isso significa que sempre teremos mais um termo a adicionar e essa soma parece não ter nenhum valor possível de ser determinado.

Mas a soma dos termos da PG infinita é possível para sequências geométricas ditas convergentes, ou seja, cujos termos são de tal modo que adicionar mais um ter-

Capítulo 5 — Variações marginais

mo não afeta consideravelmente a soma. Ela aumenta, mas seu valor não ultrapassa um valor limite e, então, esse valor limite é considerado como o valor da soma de infinitos termos.

A fórmula da soma dos termos da PG infinita convergente era:

$$S = \frac{a_1}{1-q}, \text{ para } -1 < q < 1$$

Essa expressão é obtida por meio do cálculo de um limite, considerando a soma dos termos de uma PG finita com n termos, para n cada vez maior:

$$S = \lim_{n \to +\infty} \frac{a_1(q^n - 1)}{q - 1}, \text{ para } -1 < q < 1$$

Determinamos então o comportamento, a tendência ou a taxa de variação instantânea da função receita para $x = 20$ (unidades). Coincidentemente esse valor também é igual a $20\left(\dfrac{R\$}{\text{unidade}}\right)$. Ao aumentar a venda do seu produto em uma unidade, nesse caso, o empresário pode estimar um aumento de receita de R$ 20,00.

Todos os cálculos que fizemos valem para o intervalo que tem 20 como um dos extremos.

Mas e se o *intervalo* for qualquer?

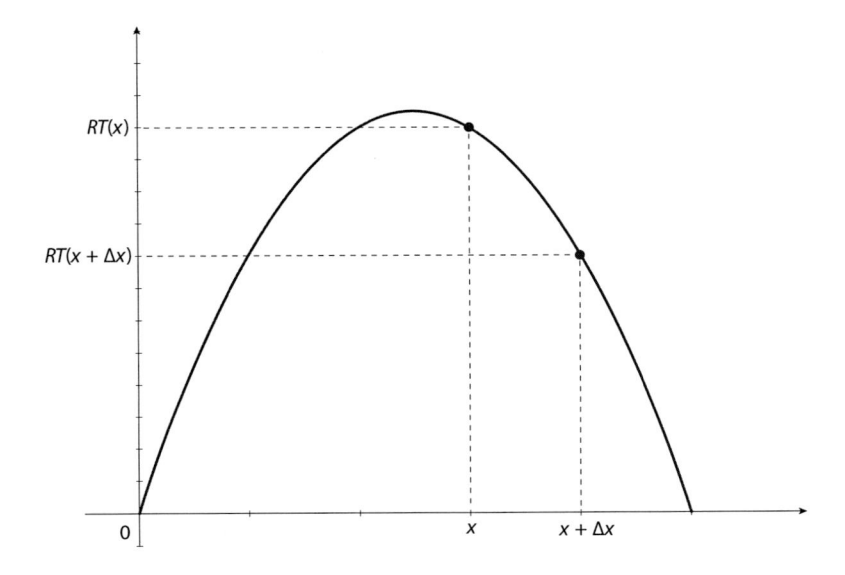

Vamos refazer o cálculo do limite considerando um intervalo qualquer $[x, x + \Delta x]$.

A taxa de variação média é:

$$\frac{\Delta RT}{\Delta x} = \frac{RT(x + \Delta x) - RT(x)}{(x + \Delta x) - x} = \frac{RT(x + \Delta x) - RT(x)}{\Delta x}$$

A taxa de variação instantânea nesse intervalo será:

$$\lim_{\Delta x \to 0} \frac{\Delta RT}{\Delta x} = \lim_{\Delta x \to 0} \frac{RT(x + \Delta x) - RT(x)}{(x + \Delta x) - x} = \lim_{\Delta x \to 0} \frac{RT(x + \Delta x) - RT(x)}{\Delta x} =$$

$$= \lim_{\Delta x \to 0} \frac{-2(x + \Delta x)^2 + 100(x + \Delta x) - (-2x^2 + 100x)}{\Delta x} = \quad \text{(I)}$$

$$= \lim_{\Delta x \to 0} \frac{-2[x^2 + 2x\Delta x + (\Delta x)^2] + 100x + 100\Delta x - (-2x^2 + 100x)}{\Delta x} =$$

$$= \lim_{\Delta x \to 0} \frac{\cancel{-2x^2} - 4x\Delta x - 2(\Delta x)^2 \cancel{+ 100x} + 100\Delta x \cancel{+ 2x^2} \cancel{- 100x}}{\Delta x} =$$

$$= \lim_{\Delta x \to 0} \frac{-4x\Delta x - 2(\Delta x)^2 + 100\Delta x}{\Delta x} =$$

$$= \lim_{\Delta x \to 0} \frac{-4x - 2\Delta x + 100}{1} \searrow_0 = \quad \text{(II)}$$

$$= -4x + 100 \quad \text{(III)}$$

FAQ

Em (I), trocamos x por x?

Não. Trocamos x na função receita total por $x + \Delta x$, isto é, calculamos a imagem de $x + \Delta x$ pela função receita.

Lembremos que x é um extremo do intervalo considerado e $x + \Delta x$ é o outro extremo.

É como se escrevêssemos o intervalo [20, 21], por exemplo, como [20, 20 + 1], deixando em separado o tamanho do intervalo, porque, posteriormente, vamos reduzir Δx a zero.

Em (II), a expressão $-4x - 2\Delta x + 100$ é uma fórmula para o cálculo de taxas de variação média em intervalos com x como extremo. Vejamos um exemplo e comparemos o resultado com o valor de $\frac{\Delta RT}{\Delta x}$ da tabela do capítulo anterior:

- no intervalo $[10, 15]$, $x = 10$ e $\Delta x = 5$, então $-4 \cdot 10 - 2 \cdot 5 + 100 = +50$.

Observe que o resultado obtido em (III) não é um número, mas uma função de x. A cada ponto considerado teremos uma forma de variar da função receita, o que mostra ser o gráfico de RT uma curva e não uma reta ou diversos segmentos de reta consecutivos como podíamos crer pelo cálculo da taxa de variação média.

Com essa expressão podemos calcular a taxa de variação instantânea da função $RT(x) = -2x^2 + 100x$ para qualquer x.

Para $x = 10$, temos:

$$-4 \cdot 10 + 100 = +60$$

Em média, a função receita, no intervalo $[10, 15]$ aumenta R$ 50,00 por unidade. Mas, na venda $x = 10$, a tendência da receita é aumentar R$ 60,00 por unidade. Essa "desaceleração", que faz a variação média no intervalo ser menor que a variação instantânea no ponto de abscissa 10, só poderia corresponder à concavidade para baixo da parábola, gráfico de $RT(x) = -2x^2 + 100x$.

À função $RT'(x) = -4x + 100$ denominamos *função derivada* $\left(\dfrac{dRT}{dx}\right)$ da função receita total $RT(x) = -2x^2 + 100x$.

Qual a diferença entre Δx^2 e $(\Delta x)^2$?

Ao desenvolvermos o produto notável em

$$\ldots = \lim_{\Delta x \to 0} \dfrac{-2(x + \Delta x)^2 + 100(x + \Delta x) - (-2x^2 + 100x)}{\Delta x} = \ldots$$

escrevemos $(\Delta x)^2$ em vez de Δx^2.

A escrita $(\Delta x)^2$ pode ser lida como *o quadrado da variação de x*. Vamos calcular o quadrado do tamanho do intervalo (Δx). Esse é o cálculo desejado aqui.

A escrita Δx^2 pode ser lida como *a variação do quadrado de x*. Vamos calcular os quadrados do número x e observar como esses resultados estão variando. Não é o que queremos aqui.

Como $\dfrac{\Delta RT}{\Delta x}$ tem taxa de variação média calculada por $\dfrac{\Delta^2 RT}{\Delta x^2}$, uma função que, dado x, fornecesse os valores de $\dfrac{\Delta RT}{\Delta x}$, ou melhor, de $\dfrac{dRT}{dx}$ seria de 1º grau e teria coeficiente angular igual a − 4. Note que o coeficiente angular de $RT'(x)$ coincide com aquele valor da tabela: $\dfrac{\Delta^2 RT}{\Delta x^2}$.

Considerando $RT'(x) = -4x + 100$, a derivada da função receita total com relação à variável x, essa função se anula para $x = 25$. Esse valor coincide com um valor destacável da função: a abscissa do ponto de máximo da receita total. De fato, em $x = 25$, a função não está crescendo nem decrescendo; a função parou de variar para mudar seu comportamento de crescente para decrescente, sendo sua variação instantânea igual à zero nesse ponto.

Todos os cálculos que fizemos valem para a função receita total $RT(x) = -2x^2 + 100x$.

Mas e se a *função* for qualquer?

Vamos refazer o cálculo do limite considerando uma função f qualquer e um intervalo qualquer $[x, x + \Delta x]$.

A taxa de variação média de f nesse intervalo é:

$$\frac{\Delta f}{\Delta x} = \frac{f(x+\Delta x) - f(x)}{(\cancel{x}+\Delta x) - \cancel{x}} = \frac{f(x+\Delta x) - f(x)}{\Delta x}$$

A taxa de variação instantânea será:

$$\lim_{\Delta x \to 0} \frac{\Delta f}{\Delta x} = \lim_{\Delta x \to 0} \frac{f(x+\Delta x) - f(x)}{(\cancel{x}+\Delta x) - \cancel{x}} = \lim_{\Delta x \to 0} \frac{f(x+\Delta x) - f(x)}{\Delta x} = \frac{df}{dx} = f'(x)$$

A **função derivada** de uma função f é indicada por $\dfrac{df}{dx}$ ou por $f'(x)$ e é definida como:

$$\lim_{\Delta x \to 0} \frac{\Delta f}{\Delta x} = \lim_{\Delta x \to 0} \frac{f(x+\Delta x) - f(x)}{\Delta x}$$

EXEMPLOS

1. Calcule, pela definição, a função derivada para $f(x) = x^2 + 5x - 20$.

$$\frac{df}{dx} = f'(x) = \lim_{\Delta x \to 0} \frac{f(x+\Delta x) - f(x)}{\Delta x} =$$

$$= \lim_{\Delta x \to 0} \frac{(x+\Delta x)^2 + 5(x+\Delta x) - 20 - (x^2 + 5x - 20)}{\Delta x} =$$

$$= \lim_{\Delta x \to 0} \frac{\cancel{x^2} + 2x\Delta x + (\Delta x)^2 + \cancel{5x} + 5\Delta x - \cancel{20} - \cancel{x^2} - \cancel{5x} + \cancel{20}}{\Delta x} =$$

$$= \lim_{\Delta x \to 0} \frac{2x\Delta x + (\Delta x)^2 + 5\Delta x}{\Delta x} =$$
$$= \lim_{\Delta x \to 0} (2x + \Delta x + 5) =$$
$$= 2x + 5$$

2. Calcule a derivada da função $f(x) = x^2 + 5x - 20$ para $x = -10$ e para $x = 10$. Podemos calcular esses valores de dois modos:

▶ determinamos a função derivada e substituímos x por -10 e, depois, por 10

Como $f'(x) = 2x + 5$ (função derivada calculada no primeiro exemplo), temos

$$f'(-10) = 2 \cdot (-10) + 5 = -15 \text{ e}$$
$$f'(10) = 2 \cdot 10 + 5 = +25$$

▶ calculamos a derivada, considerando $x = -10$ e, depois, $x = 10$ ao mesmo tempo que fazemos o limite

$$f'(-10) = \lim_{\Delta x \to 0} \frac{f(-10 + \Delta x) - f(-10)}{\Delta x} =$$
$$= \lim_{\Delta x \to 0} \frac{(-10 + \Delta x)^2 + 5(-10 + \Delta x) - 20 - [(-10)^2 + 5(-10) - 20]}{\Delta x} =$$
$$= \lim_{\Delta x \to 0} \frac{-20\Delta x + (\Delta x)^2 + 5\Delta x}{\Delta x} =$$
$$= \lim_{\Delta x \to 0} (-20 + \Delta x + 5) = -15$$

$$f'(10) = \lim_{\Delta x \to 0} \frac{f(10 + \Delta x) - f(10)}{\Delta x} =$$
$$= \lim_{\Delta x \to 0} \frac{(10 + \Delta x)^2 + 5(10 + \Delta x) - 20 - (10^2 + 5 \cdot 10 - 20)}{\Delta x} =$$
$$= \lim_{\Delta x \to 0} \frac{20\Delta x + (\Delta x)^2 + 5\Delta x}{\Delta x} =$$
$$= \lim_{\Delta x \to 0} (20 + \Delta x + 5) = +25$$

Esses números indicam que, quando $x = -10$, há uma tendência de redução dos valores da função $f(x) = x^2 + 5x - 20$, mas quando $x = 10$, a função apresenta tendência de variação positiva, ou seja, os valores das imagens tendem a aumentar.

Para $x = -10$, a cada unidade de aumento em x, $f(x)$ tende a cair 15 unidades.
Para $x = 10$, a cada unidade de aumento em x, $f(x)$ tende a aumentar 25 unidades.

Como sabemos que $x_v = -\dfrac{5}{2}$ e a parábola tem concavidade para cima, f é decrescente para $x < -\dfrac{5}{2}\left(-10 < -\dfrac{5}{2}\right)$ e crescente para $x > -\dfrac{5}{2}\left(10 > -\dfrac{5}{2}\right)$.

Estamos utilizando essas informações porque são conhecidas do Ensino Médio e confirmam os resultados obtidos. Mas o que se passa é exatamente o contrário: sabemos que a parábola tem esse aspecto porque calculamos a taxa de variação instantânea e ela descreve o que ocorre com a função em cada ponto, definindo o aspecto do gráfico da função.

3. Calcule a função derivada de $f(x) = x^3 - 12x^2$.

$$\begin{aligned}\dfrac{df}{dx} &= \lim_{\Delta x \to 0} \dfrac{f(x + \Delta x) - f(x)}{\Delta x} = \\ &= \lim_{\Delta x \to 0} \dfrac{(x + \Delta x)^3 - 12(x + \Delta x)^2 - (x^3 - 12x^2)}{\Delta x} = \\ &= \lim_{\Delta x \to 0} \dfrac{\cancel{x^3} + 3x^2 \Delta x + 3x(\Delta x)^2 + (\Delta x)^3 - 12(x + \Delta x)^2 - \cancel{x^3} + 12x^2}{\Delta x} = \\ &= \lim_{\Delta x \to 0} \dfrac{3x^2 \Delta x + 3x(\Delta x)^2 + (\Delta x)^3 - 24x\Delta x - 12(\Delta x)^2}{\Delta x} = \\ &= \lim_{\Delta x \to 0} [3x^2 + 3x\underset{0}{\Delta x} + \underset{0}{(\Delta x)^2} - 24x - 12\underset{0}{(\Delta x)}] = \\ &= 3x^2 - 24x\end{aligned}$$

Como sabemos quando calcular o limite? Até que ponto devemos simplificar a expressão da taxa de variação média?

Todas as simplificações visam eliminar o Δx do denominador, ou melhor, evitar que ele apareça no denominador envolvido apenas em operações que façam o denominador dar zero, quando fizermos Δx tender a zero.

Observe cada linha de cálculo dos exemplos anteriores. Em todos elas, o denominador daria zero se fizéssemos Δx tender a zero. Nesses exemplos, só foi possível resolver o limite após cancelarmos o Δx do denominador.

Capítulo 5 — Variações marginais — 195

4. Calcule, pela definição, a derivada da função $f(x) = \dfrac{1}{x}$.

$$\dfrac{df}{dx} = \lim_{\Delta x \to 0} \dfrac{f(x + \Delta x) - f(x)}{\Delta x} =$$

$$= \lim_{\Delta x \to 0} \dfrac{\dfrac{1}{x + \Delta x} - \dfrac{1}{x}}{\Delta x} = \lim_{\Delta x \to 0} \dfrac{\dfrac{x - x - \Delta x}{x(x + \Delta x)}}{\Delta x} =$$

$$= \lim_{\Delta x \to 0} \dfrac{\dfrac{-\Delta x}{x(x + \Delta x)}}{\Delta x} = \lim_{\Delta x \to 0} \left[\dfrac{-\Delta x}{x(x + \Delta x)} \cdot \dfrac{1}{\Delta x} \right] =$$

$$= \lim_{\Delta x \to 0} \dfrac{-1}{x(x + \underbrace{\Delta x}_{0})} = -\dfrac{1}{x^2}$$

FAQ — No exemplo 4, ainda havia Δx no denominador, mas calculamos o limite. Como isso foi possível?

Notemos que o Δx que permaneceu no denominador estava envolvido em uma adição com o valor de x e, assim, o denominador não deu zero ao calcularmos o limite.

---

5. Calcule $f'(0)$ para $f(x) = \dfrac{1}{x}$.

Note que $D_f = \{x \in \Re \ / \ x \neq 0\}$ e também que $D_{f'} = \{x \in \Re \ / \ x \neq 0\}$.
Desse modo, não existe a derivada dessa função para $x = 0$.

FAQ — Não é possível saber como essa função varia em $x = 0$? Por quê?

Não é possível determinar a derivada – taxa de variação instantânea dessa função – em $x = 0$. Essa função sequer existe para $x = 0$; tampouco sua derivada.

A derivada é uma tendência, um limite. Observe o gráfico de $f(x) = \dfrac{1}{x}$.

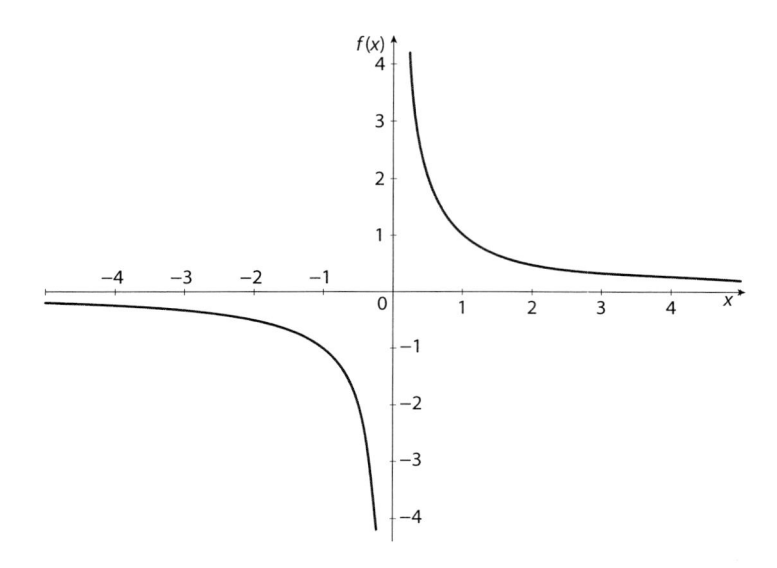

Quando *x* é um valor positivo próximo de zero, *f(x)* tende a valores muito altos e positivos.

Quando *x* é um valor negativo próximo de zero, *f(x)* tende a valores muito pequenos e negativos.

Próximo a zero não há, então, uma única tendência. Se nos aproximarmos de zero, ora por valores positivos, ora por valores negativos, *f(x)* alternará entre valores muito grandes (positivos) e valores muito pequenos (negativos).

Assim, não há uma tendência de variação da função próximo ao zero e a função *f* não é contínua em *x* = 0. Se *f* não é contínua em *x* = 0, não é possível calcular a derivada de *f* nesse valor.

---

6. Calcule a derivada da função $f(x) = \sqrt{x}$.

$$\frac{df}{dx} = f'(x) = \lim_{\Delta x \to 0} \frac{f(x + \Delta x) - f(x)}{\Delta x} =$$

$$= \lim_{\Delta x \to 0} \frac{\sqrt{x + \Delta x} - \sqrt{x}}{\Delta x} = \qquad (I)$$

$$= \lim_{\Delta x \to 0} \left[\frac{\left(\sqrt{x + \Delta x} - \sqrt{x}\right)}{\Delta x} \cdot \frac{\left(\sqrt{x + \Delta x} + \sqrt{x}\right)}{\left(\sqrt{x + \Delta x} + \sqrt{x}\right)} \right] = \lim_{\Delta x \to 0} \frac{\cancel{x} + \Delta x - \cancel{x}}{\Delta x \left(\sqrt{x + \Delta x} + \sqrt{x}\right)} =$$

$$= \lim_{\Delta x \to 0} \frac{\cancel{\Delta x}}{\cancel{\Delta x} \left(\sqrt{x + \Delta x} + \sqrt{x}\right)} = \lim_{\Delta x \to 0} \frac{1}{\left(\sqrt{x + \underset{\to 0}{\Delta x}} + \sqrt{x}\right)} = \frac{1}{2\sqrt{x}}$$

Capítulo 5   Variações marginais

Note que, em (I), não é possível simplificar a expressão e não podemos calcular o limite, pois isso nos levaria a indeterminação $\frac{0}{0}$. Utilizamos uma estratégia de cálculo que elimina essa indeterminação: fizemos uma racionalização "às avessas".

Apenas escrever uma expressão algébrica de outro modo pode evidenciar características, comportamentos, que não víamos em outra forma de escrita.

REVISÃO ORIENTADA
Produtos notáveis

Produto da soma pela diferença:

$$(a+b)(a-b) = a^2 - b^2$$

Esse foi o produto notável utilizado, no 6º exemplo, no numerador, em:

$$... = \lim_{\Delta x \to 0} \left[\frac{\left(\sqrt{x+\Delta x}-\sqrt{x}\right)}{\Delta x} \cdot \frac{\left(\sqrt{x+\Delta x}+\sqrt{x}\right)}{\left(\sqrt{x+\Delta x}+\sqrt{x}\right)} \right] = \lim_{\Delta x \to 0} \frac{(x+\Delta x)-x}{\Delta x \left(\sqrt{x+\Delta x}+\sqrt{x}\right)} = ...$$

7. Determine o sinal da função derivada de $f(x) = \sqrt{x}$ para qualquer x e interprete o resultado.

Como $f'(x) = \frac{1}{2\sqrt{x}}$, essa derivada é positiva para qualquer x no seu domínio.

Esse resultado indica que a função f varia positivamente em qualquer valor de $x \in \Re_+^*$ (taxa de variação instantânea positiva para qualquer x no domínio). Sendo assim, f sofre acréscimos de valor ou, de outro modo, é *crescente* em todo o seu domínio.

8. Calcule $f'(0)$ para $f(x) = \sqrt{x}$.

Note que, embora, $D_f = \{x \in \Re / x \geq 0\}$, $D_{f'} = \{x \in \Re / x > 0\}$.

Desse modo, não existe a derivada dessa função para $x = 0$.

Não é possível saber como essa função varia em $x = 0$? Por quê?

Não é possível determinar a derivada – taxa de variação instantânea dessa função – em $x = 0$. Embora a função exista para $x = 0$, sua derivada não existe.

Observe o gráfico de $f(x) = \sqrt{x}$.

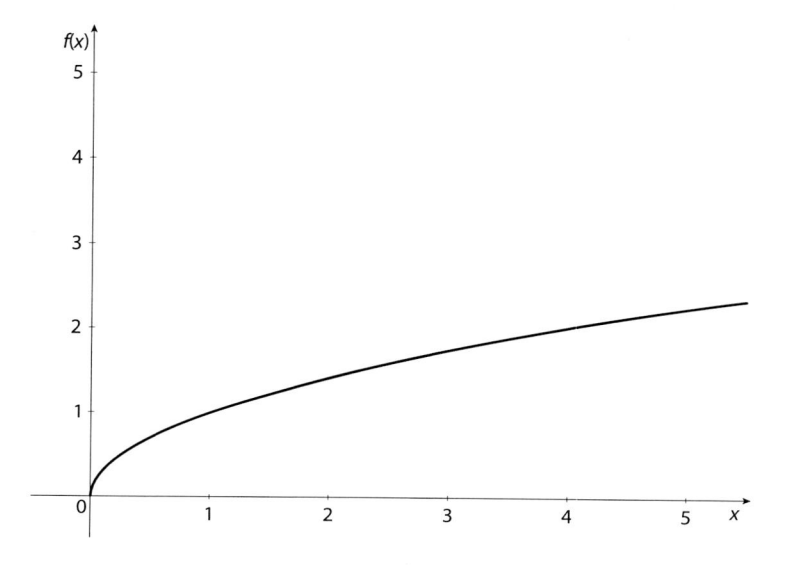

Quando x é um valor positivo próximo de zero, $f(x)$ tende a zero. Quando x é um valor negativo próximo de zero, não é possível calcular $f(x)$.

O resultado de $\dfrac{df}{dx} = f'(x) = \lim\limits_{\Delta x \to 0} \dfrac{f(x + \Delta x) - f(x)}{\Delta x}$ para $x = 0$ não é um número.

Observe o cálculo:

$$f'(0) = \lim_{\Delta x \to 0} \frac{f(0 + \Delta x) - f(0)}{\Delta x} = \lim_{\Delta x \to 0} \frac{\sqrt{\Delta x} - 0}{\Delta x} = \lim_{\Delta x \to 0} \frac{\sqrt{\Delta x}}{\Delta x} =$$

$$= \lim_{\Delta x \to 0} \sqrt{\frac{\Delta x}{(\Delta x)^2}} = \lim_{\Delta x \to 0} \sqrt{\frac{1}{(\Delta x)}} = +\infty$$

9. Calcule a derivada da função $f(x) = x^4$.

$$\frac{df}{dx} = f'(x) = \lim_{\Delta x \to 0} \frac{f(x + \Delta x) - f(x)}{\Delta x} =$$
$$= \lim_{\Delta x \to 0} \frac{(x + \Delta x)^4 - x^4}{\Delta x} = \qquad (I)$$
$$= \lim_{\Delta x \to 0} \frac{\cancel{x^4} + 4x^3 \Delta x + 6x^2 (\Delta x)^2 + 4x(\Delta x)^3 + (\Delta x)^4 - \cancel{x^4}}{\Delta x} =$$
$$= \lim_{\Delta x \to 0} \frac{4x^3 \Delta x + 6x^2 (\Delta x)^2 + 4x(\Delta x)^3 + (\Delta x)^4}{\Delta x} =$$
$$= \lim_{\Delta x \to 0} [4x^3 + \underbrace{6x^2 \Delta x}_{0} + \underbrace{4x(\Delta x)^2}_{0} + \underbrace{(\Delta x)^3}_{0}]$$
$$= 4x^3$$

REVISÃO ORIENTADA
Binômio de Newton

No cálculo de $(x + \Delta x)^4$ no exemplo anterior em (I), utilizamos o desenvolvimento de um *binômio de Newton*.

A fórmula do desenvolvimento de um binômio de Newton para $n \in \mathbb{N}$, $x \in \mathfrak{R}$ e $a \in \mathfrak{R}$ é:

$$(x + a)^n = \binom{n}{0} x^n + \binom{n}{1} x^{n-1} a + \binom{n}{2} x^{n-2} a^2 + \binom{n}{3} x^{n-3} a^3 + \ldots + \binom{n}{n-1} x a^{n-1} + \binom{n}{n} a^n$$

FAQ

E para calcular a derivada da função $g(x) = x^9$, por exemplo, será preciso desenvolver $(x + \Delta x)^9$ pelo binômio de Newton?

Teoricamente, sim. Mas, no próximo capítulo, veremos que há uma regra para calcularmos a derivada de uma função polinomial que nos poupará desse cálculo realmente trabalhoso.

TECNOLOGIA
Software Gráfico

Utilizando o *Winplot*, podemos não só construir o gráfico de uma função, como também o de sua derivada. Escolha:

Janela – 2-dim
Arquivo – Novo
Equação – Explícita

E, então, digite a equação de uma função polinomial.
Em Equação – Inventário, há a opção "derivar".

EXERCÍCIOS E PROBLEMAS PROPOSTOS

1. Calcule, *pela definição*, a função derivada de f:
   a) $f(x) = 2$
   b) $f(x) = x$
   c) $f(x) = x + 1$
   d) $f(x) = x^2$
   e) $f(x) = x^2 + 3x$
   f) $f(x) = x^2 + 7x - 30$
   g) $f(x) = x^2 - 20x + 100$
   h) $f(x) = x - x^2$
   i) $f(x) = x^3$
   j) $f(x) = x^3 - x^2$
   k) $f(x) = x^3 + 3x$
   l) $f(x) = 2x^3 + 20x - 5$

2. Observe as funções polinomiais do exercício anterior e anote o grau de cada uma delas e o grau de sua derivada. O que se pode concluir para essas funções?

3. (ENC – MAT) Se $f(x) = x^3$, então $\lim_{h \to 0} \dfrac{f(x+h)-f(x)}{h}$ é igual a
   a) 0
   b) 1
   c) x^3
   d) $3x^2$
   e) ∞

4. Calcule $\dfrac{df}{dx}$:
   a) $f(x) = \dfrac{2}{x}$
   b) $f(x) = -\dfrac{5}{x}$
   c) $f(x) = \dfrac{1}{5x}$
   d) $f(x) = \dfrac{1}{x+2}$
   e) $f(x) = \dfrac{1}{x^2}$
   f) $f(x) = -\dfrac{1}{x^2}$
   g) $f(x) = \dfrac{1}{x^3}$
   h) $f(x) = -\dfrac{1}{x-3}$

5. Calcule $f'(x)$:
   a) $f(x) = \sqrt{x+2}$
   b) $f(x) = \dfrac{1}{\sqrt{x}}$
   c) $f(x) = -\dfrac{1}{\sqrt{x}}$
   d) $f(x) = \sqrt[3]{x}$

Capítulo 5 Variações marginais 201

6. Qual é a alternativa *falsa*?
   a) A derivada da função $f(x) = x$ é $f'(x) = 1$.
   b) $f(x) = k$, k constante real $\rightarrow f'(x) = 0$.
   c) $f(x) = \dfrac{1}{x} \rightarrow f'(1) = \lim\limits_{x \to 1}\left(-\dfrac{1}{x}\right)$
   d) $f(x) = \dfrac{1}{x} \rightarrow f'(1) = \lim\limits_{x \to 1}\left(\dfrac{1}{x}\right)$

7. Calcule a derivada de cada função a seguir no ponto indicado:
   a) $f(x) = 5$, $(7, 5)$
   b) $g(x) = x - 10$, $(3, -7)$
   c) $f(x) = x^2$, $(0, 0)$
   d) $f(x) = x^2 - 5x + 6$, para $x = 2,5$
   e) $f(x) = x^3$, para $x = 2$
   f) $f(x) = x^3$, para $x = -2$
   g) $t(x) = \dfrac{3}{x}$, para $x = 3$
   h) $f(x) = \dfrac{1}{x - 4}$, $\left(2, -\dfrac{1}{2}\right)$
   i) $h(x) = -\dfrac{1}{x^2}$, para $x = 2$
   j) $g(x) = -\dfrac{1}{\sqrt{x}}$, para $x = -3$
   k) $u(x) = \sqrt{x + 2}$, $(0, \sqrt{2})$

8. Se a taxa de variação média de uma função f,
$$\frac{f(x_0 + \Delta x) - f(x_0)}{\Delta x}$$
é a inclinação da reta secante à curva do gráfico de f nos pontos de abscissa x_0 e $x_0 + \Delta x$, o que podem indicar os valores das derivadas das funções
$$\lim_{\Delta x \to 0} \frac{f(x_0 + \Delta x) - f(x_0)}{\Delta x}$$
nos pontos obtidos no exercício anterior?

9. Calcule a função derivada de $f(x) = x^4 - x^3$.

10. Verifique a equivalência das expressões para a definição da derivada de f em x_0:
$$f'(x_0) = \lim_{\Delta x \to 0} \frac{f(x_0 + \Delta x) - f(x_0)}{\Delta x}$$
$$f'(x_0) = \lim_{x \to x_0} \frac{f(x) - f(x_0)}{x - x_0}$$
$$f'(x_0) = \lim_{h \to 0} \frac{f(x_0 + h) - f(x_0)}{h}$$

Exercícios e problemas complementares

1. Determine, pela definição, $\dfrac{df}{dx}$ para cada função f a seguir:

   a) $f(x) = -\dfrac{1}{x^3} + 5x$

   b) $f(x) = \dfrac{1}{x^2 + 8}$

   c) $f(x) = -\dfrac{1}{x^2 + 3x}$

   d) $f(x) = \dfrac{2}{x^3 + 3}$

   e) $f(x) = -\dfrac{1}{\sqrt{x-1}}$

2. Calcule, pela definição, a função derivada de cada função, a taxa de variação média no intervalo I considerado e a taxa de variação instantânea no ponto de abscissa dada (x).

   a) $f(x) = 2x + \dfrac{5}{x}$; $I = [1, 2]$; $x = 1$

   b) $f(x) = x - \dfrac{3}{x}$; $I = [1, 2]$; $x = 1$

   c) $f(x) = -x - \dfrac{10}{x}$; $I = [1, 2]$; $x = 1$

   d) $f(x) = \dfrac{5}{x^2} + x$; $I = [1, 2]$; $x = 1$

   e) $f(x) = -\dfrac{1}{x^2} + 3x$; $I = [2, 3]$; $x = 2$

   f) $f(x) = \dfrac{10}{x^2} - 2x$; $I = [1, 2]$; $x = 1$

   g) $f(x) = -\dfrac{2}{x^2} + 5x$; $I = [1, 2]$; $x = 1$

3. Calcule, pela definição, a função derivada de cada função a seguir:

   a) $f(x) = -3x + \dfrac{10}{x}$

   b) $f(x) = -x + \dfrac{5}{x}$

   c) $f(x) = x + \dfrac{9}{x}$

   d) $f(x) = -\dfrac{x}{x-3}$

   e) $f(x) = -\dfrac{x}{x+1}$

   f) $f(x) = -\dfrac{1}{x^3 + 1}$

   g) $f(x) = 1 + \dfrac{1}{x^3}$

   h) $f(x) = \dfrac{1}{x^2 + 1}$

   i) $f(x) = -\dfrac{1}{x(x+1)}$

   j) $f(x) = \dfrac{x^2}{x-1}$

capítulo 6

Derivadas de algumas funções

6.1. Funções polinomiais

Vamos calcular a derivada de algumas funções polinomiais utilizando a definição:

$$f'(x) = \lim_{\Delta x \to 0} \frac{\Delta f}{\Delta x} = \lim_{\Delta x \to 0} \frac{f(x + \Delta x) - f(x)}{\Delta x}$$

Função constante

$$f(x) = k, k \in \Re$$

$$f'(x) = \lim_{\Delta x \to 0} \frac{\Delta f}{\Delta x} = \lim_{\Delta x \to 0} \frac{f(x + \Delta x) - f(x)}{(\not{k} + \Delta x) - \not{k}} = \lim_{\Delta x \to 0} \frac{k - k}{\Delta x} =$$

$$= \lim_{\Delta x \to 0} \frac{0}{\Delta x} = \lim_{\Delta x \to 0} 0 = 0$$

$$f'(x) = 0$$

Esse resultado era esperado, pois, se a função é constante, não varia e, portanto, sua derivada ou taxa de variação instantânea é igual a zero para qualquer x.

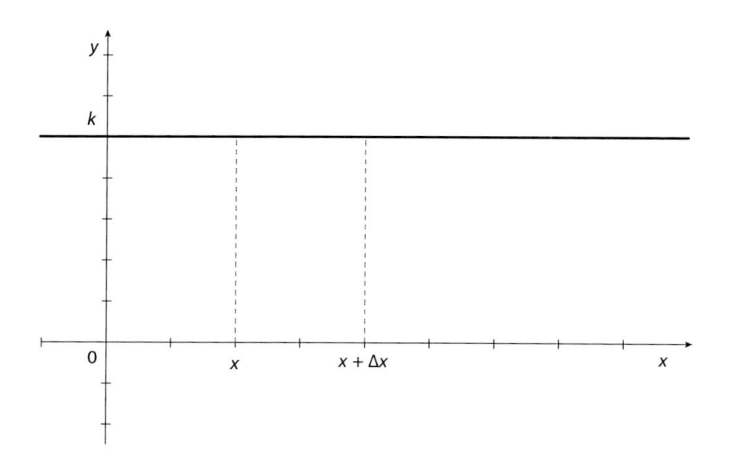

Função de 1º grau

$$f(x) = ax + b, a \in \Re^* \text{ e } b \in \Re$$

$$f'(x) = \lim_{\Delta x \to 0} \frac{\Delta f}{\Delta x} = \lim_{\Delta x \to 0} \frac{f(x + \Delta x) - f(x)}{(x + \Delta x) - x} = \lim_{\Delta x \to 0} \frac{a(x + \Delta x) + b - (ax + b)}{\Delta x} =$$

$$= \lim_{\Delta x \to 0} \frac{\cancel{ax} + a\Delta x + \cancel{b} - \cancel{ax} - \cancel{b}}{\Delta x} = \lim_{\Delta x \to 0} \frac{a\cancel{\Delta x}}{\cancel{\Delta x}} = \lim_{\Delta x \to 0} a = a$$

$$f'(x) = a$$

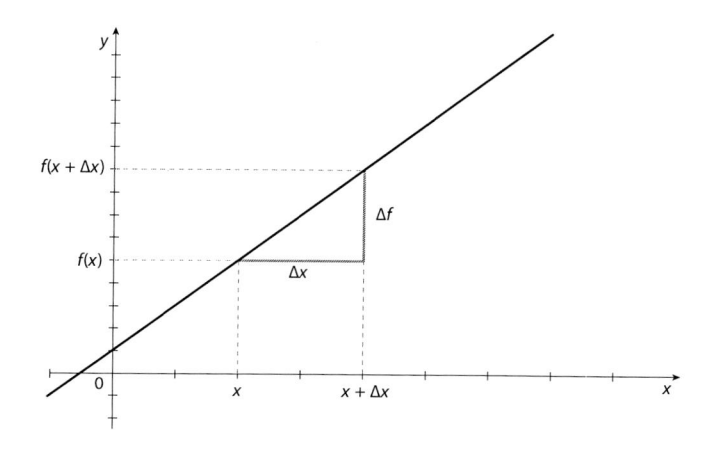

A função de 1º grau tem variação constante, ou seja, varia de um modo regular, monótono, sempre da mesma forma em qualquer intervalo ou em qualquer ponto considerado.

Suas taxas de variação média e de variação instantânea coincidem e são iguais ao coeficiente angular a, confirmando que seu gráfico é uma reta.

Função de 2º grau

$$f(x) = ax^2 + bx + c, a \in \Re^*, b \in \Re \text{ e } c \in \Re$$

$$f'(x) = \lim_{\Delta x \to 0} \frac{\Delta f}{\Delta x} = \lim_{\Delta x \to 0} \frac{f(x + \Delta x) - f(x)}{(x + \Delta x) - x} =$$

$$= \lim_{\Delta x \to 0} \frac{a(x + \Delta x)^2 + b(x + \Delta x) + c - (ax^2 + bx + c)}{\Delta x} =$$

$$= \lim_{\Delta x \to 0} \frac{\cancel{ax^2} + 2ax\Delta x + a(\Delta x)^2 + \cancel{bx} + b\Delta x + \cancel{c} - \cancel{ax^2} - \cancel{bx} - \cancel{c}}{\Delta x} =$$

$$= \lim_{\Delta x \to 0} \frac{2ax\Delta x + a(\Delta x)^2 + b\Delta x}{\Delta x} = \lim_{\Delta x \to 0} (2ax + \underbrace{a\Delta x}_{0} + b) = 2ax + b$$

$$f'(x) = 2ax + b$$

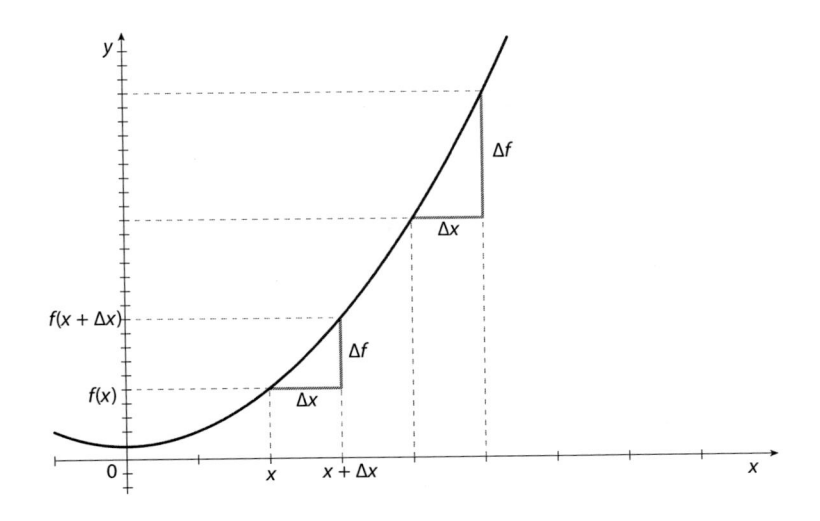

A função de 2º grau tem uma variação instantânea que não é constante, mas que obedece a um padrão tal que seus valores podem ser descritos por sua função derivada que é de 1º grau.

O fato de a taxa de variação instantânea de f ser diferente a cada ponto (ou seja, depender de x), mostra que à função de 2º grau corresponde um gráfico que é uma curva.

Função de 3º grau

$$f(x) = ax^3 + bx^2 + cx + d, a \in \Re^*, b \in \Re, c \in \Re \text{ e } d \in \Re$$

$$f'(x) = \lim_{\Delta x \to 0} \frac{\Delta f}{\Delta x} = \lim_{\Delta x \to 0} \frac{f(x + \Delta x) - f(x)}{(x + \Delta x) - x} =$$

$$= \lim_{\Delta x \to 0} \frac{a(x + \Delta x)^3 + b(x + \Delta x)^2 + c(x + \Delta x) + d - (ax^3 + bx^2 + cx + d)}{\Delta x} =$$

$$= \lim_{\Delta x \to 0} \frac{\cancel{ax^3} + 3ax^2\Delta x + 3ax(\Delta x)^2 + a(\Delta x)^3 + \cancel{bx^2} + 2bx\Delta x + b(\Delta x)^2 +}{\Delta x}$$

$$\frac{+ \cancel{cx} + c\Delta x + \cancel{d} - (\cancel{ax^3} + \cancel{bx^2} + \cancel{cx} + \cancel{d})}{\Delta x} =$$

$$= \lim_{\Delta x \to 0} \frac{3ax^2\Delta x + 3ax(\Delta x)^2 + a(\Delta x)^3 + 2bx\Delta x + b(\Delta x)^2 + c\Delta x}{\Delta x} =$$

$$= \lim_{\Delta x \to 0} [3ax^2 + 3ax\Delta x + a(\Delta x)^2 + 2bx + b\Delta x + c] =$$

$$= 3ax^2 + 2bx + c$$

$$f'(x) = 3ax^2 + 2bx + c$$

A função de 3º grau também tem uma função derivada que não é constante, mas de 2º grau.

O fato de a taxa de variação instantânea de f ser diferente a cada ponto (ou seja, depender de x), mostra que à função de 3º grau corresponde um gráfico que é uma curva.

Capítulo 6 — Derivadas de algumas funções — 207

TECNOLOGIA
Software Gráfico

Utilizando o *Winplot*, construa os gráficos de várias funções de 3º grau; em seguida, construa os gráficos das derivadas dessas funções.
Escolha:
$$\text{Janela – 2-dim}$$
$$\text{Arquivo – Novo}$$
$$\text{Equação – Explícita}$$

Digite a equação de uma função polinomial de 3º grau.
Em "Equação" – "Inventário", há a opção "derivar".
Compare os gráficos das derivadas obtidas.

Podemos notar que há uma relação entre os polinômios que representam a função e aqueles que representam sua derivada.

A primeira observação é que se a função é um polinômio de grau n sua derivada é um polinômio de grau $n - 1$.

A segunda observação resulta no que denominamos **regra da potência** ou *regra do tombo*:

> Para obter a derivada de uma função polinomial, basta multiplicar o expoente da variável pelo seu coeficiente e subtrair 1 do expoente da variável.

Observe os exemplos que fizemos:

$f(x) = k, k \in \Re$	$f'(x) = 0$
$f(x) = ax + b, a \in \Re^* \text{ e } b \in \Re$	$f'(x) = a$
$f(x) = ax^2 + bx + c, a \in \Re^*, b \in \Re \text{ e } c \in \Re$	$f'(x) = 2ax + b$
$f(x) = ax^3 + bx^2 + cx + d, a \in \Re^*, b \in \Re, c \in \Re \text{ e } d \in \Re$	$f'(x) = 3ax^2 + 2bx + c$

Generalizando:
$$f(x) = ax^n, a \in \Re^* \text{ e } n \in \mathbb{N}$$
$$f'(x) = n\,a\,x^{n-1}, a \in \Re^* \text{ e } n \in \mathbb{N}$$

EXEMPLOS

1. $f(x) = 1\,234$ tem derivada $f'(x) = 0$
2. $f(x) = -6x$ tem derivada $f'(x) = -6x^0 = -6$
3. $f(x) = 7x^2$ tem derivada $f'(x) = 14x^1 = 14x$
4. $f(x) = 2x^3$ tem derivada $f'(x) = 6x^2$
5. $g(x) = 2{,}5x^5$ tem derivada $g'(x) = 12{,}5x^4$
6. $h(x) = 1{,}1x^{10}$ tem derivada $h'(x) = 11x^9$

REVISÃO ORIENTADA
Cálculo mental I

As propriedades das potências são muito simples e facilitam diversos cálculos mentais nos processos de derivação. Relembremos, por meio de exemplos:

- Produto de potências de mesma base

$$2^3 \cdot 2^4 = 2^{3+4} = 2^7$$

Conservamos a base e adicionamos os expoentes.

- Quociente de potências de mesma base

$$\frac{3^9}{3^6} = 3^{9-6} = 3^3 = 27$$

Conservamos a base e subtraímos os expoentes.

- Potência de potência

$$(10^3)^4 = 10^{3 \times 4} = 10^{12}$$

Conservamos a base e multiplicamos os expoentes.

Para que essas propriedades sejam válidas para expoentes negativos e para o zero, definimos:

$$2^0 = 1, \text{ pois } 1 = \frac{2^1}{2^1} = 2^{1-1} = 2^0$$

$$\text{e } 2^{-1} = \frac{1}{2}, \text{ pois } \frac{1}{2} = \frac{2^0}{2^1} = 2^{0-1} = 2^{-1}$$

Do mesmo modo:

$$\frac{1}{x} = x^{-1} \quad \text{ou} \quad \frac{1}{x^2} = x^{-2}, \text{ para } x \neq 0$$

Então:

$$x^{-5} \cdot x^8 = x^3, \text{ para } x \neq 0 \qquad \frac{x^4}{x^6} = x^{-2} = \frac{1}{x^2}, \text{ para } x \neq 0$$

A regra de derivação de uma potência pode ser estendida também a expoentes racionais: quando a variável apresentar expoentes fracionários (representando raízes) ou expoentes negativos, também podemos utilizar a *regra da potência* (ou *do tombo*).

$$f(x) = a x^n, a \in \Re^* \text{ e } n \in Q$$
$$f'(x) = n a x^{n-1}, a \in \Re^* \text{ e } n \in Q$$

EXEMPLOS

1. $f(x) = \sqrt[5]{x^4} = x^{\frac{4}{5}}$ tem derivada $f'(x) = \frac{4}{5}x^{-\frac{1}{5}} = \frac{4}{5\sqrt[5]{x}}$

2. $f(x) = \frac{2}{x^8} = 2x^{-8}$ tem derivada $f'(x) = -16x^{-9} = -\frac{16}{x^9}$

3. $f(x) = \frac{10}{\sqrt[3]{x}} = 10x^{-\frac{1}{3}}$ tem derivada

$$f'(x) = -\frac{1}{3} \cdot 10x^{-\frac{1}{3}-1} = -\frac{10}{3}x^{-\frac{4}{3}} = -\frac{10}{3\sqrt[3]{x^4}} = -\frac{10}{3x\sqrt[3]{x}}$$

REVISÃO ORIENTADA
Cálculo mental II

Encontrar mentalmente frações equivalentes a outras também pode tornar os cálculos mais rápidos ao derivarmos funções:

$$\frac{2}{3} + \frac{1}{4} = ?$$

Precisamos de um denominador comum a ambas as frações. 12 pode ser esse denominador. Desse modo: $\frac{2}{3}$ são quantos doze avos? $\frac{1}{4}$ são quantos doze avos?

$$\frac{2}{3} \text{ são } \frac{8}{12} \text{ pois } \frac{2}{3} \cdot \frac{4}{4} = \frac{8}{12} \quad \text{e} \quad \frac{1}{4} \text{ são } \frac{3}{12} \text{ pois } \frac{1}{4} \cdot \frac{3}{3} = \frac{3}{12}$$

Então $\frac{2}{3} + \frac{1}{4} = \frac{8}{12} + \frac{3}{12} = \frac{11}{12}$.

Ao utilizarmos a *regra do tombo* na derivação de funções, é necessário subtrair 1 do expoente da variável independente (*x*). Então, calcular mentalmente, por exemplo,

$$\frac{2}{3} - 1 \text{ ou } \frac{1}{4} - 1 \text{ ou } \frac{3}{2} - 1$$

é fácil se pensarmos no número 1 escrito em forma de fração com o denominador desejado:

$$\frac{2}{3} - \frac{3}{3} \text{ ou } \frac{1}{4} - \frac{4}{4} \text{ ou } \frac{3}{2} - \frac{2}{2},$$

pois $1 = \frac{2}{2} = \frac{3}{3} = \frac{4}{4} \dots$

FAQ

Para determinarmos a derivada da função $f(x) = \sqrt{5}$, podemos escrever $f(x) = 5^{\frac{1}{2}}$ e utilizar a regra do tombo assim: $f'(x) = \frac{1}{2} \cdot 5^{-\frac{1}{2}}$?

Não. Note que a *regra da potência* ou *do tombo* diz que devemos subtrair uma unidade (1) do expoente da *variável* (*x*, em geral).

$f(x) = \sqrt{5}$ é uma função constante, portanto sua derivada é igual a *zero*.

6.2. Regras de derivação

Adição

A regra da soma é bastante simples, pois coincide com o senso comum:

$$(u + v)'(x) = u'(x) + v'(x)$$

Capítulo 6   Derivadas de algumas funções **211**

> A derivada da soma de duas funções é a soma das derivadas de cada função-parcela.

Isso quer dizer que a variação instantânea ou marginal de uma grandeza, que possa ser entendida como adição de duas outras, pode ser calculada recorrendo-se às variações instantâneas dessas grandezas em separado, individualmente.

Por exemplo, se uma empresa vende dois produtos nas quantidades u_1 e v_1 e as vendas desses produtos sofreram pequenos aumentos, du_1 e dv_1, então a venda dos dois produtos passou de $u_1 + v_1$ para $(u_1 + du_1) + (v_1 + dv_1)$. Podemos também dizer que a venda dos dois produtos era de $u_1 + v_1$ e passou a $(u_1 + v_1) + (du_1 + dv_1)$.

Para compreendermos a regra da soma podemos pensar em calcular a variação da soma quando ocorrem pequenas variações em cada uma das parcelas, ou seja, para $u + du$ e $v + dv$, como se segue:

$$[(u + du) + (v + dv)] - (u + v) = du + dv$$

Assim, a variação da soma (1º membro de igualdade anterior) é a soma das variações:

$$d(u + v) = du + dv$$

Observe essa relação no gráfico a seguir:

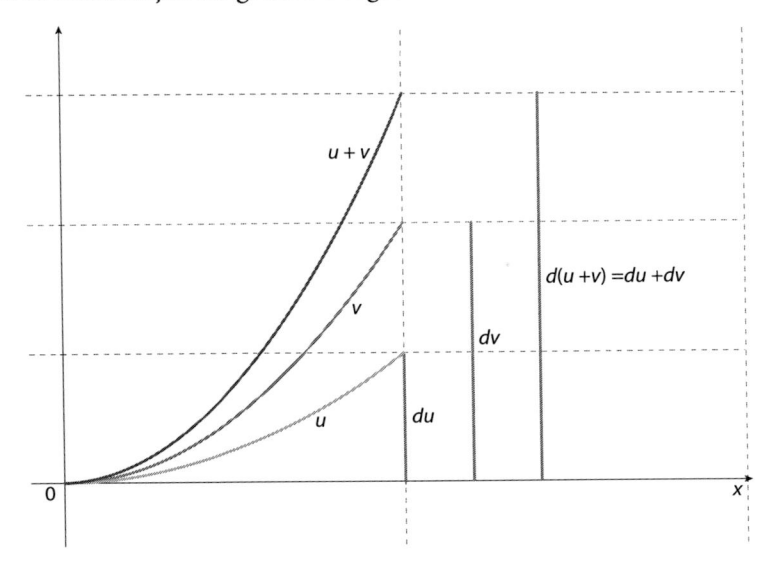

Utilizamos essa regra, por exemplo, ao derivarmos polinômios: deriva-se cada monômio e mantém-se a operação entre eles, a adição.

EXEMPLO

Calculamos com exemplos numéricos:

u	v	variação de u	variação de v	soma das variações	u + v	variação da soma de u com v
2	3	+1	+2	+3	5	8 − 5 = +3
3	5				8	
7	9	−2	+7	+5	16	21 − 16 = +5
5	16				21	
3,1	7,5	−0,3	+0,8	+0,5	10,6	11,1 − 10,6 = +0,5
2,8	8,3				11,1	

Esses exemplos podem nos fornecer alguma intuição a respeito do que deve valer ou não para variações marginais de somas.

Não se trata, no entanto, de uma demonstração.

Multiplicação por constante

A regra da multiplicação por constante também é bastante simples: a derivada de uma função multiplicada por uma constante (um número) é a derivada da função vezes essa constante, ou seja, a constante pode ser reproduzida, copiada, e, ao derivarmos, consideramos apenas a função, o que depender de x. A constante não interfere na derivação.

$$(k\,u)'(x) = k \cdot u'(x), k \in \Re$$

A derivada de uma constante multiplicada por uma função é o produto da constante pela derivada da função.

Isso quer dizer que quando multiplicamos uma grandeza por um número qualquer, por exemplo, calculamos o seu dobro, ou o seu triplo, ou..., a forma de variar do dobro, do triplo... pode ser obtida considerando a forma de variar da grandeza multiplicada por esse mesmo número.

Capítulo 6

Derivadas de algumas funções **213**

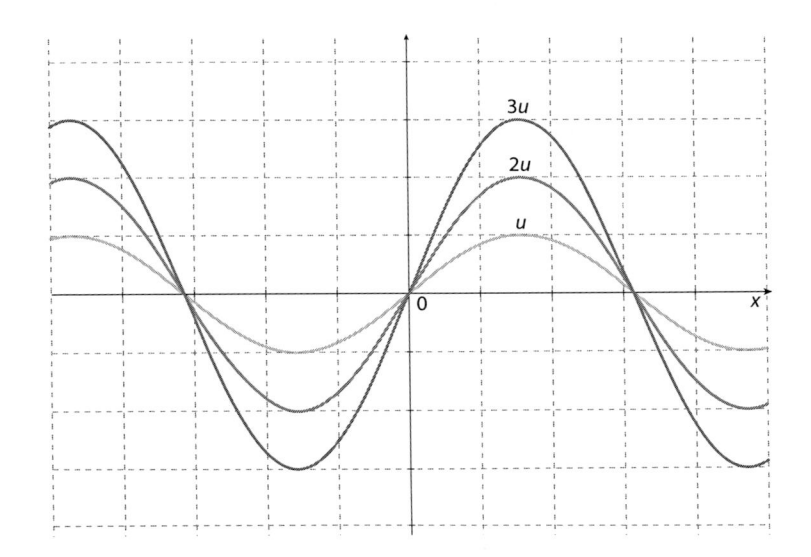

Para compreendermos a regra da multiplicação por constante, podemos pensar em calcular a variação do produto de uma constante por uma variável para pequenas variações dessa variável, ou seja, para $u + du$, como se segue:

$$[k(u + du)] - ku = ku + kdu - ku = kdu$$

Assim, a variação do produto de uma constante por uma variável (1º membro de igualdade anterior) é o produto da constante pela variação da variável:

$$d(k\,u) = k\,du$$

EXEMPLO

Observe os exemplos numéricos.

u	variação de u	k	ku
2	+1	3	6
3		3	9
7	−2	3	21
5		3	15
3,1	−0,3	3	9,3
2,8		3	8,4

variação de $ku = k \cdot$ variação de u
$9 - 6 = +3 = 3 \cdot (+1)$
$15 - 21 = -6 = 3 \cdot (-2)$
$8,4 - 9,3 = -0,9 = 3 \cdot (-0,3)$

Esses exemplos podem nos fornecer alguma intuição a respeito do que deve valer ou não para variações marginais de constantes multiplicadas por funções. Não se trata, no entanto, de uma demonstração.

Utilizamos essa regra ao derivarmos polinômios, por exemplo, mas ela é muito mais útil quando uma constante multiplica uma função não elementar (racional, exponencial, logarítmica, trigonométrica etc.), como em $f(x) = 3\sqrt{x}$ ou $g(x) = -7\log_2 x$.

Subtração

A regra da soma e a da multiplicação pela constante, juntas, justificam a regra da subtração:

$$(u - v)'(x) = u'(x) - v'(x)$$

A derivada da diferença de duas funções é a diferença das derivadas de cada função.

Basta escrever a função $u - v$ como $u + (-1)v$.

EXEMPLOS

1. $f(x) = -6x + 320$ tem derivada $f'(x) = -6$.
2. $f(x) = 7x^2 - 20x + 1\,000$ tem derivada $f'(x) = 14x - 20$.
3. $f(x) = 2x^3 - 35x^2 + 76x + 5\,600$ tem derivada $f'(x) = 6x^2 - 70x + 76$.
4. Se $g(x) = 2{,}1x^4 - 3{,}5x^3 + 5{,}25x^2 + 121{,}9$ então $g'(x) = 8{,}4x^3 - 10{,}5x^2 + 10{,}5x$
5. $h(x) = 33{,}7x^2 - 9{,}2x$ tem derivada $h'(x) = 67{,}4x - 9{,}2$

REVISÃO ORIENTADA
Erros comuns em álgebra

Vamos observar alguns dos erros mais comuns em aritmética e álgebra na lista extraída da obra *As idéias da álgebra*.

Instruções: todas as afirmações são falsas. Corrija cada uma delas tornando todas verdadeiras.

Capítulo 6   Derivadas de algumas funções   **215**

1. $|-3| = -3$
2. $3^2 \cdot 3^3 = 9^5$
3. $a^2 \cdot b^5 = (ab)^7$
4. $x + y - 3(z + w) = x + y - 3z + w$
5. $\dfrac{r}{4} - \dfrac{(6-s)}{2} = \dfrac{r - 12 - 2s}{4}$
6. $3a + 4b = 7ab$
7. $3x^{-1} = \dfrac{1}{3x}$
8. $\sqrt{x^2 + y^2} = x + y$
9. $\dfrac{x+y}{x+z} = \dfrac{y}{z}$
10. $\dfrac{1}{x-y} = \dfrac{-1}{x+y}$
11. $\dfrac{x}{y} + \dfrac{r}{s} = \dfrac{x+ry}{y+s}$
12. $x\left(\dfrac{a}{b}\right) = \dfrac{ax}{bx}$
13. $\dfrac{xa + xb}{x + xd} = \dfrac{a+b}{d}$
14. $\sqrt{-x}\sqrt{-y} = \sqrt{xy}$
15. Se $2(2 - z) < 12$ então $z < -4$.
16. $\dfrac{1}{1 - \dfrac{x}{y}} = \dfrac{y}{1-x}$
17. $a^2 \cdot a^5 = a^{10}$
18. $(3a)^4 = 3a^4$
19. $\dfrac{a}{b} - \dfrac{b}{a} = \dfrac{a-b}{ab}$
20. $(x+4)^2 = x^2 + 16$
21. $\dfrac{r}{4} - \dfrac{6-s}{4} = \dfrac{r-6-s}{4}$
22. $(a^2)^5 = a^7$

(Fonte: COXFORD, Arthur F.; SHULTE, Albert P. (Orgs.). *As idéias da álgebra*. São Paulo: Atual, 1994.)

EXERCÍCIOS E PROBLEMAS PROPOSTOS

1. Calcule a derivada primeira de cada função, simplificando a expressão resultante:

a) $f(x) = 5$
b) $g(x) = x^6$
c) $h(x) = x^{15}$
d) $y = 5{,}5 + x + 3x^2$
e) $f(x) = x^5 - x + \sqrt{2}$
f) $f(x) = -9x^5 + 7x^4 - 3x^2 + 1\,000$
g) $f(x) = -1{,}3x^6 + 2x^5 + 2{,}4x^3 - 60$
h) $f(x) = -\dfrac{7}{5}x^3 - \dfrac{\sqrt{3}}{7}$
i) $A(r) = \pi r^2$
j) $V(r) = \dfrac{4}{3}\pi r^3$
k) $s(t) = s_0 + v_0 t + \dfrac{at^2}{2}$
l) $f(x) = -x^8 + 2x^4 + 3x^3 - 300x$
m) $f(x) = -x^5 + 2x^4 + 3x^3 - 300x^2$
n) $f(x) = -2x^5 + 4x^4 + 6x^3 - 600x^2$

2. (CEAG) Simplificando a expressão $\dfrac{3}{x-4}+\dfrac{5}{x+4}-\dfrac{8x-1}{x^2-16}$, obteremos:

   a) $\dfrac{4x}{x^2-16}$ c) $\dfrac{-7}{x^2-16}$ e) $\dfrac{-9}{x^2-16}$

   b) $\dfrac{-5}{x^2-16}$ d) $\dfrac{-4x}{x^2-16}$

3. Calcule $\dfrac{df}{dx}$:

   a) $f(x)=\dfrac{25}{x}$ c) $f(x)=\dfrac{1}{4x}$ e) $f(x)=\dfrac{1}{x^2}$

   b) $f(x)=-\dfrac{7}{x}$ d) $f(x)=\dfrac{1}{x^3}$ f) $f(x)=\dfrac{1}{x^5}$

REVISÃO ORIENTADA
Propriedades das raízes

Considerando os números reais $a > 0$, $b > 0$, os naturais $m > 1$ e $n > 1$ e p um inteiro, valem as seguintes propriedades de raízes:

- $\sqrt[n]{a^m} = a^{\frac{m}{n}}$
- $\sqrt[n]{ab} = \sqrt[n]{a}\sqrt[n]{b}$ e $\sqrt[n]{\dfrac{a}{b}} = \dfrac{\sqrt[n]{a}}{\sqrt[n]{b}}$
- $\sqrt[n]{a^p} = \sqrt[mn]{a^{mp}}$
- $\sqrt[n]{\sqrt[m]{a}} = \sqrt[mn]{a}$

E **não** vale:

- $\sqrt[n]{a+b} = \sqrt[n]{a} + \sqrt[n]{b}$

4. Calcule $f'(x)$:

   a) $f(x)=\dfrac{1}{\sqrt[5]{x^4}}$ c) $f(x)=-\sqrt[3]{x^2}$

   b) $f(x)=-\dfrac{1}{\sqrt{x}}$ d) $f(x)=\sqrt[3]{x^2}\,(\sqrt[3]{x}+x)$

TECNOLOGIA
Software Gráfico

No *Winplot*, para construir o gráfico da derivada de *f*, construa o gráfico de *f* e escolha:

Equação – Inventário

Agora utilize a opção "derivar" e compare os gráficos da função e de sua derivada.

---

5. Calcule a derivada primeira de cada função:

a) $y = \sqrt[3]{x^2}$

b) $g(x) = \sqrt[3]{\dfrac{3}{x^2}}$

c) $f(x) = \sqrt[3]{x\sqrt{x}}$

d) $f(x) = 2{,}5x^{-4} + 3x^{-3} + 6x^{-1} + 4x + 20{,}75$

e) $H(x) = \dfrac{1}{x^3} + 2{,}4x^5 + \sqrt{x^7}$

f) $g(x) = 3{,}8x + \dfrac{1}{2x}$

g) $V(x) = \dfrac{1}{x^4} + 7{,}5 + \sqrt[3]{x^5}$

h) $M(x) = \dfrac{3x^3 - 7x^2 + 9x + 3}{x^2}$

Exercícios e problemas complementares

1. Calcule a derivada primeira de cada função, simplificando a expressão resultante:

a) $f(x) = -1 + \sqrt{2}x - \sqrt{3}x^2 + 2x^3$

b) $g(x) = x^{-3/5} + \pi^{3/2}$

c) $f(x) = x^7 - 2\sqrt[3]{x^4} + 3\sqrt{3}$

d) $f(x) = 5\sqrt{5} + 2x + 3x^6$

e) $g(x) = x + 3\sqrt[3]{x} + 6\sqrt[6]{x}$

f) $g(x) = \sqrt{3} + 5\sqrt[5]{x} + 6\sqrt[6]{x}$

g) $g(x) = \pi + 3\sqrt[3]{x} + 6\sqrt[6]{x}$

h) $f(x) = 1{,}3x^3 + 0{,}5x^2 + x + 1$

Produto

Caso possamos entender uma função f como produto de duas outras funções mais simples, ou seja, $f(x) = u(x) \cdot v(x)$, a derivada desse produto pode ser assim calculada:

$$(u \cdot v)'(x) = u'(x) \cdot v(x) + u(x) \cdot v'(x)$$

A derivada do produto de duas funções é calculada adicionando-se a derivada da primeira multiplicada pela segunda com a primeira multiplicada pela derivada da segunda.

Para compreendermos a regra do produto, podemos pensar em calcular a variação de um produto quando ocorrem pequenas variações em cada um dos fatores, ou seja, para $u + du$ e $v + dv$, como se segue:

$$[(u + du)(v + dv)] - uv = uv + u\,dv + v\,du + du\,dv - uv = u\,dv + v\,du + du\,dv$$

Essa última parcela – $du\,dv$ – é bastante pequena, desprezível, se comparada às demais.

Assim,

$$d(uv) = u\,dv + v\,du$$

Poderíamos estar interessados, por exemplo, em calcular a variação do faturamento – da receita total – para pequenas variações na venda (x), sem calcular propriamente as receitas correspondentes, ou seja, entendendo $RT(x)$ como $x \cdot y$ – produto de duas outras variáveis. Calcularíamos a variação da receita considerando a variação da quantidade vendida (x) e do preço unitário do produto (y).

A regra do produto também pode justificar a regra da multiplicação por constante: basta pensarmos na função constante como se ela fosse u e considerar v apenas o que tiver variável.

EXEMPLOS

1. $f(x) = 8{,}5\,(x^3 + 4x^2)$ tem derivada $f'(x) = 8{,}5\,(3x^2 + 8x)$.
2. $f(x) = (x + 1)(x^2 + 4)$ tem derivada $f'(x) = 1\,(x^2 + 4) + (x + 1)\,2x = 3x^2 + 2x + 4$.
3. $f(x) = \sqrt{x}(x^5 - 2x^2)$ tem derivada

$$f'(x) = \frac{1}{2\sqrt{x}}(x^5 - 2x^2) + \sqrt{x}(5x^4 - 4x) = \frac{x^5 - 2x^2 + 10x^5 - 8x^2}{2\sqrt{x}} = \frac{11x^5 - 10x^2}{2\sqrt{x}}.$$

Capítulo 6 — Derivadas de algumas funções

FAQ

Por que a derivada da função $f(x) = (x^2 + 3x)(x^3 - 10x + 8)$ não é $f'(x) = (2x + 3)(3x^2 - 10)$?

Ao calcular a derivada (variação instantânea) dessa maneira, supôs-se que a variação de um produto seja igual ao produto das variações.

Podemos verificar facilmente que essa igualdade não é verdadeira. Considere duas grandezas x e y variando; queremos calcular a variação do produto das duas grandezas sem calcular propriamente o produto.

x	y
100	5
200	3

Temos $\Delta x = +100$ e $\Delta y = -2$ e $\Delta x \cdot \Delta y = -200$.

Vamos então calcular o produto $x \cdot y$ e a variação do produto $\Delta(x \cdot y)$:

x	y	x · y
100	5	500
200	3	600
$\Delta x = +100$	$\Delta y = -2$	$\Delta(x \cdot y) = +100$

Note que $\Delta(x \cdot y) \neq \Delta x \cdot \Delta y$ (a variação do produto é diferente do produto das variações).

x e y poderiam ser quantidade vendida e preço unitário, respectivamente, e o produto corresponderia à receita total ou faturamento.

Como a derivada de uma função é sua taxa de variação instantânea, por analogia, poderíamos concluir que: a derivada de um produto de duas funções não é igual ao produto das derivadas de cada função-fator.

Exercícios e problemas propostos

1. Calcule a derivada primeira de cada função, simplificando a expressão resultante:

   a) $g(x) = 5(x^6 - x^4 + x^2)$

   b) $g(x) = (3x^2 + 7)(x^2 - 2x)$

   c) $f(x) = (x - 1)(-1 + x^2)$

   d) $f(x) = (x^3 - x^2 + x - 1)(x^2 + 2)$

   e) $f(x) = x^5 + (x^2 + 1)(x^2 - x - 1) + 13$

   f) $f(x) = (\sqrt{x} + 2x)(x^{\frac{3}{2}} - x)$

2. Calcule a derivada primeira de cada função pela regra do produto ou simplificando a expressão antes de derivar (compare os dois processos):
   a) $g(x) = (x - 1)(x^2 + x + 1)$
   b) $h(x) = (x + 2)(x^2 - 2x + 4)$
   c) $f(x) = (\sqrt{x} - 1)(x + \sqrt{x} + 1)$

3. Verifique se vale a regra do produto para um número maior de funções-fatores:

$$(u \cdot v \cdot w)'(x) = u'(x) \cdot v(x) \cdot w(x) + u(x) \cdot v'(x) \cdot w(x) + u(x) \cdot v(x) \cdot w'(x)$$

Quociente

Caso possamos entender uma função f como quociente de duas outras funções mais simples, ou seja, $f(x) = \dfrac{u(x)}{v(x)}$, $v(x) \neq 0$, a derivada desse quociente pode ser assim calculada:

$$f'(x) = \left(\frac{u}{v}\right)'(x) = \frac{u'(x) \cdot v(x) - u(x) \cdot v'(x)}{v^2(x)}, \quad v(x) \neq 0$$

A derivada do quociente de duas funções é o quociente entre a derivada do numerador multiplicada pelo denominador menos o numerador multiplicado pela derivada do denominador e o denominador elevado ao quadrado.

Para deduzirmos a expressão da regra do quociente, podemos utilizar a regra do produto, como se segue:

$$f(x) = \frac{u(x)}{v(x)} \rightarrow u(x) = f(x) \cdot v(x)$$

e calcular a derivada de um modo "indireto".
Assim,

$$u'(x) = f'(x) \cdot v(x) + f(x) \cdot v'(x)$$
$$u'(x) - f(x) \cdot v'(x) = f'(x) \cdot v(x)$$
$$\frac{u'(x) - f(x) \cdot v'(x)}{v(x)} = f'(x)$$

Substituindo $f(x) = \dfrac{u(x)}{v(x)}$:

$$\dfrac{u'(x) - \dfrac{u(x)}{v(x)} \cdot v'(x)}{v(x)} = f'(x)$$

$$\dfrac{\dfrac{u'(x) \cdot v(x) - u(x) \cdot v'(x)}{v(x)}}{v(x)} = f'(x)$$

$$\dfrac{u'(x) \cdot v(x) - u(x) \cdot v'(x)}{v^2(x)} = f'(x)$$

Poderíamos estar interessados, por exemplo, em calcular a variação do custo médio unitário para pequenas variações na venda (x), sem calcular propriamente o custo médio, ou seja, entendendo $C_{Me}(x)$ como $\dfrac{CT(x)}{x}$ – quociente de duas outras variáveis. Analisaríamos a variação do custo total $(CT(x))$ e a variação da quantidade produzida (x), determinando como o custo médio seria afetado por essas variações.

EXEMPLOS

1. $f(x) = \dfrac{3x-1}{x+10}$ tem derivada $f'(x) = \dfrac{3(x+10) - (3x-1)1}{(x+10)^2} = \dfrac{31}{(x+10)^2}$.

2. $f(x) = \dfrac{x^2 - 5x + 6}{x - 3}$ tem derivada

$$f'(x) = \dfrac{(2x-5)(x-3) - (x^2 - 5x + 6)1}{(x-3)^2} = \dfrac{x^2 - 6x + 9}{(x-3)^2} = 1, \text{ para } x \neq 3.$$

Nesse caso, notando que $x^2 - 5x + 6 = (x - 2)(x - 3)$, poderíamos simplificar a expressão da função f e derivar apenas $x - 2$. Essas funções são idênticas para $x \neq 3$.

Observe os seus gráficos.

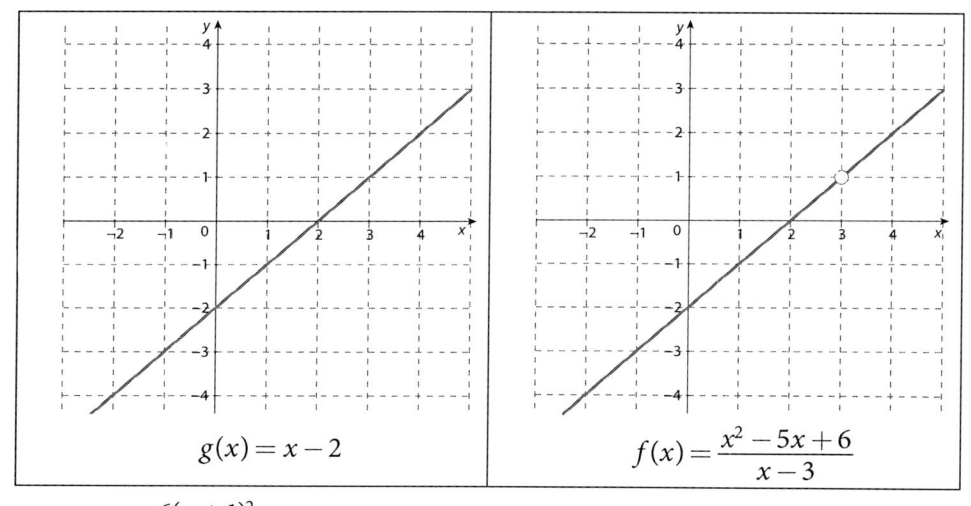

$g(x) = x - 2$

$f(x) = \dfrac{x^2 - 5x + 6}{x - 3}$

3. $f(x) = \dfrac{6(x+1)^2}{x^2 + 2x + 1}$ tem derivada $f'(x) = 0$, pois

$$f(x) = \dfrac{6(x+1)^2}{x^2 + 2x + 1} = \dfrac{6(x+1)^2}{(x+1)^2} = 6 \text{ para } x \neq -1$$

Observe seus gráficos.

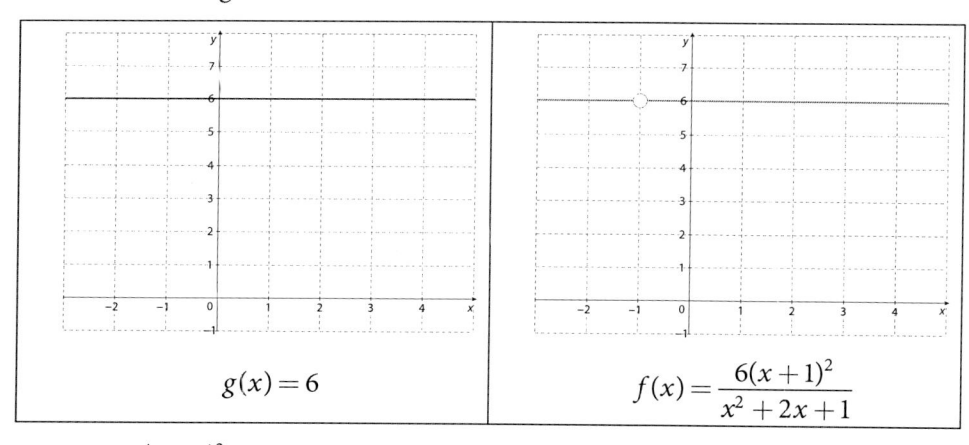

$g(x) = 6$

$f(x) = \dfrac{6(x+1)^2}{x^2 + 2x + 1}$

4. $g(x) = \dfrac{(x+1)^3}{x-1} = \dfrac{x^3 + 3x^2 + 3x + 1}{x-1}$ tem derivada:

$$g'(x) = \dfrac{(3x^2 + 6x + 3)(x-1) - (x^3 + 3x^2 + 3x + 1)1}{(x-1)^2} =$$

$$= \dfrac{3x^3 - 3x^2 + 6x^2 - 6x + 3x - 3 - x^3 - 3x^2 - 3x - 1}{(x-1)^2} = \dfrac{2x^3 - 6x - 4}{(x-1)^2}$$

Capítulo 6   Derivadas de algumas funções   **223**

REVISÃO ORIENTADA
Produtos notáveis e Fatoração

Muitas vezes, conhecer os *produtos notáveis* pode facilitar o cálculo de derivadas e simplificações de expressões.

- Quadrado da soma: $(a + b)^2 = a^2 + 2ab + b^2$
- Quadrado da diferença: $(a - b)^2 = a^2 - 2ab + b^2$
- Cubo da soma: $(a + b)^3 = a^3 + 3a^2b + 3ab^2 + b^3$
- Cubo da diferença: $(a - b)^3 = a^3 - 3a^2b + 3ab^2 - b^3$
- Produto da soma pela diferença: $(a + b)(a - b) = a^2 - b^2$

Observando esses produtos notáveis da direita para a esquerda, temos casos notáveis de fatoração.

O desenvolvimento dos quatro primeiros produtos notáveis acima são casos particulares do chamado *binômio de Newton*:

$$(a+b)^n = \binom{n}{0}a^n b^0 + \binom{n}{1}a^{n-1}b^1 + \binom{n}{2}a^{n-2}b^2 + \ldots + \binom{n}{n-1}a^1 b^{n-1} + \binom{n}{n}a^0 b^n$$

Alguns outros *casos de fatoração* também merecem destaque:

- Soma de dois cubos: $a^3 + b^3 = (a + b)(a^2 - ab + b^2)$
- Diferença de dois cubos: $a^3 - b^3 = (a - b)(a^2 + ab + b^2)$

EXERCÍCIOS E PROBLEMAS PROPOSTOS

1. Observe as duas colunas e associe-as.

   (A) $(x + y)^3$ (1) $2xy + 4x^2 - x^2y - 8x$
   (B) $(x + y)(x^2 - xy + y^2)$ (2) $x^2 - y^2$
   (C) $(x + y)(x - y)$ (3) $x^3 + y^3$
   (D) $x(x - 2)(4 - y)$ (4) $x^2 - 2xy + y^2$
   (E) $(x - y)^2$ (5) $x^3 + 3x^2y + 3xy^2 + y^3$

   Qual alternativa apresenta a associação correta?
   a) A – 3 ; B – 5 ; C – 4 ; D – 1 ; E – 2
   b) A – 5 ; B – 3 ; C – 2 ; D – 1 ; E – 4
   c) A – 3 ; B – 5 ; C – 2 ; D – 1 ; E – 4
   d) A – 5 ; B – 3 ; C – 4 ; D – 2 ; E – 1
   e) A – 5 ; B – 3 ; C – 4 ; D – 1 ; E – 2

2. Calcule a derivada primeira de cada função, simplificando a expressão resultante:

a) $g(x) = \dfrac{x+1}{2x-3}$

b) $f(x) = \dfrac{x^2-4}{x^2-4x+4}$

c) $f(x) = \dfrac{x-1}{x^3+x^2-x-1}$

d) $f(x) = \dfrac{x-2}{x^2-4x+4}$

e) $f(x) = \dfrac{(x+1)^3}{x^2-1}$

f) $h(x) = \dfrac{x^3}{(x+1)(x^2-2)}$

g) $f(x) = \dfrac{x^2}{x^4-7x^3+12x^2}$

h) $C_{Me}(x) = \dfrac{CT(x)}{x}$

Exercícios e problemas complementares

1. Considerando que todo polinômio p de grau n ($n \geq 1$) – desde que conheçamos suas raízes $r_1, r_2, r_3 \ldots r_n$ – é fatorável na forma $p(x) = a(x-r_1)(x-r_2)(x-r_3) \ldots (x-r_n)$, $a \in \Re^*$, simplifique cada expressão e calcule a derivada primeira de cada função em seu domínio:

a) $h(x) = \dfrac{(x-11)(x-5)}{x^2-121}$

b) $f(x) = \dfrac{(x-11)(x-5)}{x^2-25}$

c) $f(x) = \dfrac{x^2-18x+45}{x^2-9}$

d) $f(x) = \dfrac{x+19}{x^2-361}$

e) $g(x) = \dfrac{x^2-361}{x+19}$

f) $g(x) = \dfrac{x+18}{x^2-324}$

g) $f(x) = \dfrac{(x+4)^3}{x^2-16}$

h) $h(x) = \dfrac{x^3-3x^2+3x-1}{x^2-1}$

i) $h(x) = \dfrac{(4x-12)(x^2-4x+4)}{x^2-9}$

j) $f(x) = \dfrac{x^2-15x+44}{x^2-121}$

k) $f(x) = \dfrac{x^2-13x+40}{x^2-64}$

l) $g(x) = \dfrac{x^2-4}{x^3-6x^2+12x-8}$

m) $g(x) = \dfrac{x-3}{x^3-3x^2+3x-9}$

n) $f(x) = \dfrac{(x^3+1)}{(x^2-3)} \cdot (x+\sqrt{3})$

o) $f(x) = \dfrac{(x^3+1)}{(x^2-3)} \cdot (x-\sqrt{3})$

Capítulo 6 — Derivadas de algumas funções

REVISÃO ORIENTADA
Funções compostas

Sejam f e g duas funções de modo que $\operatorname{Im}(g) \subset \operatorname{D}(f)$, a função $f(g(x))$ ou $f \circ g$ é a função composta de f com g, sendo $x \in \operatorname{D}(g)$.

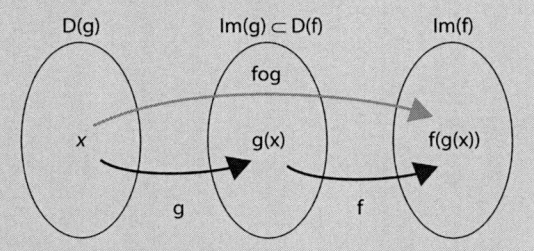

Podemos entender uma função como composta por duas (ou mais) funções se, para determinarmos sua imagem, dependemos da imagem de uma outra função intermediária, como em:

$$f(x) = \sqrt{x^3 + 5x}$$

Ao calcularmos o valor de $f(x)$ para um dado x, é preciso que calculemos inicialmente o valor de $x^3 + 5x$ para, depois, extrairmos a raiz quadrada desse número.

$$x \to x^3 + 5x \to \sqrt{x^3 + 5x}$$

Consideramos $x^3 + 5x$ como uma função intermediária $g(x)$ e a raiz quadrada como a função f calculada em $g(x)$ e escrevemos:

$$x \to g(x) = x^3 + 5x \to f(g(x)) = \sqrt{g(x)}$$

$$f(g(x)) = \sqrt{g(x)} \quad \text{ou} \quad (f \circ g)(x) = \sqrt{g(x)}$$

Note que, para extrairmos a raiz quadrada de $x^3 + 5x$, é preciso que esse número seja nulo ou positivo. Isso é o mesmo que dizer que as imagens de g devem estar contidas no domínio de f.

Na função $f(x) = \dfrac{1}{x+2}$ também temos mais de uma etapa de cálculo:

$$x \to g(x) = x + 2 \to f(g(x)) = \dfrac{1}{g(x)}$$

Podemos considerá-la uma composição de duas funções mais simples:

$$f(x) = \dfrac{1}{x} \quad \text{e} \quad g(x) = x + 2$$

Note que, aqui também, para invertermos o número $x + 2$, é preciso que esse número seja não nulo ($x \neq -2$). Isso é o mesmo que dizer que as imagens de g devem estar contidas no domínio de f.

Regra da cadeia

Consideremos as funções $y = 5x + 3$ e $z = 4y - 2$.

Ambas são funções de 1º grau e têm por gráficos retas de inclinação 5 e 4, respectivamente. Observe os gráficos:

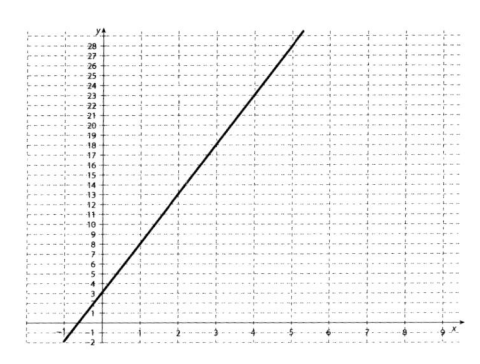

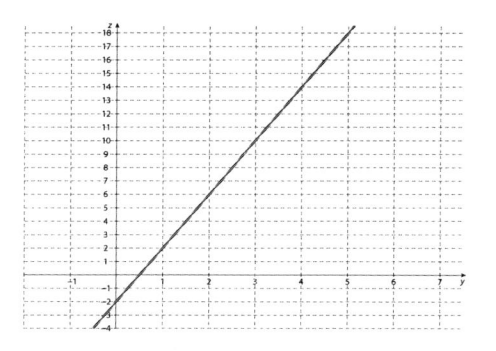

A cada unidade de variação em x, y varia 5 unidades, pois $m = \dfrac{\Delta y}{\Delta x} = 5$.

A cada unidade de variação em y, z varia 4 unidades, pois $m = \dfrac{\Delta z}{\Delta y} = 4$.

Determinando a função composta $z(y(x))$, construindo e observando seu gráfico:

$$z = 4 \cdot (5x + 3) - 2$$
$$z = 20x + 12 - 2$$
$$z = 20x + 10$$

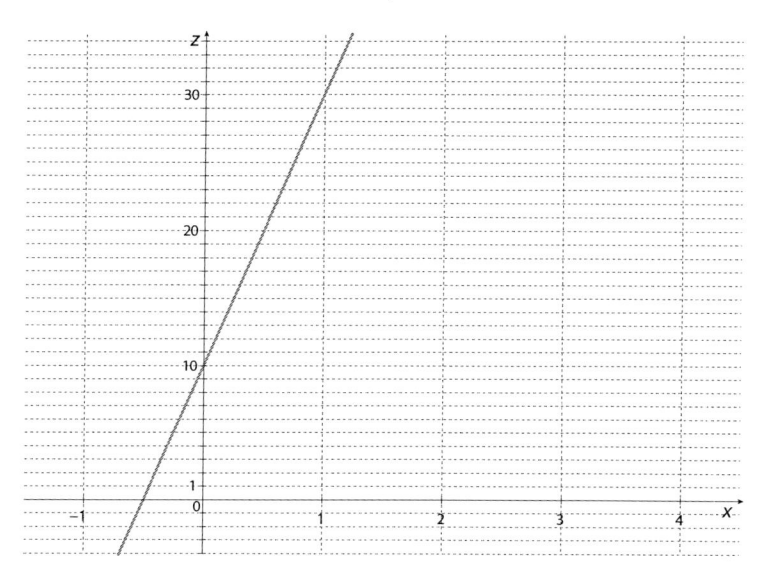

A cada uma unidade de variação em x, z varia 20 unidades, pois $m = \dfrac{\Delta z}{\Delta x} = 20$.

A variação de z em relação a x (20) poderia ser obtida multiplicando-se a variação de z em relação a y (4) pela variação de y em relação a x (5), ou seja:

$$\frac{\Delta z}{\Delta x} = \frac{\Delta z}{\Delta y} \cdot \frac{\Delta y}{\Delta x} = 4 \cdot 5 = 20$$

Como se trata de funções de 1º grau – para as quais a taxa de variação média e a taxa de variação instantânea coincidem –, podemos escrever:

$$\frac{dz}{dx} = \frac{dz}{dy} \cdot \frac{dy}{dx}$$

Mas essa relação pode ser estendida para funções compostas de modo geral.

Caso possamos entender uma função como uma composição de duas outras funções mais simples, a derivada da função composta pode ser assim calculada:

$$[f(g(x))]' = f'(g(x)) \cdot g'(x) \quad \text{ou} \quad \frac{df}{dx} = \frac{df}{dg} \cdot \frac{dg}{dx}$$

Estudamos o custo total como função da quantidade produzida — $CT(x)$.

Mas a quantidade produzida (x) pode ser analisada como dependente do tempo de produção (t). Então, o custo total será também uma função do tempo de produção: $CT(x(t))$.

Para analisarmos como uma pequena variação no tempo de produção (1h a mais de trabalho por dia, uma hora extra, por exemplo) afetará os custos totais, podemos calcular a variação do custo total para pequenas variações na produção (x) e a variação da produção para pequenas alterações no tempo de produção (t):

$$\frac{dC}{dt} = \frac{dC}{dx} \cdot \frac{dx}{dt}$$

Por exemplo:

$$\frac{R\$\ 5\ 000,00}{1\ h} = \frac{R\$\ 5,00}{1\ unidade} \cdot \frac{1\ 000\ unidades}{1\ h}$$

Determinaríamos então a variação dos custos totais em relação ao tempo de produção de forma indireta, por meio de uma composição de funções.

Conforme as informações de que se dispõe, esse modo de analisar a situação pode ser o mais adequado.

EXEMPLOS

1. $f(x) = \sqrt{x^2 + 3x + 2}$

Para determinarmos o valor de $f(x)$ para um x específico, devemos saber o valor de $x^2 + 3x + 2$ para esse x e, em seguida, extrairmos a raiz quadrada do resultado de $x^2 + 3x + 2$.

Note que há mais de uma etapa de cálculo para determinarmos $f(x)$ e mais de uma função "elementar" envolvida: há a função polinomial de 2º grau $x^2 + 3x + 2$ e a função raiz quadrada.

Para sabermos $f(x)$, dependemos do valor de uma raiz quadrada da imagem de uma função polinomial de 2º grau $x^2 + 3x + 2$.

Temos aqui uma função composta.

$$x \to g(x) = x^2 + 3x + 2 \to f(g(x)) = \sqrt{g(x)}$$

Ao calcularmos a derivada de $f(x)$, devemos levar em conta a variação instantânea de uma raiz quadrada, e também que não estamos calculando a raiz quadrada de qualquer número, mas sim de números da forma $x^2 + 3x + 2$, ou seja, das imagens de x pela função $g(x) = x^2 + 3x + 2$. Essa função também tem um modo peculiar de variar (medido pela sua derivada) que deve ser considerado.

Então, derivamos de modo *encadeado*; utilizando a regra da cadeia, determinamos:

$$f'(g(x)) = \frac{1}{2\sqrt{g(x)}} \text{ porque } f(g(x)) = [g(x)]^{\frac{1}{2}}$$

$$g'(x) = 2x + 3$$

$$[f(g(x))]' = f'(g(x)) \cdot g'(x) = \frac{1}{2\sqrt{g(x)}} \cdot (2x + 3) = \frac{2x + 3}{2\sqrt{x^2 + 3x + 2}}$$

Capítulo 6 — Derivadas de algumas funções — 229

> **FAQ** — Por que a derivada da função $f(x) = \sqrt{x^2 + 3x + 2}$ não é $f'(x) = \dfrac{1}{2\sqrt{2x+3}}$?

Esse é um erro bastante comum. Parece que quem calculou desse modo considerou a derivada da raiz quadrada e a derivada da função $x^2 + 3x + 2$, mas errou na aplicação da regra da cadeia, realizando uma espécie de "fusão" da regra.

Compare as duas escritas a seguir:

$[f(g(x))]' = f'(g(x)) \cdot g'(x)$
$[f(g(x))]' = f'(g'(x))$

A primeira é correta e é a *regra da cadeia*.

A segunda está errada e indica o que foi feito no exemplo acima: uma derivada foi calculada sobre o valor de outra derivada.

Observe que, na *regra da cadeia*, consideramos a derivada da função intermediária $g'(x)$, mas ela aparece multiplicando a derivada de f calculada em $g(x) - f'(g(x))$ –, e não em $g'(x)$.

---

2. $f(x) = \sqrt{x^3 + 1}$

Para determinarmos o valor de $f(x)$ para um x específico, devemos saber o valor de $x^3 + 1$ para esse x e, em seguida, extraímos a raiz quadrada do resultado de $x^3 + 1$.

Há mais de uma etapa de cálculo para determinarmos $f(x)$ e mais de uma função "elementar" envolvida: há a função polinomial de 3º grau $x^3 + 1$ e a função raiz quadrada.

Para sabermos $f(x)$, dependemos do valor de uma raiz quadrada da imagem de uma função polinomial de 3º grau $x^3 + 1$.

Trata-se de uma função composta.

$$x \;\to\; g(x) = x^3 + 1 \;\to\; f(g(x)) = \sqrt{g(x)}$$

Ao calcularmos a derivada de f, devemos levar em conta a variação instantânea de uma raiz quadrada, mas também que não estamos calculando a raiz quadrada de qualquer número, e sim de números da forma $x^3 + 1$, ou seja, das imagens de x pela função $g(x) = x^3 + 1$. Devemos ainda levar em consideração seu modo de variar (medido pela sua derivada).

Então, determinamos pela regra da cadeia: $\dfrac{df}{dg} = \dfrac{1}{2\sqrt{g(x)}}$ e $\dfrac{dg}{dx} = 3x^2$

$$\frac{df}{dx} = \frac{df}{dg} \cdot \frac{dg}{dx} = \frac{1}{2\sqrt{g(x)}} \cdot 3x^2 = \frac{3x^2}{2\sqrt{x^3 + 1}}$$

> Não falta um denominador em $3x^2$?
> Por que $\dfrac{df}{dg} = \dfrac{1}{2\sqrt{g(x)}}$, mas em $\dfrac{dg}{dx}$, não é preciso encontrar dx?

Não. Vamos entender $\dfrac{dg}{dx}$ como uma notação "compacta" e o resultado obtido na derivação já fornece ambos, o numerador e o denominador dessa "fração", como se ela já tivesse sido simplificada.

---

3. $f(x) = \sqrt[3]{(x+1)^2}$

Para determinarmos o valor de $f(x)$ para um x específico, devemos saber o valor de $x+1$ e de $(x+1)^2$ para esse x e, em seguida, extraímos a raiz cúbica do resultado de $(x+1)^2$.

Para sabermos o valor de $(x+1)^2$, devemos determinar $x+1$.

Note que há mais de uma etapa de cálculo para determinarmos $f(x)$ e mais de uma função "elementar" envolvida: há a função polinomial de 1º grau $x+1$, a função de 2º grau $(x+1)^2$ e a função raiz cúbica.

Para sabermos $f(x)$, dependemos do valor de uma raiz cúbica da imagem de uma função polinomial de 2º grau $(x+1)^2$, que, por sua vez, depende do resultado de $x+1$.

f pode ser entendida como uma função composta.

$$x \;\to\; h(x) = x+1 \;\to\; g(h(x)) = [h(x)]^2 \;\to\; f(g(h(x))) = \sqrt[3]{g(h(x))}$$

Ao calcularmos a derivada de $f(x)$, devemos levar em conta a variação instantânea de uma raiz cúbica, e também que não estamos calculando a raiz cúbica de qualquer número, mas sim de números da forma $(x+1)^2$, ou seja, das imagens de $h(x)$ pela função $g(h(x)) = [h(x)]^2$. A forma de variar dessa função g ainda depende do comportamento de $h(x) = x+1$.

Então, determinamos pela *regra da cadeia*:

$$f'(g(h(x))) = \dfrac{1}{3\sqrt[3]{[g(h(x))]^2}}$$
$$g'(h(x)) = 2h(x)$$
$$h'(x) = 1$$

Capítulo 6 — Derivadas de algumas funções

$$[f(g(h(x)))]' = f'(g(h(x))) \cdot g'(h(x)) \cdot h'(x) = \frac{1}{3\sqrt[3]{[g(h(x))]^2}} \cdot 2h(x) \cdot 1 =$$

$$= \frac{2(x+1)}{3\sqrt[3]{[g(h(x))]^2}} = \frac{2(x+1)}{3\sqrt[3]{(x+1)^4}} = \frac{2(x+1)}{3\sqrt[3]{(x+1)^3(x+1)}} = \frac{2(x+1)}{3(x+1)\sqrt[3]{x+1}} =$$

$$= \frac{2}{3\sqrt[3]{x+1}}, \text{ para } x \neq -1$$

ou $\dfrac{df}{dx} = \dfrac{df}{dg} \cdot \dfrac{dg}{dh} \cdot \dfrac{dh}{dx} = \dfrac{2}{3\sqrt[3]{x+1}}$, para $x \neq -1$

FAQ

Com tantas regras é preciso decidir qual utilizar primeiro. Como "organizar" o uso das regras, planejando a resolução antes de começar a derivar propriamente, de tal modo que se escolha uma escrita mais eficiente da função e que leve a utilização de regras mais simples?

De fato, com o conhecimento de tantas regras, o problema de derivar uma função torna-se uma questão de escolha, planejamento, estratégia, menos do que uma situação puramente matemática. Após determinarmos quais regras serão necessárias e em que "ordem" iremos utilizá-las, bastará seguir o planejamento por meio das regras de derivação.

Muitas vezes utilizaremos mais de uma regra e nem mesmo haverá uma ordem possível, porque estaremos empregando várias regras ao mesmo tempo.

Mas uma estratégia que sempre pode nos auxiliar é pensar que estamos substituindo o x por um valor para calcular $f(x)$ e descobrir qual seria a última operação a ser realizada. Ela nos dará a dica de qual regra utilizar primeiro: a operação mais exposta, mais externa, a última realizada será aquela que indicará qual a primeira regra de derivação a aplicar.

De qualquer modo, escrever raízes em forma de expoente fracionário ou deslocar denominadores para o numerador – indicando essa mudança com expoentes negativos –, será sempre a primeira alteração em qualquer escrita de uma função, preparando-a para a utilização da *regra do tombo*, quando e se for possível utilizá-la em alguma etapa do cálculo.

Vamos observar o exemplo:

$$f(x) = \sqrt[3]{\frac{2x}{x+1}} = \left(\frac{2x}{x+1}\right)^{\frac{1}{3}}$$

Ao calcularmos *f(63)*, por exemplo, a última operação realizada seria a radiciação: extrair a raiz cúbica do resultado de $\left(\dfrac{2x}{x+1}\right)$. Mas estamos extraindo a raiz cúbica de um número que depende de *x*, que também é função de *x* e sua variação precisa ser levada em conta. E esse número é um quociente.

Teremos de utilizar então: a *regra da cadeia* em 1º lugar e, no fazer da regra de cadeia, vamos precisar da *regra do quociente*.

Se escrevermos, ao iniciarmos o cálculo, qual regra estamos utilizando primeiro, evitamos esquecer e nos perdermos em outras regras.

$$f'(x) \underbrace{=}_{\text{regra da cadeia}} \frac{1}{3}\left(\frac{2x}{x+1}\right)^{\frac{1}{3}-1} \underbrace{\left(\frac{2(x+1)-2x\cdot 1}{(x+1)^2}\right)}_{\text{regra do quociente}} =$$

$$= \frac{1}{3}\left(\frac{2x}{x+1}\right)^{-\frac{2}{3}} \frac{2}{(x+1)^2} = \frac{2}{3(x+1)^2}\sqrt[3]{\left(\frac{x+1}{2x}\right)^2}$$

Note que se, antes de derivarmos, continuássemos a escrever a função de outra maneira, como, por exemplo:

$$f(x) = \sqrt[3]{\frac{2x}{x+1}} = \left(\frac{2x}{x+1}\right)^{\frac{1}{3}} = \frac{(2x)^{\frac{1}{3}}}{(x+1)^{\frac{1}{3}}}$$

para derivar utilizaríamos primeiro a *regra do quociente* que é a operação mais exposta, a última realizada na escrita acima.

Ao utilizarmos a *regra do quociente*, para derivar o numerador, precisaríamos da *regra da cadeia* (e a *do tombo*!) e o mesmo para o denominador.

Trata-se, então, de escolhermos a estratégia mais eficiente de algum ponto de vista que pode ser tanto a que leva a fazer menos cálculos, quanto a que melhor compreendemos.

Todas as regras de derivação visam entender uma função complexa (no sentido de "complicada" ou "elaborada") como resultado de operações entre funções mais simples e obter um modo de determinar a derivada dessa função pelas derivadas das funções mais simples.

Desse modo, escrevemos uma função como adição ou como subtração de duas outras, ou como produto, ou como quociente ou como composição e obtivemos a derivada da função mais complexa a partir das derivadas das funções mais simples conforme determinam as regras de derivação utilizadas.

Capítulo 6 Derivadas de algumas funções

Exercícios e problemas propostos

1. (ESPM) Considere as funções reais $f(x) = \left(\dfrac{1}{2}\right)^x$; $g(x) = x^2 - 2x$; e $h(x) = f[g(x)]$.
   O conjunto imagem da função $h(x)$ é dado pelo intervalo:
   a) $]\,0;\,2\,]$
   b) $]\,-\infty;\,-2\,]$
   c) $]\,-\infty;\,2\,]$
   d) $[\,2;\,+\infty\,[$
   e) $[\,-2;\,2\,]$

2. (FGV – ECONOMIA) Sejam f e g duas funções de $\Re$ em $\Re$, tais que $f(x) = 2x$ e $g(x) = 2 - x$. Então, o gráfico cartesiano da função $f(g(x)) + g(f(x))$
   a) passa pela origem.
   b) corta o eixo x no ponto $(-4, 0)$.
   c) corta o eixo y no ponto $(6, 0)$.
   d) tem declividade positiva.
   e) passa pelo ponto $(1, 2)$.

3. (IBMEC) Mostre que a expressão $E = \dfrac{\left(\dfrac{a-b}{a+b}+1\right)\cdot\left(\dfrac{a}{b}-\dfrac{b}{a}\right)}{\left(\dfrac{a-b}{a+b}-1\right)\cdot\left(\dfrac{1}{a^2}-\dfrac{1}{b^2}\right)}$ independe de b.

4. Calcule a derivada primeira de cada função, simplificando a expressão resultante:
   a) $y = \sqrt{x-1} + \sqrt{x+1}$
   b) $y = (3x^2 - 4x)^2$
   c) $g(x) = 20\,(x+1)^3$
   d) $g(x) = 3\,(9x-4)^4$
   e) $y = x\sqrt{2x+3}$
   f) $f(x) = x^3\,(x-4)^2$
   g) $g(x) = \dfrac{1}{\sqrt[3]{3x+2}}$
   h) $f(x) = x\,(3x-9)^3$
   i) $y = (x+2)^8\,(x+3)^6$
   j) $f(x) = (3x^2 - 1)(x^2 - \dfrac{1}{x+1})$
   k) $s(t) = (4 - \dfrac{1}{t^2})(t^2 - 3t)$
   l) $f(x) = \dfrac{x-2}{x^2 - 5x + 6}$
   m) $y = \sqrt{x}(x-2)^2$
   n) $g(x) = \sqrt[3]{\dfrac{1}{x^3 - 3x - 6}}$

5. (CEAG) Considere a função $f(x) = \sqrt{4x+1}$. Sendo $f'(x)$ a sua derivada, o valor de $f'(2)$ é:
   a) $\dfrac{2}{3}$
   b) $\dfrac{1}{6}$
   c) $-\dfrac{2}{3}$
   d) $-\dfrac{1}{6}$
   e) 2

6. Identifique quais regras de derivação são necessárias, e em que ordem seriam utilizadas, para calcular a derivada primeira de cada função:

a) $g(x) = \dfrac{x + \sqrt{3x}}{3x - 1}$

b) $g(x) = \dfrac{\sqrt{x}}{(x^5 + x^{-2})^4}$

c) $f(x) = \dfrac{3}{x^3 - 4}$

d) $f(x) = \left(1 - \dfrac{1}{x}\right)^{-4}$

e) $f(x) = \left(1 - \dfrac{x}{7}\right)^{-7}$

f) $g(t) = \dfrac{1}{t^2 + 2t + 1}$

g) $f(t) = \dfrac{1}{(2t + 3)^3}$

h) $f(x) = \left(x^2 - \dfrac{1}{x}\right)^{-5}$

i) $g(u) = \dfrac{1}{\sqrt{1 + u}}$

j) $h(x) = \left(x + \dfrac{1}{x}\right)^{\frac{3}{2}}$

k) $F(x) = \sqrt[3]{x^4 - 3x^2}$

l) $y = \sqrt{\dfrac{2x}{x + 1}}$

7. Calcule a derivada primeira de cada função, simplificando a expressão resultante:

a) $g(x) = \dfrac{\sqrt{x}}{(x^2 + 1)}$

b) $g(x) = (1 - \sqrt{x})^{-1}$

c) $f(x) = (1 - \sqrt{x})^{-3}$

d) $g(x) = \dfrac{1}{\sqrt[4]{-4x + 3}}$

e) $g(x) = \dfrac{3}{\sqrt[3]{x^3 - 1}}$

f) $F(x) = \dfrac{4}{\sqrt[3]{2x^2 + x}}$

g) $s(x) = \dfrac{1}{\sqrt{x^2 - 3x + 4}}$

h) $g(x) = \dfrac{\sqrt{2}}{4(x^2 + x + 1)}$

i) $g(x) = \sqrt{\dfrac{x - 2}{x^2 - 5x + 6}}$

j) $f(x) = \dfrac{(2x^2 - 1)^3}{1 - x}$

k) $h(x) = \dfrac{\sqrt{x - 5}}{\sqrt{x^2 - 10x + 25}}$

l) $g(x) = \dfrac{1}{(x^2 - 3x)^2}$

m) $g(x) = \dfrac{1}{2(2x^2 + x)^3}$

n) $g(x) = \sqrt[3]{(x^3 + 5)^2}$

o) $f(x) = \dfrac{1}{x^3 + 6x^2 + 12x + 8}$

p) $f(x) = \dfrac{x - 3}{x^2 - 6x + 9}$

Capítulo 6 — Derivadas de algumas funções

8. Avalie cada afirmação a seguir como verdadeira ou falsa.

   I. Para $f(x) = \dfrac{x}{\sqrt[3]{x^2 + 7x}}$ temos $\dfrac{df}{dx} = \dfrac{1}{\dfrac{2}{3}x^{-\frac{1}{3}} + 7}$.

   II. Para $g(x) = \dfrac{1}{x^4 + 5x}$ temos $\dfrac{df}{dx} = -1(4x^3 + 5)^{-2}$.

   III. Para $h(x) = \dfrac{1}{(x^2 - 3x)^2}$ temos $\dfrac{dh}{dx} = \dfrac{1}{2(x^2 - 3x)(2x - 3)}$.

   Procure identificar a forma de pensar de alguém que tenha calculado essas derivadas desse modo.

9. Observe os grupos de funções em cada item, simplifique, se possível, suas expressões e calcule a derivada primeira.

   a) $f(x) = \dfrac{-3(3x - 2x^2)}{7x}$ $\quad g(x) = \dfrac{-3(3x^2 - 2x^3)}{7x}$

   b) $h(x) = \dfrac{(x - 1)^2}{x^3 - 3x^2 + 3x - 1}$ $\quad f(x) = \dfrac{x - 1}{x^3 - 3x^2 + 3x - 1}$

   c) $u(x) = \dfrac{3}{\sqrt{x^6 - 6x^3 + 9}}$ $\quad v(x) = \dfrac{3}{\sqrt{x^6 - 12x^3 + 9}}$

   d) $g(x) = (x - 2)^2(-x + 4)^2$ $\quad f(x) = [(x - 2)(x + 4)]^2$ $\quad f(x) = [(x - 2)(x + 4)]^3$

Exercícios e problemas complementares

1. Simplifique a expressão da função e, depois, calcule sua derivada primeira:

   a) $f(x) = \dfrac{2x - 1}{x^2 - x + \dfrac{1}{4}}$ $\quad$ d) $g(x) = \dfrac{1}{\sqrt[4]{x^4 + 16}}$

   b) $f(x) = \dfrac{x - \dfrac{1}{2}}{2x^2 - 2x + \dfrac{1}{2}}$ $\quad$ e) $f(x) = \dfrac{x^6 - 3x^4 + 3x^2 - 1}{(x^2 - 1)^3}$

   c) $g(x) = \dfrac{1}{\sqrt[3]{x^3 + 8}}$ $\quad$ f) $h(x) = \sqrt{\dfrac{x - 8}{4x^2 - 20x - 96}}$

2. Calcule a derivada primeira de cada função, simplificando a expressão resultante:

   i) $f(x) = (x^9 + x^6 + 1)^{1000}$ $\quad$ iv) $f(x) = (x - 3)^2 (x + 3)^2$

   ii) $f(x) = (3x - 6)^5(x + 2)^5$ $\quad$ v) $g(x) = \sqrt[3]{\dfrac{27}{x^3 - 6x^2 + 12x - 8}}$

   iii) $f(x) = (x^5 + x^3 + 1)^3$ $\quad$ vi) $h(x) = x^3(x + 1)^2$

vii) $f(x) = \sqrt{x^2 - 9}$

viii) $f(x) = (x - 4)^3 (x + 4)^3$

ix) $f(x) = \sqrt{x^2 - 25}$

x) $h(x) = x^3(x^2 + 1)^2$

xi) $h(x) = x^3(x + 1)^3$

xii) $f(x) = (2x - 1)^2 (2x + 1)^2$

xiii) $g(x) = \sqrt[3]{\dfrac{64}{x^2 - 6x^2 + 12x - 8}}$

xiv) $f(x) = \sqrt{x^2 - 16}$

xv) $h(x) = \dfrac{(x - 1)(x^2 - 2x)}{x^4}$

xvi) $f(x) = \dfrac{4x}{x^2 - 1}$

xvii) $f(x) = \dfrac{1}{x(x + 1)}$

xviii) $f(x) = (x + 2)^9(x^2 + 5x + 6)$

xix) $g(x) = \sqrt[3]{\dfrac{x^2 - 4}{x^3 - 6x^2 + 12x - 8}}$

xx) $f(x) = (3x + 1)^4 (3x - 1)^4$

xxi) $f(x) = \dfrac{(x - 13)(x - 5)}{x^2 - 169}$

xxii) $f(x) = (x^2 - 2)^5 (x^2 + 2)^5$

xxiii) $g(x) = \sqrt[4]{1 - x^4}$

xxiv) $g(x) = \sqrt[3]{1 - 8x^3}$

3. (ENC – MAT) Sejam g e h funções deriváveis de $\Re$ em $\Re$ tais que $g'(x) = h(x)$, $h'(x) = g(x)$, $g(0) = 0$ e $h(0) = 1$.

   a) Calcule a derivada de $h^2(x) - g^2(x)$.
   b) Mostre que $h^2(x) - g^2(x) = 1$, para todo x em $\Re$

6.3. Funções exponencial e logarítmica

Se $f(x) = a^x$ então $f'(x) = a^x \ln a$, para a $\in \Re$, $a > 0$ e $a \neq 1$.

EXEMPLOS

1. $f(x) = 2^x$
   $f'(x) = 2^x \ln 2$
2. $f(x) = e^x$
   $f'(x) = e^x$

Se $f(x) = \log_b x$, então $f'(x) = \dfrac{1}{x \ln b}$, para $x \in \Re^*_+$ e $b \in \Re$, $b > 0$ e $b \neq 1$.

Capítulo 6 Derivadas de algumas funções **237**

EXEMPLOS

1. $f(x) = \log_5 x$

   $f'(x) = \dfrac{1}{x \ln 5}$

2. $f(x) = \ln x$

   $f'(x) = \dfrac{1}{x}$

Para demonstrarmos tais resultados, precisaríamos conhecer o *limite exponencial fundamental*:

$$\lim_{x \to +\infty} \left(1 + \frac{1}{x}\right)^x = e$$

algumas propriedades de limites e considerar as taxas de variação média destas funções calculadas no Capítulo 4:

$f(x) = a^x$ $a \in \Re$, $a > 0$ e $a \neq 1$	$\dfrac{\Delta f}{\Delta x} = \dfrac{f(x+\Delta x) - f(x)}{\Delta x} = \dfrac{a^{(x+\Delta x)} - a^x}{\Delta x} = \dfrac{a^x \cdot (a^{\Delta x} - 1)}{\Delta x}$
$f(x) = \log x$ $x > 0$	$\dfrac{\Delta f}{\Delta x} = \dfrac{f(x+\Delta x) - f(x)}{\Delta x} = \dfrac{\log(x+\Delta x) - \log x}{\Delta x} = \log\left(\dfrac{x+\Delta x}{x}\right)^{\frac{1}{\Delta x}} = \log\left(1 + \dfrac{\Delta x}{x}\right)^{\frac{1}{\Delta x}}$

6.4. Funções trigonométricas

Se $f(x) = \operatorname{sen} x$ então $f'(x) = \cos x$.

Se $g(x) = \cos x$ então $g'(x) = -\operatorname{sen} x$.

Se $h(x) = \operatorname{tg} x$ então $h'(x) = \sec^2 x$.

Para demonstrarmos tais resultados, precisaríamos conhecer o *limite trigonométrico fundamental*:

$$\lim_{x \to 0} \frac{sen\ x}{x} = 1$$

algumas propriedades de limites e considerar as taxas de variação média destas funções calculadas no Capítulo 4:

$f(x) = sen\ x$	$\dfrac{\Delta f}{\Delta x} = \dfrac{f(x+\Delta x) - f(x)}{\Delta x} = \dfrac{sen(x+\Delta x) - sen\ x}{\Delta x} =$	$\dfrac{2sen\dfrac{\Delta x}{2} \cos\dfrac{2x+\Delta x}{2}}{\Delta x}$
$g(x) = cos\ x$	$\dfrac{\Delta g}{\Delta x} = \dfrac{g(x+\Delta x) - g(x)}{\Delta x} = \dfrac{cos(x+\Delta x) - cos\ x}{\Delta x} =$	$\dfrac{-2sen\dfrac{2x+\Delta x}{2} sen\dfrac{\Delta x}{2}}{\Delta x}$
$h(x) = tg\ x$	$\dfrac{\Delta h}{\Delta x} = \dfrac{h(x+\Delta x) - h(x)}{\Delta x} = \dfrac{tg(x+\Delta x) - tg\ x}{\Delta x} =$	$\dfrac{sen \Delta x}{\Delta x \cdot cos(x+\Delta x) cos \Delta x}$

TECNOLOGIA
Software Gráfico

No *Winplot*, para construir o gráfico da derivada de *sen x*, construa o gráfico de *sen x* (escreva *sin(x)*) e escolha:

Equação – Inventário

Aí há uma opção "derivar".
Observe o gráfico desenhado e compare-o com o de *cos x*
Faça o mesmo para o *cos x* e sua derivada.

EXEMPLOS

1. $f(x) = 2\ sen\ x$
   Utilizando a *regra da multiplicação por constante*:

   $$f'(x) = 2 \cos x$$

2. $f(x) = \cos^2 x$
   Utilizando a *regra da cadeia*:
   $$f(u(x)) = u^2(x) \text{ sendo } u(x) = \cos x$$
   $$\frac{df}{dx} = \frac{df}{du} \cdot \frac{du}{dx} = 2u(x) \cdot (-\operatorname{sen} x) = 2\cos x(-\operatorname{sen} x) = -2\operatorname{sen} x \cos x = -\operatorname{sen} 2x$$

3. $f(x) = \operatorname{sen} x \cdot \cos x$
   Utilizando a *regra do produto*:
   $$f'(x) = \cos x \cdot \cos x + \operatorname{sen} x \cdot (-\operatorname{sen} x) = \cos^2 x - \operatorname{sen}^2 x = \cos 2x$$

Exercícios e problemas propostos

1. Calcule a derivada primeira de cada função, simplificando a expressão resultante:
   a) $f(x) = 5^x$
   b) $g(x) = \ln x \cdot \log_5^x$
   c) $g(x) = \operatorname{sen} x^3$

2. Prove que se $f(x) = \operatorname{tg} x$ então $f'(x) = \sec^2 x$.

3. (CEAG) Sendo $f(x) = e^{2x} \cdot \ln x$ e $f'(x)$ a derivada da função $f(x)$, então:
   a) $f'(1) = 3e^2$
   b) $f'(1) = 2e^2$
   c) $f'(1) = 0$
   d) $f'(1) = e^2$
   e) $f'(1) = e^{-2}$

PARTE 3

APLICAÇÕES DAS DERIVADAS

Capítulo 7 ▶ Estudo da variação das funções

- Variação de uma função e pontos críticos
- Concavidade e pontos de inflexão
- Estudo completo de uma função
- Teste da derivada segunda

Capítulo 8 ▶ Análise marginal

- Inclinação da reta tangente a uma curva
- Receita total, Média e Marginal
- Custo total, Médio e Marginal

Capítulo 9 ▶ Situações de otimização

- Condições para Receita Total Máxima
- Condições para Custo Médio Mínimo
- Condições para Lucro Total Máximo

capítulo 7

Estudo da variação das funções

7.1. Variação de uma função e pontos críticos

Observe o gráfico a seguir:

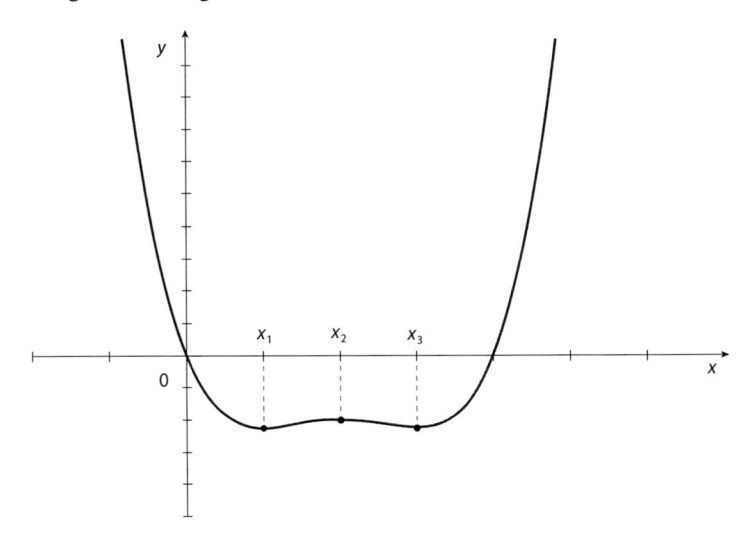

Até o ponto de abscissa x_1, a função (y) decresce; em x_1, temos um ponto de mínimo.

Após x_1 e até x_2, y cresce. Em x_2 temos um ponto de máximo.

De x_2 a x_3, a função volta a decrescer, atingindo um valor mínimo em x_3.

A partir de x_3, a função cresce novamente.

São essas variações de uma função que nos interessam no momento e como determiná-las utilizando o conceito de derivada (taxa de variação instantânea).

Não podemos dizer que o ponto de máximo em x_2 é absoluto ou global, pois a função atinge valores maiores do que a imagem de x_2. Dizemos então que x_2 é a abscissa de um *ponto de máximo local* ou *relativo*.

Mas em x_1 e em x_3 temos *pontos de mínimo globais* ou *absolutos*.

> **Pontos de máximo e pontos de mínimo** são denominados indistintamente **pontos extremos** de uma função.

Note também que, em algum ponto de abscissa entre x_1 e x_2 a função mudou a maneira de crescer: ela crescia rapidamente (concavidade para cima) e passou a crescer lentamente (concavidade para baixo). E em algum ponto de abscissa entre x_2 e x_3 a função mudou a maneira de decrescer: ela decrescia lentamente (concavidade para baixo) e passou a decrescer rapidamente (concavidade para cima). A esses pontos em que ocorre mudança de concavidade chamamos *pontos de inflexão*.

> **Pontos de máximo, pontos de mínimo** e **pontos de inflexão** são denominados indistintamente **pontos críticos** de uma função.

EXEMPLO

Considere a função $f(x) = \dfrac{x^3}{3} - \dfrac{3x^2}{2} + 2x + \dfrac{7}{6}$ e seu gráfico:

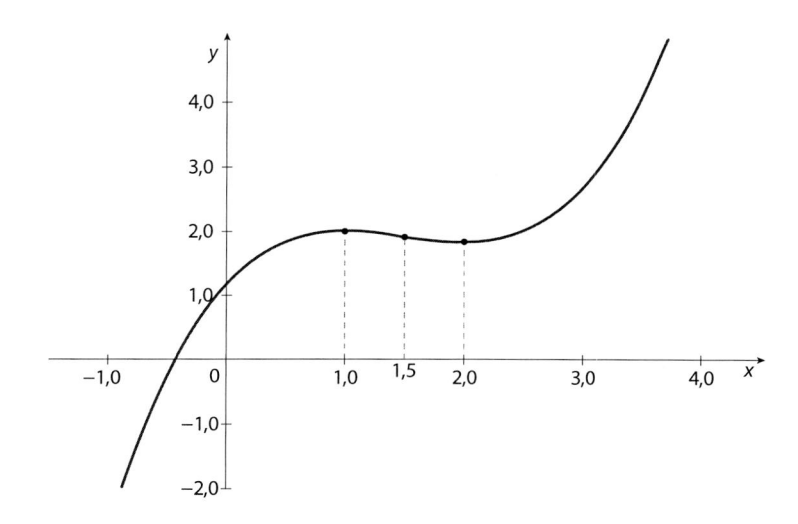

Para $x < 1$ e $x > 2$, f é *crescente*.
Para $1 < x < 2$, f é *decrescente*.

Em $x = 1$ a função tem um *ponto de máximo local*.
Em $x = 2$ a função tem um *ponto de mínimo local*.
Em $x = 1,5$ a função tem um *ponto de inflexão*.
Entre –1 e 0, a função tem uma raiz.

REVISÃO ORIENTADA
Raízes de polinômios e o dispositivo prático de Briot-Ruffini

Em quais valores de x a função $f(x) = \dfrac{x^3}{3} - \dfrac{3x^2}{2} + 2x + \dfrac{7}{6}$ se anula?

Para determinar as raízes de um polinômio, dispomos de algumas fórmulas e teoremas, mas, às vezes, as raízes só podem ser determinadas por métodos numéricos. Inicialmente, lembramos que:

> Um polinômio de coeficientes complexos e grau n ($n \geq 1$) tem exatamente n raízes complexas.

Se o polinômio é de grau 1, a raiz é assim calculada:

$$ax + b = 0 \rightarrow x = -\dfrac{b}{a}, a \text{ e } b \text{ coeficientes complexos, } a \neq 0$$

Se o polinômio é de grau 2, utilizamos a fórmula de Báskara:

$$ax^2 + bx + c = 0 \rightarrow x = \dfrac{-b \pm \sqrt{\Delta}}{2a}, \text{ sendo } \Delta = b^2 - 4ac,$$

a, b e c coeficientes complexos, $a \neq 0$.

Para polinômios de grau maior ou igual a 3, podemos recorrer a diversos casos de fatoração.

Quando o polinômio tem termo independente igual a zero, basta colocar x em evidência e resolver as equações. Por exemplo:

$$x^3 - 5x^2 + 6x = 0 \rightarrow x(x^2 - 5x + 6) = 0 \rightarrow x = 0 \text{ ou } x^2 - 5x + 6 = 0$$

Quando o polinômio tem termo independente diferente de zero, determinamos uma das raízes (r_1) e dividimos o polinômio por $(x - r_1)$, fatorando-o.

Para $f(x) = x^3 + x^2 - x - 1$, por exemplo, $f(1) = 0$ e, então,

$$f(x) = (x - 1)(ax^2 + bx + c), a, b \text{ e } c \text{ coeficientes complexos, } a \neq 0.$$

Basta determinar a, b e c de modo que

$$x^3 + x^2 - x - 1 = (x - 1)(ax^2 + bx + c),$$

ou seja, dividir o polinômio por $(x - 1)$.

Podemos utilizar o *método de Descartes dos coeficientes a determinar* ou fazer essa divisão utilizando o *dispositivo prático de Briot-Ruffini*, lembrando que é preciso conhecer uma raiz e completar o polinômio, se for o caso.

	1	1	−1	−1
$r_1 = 1$	**1**	$r_1 \cdot 1 + 1 = 2$	$r_1 \cdot 2 - 1 = 1$	$r_1 \cdot 1 - 1 = 0$

Desse modo, o polinômio $x^3 + x^2 - x - 1$ pode ser assim fatorado:

$$x^3 + x^2 - x - 1 = (x - 1)(x^2 + 2x + 1)$$

e suas outras duas raízes são números reais iguais a −1. 1 é raiz simples e −1 é raiz dupla desse polinômio.

$$x^3 + x^2 - x - 1 = (x - 1)(x + 1)^2$$

Essa escrita do polinômio, no exemplo considerado, poderia também ter sido obtida utilizando a *fatoração por agrupamento*:

$$x^3 + x^2 - x - 1 = x^2(x + 1) - 1(x + 1) = (x + 1)(x^2 - 1) = (x - 1)(x + 1)^2$$

Há ainda outros métodos para determinar raízes de polinômios como a *pesquisa de raízes racionais* ou as *relações de Girard*, conteúdos estudados no Ensino Médio que deixamos a cargo do leitor pesquisar e relembrar.

FAQ — Se $x^3 - x^2 + x - 1 = 0$ então $x^3 - x^2 + x = 1$ e $x(x^2 - x + 1) = 1$, e $x = 1$ ou $x^2 - x + 1 = 1$?

De $x(x^2 - x + 1) = 1$ não é possível concluir que $x = 1$ ou $x^2 - x + 1 = 1$. Essa é apenas uma das possibilidades.

Note que se dois números multiplicados resultam em 1, um número é o inverso do outro e temos infinitas possibilidades para esses números, tais como:

$$2 \cdot \frac{1}{2} = 1 \text{ ou } 3 \cdot \frac{1}{3} = 1 \text{ ou } -4 \cdot \left(-\frac{1}{4}\right) = 1 \text{ ou } \sqrt{3} \cdot \frac{1}{\sqrt{3}} = 1$$

Podemos utilizar, na determinação de raízes de polinômios, a propriedade

Se $a \cdot b = 0$ então $a = 0$ ou $b = 0$,

mas essa propriedade não é válida para quaisquer outros produtos diferentes de zero.

Capítulo 7 — Estudo da variação das funções

Exercícios e problemas propostos

1. (FGV) Sabendo que 3 é raiz dupla do polinômio $P(x) = x^4 - 3x^3 - 7x^2 + 15x + 18$, determine as outras raízes.

2. (FGV) O gráfico representa a função polinomial $P(x) = x^3 - 2x^2 - 49x + 98$.

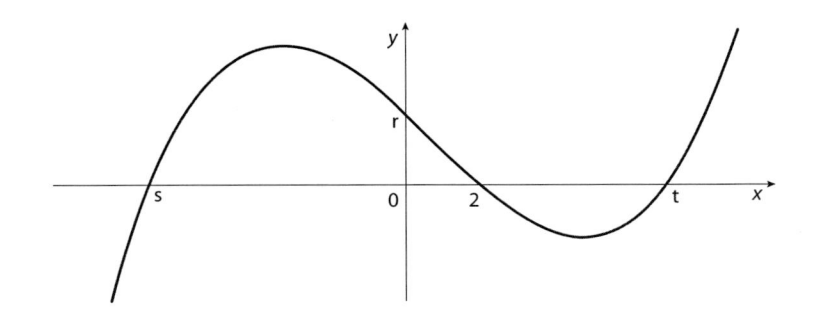

Sendo r, s, t e 2 as únicas intersecções do gráfico com os eixos, o valor de $\dfrac{r}{st}$ é

a) −5   b) −4   c) −3   d) −2   e) −1

3. (FGV – ECONOMIA)
Considere a função polinomial definida por $P(x) = ax^3 + bx^2 + cx + d$, com a, b, c, d sendo números reais e cuja representação gráfica é dada na figura.

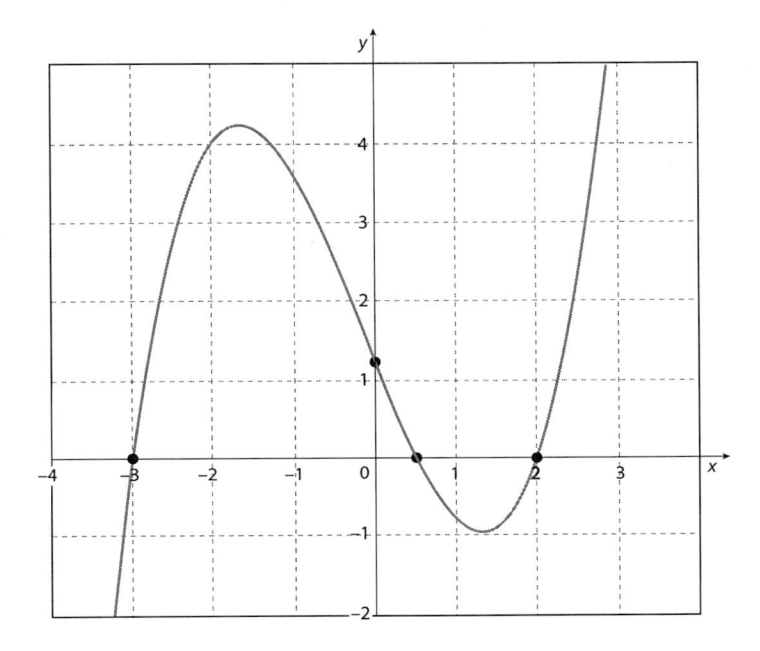

É correto afirmar que
a) $-1 < a + b + c + d < 0$;
b) $0 < d < 1$;
c) para $-1 \leq x \leq 1$, $P(x) > 0$;
d) o produto de suas raízes é menor que -6;
e) há uma raiz de multiplicidade 2.

4. Observando os gráficos das funções a seguir, determine, se possível e, ainda que aproximadamente, em cada item:

- o(s) ponto(s) em que o gráfico da função intercepta o eixo das ordenadas;
- o(s) ponto(s) em que a função é igual a zero (raízes);
- o(s) intervalo(s) em que a função é positiva;
- o(s) intervalo(s) em que a função é negativa;
- o(s) intervalo(s) em que a função é crescente;
- o(s) intervalo(s) em que a função é decrescente;
- o(s) ponto(s) de máximo local da função, se existir(em);
- o(s) ponto(s) de mínimo local da função, se existir(em);
- o(s) ponto(s) de máximo global ou de mínimo global, se existir(em);
- o(s) intervalo(s) em que o gráfico da função é côncavo para baixo;
- o(s) intervalo(s) em que o gráfico da função é côncavo para cima;
- o(s) ponto(s) de inflexão, se existir(em);
- a(s) assíntota(s), se existir(em);
- o comportamento da função para valores de x tendendo a $+\infty$;
- o comportamento da função para valores de x tendendo a $-\infty$.

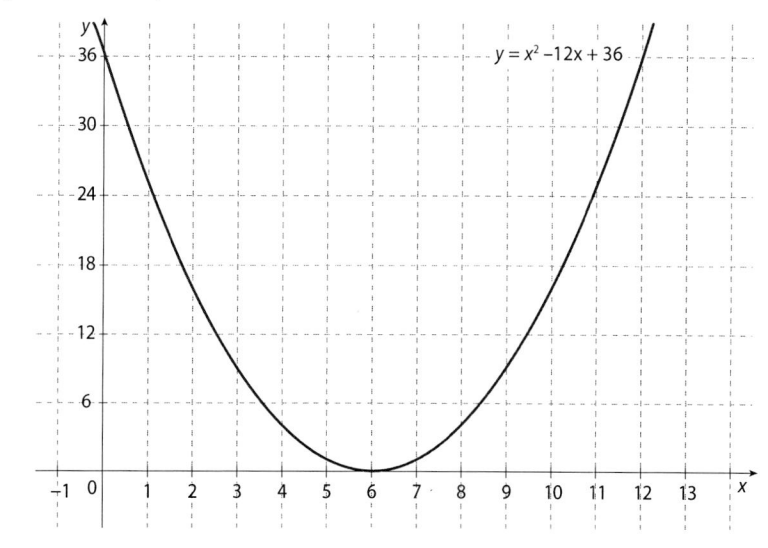

a) $y = x^2 - 12x + 36$

Capítulo 7 — Estudo da variação das funções — **249**

b) $y = x^2 - 12x + 32$

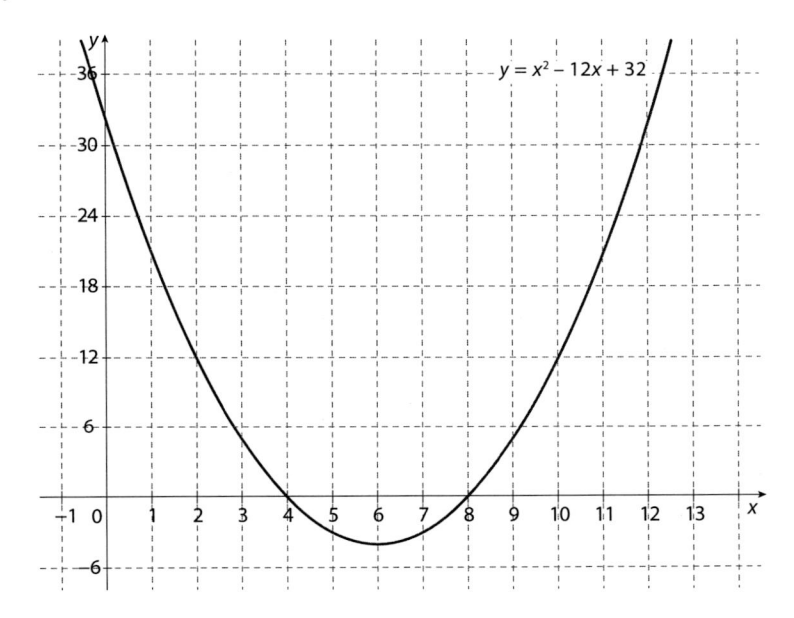

c) $y = -x^2 + 12x - 20$

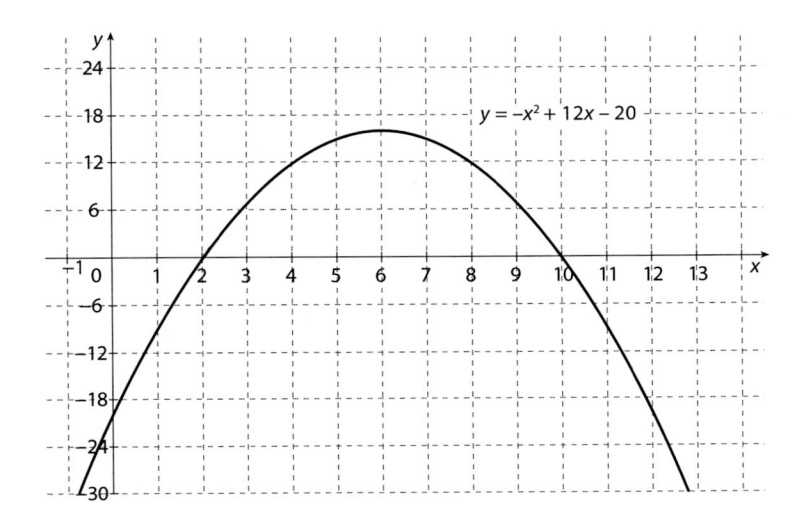

d) $y = x^3$

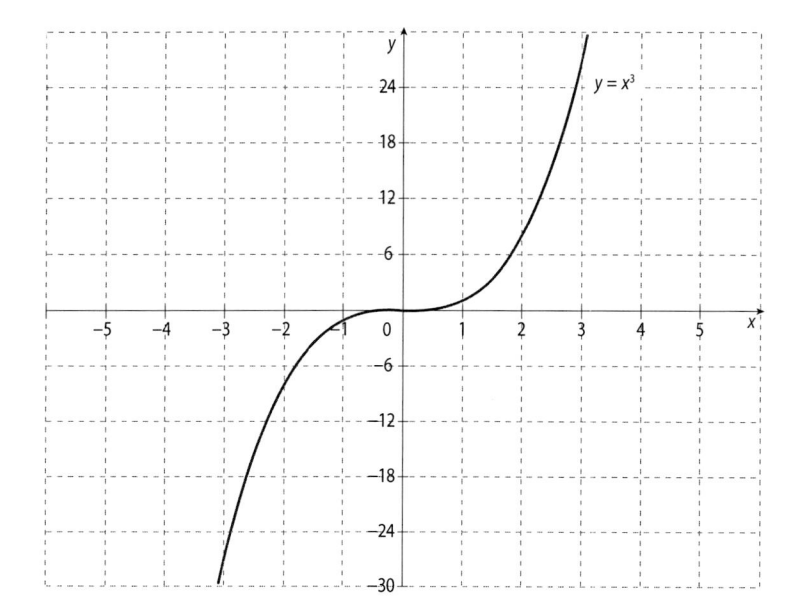

e) $y = (x-3)^3 - 8$

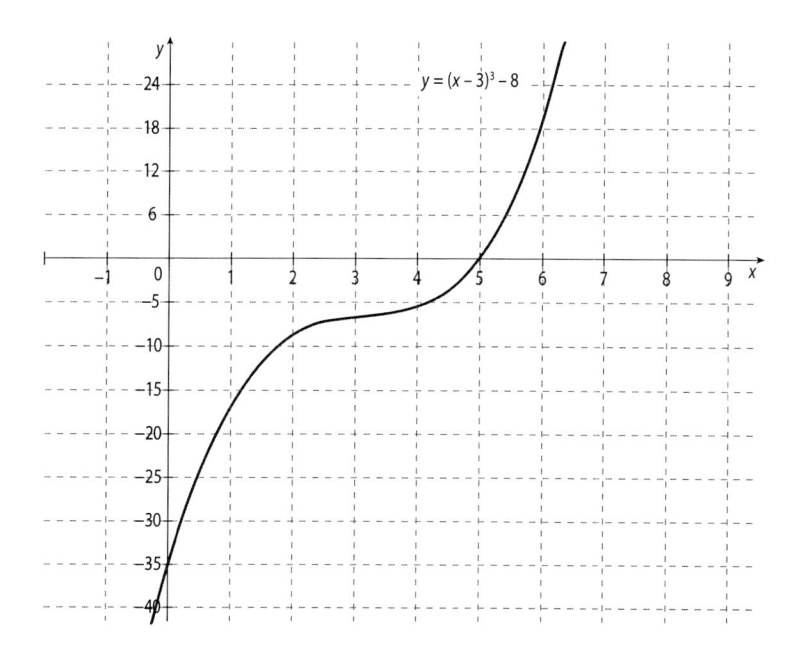

f) $y = \dfrac{4}{3}x^3 - 64x$

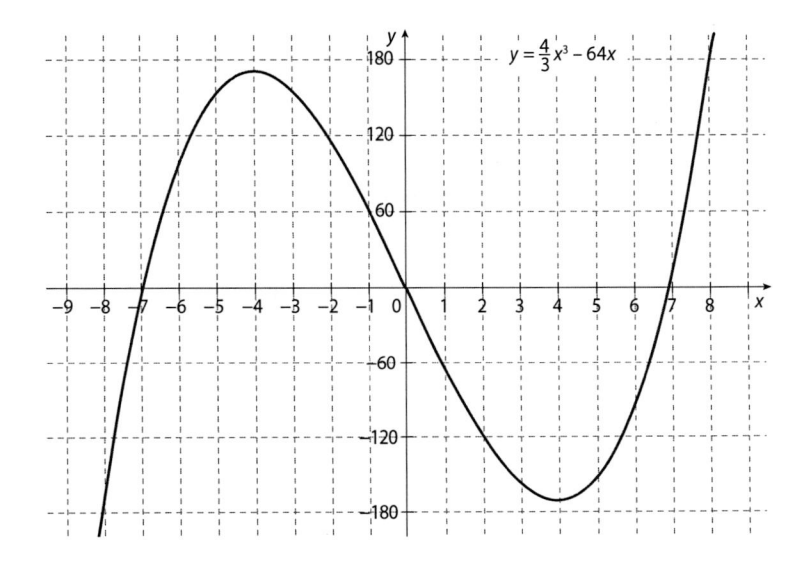

g) $y = 2x^3 - 21x^2 + 72x + 18$

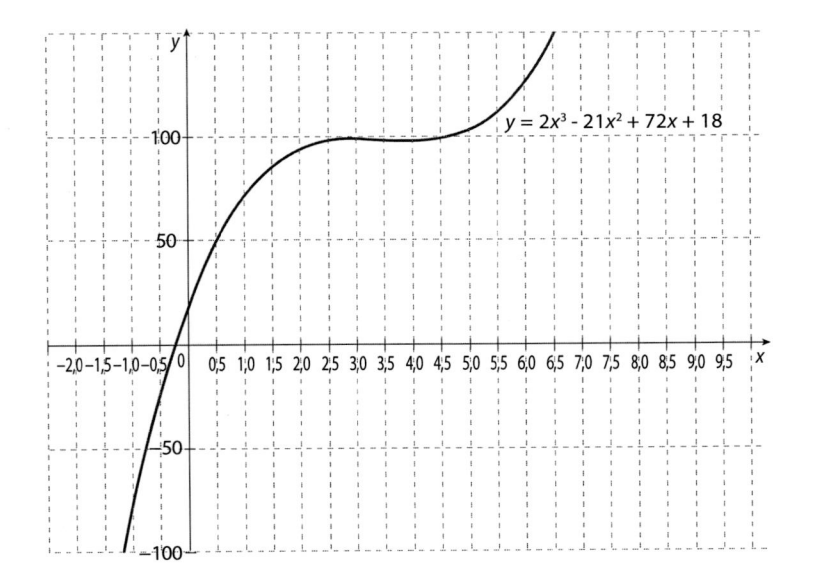

h) $y = -3x^5 + 5x^3$

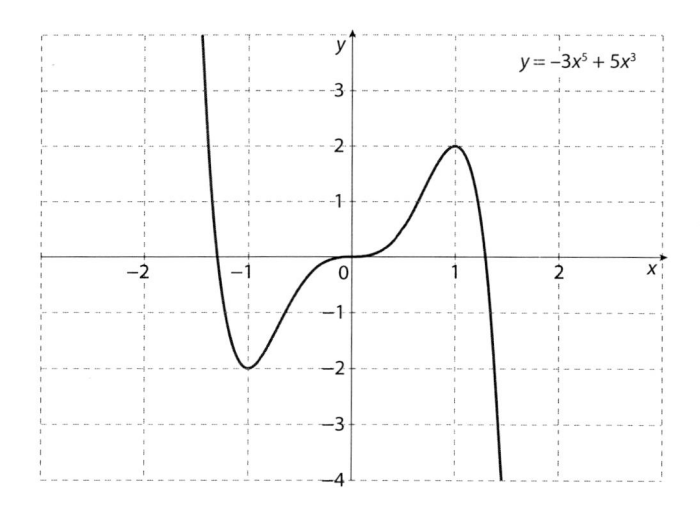

i) $y = \dfrac{x}{256} + \dfrac{1}{x}$

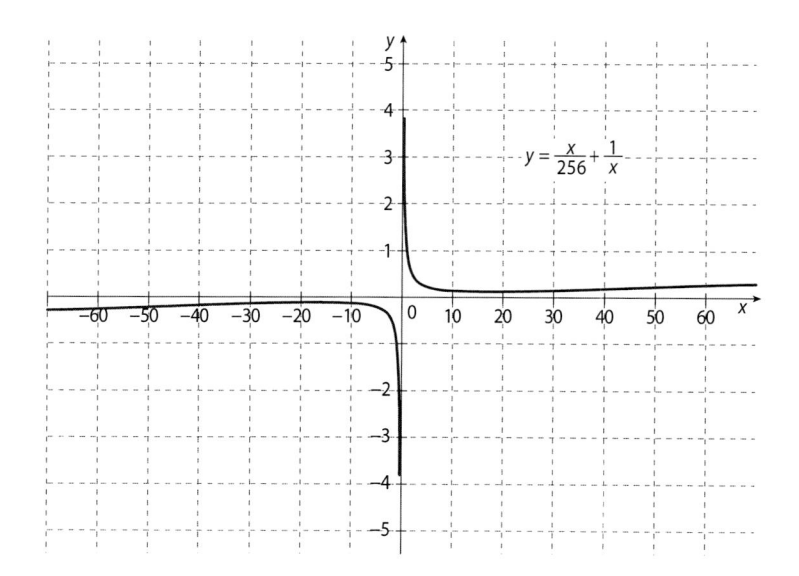

j) $y = \dfrac{x^3}{3} - 15x^2 + 200x + 100, x \geq 0$

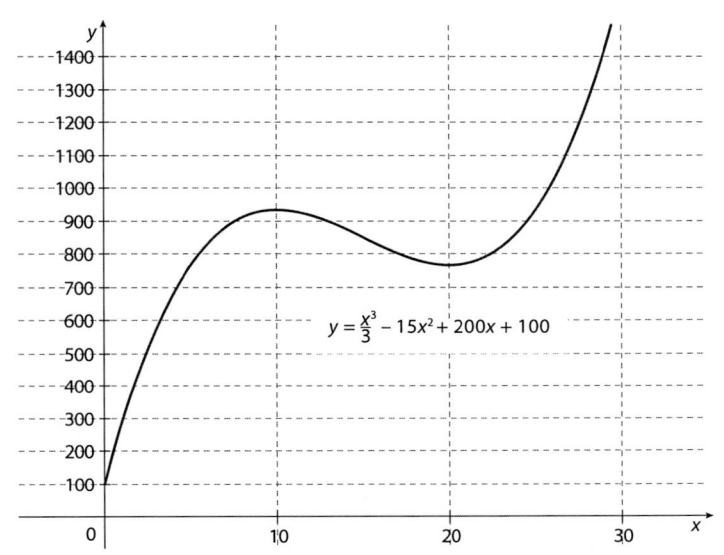

TECNOLOGIA
Software Gráfico

Com o auxílio do *Winplot*, construa os gráficos das funções do exercício anterior e confirme algumas das informações solicitadas.
Para as raízes utilize:
$$\text{Um – Zeros}$$
Para os pontos extremos:
$$\text{Um – Extremos}$$
Para a intersecção com o eixo das ordenadas:
$$\text{Um – Traço}$$
escolhendo $x = 0$

---

5. (FGV) Associe cada equação ao gráfico que forma:

I. $\dfrac{x-1}{2} + \dfrac{y-1}{2} = 0$
II. $x^2 - 1 = 0$
III. $x^2 - 1 = y$
IV. $x^2 + 2y^2 = 2$
V. $x^2 - y^2 = -1$

a) uma parábola
b) uma elipse
c) uma hipérbole
d) uma reta
e) duas retas paralelas

As associações corretas são:
a) I – d; II – e; III – c; IV – a; V – d
b) I – d; II – e; III – a; IV – b; V – c
c) I – b; II – e; III – d; IV – b; V – c
d) I – d; II – a; III – c; IV – e; V – c
e) I – e; II – d; III – b; IV – c; V – a

6. (ITA) O polinômio com coeficientes reais

$$P(x) = x^5 + a_4x^4 + a_3x^3 + a_2x^2 + a_1x + a_0$$

tem duas raízes distintas, cada uma delas com multiplicidade 2, e duas de suas raízes são 2 e i. Então, a soma dos coeficientes é igual a:
a) −4   b) −6   c) −1   d) 1   e) 4

7. (CEAG) O texto e o gráfico a seguir, extraídos do jornal *O Estado de S. Paulo*, de 22 set. 2006, referem-se às questões I, II e III.

A conta corrente do balanço de pagamentos, onde são registradas as transações do Brasil com o exterior, fechou o mês de agosto com um superávit de 2,095 bilhões de dólares, o maior saldo positivo já registrado em um mês de agosto, desde 1947. No acumulado do ano, o superávit está em 8,225 bilhões de dólares, valor equivalente a 1,38% do Produto Interno Bruto (PIB). Altamir Lopes, chefe do Departamento Econômico do Banco Central (BC), acredita que o resultado esperado para o ano de 2006, 11,9 bilhões de dólares, 1,31% do PIB, seja alcançado. O resultado do mês de agosto só não foi melhor em virtude do crescimento das remessas de lucros e dividendos, provocado pela valorização do real e pelo próprio crescimento da rentabilidade das empresas estrangeiras no país. Para este ano, o BC conta com a possibilidade de as remessas ficarem em torno dos 14,2 bilhões de dólares, valor superior aos 12,69 bilhões de dólares do ano de 2005.

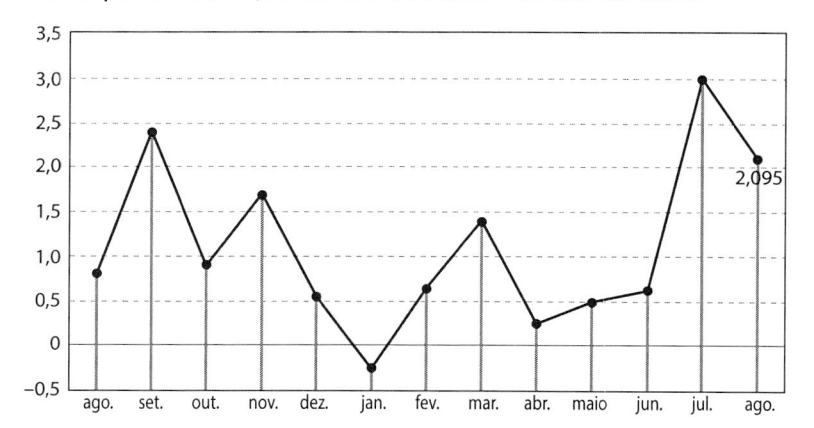

O gráfico demonstra a evolução mensal do saldo de transações correntes do país com o exterior, em bilhões de dólares, no período compreendido entre agosto de 2005 e agosto de 2006.

Capítulo 7 — Estudo da variação das funções — **255**

I. Pela observação do gráfico anterior, pode-se afirmar que:
   a) o gráfico representa uma função crescente
   b) no ano de 2006, o saldo de transações correntes do país é crescente
   c) o menor superávit do balanço de pagamentos ocorreu no mês de abril de 2006
   d) a maior diferença de superávits ocorreu do mês de junho para o mês de julho de 2006
   e) o superávit do mês de setembro de 2006 será maior que o do mês de agosto de 2006

II. De acordo com o texto, o PIB do Brasil no ano de 2006 será de aproximadamente:
   a) 600 bilhões de dólares
   b) 900 bilhões de dólares
   c) 11,9 bilhões de dólares
   d) 14,2 bilhões de dólares
   e) 8,225 bilhões de dólares

III. De acordo com o texto, o BC avalia que, em 2006, o aumento do total de remessas de lucros e dividendos, em relação ao total verificado no ano de 2005, será de aproximadamente:
   a) 100%   b) 25%   c) 30%   d) 50%   e) 10%

8. (FGV) No mês de abril o mercado financeiro viveu uma certa instabilidade, e o preço de determinada ação oscilou de tal forma que ele poderia ser descrito pela função periódica:

   $f(x) = 4{,}50 + sen\,(2\pi x)$, em que $f(x)$ é o preço da ação, $x = 0$ representa o 1º dia útil de abril, $x = \dfrac{1}{4}$, o 2º dia útil, $x = \dfrac{1}{2}$, o 3º dia útil, e assim por diante.

   a) Esboce o gráfico da função $f(x)$ correspondente aos primeiros 5 dias úteis de abril.
   b) Considerando que o dia 1º de abril foi segunda-feira, determine em que dias da 1ª semana útil de abril o preço dessa ação atingiu o maior e o menor valor.
   c) Quais foram o maior e o menor valor dessa ação na 1ª semana útil de abril?

REVISÃO ORIENTADA
Construção de gráficos

O recurso mais utilizado para a construção de um gráfico no Ensino Médio é uma tabela de pontos. Mas, observe que uma tabela, por mais pontos que contenha, é insuficiente para garantir o comportamento – crescimento, decrescimento – de uma curva entre dois pontos.

Entre esses dois pontos, sempre haverá um outro: basta considerar a média aritmética das abscissas. Mas, se esse terceiro ponto não constar da tabela que fizermos, como saber o comportamento da função entre eles?

Era possível desenhar o esboço de alguns gráficos no Ensino Médio, pois tínhamos informações sobre o aspecto do gráfico; por exemplo, funções de 1º grau têm sempre por gráfico uma reta; funções de 2º grau têm sempre por gráfico uma parábola; gráficos de funções exponenciais ou logarítmicas ou trigonométricas também têm características próprias e regulares.

Mas, sem essas informações, a tabela é um recurso insuficiente e bastante precário. Com uma planilha eletrônica é possível construir tabelas com 1 000, 5 000, 10 000 pontos sem esforço, mas ainda assim, entre dois pontos da tabela, há outro no gráfico que não sabemos onde se localiza.

De qualquer modo, continuaremos a construir uma tabela para fazermos o gráfico de uma função, mas os valores de x que escolheremos não serão aleatórios, mas sim aqueles fornecidos pelas derivadas primeira e segunda da função, onde ocorra alguma mudança relevante de comportamento da função (máximo, mínimo, inflexão).

Além desses valores, sempre determinaremos os valores de x do domínio da função — para verificarmos se há alguma descontinuidade no gráfico – e os valores correspondentes a $x = 0$ e a $f(x) = 0$ (ou $y = 0$), pois eles determinam as intersecções do gráfico da função com os eixos cartesianos e são, em geral, valores importantes nos contextos estudados. Por exemplo, para a função lucro, uma raiz é um *BEP*; para uma função custo total, a intersecção com o eixo vertical é o *custo fixo*.

TECNOLOGIA
Software Gráfico

Utilizando o *Winplot* construa os gráficos das funções $f(x) = x + 1$, $g(x) = x^2 + 1$ e $h(x) = x^3 + 1$.

Observe que a uma tabela como

x	y
0	1
1	2

poderia corresponder qualquer um desses três gráficos, mas o comportamento de cada uma das funções *f*, *g* e *h*, é muito diferente para $x < 0$, $0 < x < 1$ e $x > 1$.

Informações da derivada primeira

Seja f uma função derivável em um intervalo aberto I. A derivada de f em cada ponto é a taxa de variação instantânea da função nesse ponto. Desse modo:

> Se $f'(x) > 0$ para todo $x \in I$, então f varia positivamente, ou seja, $f(x)$ tem valores cada vez maiores a medida que x aumenta; assim, f será estritamente crescente em I.

> Se $f'(x) < 0$ para todo $x \in I$, então f varia negativamente, ou seja, $f(x)$ tem valores cada vez menores a medida que x aumenta; assim, f será estritamente decrescente em I.

> Se $f'(x_0) = 0$ dizemos que x_0 é um **ponto crítico da função.**

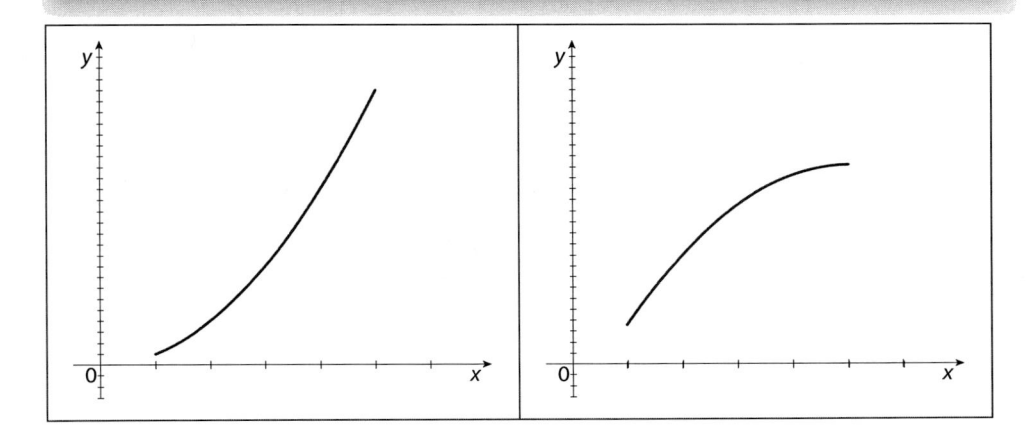

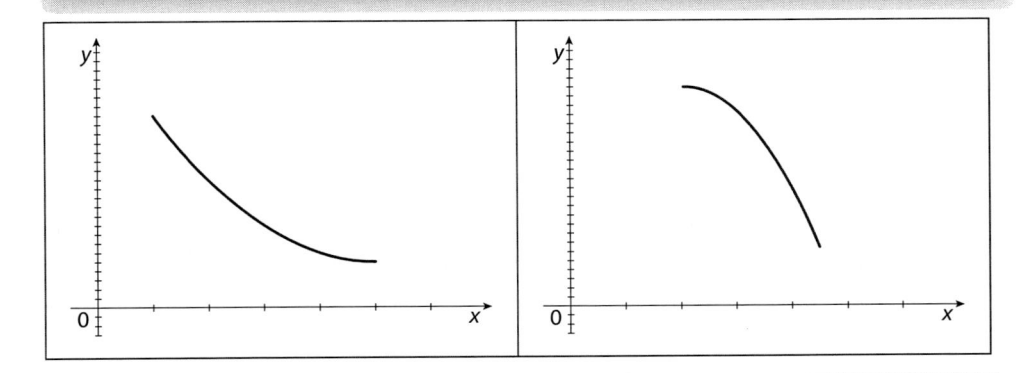

Em um ponto em que a função não está crescendo e também não está decrescendo, ela deixou de variar, portanto, tem variação instantânea igual a zero. A função para de variar, em geral, para mudar de comportamento.

x_0 é abscissa de um ponto de *máximo local* se

- $f'(x_0) = 0$
- $x < x_0, f'(x) > 0$ e
- $x > x_0, f'(x) < 0$

ou seja, $f'(x)$ troca de sinal de $+$ para $-$.

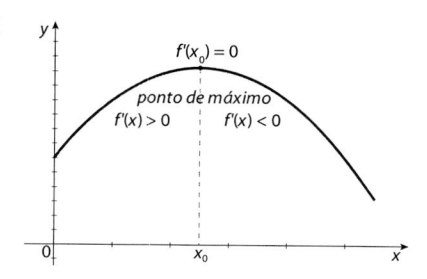

A função f para de variar em x_0, antes de x_0 ela varia positivamente, portanto cresce e, após x_0, a função f varia negativamente, portanto decresce.

x_0 é abscissa de um ponto de *mínimo local* se

- $f'(x_0) = 0$
- $x < x_0, f'(x) < 0$ e
- $x > x_0, f'(x) > 0$

ou seja, $f'(x)$ troca de sinal de $-$ para $+$.

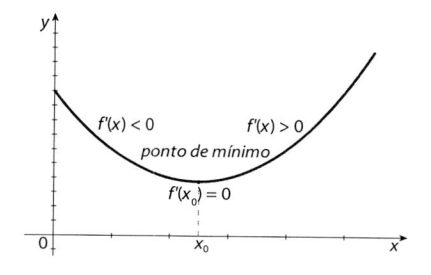

A função f para de variar em x_0, antes de x_0 ela varia negativamente, portanto decresce e, após x_0, a função f varia positivamente, portanto cresce.

REVISÃO ORIENTADA
Estudo de sinais de uma função

Se a função é polinomial de grau 1, $f(x) = ax + b$, a e b coeficientes reais, $a \neq 0$, a raiz é assim calculada:

$$ax + b = 0 \rightarrow x = -\frac{b}{a}$$

e os sinais de $f(x)$ são:

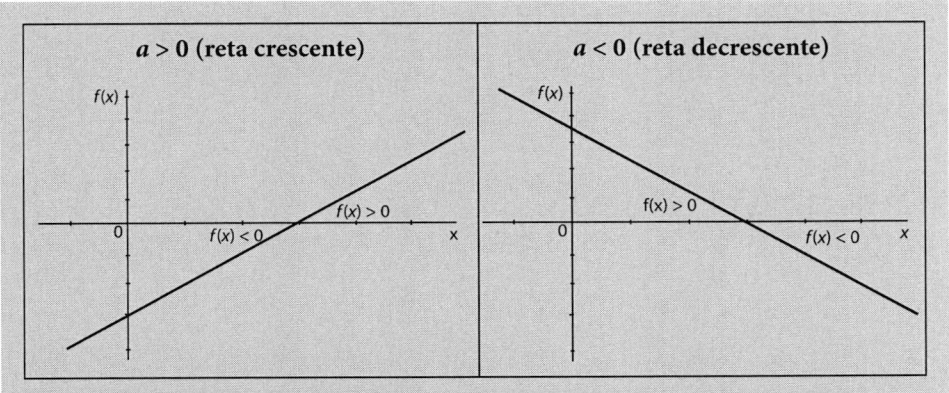

Capítulo 7 Estudo da variação das funções **259**

a > 0 (reta crescente)	a < 0 (reta decrescente)
gráfico: reta crescente, f(x) < 0 à esquerda do zero, f(x) > 0 à direita	gráfico: reta decrescente, f(x) > 0 à esquerda do zero, f(x) < 0 à direita

Se a função é polinomial de grau 2, $f(x) = ax^2 + bx + c$, a, b e c coeficientes reais, $a \neq 0$, utilizamos a fórmula de Báskara para determinar as raízes ou zeros da função:

$$ax^2 + bx + c = 0 \rightarrow x = \frac{-b \pm \sqrt{\Delta}}{2a}, \text{ sendo } \Delta = b^2 - 4ac$$

e os sinais de $f(x)$ são:

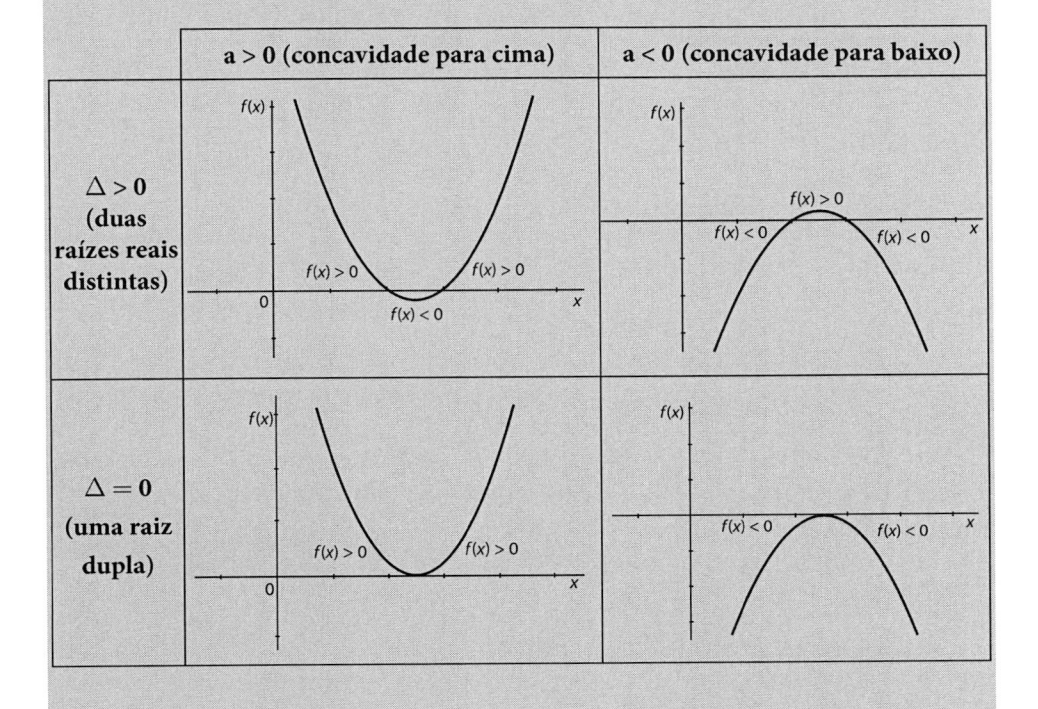

	a > 0 (concavidade para cima)	a < 0 (concavidade para baixo)
$\Delta > 0$ (duas raízes reais distintas)	parábola com concavidade para cima; f(x) > 0 fora das raízes, f(x) < 0 entre as raízes	parábola com concavidade para baixo; f(x) < 0 fora das raízes, f(x) > 0 entre as raízes
$\Delta = 0$ (uma raiz dupla)	parábola com concavidade para cima tangente ao eixo x; f(x) > 0 para ambos os lados	parábola com concavidade para baixo tangente ao eixo x; f(x) < 0 para ambos os lados

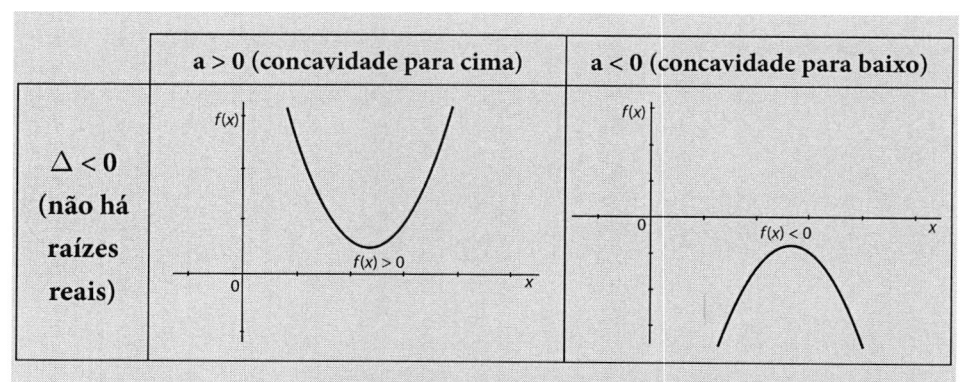

	a > 0 (concavidade para cima)	a < 0 (concavidade para baixo)
$\Delta < 0$ (não há raízes reais)	$f(x) > 0$	$f(x) < 0$

Para funções polinomiais de grau maior ou igual a 3, podemos recorrer a diversos casos de fatoração e estudar o sinal de um produto, como em:

$$f(x) = x(x-1)(x+3)(x-5)$$

Para funções racionais, podemos estudar o sinal de cada termo – numerador e denominador – em separado e, depois, analisar o sinal do quociente, como em:

$$f(x) = \frac{1-x}{x-2}$$

EXEMPLO

Considerando novamente a função $f(x) = \frac{x^3}{3} - \frac{3x^2}{2} + 2x + \frac{7}{6}$, vamos calcular sua derivada primeira:

$$f'(x) = x^2 - 3x + 2$$

$x^2 - 3x + 2 = 0$ para $x = 1$ e para $x = 2$ ($S = 3$ e $P = 2$).

$x = 1$ e $x = 2$ são, então, abscissas de pontos em que a função f para de variar, ou seja, de pontos críticos da função; aí ocorre alguma mudança de comportamento da função.

Observe o gráfico de f':

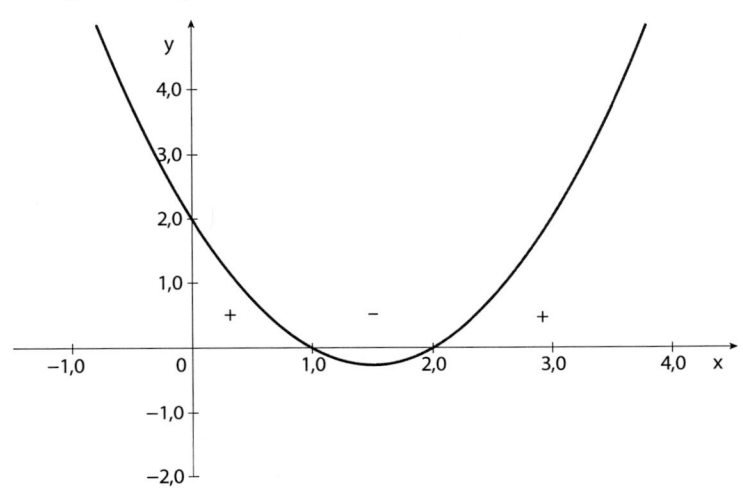

Para $x < 1$ e para $x > 2$, $f'(x) > 0$ e, portanto, f é crescente.
Para $1 < x < 2$, $f'(x) < 0$ e, então, f é decrescente.

Em $x = 1$, a derivada primeira zera e seu sinal troca de positivo para negativo indicando que a função f parou de crescer para decrescer: temos aí um *ponto de máximo local* de f.

Em $x = 2$, a derivada primeira zera e seu sinal troca de negativo para positivo indicando que a função f parou de decrescer para crescer: temos aí um *ponto de mínimo local* de f.

Para $x = 1$, $f(1) = 2$; $(1, 2)$ é um *ponto de máximo local* dessa função.

Para $x = 2$, $f(2) = \dfrac{11}{6}$; $\left(2, \dfrac{11}{6}\right)$ é um *ponto de mínimo local* dessa função.

TECNOLOGIA
Software Gráfico

Utilizando o *Winplot*, construa o gráfico da função $f(x) = \dfrac{x^3}{3} - \dfrac{3x^2}{2} + 2x + \dfrac{7}{6}$ e confira os seus pontos extremos. Escolha:

Janela – 2-dim
Arquivo – Novo
Equação – Explícita

e, então, digite a equação da função.
Depois, em Um, há a opção "Extremos".

FAQ

Se f é negativa então f é decrescente?

Não.
Observe a sequência:

$$-64, -32, -16, -8, -4, -2, 0 \ldots$$

Trata-se de uma sequência crescente embora os primeiros termos sejam negativos.

Mas a variação de um termo a outro é positiva ($-32 - (-64) = +32$, por exemplo).

Observe esta outra sequência:

$$64, 32, 16, 8, 4, 2, 0 \ldots$$

Trata-se de uma sequência decrescente embora os primeiros termos sejam positivos.

Mas a variação de um termo a outro é negativa ($32 - 64 = -32$, por ex.).
Se a variação de um termo ao seguinte é positiva, a sequência cresce.
Se a variação de um termo ao seguinte é negativa, a sequência decresce.

Mesmo conhecendo os intervalos de crescimento e de decrescimento de uma função e seus pontos de máximo e de mínimo, ainda não temos informações suficientes para construir o gráfico, porque há muitos modos de crescimento e de decrescimento. Não sabemos se essa função, quando cresce, por exemplo, cresce rapidamente (concavidade para cima) — Gráfico I — ou lentamente (concavidade para baixo) — Gráfico II.

Observe:

Gráfico I

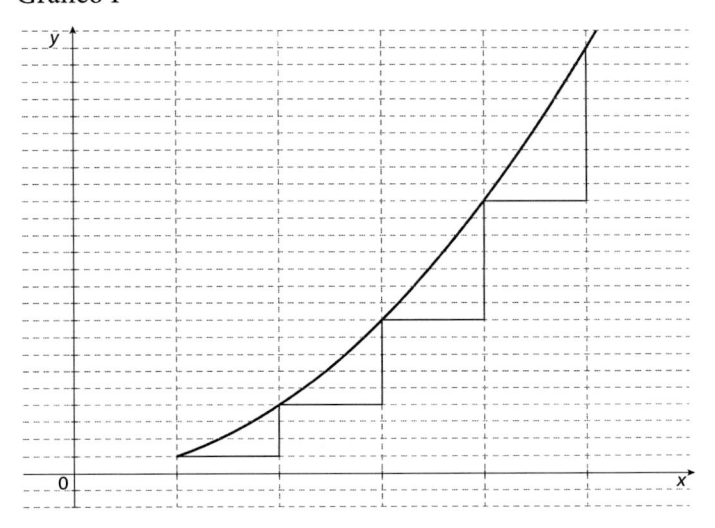

Gráfico II

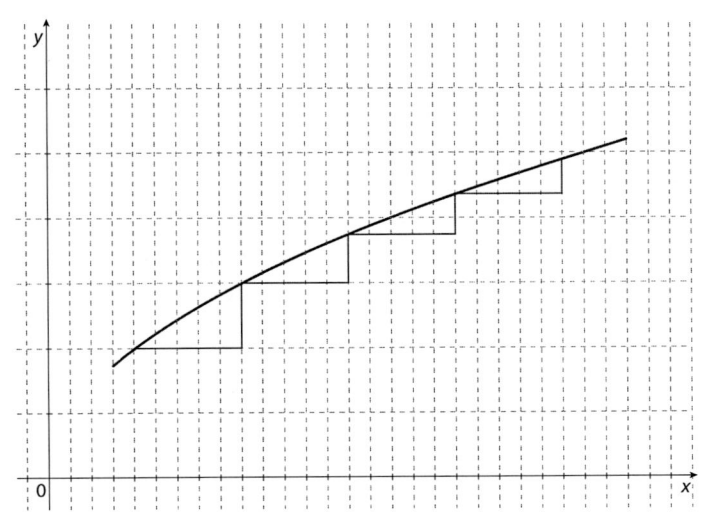

Para tanto, necessitaremos de informações da *derivada segunda* da função: a variação da variação. Saberemos então, pela derivada primeira, que tipo de variação a função está sofrendo (crescimento ou decrescimento), mas pela derivada segunda, saberemos como é essa variação (rápida ou lenta).

> **FAQ**
>
> Não podemos utilizar a fórmula do x_V para encontrar o ponto de mínimo ou de máximo de uma função qualquer?

Não. A fórmula do x_V pode ser utilizada apenas para encontrar a abscissa do vértice – seja ele um ponto de mínimo ou um ponto de máximo – do gráfico de uma *função de 2º grau – uma parábola*.

Observe a expressão de uma função de 2º grau qualquer e o cálculo de sua derivada primeira:

$$f(x) = ax^2 + bx + c, a \in \Re^*, b \in \Re \text{ e } c \in \Re$$
$$f'(x) = 2ax + b$$

A derivada se anula para:

$$2ax + b = 0$$
$$2ax = -b$$
$$x = -\frac{b}{2a}$$

Temos aí a abscissa de um ponto crítico e a fórmula do x_V.

Derivadas de ordem superior

A derivada primeira de uma função (f') é a taxa de variação instantânea dessa função; é uma medida de ritmo, de velocidade da função.

À variação da taxa de variação instantânea chamamos *derivada segunda da função* e indicamos por: f''.

Podemos associar a derivada segunda a uma medida de "aceleração" da função.

É possível continuar calculando sucessivamente as derivadas de uma função f:

$$f^{iii}(x), f^{iv}(x), f^{v}(x), f^{vi}(x) \text{ etc.}$$

EXEMPLOS

1. Para $f(x) = 5x^2 + 3x - 9$ temos:
   $f'(x) = 10x + 3$
   $f''(x) = 10$ e
   $f^n(x) = 0$, para $n \in \mathbb{N}$, $n > 2$.
2. Para $f(x) = x^9$, temos: $f'(x) = 9x^8$, $f''(x) = 72x^7$.
3. Para $f(x) = sen\ x$, temos: $f'(x) = cos\ x$, $f''(x) = -sen\ x$ e $f'''(x) = -cos\ x$.
4. Para $f(x) = 1\ 000$, temos: $f^n(x) = 0$, para $n \in \mathbb{N}^*$.

Capítulo 7 — Estudo da variação das funções

Exercícios e problemas propostos

1. Determine os intervalos em que há variação de sinal da derivada primeira de cada uma das funções do exercício 4 da p. 248 e compare:
   a) esses intervalos com os intervalos em que a função é crescente ou decrescente;
   b) esses intervalos com os intervalos de variação do sinal da função.

2. (CEAG) A função $f(x) = -x^3 + 12x$, de domínio real, é crescente para:
   a) $x \geq 0$ b) $-2 \leq x \leq 2$ c) $x \geq 4$ d) $-1 \leq x \leq 3$ e) $x \leq 2$

3. Calcule a derivada primeira e a derivada segunda da função:
   a) $f(x) = 10$
   b) $f(x) = 5x - 35$
   c) $f(x) = x^2 + 4x$
   d) $f(x) = -x^2 + 50x - 60$
   e) $f(x) = x^3$
   f) $f(x) = x^7 + 3x^5 - 18$
   g) $f(x) = \sqrt{x}$
   h) $f(x) = \sqrt[3]{x^2}$
   i) $f(x) = \dfrac{1}{x}$
   j) $f(x) = 3^x$
   k) $f(x) = \log x$
   l) $f(x) = \cos x$
   m) $f(x) = \operatorname{tg} x$
   n) $f(x) = \ln x$

4. Calcule a derivada segunda da função:
   a) $f(x) = \dfrac{10}{(x-1)^2}$
   b) $g(x) = \dfrac{-2}{(x+1)^2}$
   c) $f(x) = 2x + \dfrac{128}{x}$
   d) $v(x) = -3x - \dfrac{75}{x}$

5. Calcule as derivadas sucessivas para cada uma das seguintes funções:
   a) $s(t) = -3t^2 + 10t - 7$
   b) $y = x^3 + 4x^2 + 6x - 1$

6. (CEAG) Seja $f'(x)$ a derivada da função $f(x)$. Se $f'(x)$ é uma função crescente em todo o seu domínio e tal que $f'(a) = 0$, então:
   a) $f(a) = 0$
   b) $f(a) < 0$
   c) $f(a) > 0$
   d) $f(a)$ é um mínimo de $f(x)$
   e) $f(a)$ é um máximo de $f(x)$

7. (CEAG) O trinômio $P(x) = x^2 + mx + n$ admite uma raiz nula e um mínimo para $x = 3$. Então:
   a) $n - m = 6$
   b) $n - m = -6$
   c) $m + n = 6$
   d) $m \cdot n = 6$
   e) $m \cdot n = -6$

8. (ENADE – MAT) Os analistas financeiros de uma empresa chegaram a um modelo matemático que permite calcular a arrecadação mensal da empresa ao longo de 24 meses, por meio da função,

$$A(x) = \frac{x^3}{3} - 11x^2 + 117x + 124$$

em que $0 \leq x \leq 24$ é o tempo, em meses, e a arrecadação $A(x)$ é dada em milhões de reais.

A arrecadação da empresa começou a decrescer e, depois, retomou o crescimento, respectivamente, a partir dos meses:
a) $x = 0$ e $x = 11$
b) $x = 4$ e $x = 7$
c) $x = 8$ e $x = 16$
d) $x = 9$ e $x = 13$
e) $x = 11$ e $x = 22$

7.2. Concavidade e pontos de inflexão

x_0 é abscissa de um **ponto de inflexão** do gráfico de uma função f quando ocorre uma **mudança de concavidade**.

Observe que, nos gráficos a seguir, o comportamento das funções – em termos de crescimento ou decrescimento – não mudou ao passarmos pelo ponto de inflexão; em (I), a função era crescente antes de x_0 e continuou a crescer após x_0; em (II), a função era decrescente antes de x_0 e continuou a decrescer após x_0.

O que se alterou foi o modo de crescer ou de decrescer dessas funções, de um crescimento lento (concavidade para baixo) para um crescimento rápido (concavidade para cima) no 1º gráfico e de um decrescimento rápido para um decrescimento lento no 2º gráfico.

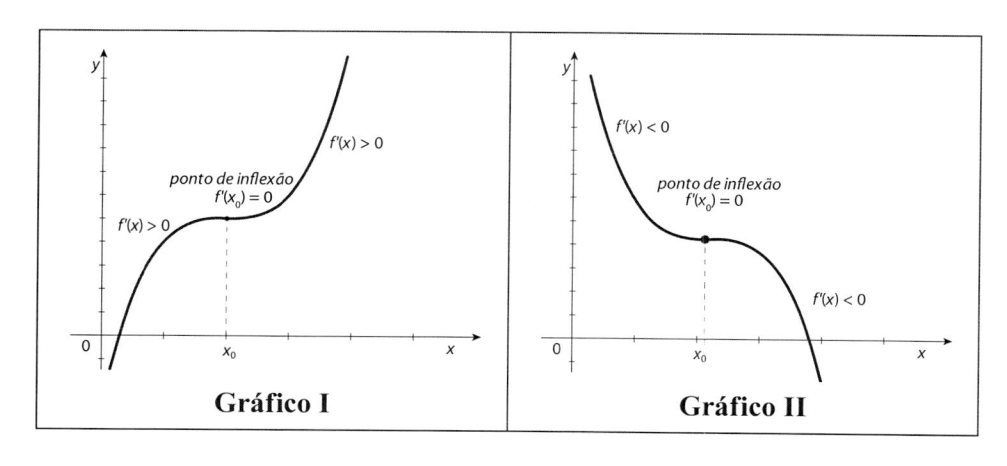

Gráfico I

Gráfico II

Informações da derivada segunda

Se $f''(x) > 0$ em I então f terá **concavidade para cima** em I.

Se $f''(x) < 0$ em I então f terá **concavidade para baixo** em I.

Se $f''(a) = 0$ e $f''(x)$ muda de sinal em uma vizinhança do ponto de abscissa $x = a$ então $x = a$ é abscissa de um **ponto de inflexão** do gráfico de f.

Mas também podemos ter pontos de inflexão se houver mudança tanto de crescimento/decrescimento, como de concavidade (ou seja, um ponto pode ser, por exemplo, ao mesmo tempo, de mínimo e de inflexão) como no gráfico a seguir:

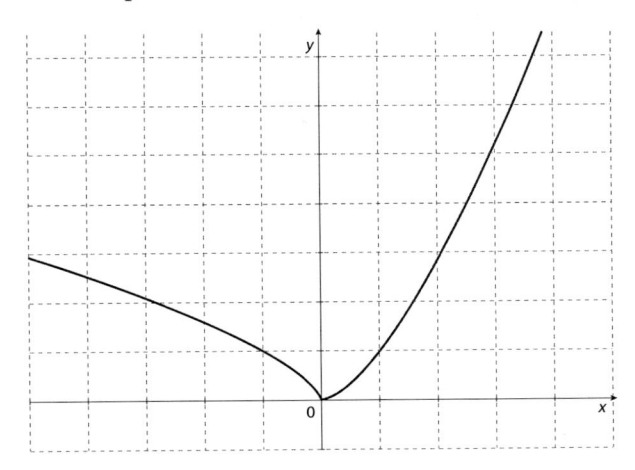

Nesse gráfico, o ponto (0, 0) é um ponto de inflexão e também um ponto de mínimo global da função.

Há pontos de inflexão em que a derivada primeira não se anula, ou seja, a função troca de concavidade sem efetivamente parar para fazê-lo (*ponto de inflexão oblíquo*) — Gráfico I; há pontos de inflexão em que a derivada primeira se anula, ou seja, a função troca de concavidade em um ponto em que para (*ponto de inflexão horizontal*) — Gráfico II; e há pontos de inflexão em que a derivada primeira não existe — Gráfico III.

Gráfico I – $g(x) = -x^3 + 3x^2 - 2$

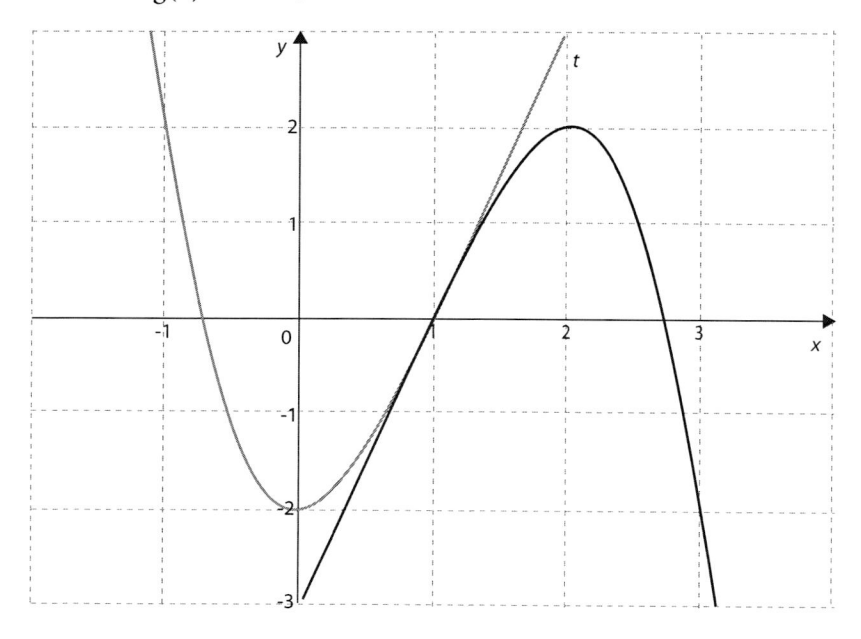

Gráfico II – $f(x) = x^3$

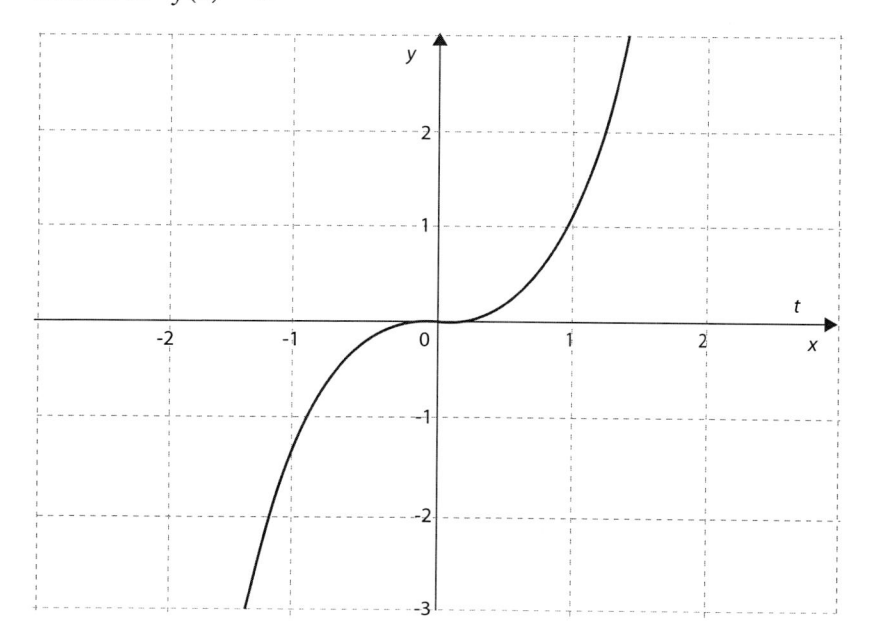

Gráfico III – $h(x) = \sqrt[3]{x}$

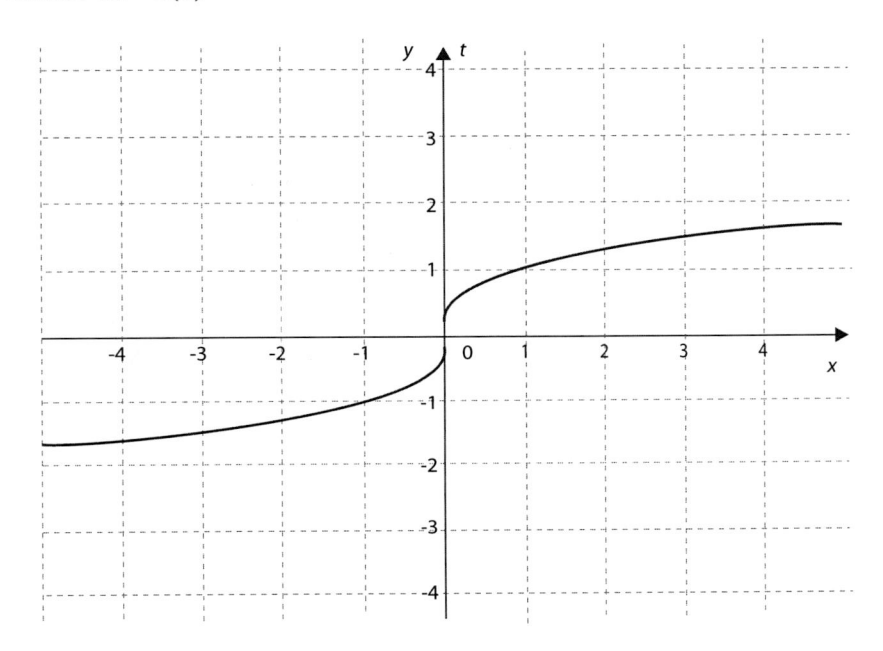

FAQ: Para saber a concavidade do gráfico de uma função não é suficiente observar o sinal do a?

Não. Observar o sinal do coeficiente **a** é suficiente para analisar a concavidade do gráfico de uma *função de 2º grau – uma parábola*.

Observe a expressão de uma função de 2º grau qualquer e o cálculo de sua derivada segunda:

$$f(x) = ax^2 + bx + c, a \in \Re^*, b \in \Re \text{ e } c \in \Re$$

$$f'(x) = 2ax + b$$

$$f''(x) = 2a$$

A derivada segunda é positiva se **a** for positivo e é negativa se **a** for negativo.

A regra estudada no Ensino Médio é consequência do estudo dos sinais da derivada segunda.

Para funções polinomiais de grau diferente de 2 essa regra não se aplica, pois o sinal de **a** não coincide com o sinal da derivada segunda.

Observe alguns exemplos:

$$f(x) = ax^3 + bx^2 + cx + d, a \in \Re^*, b, c, d \in \Re$$

$$f'(x) = 3ax^2 + 2bx + c$$

$$f''(x) = 6ax + 2b$$

$$f(x) = ax^4 + bx^3 + cx^2 + dx + e, a \in \Re^*, b, c, d, e \in \Re$$

$$f'(x) = 4ax^3 + 3bx^2 + 2cx + d$$

$$f''(x) = 12ax^2 + 6bx + 2c$$

EXEMPLO

Considerando novamente a função $f(x) = \dfrac{x^3}{3} - \dfrac{3x^2}{2} + 2x + \dfrac{7}{6}$, vamos calcular sua derivada segunda:

$$f'(x) = x^2 - 3x + 2$$
$$f''(x) = 2x - 3$$

Anulando a derivada segunda:

$$2x - 3 = 0 \text{ para } x = \dfrac{3}{2}.$$

$x = \dfrac{3}{2}$ é, então, abscissa de um ponto em que a variação da função f para de variar, ou seja, a função f, nesse ponto, tem "aceleração" zero; aí ocorre alguma mudança de comportamento da função.

Note que, como $\dfrac{3}{2}$ não anulou a derivada primeira, a função tem, nesse ponto, "aceleração" zero, mas a "velocidade" não é zero. Trata-se de um *ponto de inflexão oblíquo*.

Observe o gráfico de f'':

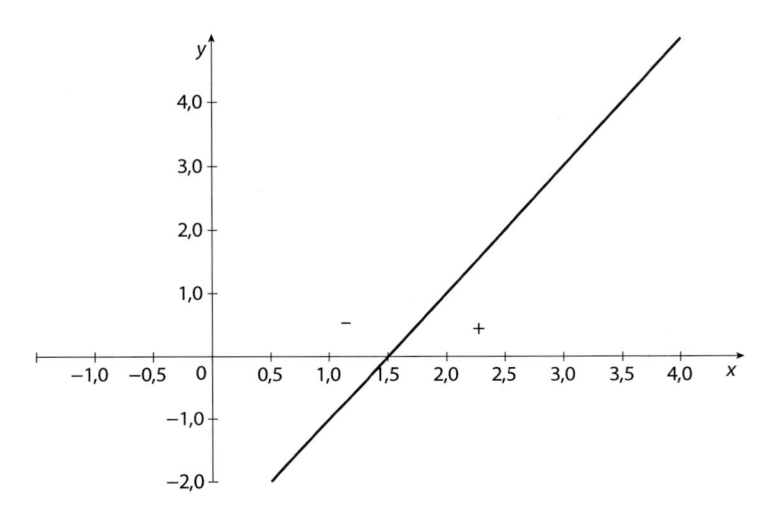

Para $x < \dfrac{3}{2}$, $f''(x) < 0$ e f tem concavidade para baixo.

Para $x > \dfrac{3}{2}$, $f''(x) > 0$ e f tem concavidade para cima.

Em $x = \dfrac{3}{2}$, a derivada segunda zera e seu sinal troca de negativo para positivo indicando que a função parou de "desacelerar" para "acelerar", ou seja, mudou de concavidade para baixo para concavidade para cima: temos aí um *ponto de inflexão oblíquo* de f.

Para $x = \dfrac{3}{2}$, $f\left(\dfrac{3}{2}\right) \approx 1{,}92$; $(1{,}50;\ 1{,}92)$ é o ponto de inflexão dessa função.

> **Apenas com a análise do sinal da derivada primeira já não é possível fazer o gráfico da função?**

Não, porque os sinais da derivada primeira nos informam como é o comportamento da função em termos de crescimento ou decrescimento e fornecem candidatos a pontos críticos da função.

Mas se a derivada primeira for positiva em um intervalo, isso nos diz apenas que a função é crescente nesse intervalo, mas não dá detalhes sobre esse crescimento. Há vários modos de "ser crescente": a função pode crescer sempre no mesmo ritmo (caso de uma reta), a função pode crescer lentamente (concavidade para baixo), ou crescer rapidamente (concavidade para cima), ou ainda, alternar o seu modo de crescer de lento para rápido ou vice-versa, caso em que haverá um ponto de inflexão na curva (no gráfico da função).

O mesmo se aplica ao decrescimento.

A derivada segunda – a variação da variação – informa *como* é esse crescimento ou esse decrescimento.

TECNOLOGIA
Software Gráfico

Utilizando o *Winplot*, construa o gráfico da função $f(x) = \dfrac{x^3}{3} - \dfrac{3x^2}{2} + 2x + \dfrac{7}{6}$ e confira seu ponto de inflexão. Escolha:

Janela – 2-dim
Arquivo – Novo
Equação – Explícita

e, então, digite a equação da função.

Depois, em Inventário, escolha "derivar" duas vezes.

Em Um, opte por Zeros, escolhendo a segunda derivada.

Para determinar a ordenada do ponto de inflexão, selecione "Equação" – "Inventário" – "Tabela" e a função *f*, colocando em *Parâmetros* o valor da abscissa *x* do ponto de inflexão.

Capítulo 7 — Estudo da variação das funções

Exercícios e problemas propostos

1. Faça as análises necessárias da função e de suas derivadas primeira e segunda e construa o gráfico, destacando e classificando os pontos críticos:
   a) $f(x) = x^2 - 5x + 6$
   b) $f(x) = x^3$
   c) $f(x) = (x - 5)^3$
   d) $f(x) = x^3 - 64x$
   e) $f(x) = x^3 - x^2$
   f) $f(x) = x^4 - x^3$
   g) $f(x) = x^3 - 6x^2 + 11x - 6$
   h) $f(x) = x^3 - 6x^2 + 9x + 10$
   i) $f(x) = x^3 - 12x^2 + 36x + 10$
   j) $f(x) = x^3 - 30x^2 + 300x - 400$
   k) $f(x) = x^3 - 9x^2 + 24x + 1$, para $x \geq 0$
   l) $f(x) = 2x^3 - 21x^2 + 72x + 18$, para $x > 0$
   m) $f(x) = x^4 - 2x^2 + 40$
   n) $f(x) = -3x^5 + 5x^3$

> **FAQ**
> Substituindo os valores da coordenada *x* dos pontos críticos nas derivadas para determinar o *y* correspondente, encontramos zero como resultado. O que há de errado?

Para determinarmos as abscissas dos pontos críticos, igualamos as derivadas primeira e segunda a zero. Note que, substituindo os valores de *x* encontrados em cada derivada na expressão da respectiva derivada só poderíamos encontrar resultado zero. Trata-se de um raciocínio circular, pois foi assim que obtivemos esses valores de *x*: igualando as derivadas a zero.

Estamos interessados em construir o gráfico de *f* e, por meio de suas derivadas primeira e segunda, determinamos as abscissas de seus pontos críticos (*x*).

Mas há infinitas funções com o mesmo "formato" de gráfico – crescimento e decrescimento, concavidades, abscissas de máximos, mínimos e inflexão – cada uma em uma posição diferente do plano cartesiano.

Observe os exemplos e os respectivos gráficos:

$$f(x) = \frac{x^3}{3} - \frac{3x^2}{2} + 2x + \frac{7}{6} \rightarrow f'(x) = x^2 - 3x + 2 \text{ e } f''(x) = 2x - 3$$

$$f(x) = \frac{x^3}{3} - \frac{3x^2}{2} + 2x - 2 \rightarrow f'(x) = x^2 - 3x + 2 \text{ e } f''(x) = 2x - 3$$

$$f(x) = \frac{x^3}{3} - \frac{3x^2}{2} + 2x + 3 \rightarrow f'(x) = x^2 - 3x + 2 \text{ e } f''(x) = 2x - 3$$

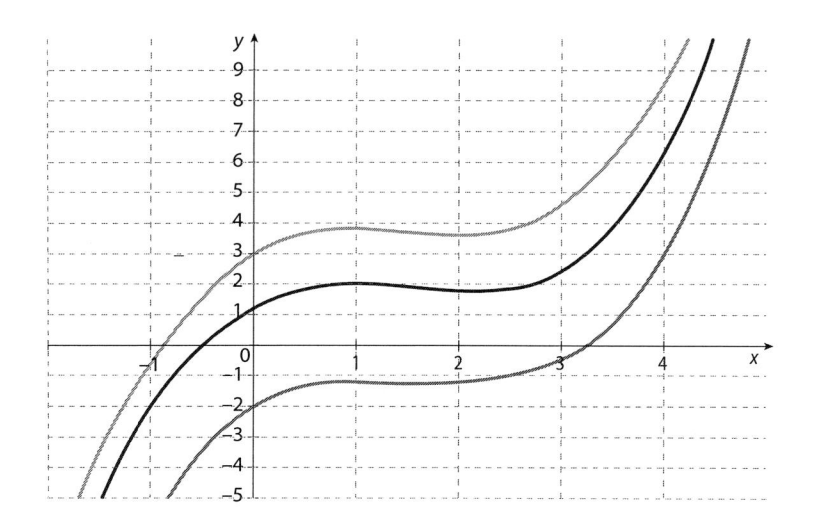

Para encontrarmos o y correspondente a cada x de um ponto crítico, *substituímos x na expressão da função (f(x))*, pois o gráfico a ser construído é de f e estamos fazendo uma tabela de pontos (x, y) para a função f.

2. (CEAG) A função f(x) está representada graficamente na figura abaixo. Para quais valores reais de x, f(x) apresenta derivadas de primeira e de segunda ordem positivas ?

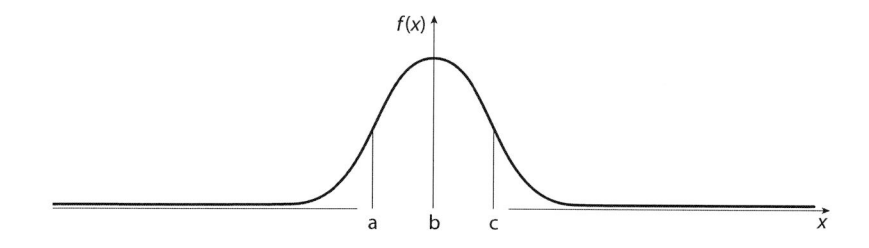

a) $x < a$ ou $x > c$
b) $a < x < c$
c) $x > c$
d) $x < b$
e) $x < a$

TECNOLOGIA
Software Gráfico

Considere as funções:

I. $f(x) = x^3 - 1$
II. $f(x) = (x-1)^3$
III. $f(x) = (x+2)^3$
IV. $f(x) = x^3 + 8$
V. $f(x) = x^3 - 8$

Construa, no *Winplot*, o gráfico cartesiano de cada função e determine:

a) o domínio e os pontos de intersecção com os eixos coordenados (*Ox* e *Oy*), se houver;
b) os intervalos de crescimento ou decrescimento;
c) os pontos extremos (máximos ou mínimos) (se houver), classificando-os em locais (relativos) ou globais (absolutos);
d) o(s) sentido(s) da concavidade e os pontos de inflexão (se houver).

Limites

Para construirmos o gráfico de uma função também é importante saber quando a função apresenta alguma descontinuidade – seja apenas em um ponto ou em todo um intervalo — ou quando há tendência para algum valor, à medida que os valores de *x* aumentam ou diminuem cada vez mais; precisaremos determinar o que chamamos de *limites laterais* e também os *limites nos extremos do domínio* da função estudada.

Consideremos as funções

$$f(x) = \frac{x^2 - 5x + 6}{x - 3}$$
$$g(x) = x - 2$$

Notando que $x^2 - 5x + 6 = (x-2)(x-3)$, poderíamos simplificar a expressão da função *f* obtendo a expressão de *g*. Essas funções são idênticas para $x \neq 3$.

Observe os seus gráficos.

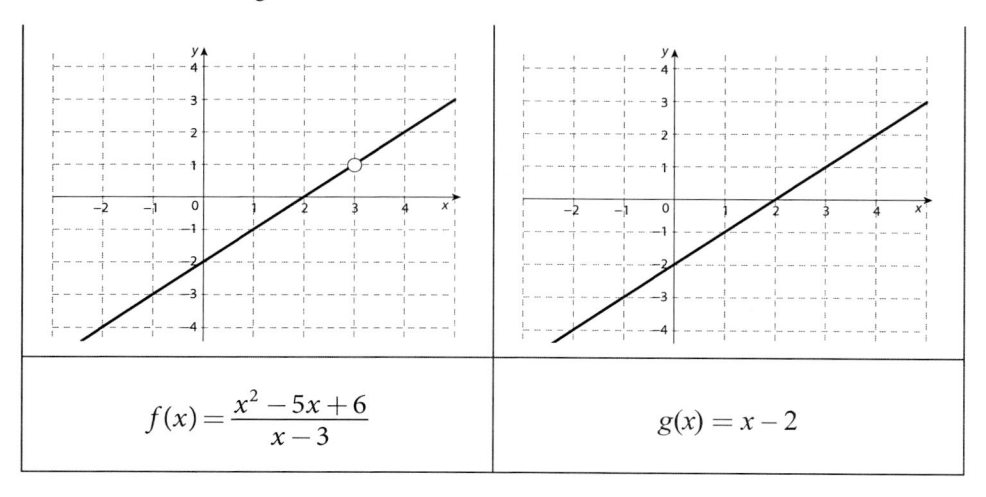

$f(x) = \dfrac{x^2 - 5x + 6}{x - 3}$	$g(x) = x - 2$

g é uma função contínua em $x = 3$, pois quando nos aproximamos de 3, seja por valores menores do que 3 (pela esquerda) seja por valores maiores do que 3 (pela direita), os valores da função apresentam uma mesma tendência para a imagem de 3 por g. Escrevemos:

$$\lim_{x \to 3^+} g(x) = \lim_{x \to 3^-} g(x) = 1 = g(3)$$

f é uma função não contínua, pois não existe $f(3)$. Mas quando nos aproximamos de 3 seja pela esquerda seja pela direita os valores da função apresentam uma mesma tendência para o número 1. Escrevemos:

$$\lim_{x \to 3^+} f(x) = \lim_{x \to 3^-} f(x) = 1$$

Como os limites laterais são iguais, dizemos que: $\lim_{x \to 3} f(x) = 1$

Observemos o gráfico a seguir. Ao nos aproximarmos de 1 por valores menores do que 1, ou seja, pela esquerda, os valores das imagens se aproximam de 3. Mas quando nos aproximamos de 1 por valores maiores do que 1, ou seja, pela direita, os valores das imagens se aproximam de 5.

Assim

$$\lim_{x \to 1^-} y = 3 \quad \text{e} \quad \lim_{x \to 1^+} y = 5$$

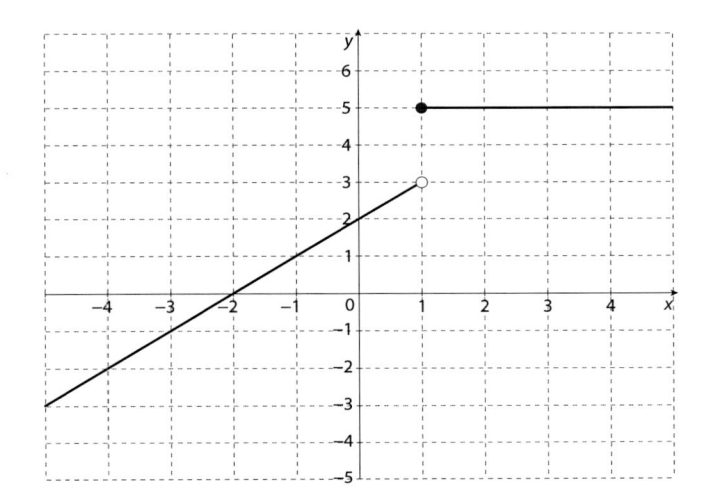

Como os limites laterais são diferentes, não existe o limite quando x se aproxima de 1.

Não há uma tendência à medida que x se aproxima de 1; poderíamos considerar valores cada vez mais próximos de 1 alternadamente (ora maiores do que 1, ora menores do que 1) e os valores de y ficariam também alternando entre valores próximos a 3 e valores próximos a 5, não apresentando nenhuma tendência única.

Essa função não é contínua em $x = 1$.

EXEMPLOS

1. Observe o gráfico da função $y = \dfrac{1}{x}$:

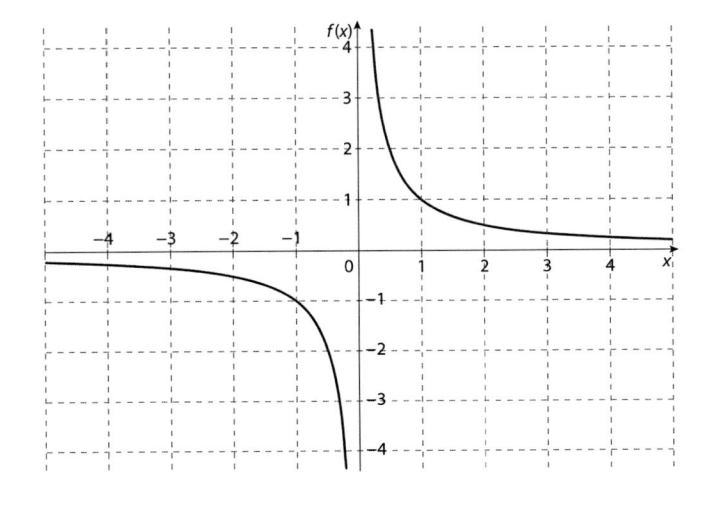

Para valores positivos de x cada vez maiores, os valores de y ficam cada vez menores.

Observe a tabela:

x	1	10	100	1 000	10 000	100 000
$y = f(x)$	1	$\frac{1}{10} = 0,1$	$\frac{1}{100} = 0,01$	$\frac{1}{1\,000} = 0,001$	$\frac{1}{10\,000} = 0,0001$	$\frac{1}{100\,000} = 0,00001$

Mas, nesse caso, os valores de y serão sempre positivos; a sequência de valores de y apresenta uma tendência, um limite, para zero. Escrevemos:

$$\lim_{x \to +\infty} \frac{1}{x} = 0$$

Para valores negativos de x cada vez menores, os valores de y ficam cada vez maiores (negativos mais próximos de zero).

x	−1	−10	−100	−1 000	−10 000	−100 000
y	−1	$-\frac{1}{10} = -0,1$	$-\frac{1}{100} = -0,01$	$-\frac{1}{1\,000} = -0,001$	$-\frac{1}{10\,000} = -0,0001$	$-\frac{1}{100\,000} = -0,00001$

Nesse caso, os valores de y serão sempre negativos; mas a sequência de valores de y apresenta uma tendência – um limite – para zero. Escrevemos:

$$\lim_{x \to -\infty} \frac{1}{x} = 0$$

TECNOLOGIA
Planilha eletrônica

Com o auxílio de uma planilha eletrônica continue as tabelas anteriores, verificando o comportamento de $\frac{1}{x}$ para x cada vez maior e para x cada vez menor.

Como não há solução para a equação: $\frac{1}{x} = 0$, o gráfico não intercepta o eixo horizontal (não há raízes).

O eixo das abscissas – Ox – é denominado *assíntota horizontal* do gráfico dessa função.

Esses cálculos determinam (ou justificam) o aspecto do gráfico de $y = \frac{1}{x}$ para valores de x muito pequenos ou muito grandes.

O domínio de f é $\Re^*$ e há, portanto, uma descontinuidade no gráfico em $x = 0$.

Como $x = 0$ não está no domínio dessa função, o gráfico não intercepta o eixo vertical. Mas podemos avaliar se há alguma tendência da função quando x assume valores próximos a zero.

Observe as tabelas:

Tabela I		Tabela II	
x	$y = f(x)$	x	$y = f(x)$
$\frac{1}{10} = 0,1$	10	$-\frac{1}{10} = -0,1$	-10
$\frac{1}{100} = 0,01$	100	$-\frac{1}{100} = -0,01$	-100
$\frac{1}{1\,000} = 0,001$	1 000	$-\frac{1}{1\,000} = -0,001$	$-1\,000$
$\frac{1}{10\,000} = 0,0001$	10 000	$-\frac{1}{10\,000} = -0,0001$	$-10\,000$
$\frac{1}{100\,000} = 0,00001$	100 000	$-\frac{1}{100\,000} = -0,00001$	$-100\,000$

Para valores de x positivos cada vez mais próximos de zero (Tabela I), os valores de y ficam cada vez maiores.

Para valores de x negativos cada vez mais próximos de zero (Tabela II), os valores de y ficam cada vez menores (negativos mais distantes de zero).

Escrevemos:

$$\lim_{x \to 0^+} \frac{1}{x} = +\infty \quad \text{e} \quad \lim_{x \to 0^-} \frac{1}{x} = -\infty$$

Esses limites são os denominados *limites laterais*. Podemos interpretá-los deste modo:

- quando x se aproxima de zero por valores maiores do que zero, ou seja, pela direita (+), y se aproxima de valores positivos muito grandes.
- quando x se aproxima de zero por valores menores do que zero, ou seja, pela esquerda (−), y se aproxima de valores negativos muito pequenos (grandes em módulo).

O eixo das ordenadas — Oy — é denominado *assíntota vertical* do gráfico dessa função.

Esses cálculos determinam (ou justificam) o aspecto do gráfico de $y = \dfrac{1}{x}$ para valores de x muito próximos da descontinuidade que ocorre para $x = 0$.

TECNOLOGIA
Planilha eletrônica

Com o auxílio de uma planilha eletrônica continue as tabelas anteriores, verificando o comportamento de $\dfrac{1}{x}$ para x cada vez mais próximo de zero.

REVISÃO ORIENTADA
Como operar com os símbolos $+\infty$ e $-\infty$?

Não são indeterminações:

$+\infty + (+\infty) = +\infty$

$-\infty + (-\infty) = -\infty$

$L \cdot (\pm\infty) = \pm\infty$, se $L > 0$

$L \cdot (\pm\infty) = \mp\infty$, se $L < 0$

$L + (\pm\infty) = \pm\infty$, para qualquer $L \in \Re$

$+\infty \cdot (+\infty) = +\infty$

$-\infty \cdot (-\infty) = +\infty$

$+\infty \cdot (-\infty) = -\infty$

Capítulo 7

2. Observe o gráfico da função $y = \dfrac{1-x}{x-2}$:

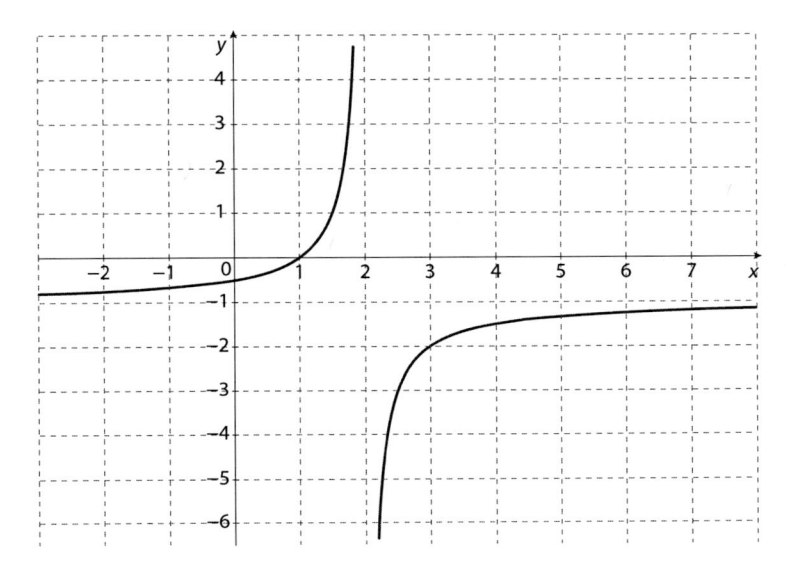

Para valores de x positivos cada vez maiores ($x > 2$), os valores de y se aproximam de -1.

x	y = f(x)
10	$-\dfrac{9}{8} = -1{,}1250$
100	$-\dfrac{99}{98} = -1{,}0102$
1 000	$-\dfrac{999}{998} = -1{,}0010$
10 000	$-\dfrac{9\,999}{9\,998} = -1{,}0001$

Escrevemos:

$$\lim_{x \to +\infty} \frac{1-x}{x-2} = -1$$

Para valores de x negativos cada vez menores, os valores de y se aproximam de −1.

x	y = f(x)
−1	$-\dfrac{2}{3} = -0{,}6667$
−10	$-\dfrac{11}{12} = -0{,}9167$
−100	$-\dfrac{101}{102} = -0{,}9902$
−1 000	$-\dfrac{1\,001}{1\,002} = -0{,}9990$
−10 000	$-\dfrac{10\,001}{10\,002} = -0{,}9999$

Escrevemos:

$$\lim_{x \to -\infty} \frac{1-x}{x-2} = -1$$

A reta $y = -1$ é denominada *assíntota horizontal* do gráfico dessa função.

Esses cálculos determinam o aspecto do gráfico de $y = \dfrac{1-x}{x-2}$ para valores de x muito pequenos ou muito grandes.

TECNOLOGIA
Planilha eletrônica

Continue as tabelas anteriores com o auxílio de uma planilha eletrônica, verificando o comportamento de $\dfrac{1-x}{x-2}$ para x cada vez maior e para x cada vez menor.

Como o domínio da função é $D = \{x \in \Re / x \neq 2\}$, o gráfico não pode interceptar a reta vertical de equação $x = 2$.

Mas podemos avaliar se há alguma tendência da função quando x assume valores próximos a 2.

Observe as tabelas:

Tabela I	
x	y = f(x)
1	0
1,5	1
1,75	3
1,99	99
1,999	999

Tabela II	
x	y = f(x)
2,1	−11
2,05	−21
2,01	−101
2,001	−1 001
2,0001	−10 001

Para valores de x menores do que 2 (Tabela I), cada vez mais próximos de 2, os valores de y ficam positivos cada vez maiores.

Para valores de x maiores do que 2 (Tabela II), cada vez mais próximos de 2, os valores de y ficam negativos cada vez menores.

Escrevemos:

$$\lim_{x \to 2^-} \frac{1-x}{x-2} = +\infty \quad \text{e} \quad \lim_{x \to 2^+} \frac{1-x}{x-2} = -\infty$$

Esses são os *limites laterais* dessa função.
Podemos interpretá-los deste modo:

▸ quando x se aproxima de 2 por valores menores do que 2, ou seja, pela esquerda (−), y se aproxima de valores positivos muito grandes.

▸ quando x se aproxima de 2 por valores maiores do que 2, ou seja, pela direita (+), y se aproxima de valores negativos muito pequenos (grandes em módulo).

A reta de equação $x = 2$ é denominada *assíntota vertical* do gráfico dessa função. Esses cálculos determinam (ou justificam) o aspecto do gráfico de $y = \dfrac{1-x}{x-2}$ para valores de x muito próximos da descontinuidade que ocorre para $x = 2$.

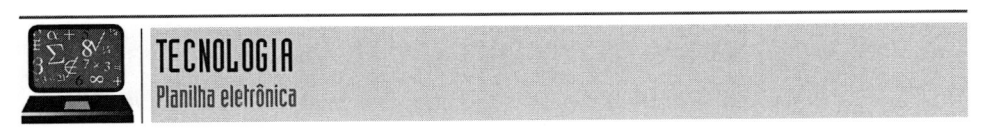

TECNOLOGIA
Planilha eletrônica

Continue as tabelas anteriores, verificando o comportamento de $\dfrac{1-x}{x-2}$ para x cada vez mais próximo de 2.

Exercícios e problemas propostos

1. (CEAG) Se $f(x) > 0$ para todo x real e diferente de 2, e $f(2) = -1$, então:

   a) $\lim\limits_{x \to 2} f(x)$ não existe.

   b) $\lim\limits_{x \to 2} f(x) = -1$.

   c) se existir, $\lim\limits_{x \to 2} f(x)$ é positivo.

   d) se existir, $\lim\limits_{x \to 2} f(x)$ é negativo.

   e) $\lim\limits_{x \to 2} f(x) = 0$.

2. (CEAG) Se $\lim\limits_{x \to 2} f(x) = -2$, , conclui-se necessariamente que:

   a) $\lim\limits_{x \to 2} \{-f(x)\} = \lim\limits_{x \to 2} |f(x)| = 2$

   b) $\lim\limits_{x \to 2} f(-x) = 2$

   c) $\lim\limits_{x \to 2} f(x+2) = 0$

   d) $f(2) = -2$

   e) $\lim\limits_{x \to 2} f(x-2) = 0$

3. (FGV) A equação de uma hipérbole equilátera cujas assíntotas são paralelas aos eixos x e y pode ser expressa na forma: $(x - h)(y - k) = C$, em que (h, k) é o centro da hipérbole, e as retas $x = h$ e $y = k$ são as assíntotas.

   As assíntotas vertical e horizontal da hipérbole de equação $xy + x - 3y - 2 = 0$ são, respectivamente:
   a) $x = -1$ e $y = 3$
   b) $x = -3$ e $y = -1$
   c) $x = 3$ e $y = -1$
   d) $x = -3$ e $y = 1$
   e) $x = 3$ e $y = 1$

7.3. Estudo completo de uma função

Para esboçarmos o gráfico de uma função devemos determinar alguns elementos:

- o domínio da função;
- o ponto em que a curva intercepta o eixo Oy ($x = 0$);
- as raízes da função, isto é, os pontos em que o gráfico da função intercepta o eixo Ox ($y = 0$ ou $f(x) = 0$);
- os intervalos de crescimento e decrescimento da função (via os sinais da derivada primeira);

Capítulo 7 — Estudo da variação das funções

- os pontos críticos da função: máximos, mínimos (que anulam a derivada primeira ou em que a derivada primeira não exista) e inflexão (que anulam a derivada segunda ou em que a derivada segunda não exista);
- o sentido da concavidade da curva (via os sinais da derivada segunda);
- os limites laterais em pontos de descontinuidade e os limites nos extremos do domínio da função.

EXEMPLOS

1. Reunindo as informações das derivadas primeira e segunda da função $f(x) = \dfrac{x^3}{3} - \dfrac{3x^2}{2} + 2x + \dfrac{7}{6}$, temos:

$$f'(x) = x^2 - 3x + 2$$
$$f''(x) = 2x - 3$$

	ponto de máximo local		ponto de inflexão		ponto de mínimo local	
		1		$\frac{3}{2}$		2
f'	+		−		−		+
f	↗		↘		↘		↗
f''	−		−		+		+
f	∩		∩		∪		∪

Agora devemos verificar se a função $f(x) = \dfrac{x^3}{3} - \dfrac{3x^2}{2} + 2x + \dfrac{7}{6}$ apresenta alguma tendência quando x assume valores muito grandes ($x \to +\infty$) ou muito pequenos ($x \to -\infty$).

Escrevendo $f(x) = \dfrac{x^3}{3} - \dfrac{3x^2}{2} + 2x + \dfrac{7}{6}$ como $f(x) = x^3\left(\dfrac{1}{3} - \dfrac{3}{2x} + \dfrac{2}{x^2} + \dfrac{7}{6x^3}\right)$, e calculando os limites:

$$\lim_{x \to +\infty}\left[x^3\left(\dfrac{1}{3} - \underbrace{\dfrac{3}{2x}}_{0} + \underbrace{\dfrac{2}{x^2}}_{0} + \underbrace{\dfrac{7}{6x^3}}_{0}\right)\right] = +\infty$$

$$\lim_{x \to -\infty} \left[x^3 \left(\frac{1}{3} - \underbrace{\frac{3}{2x}}_{0} + \underbrace{\frac{2}{x^2}}_{0} + \underbrace{\frac{7}{6x^3}}_{0} \right) \right] = -\infty$$

Nas funções polinomiais, o termo de maior grau define o comportamento nos extremos do domínio, ou seja, para x tendendo a infinito positivo ou para x tendendo a infinito negativo.

REVISÃO ORIENTADA
Indeterminações

São indeterminações:

$$+\infty - (+\infty) \qquad \frac{0}{0}$$

$$-\infty - (-\infty) \qquad 1^\infty$$

$$0 \cdot \infty \qquad 0^0$$

$$\frac{\infty}{\infty} \qquad \infty^0$$

E quando, em um cálculo, nos deparamos com essas indeterminações, podemos utilizar alguma estratégia para eliminá-las, evidenciando o comportamento do que se está analisando.

Foi o que ocorreu no exemplo anterior: se substituíssemos (embora ∞ não seja um número) na função f, x por $+\infty$ ou por $-\infty$, encontraríamos indeterminações como $+\infty - (+\infty)$ ou $-\infty - (-\infty)$. A estratégia para evitar essas indeterminações foi colocar o termo de maior grau em evidência, gerando frações com variável no denominador que tenderão a zero quando x tender a ∞.

Como $D = \Re$, a função f não apresenta pontos de descontinuidade, então não é necessário o cálculo de nenhum limite lateral.

Capítulo 7 Estudo da variação das funções **287**

Temos uma tabela de pontos relevantes dessa função:

x	y = f(x)
0	$\frac{7}{6}$
1	2
1,5	1,92
2	$\frac{11}{6}$

Agora basta fazer o gráfico, considerando essa tabela, todas as informações obtidas pelas derivadas primeira e segunda e os resultados dos limites calculados:

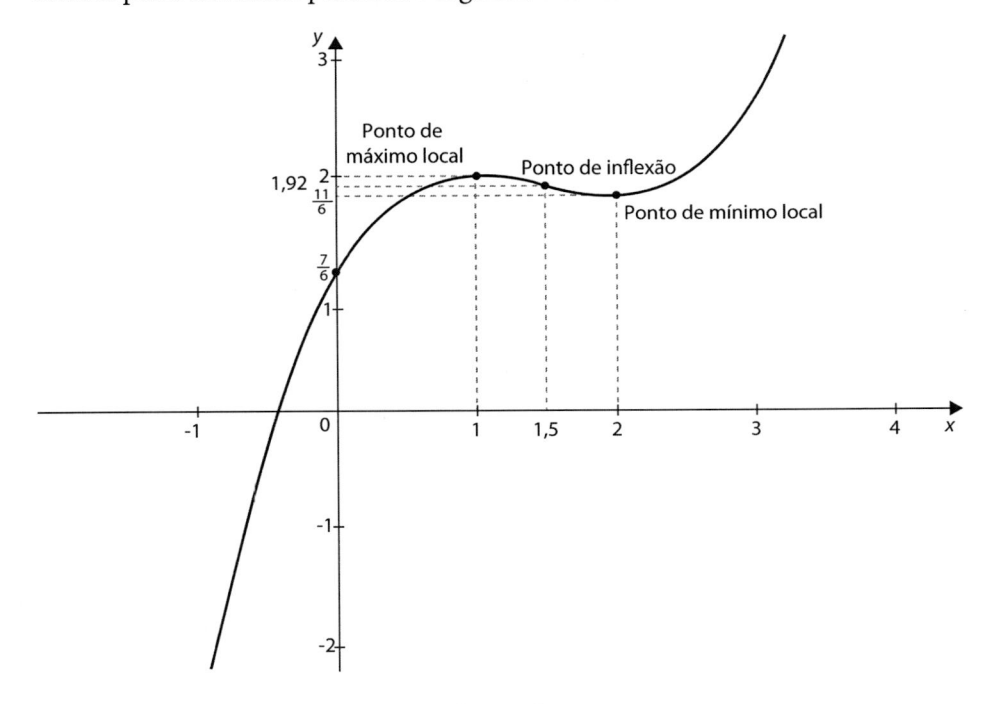

2. Considere a função $f(x) = \frac{x^3}{3} - \frac{3x^2}{2} + 2x + \frac{7}{6}$, $x \geq 0$. Vamos determinar seus pontos críticos.

Note que se trata da função f do exemplo anterior, mas agora com uma restrição de domínio. É, portanto, uma outra função.

Suas derivadas fornecem informações sobre pontos críticos, comportamento e concavidade como no exemplo 1, mas, devido à restrição de domínio, temos um novo ponto a classificar.

Observe o gráfico:

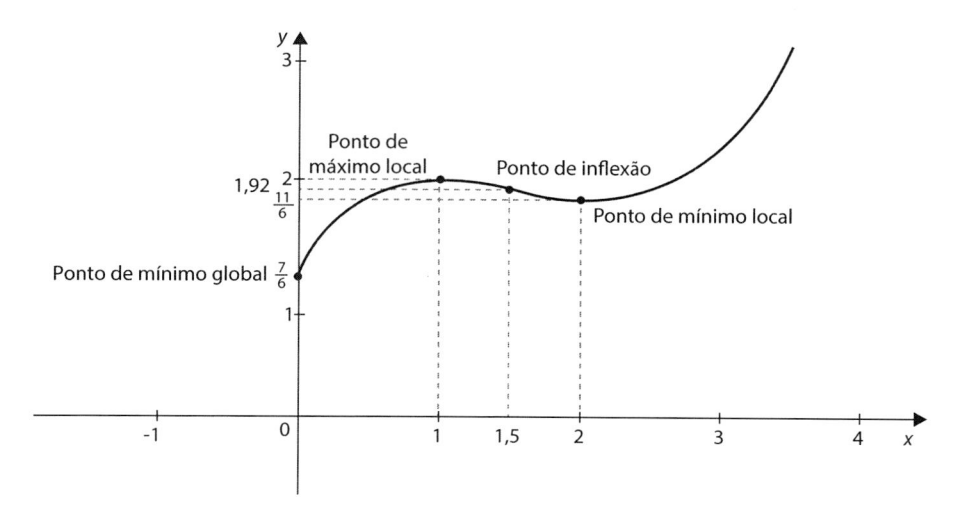

[Gráfico mostrando: Ponto de mínimo global $\frac{7}{6}$ em x=0; Ponto de máximo local em (1, $\frac{11}{6}$) ≈ 1,92; Ponto de inflexão em x=1,5; Ponto de mínimo local em x=2]

O ponto $\left(0, \dfrac{7}{6}\right)$ não é um ponto crítico da função f com domínio $\Re$, mas é um ponto de mínimo global para a função f com domínio $\Re_+$.

As derivadas não fornecem esse ponto como um ponto crítico, porque ele não seria um ponto de mínimo global se não fosse a questão do domínio. Dizemos que ele é um ponto de mínimo global *por restrição de domínio*.

3. Vamos fazer o estudo completo da função $f(x) = \dfrac{x-1}{x-2}$ e construir o seu gráfico, determinando:

▸ o domínio da função:

$D = \Re - \{2\}$, pois $x - 2$ deve ser diferente de zero.

O gráfico dessa função não pode atravessar a reta vertical de equação $x = 2$, pois, caso contrário, haveria uma imagem para $x = 2$ pela função f. Assim, pode haver gráfico de f do lado esquerdo dessa reta no plano cartesiano ou do lado direito dessa reta.

▸ o ponto em que a curva intercepta o eixo Oy ($x = 0$):

$$f(0) = \frac{0-1}{0-2} = \frac{-1}{-2} = \frac{1}{2}$$

Capítulo 7 — Estudo da variação das funções

▶ as raízes da função:

$$\frac{x-1}{x-2}=0$$

Temos um número racional na forma fracionária igual a zero; isso só ocorre se o numerador for zero: $x - 1 = 0$ e $x = 1$.

Até então, a tabela de pontos é:

x	y = f(x)
0	$\frac{1}{2}$
1	0

▶ os intervalos de crescimento e decrescimento da função (via os sinais da derivada primeira).

Determinando a derivada primeira por meio da regra do quociente:

$$f'(x)=\frac{1(x-2)-(x-1)1}{(x-2)^2}=\frac{-1}{(x-2)^2}$$

Observe que a derivada não existe para $x = 2$ ($D_{f'} = \Re - \{2\}$) e não há raízes para essa derivada porque ela é expressa por uma fração com numerador que nunca será zero.

Além disso, $f'(x) < 0$, para qualquer $x \neq 2$, porque o denominador é positivo para qualquer $x \neq 2$ e o numerador é negativo, sendo o quociente negativo.

Então f é decrescente em todo o seu domínio.

▶ o sentido da concavidade da curva (via os sinais da derivada segunda).

Determinando a derivada segunda por meio da regra da cadeia:

$$f'(x)=\frac{-1}{(x-2)^2}=-1(x-2)^{-2}$$

$$f''(x)=2(x-2)^{-3}\cdot 1=\frac{2}{(x-2)^3}$$

Observe que a derivada segunda não existe para $x = 2$ ($D_{f''} = \Re - \{2\}$) e não há raízes para essa derivada porque ela é expressa por uma fração com numerador que nunca será zero.

Além disso, $f''(x) < 0$, para qualquer $x < 2$ e $f''(x) > 0$, para qualquer $x > 2$.

$$f'' \xrightarrow{\quad - \quad \underset{2}{\circ} \quad + \quad} x$$

$$f \xrightarrow{\quad \cap \quad \underset{2}{\circ} \quad \cup \quad} x$$

f muda de concavidade. Não podemos, no entanto, classificar o ponto de abscissa $x = 2$ como ponto de inflexão porque ele sequer está no gráfico (2 não está no domínio de f).

▸ os pontos críticos da função: máximos, mínimos (anulam a derivada primeira) e inflexão.

Não há pontos críticos.

▸ os limites

Escrevendo $f(x) = \dfrac{x-1}{x-2}$ como $f(x) = \dfrac{x\left(1 - \dfrac{1}{x}\right)}{x\left(1 - \dfrac{2}{x}\right)} = \dfrac{1 - \dfrac{1}{x}}{1 - \dfrac{2}{x}}$ e calculando os limites nos extremos do domínio:

$$\lim_{x \to +\infty} \frac{1 - \overset{0}{\cancel{\dfrac{1}{x}}}}{1 - \underset{0}{\cancel{\dfrac{2}{x}}}} = +1 \quad \text{e} \quad \lim_{x \to -\infty} \frac{1 - \overset{0}{\cancel{\dfrac{1}{x}}}}{1 - \underset{0}{\cancel{\dfrac{2}{x}}}} = +1$$

Calculando os limites laterais no ponto de descontinuidade que tem abscissa $x = 2$:

$$\lim_{x \to 2^+} \frac{x-1}{x-2} = +\infty \quad \text{e} \quad \lim_{x \to 2^-} \frac{x-1}{x-2} = -\infty$$

As retas $x = 2$ e $y = 1$ são as assíntotas desse gráfico.

Construímos, então, o gráfico de $f(x) = \dfrac{x-1}{x-2}$:

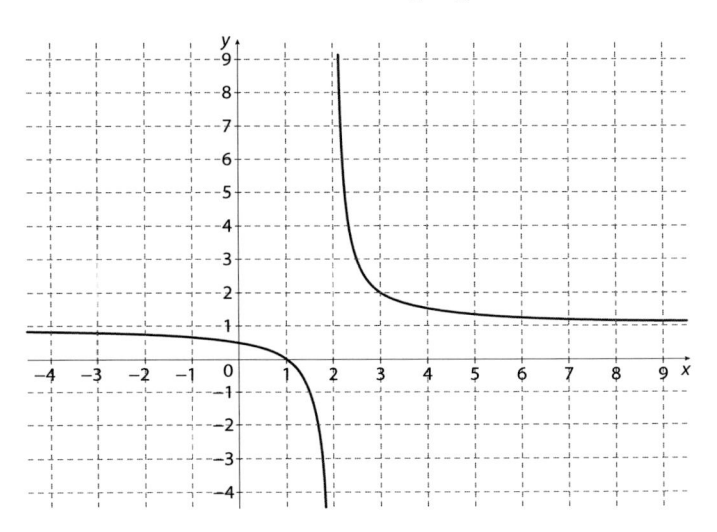

FAQ

$\dfrac{+\infty}{+\infty} = 1?$

Não. Ou melhor, não necessariamente.

Observe que a "substituição" de x por $+\infty$ em, por exemplo, $f(x) = \dfrac{x-1}{x-2}$, resultaria em uma indeterminação do tipo $\dfrac{\infty}{\infty}$.

Não conseguiríamos determinar se o numerador é maior do que o denominador ou vice-versa. Para um mesmo x positivo, por exemplo, parece que o denominador (x − 2) é sempre menor que o numerador (x − 1). Mas para valores extremamente grandes essa diferença é relevante?

Note que, pensando por meio de alguns exemplos numéricos, podemos ter situações completamente diferentes em termos do comportamento de um quociente de números "extremamente grandes":

$\dfrac{10^{30}}{10^{20}} = 10^{10}$ que ainda é um número "extremamente grande", mas

$\dfrac{10^{20}}{10^{30}} = \dfrac{1}{10^{10}} = 10^{-10}$ que é um número "extremamente pequeno".

Ou ainda: $\dfrac{10^{20}}{10^{20}} = 1$ ou $\dfrac{259 \cdot 10^{30}}{10^{20}} = 259 \cdot 10^{10}$ que não parecem ser classificáveis como "extremamente pequenos" ou "extremamente grandes" de modo absoluto.

A fim de evidenciar a diferença de comportamentos do numerador e do denominador e conseguir determinar o comportamento do quociente para valores de *x* muito grandes, utilizamos aquela estratégia de colocar o termo de maior grau em evidência, gerando frações com variável no denominador que tenderão a zero quando *x* tender a ∞.

TECNOLOGIA
Software Gráfico

Utilizando o *Winplot*, construa o gráfico da função $f(x) = \dfrac{x-1}{x-2}$ e confira. Escolha:

Janela – 2-dim
Arquivo – Novo
Equação – Explícita

e, então, digite a equação da função assim: (x–1)/(x–2).

---

4. Vamos fazer o estudo completo da função $f(x) = 100 + \dfrac{2\,000}{x}$ e construir o seu gráfico, determinando:

▶ o domínio da função:

$D = \Re - \{0\}$, pois x deve ser diferente de zero para que a operação de divisão $\left(\dfrac{2\,000}{x}\right)$ possa ser realizada.

▶ o ponto em que a curva intercepta o eixo Oy ($x = 0$):

Não há intersecção da curva com o eixo Oy, pois não podemos substituir x por zero em $f(x)$; observe o domínio da função.

▶ as raízes da função:

$$100 + \dfrac{2\,000}{x} = 0$$
$$\dfrac{2\,000}{x} = -100$$
$$-100x = 2\,000$$
$$x = -20$$

Até então, a tabela de pontos é:

x	y = f(x)
−20	0

▶ os intervalos de crescimento e decrescimento da função (via os sinais da derivada primeira).

Reescrevemos a expressão da função f assim: $100 + \dfrac{2\,000}{x} = 100 + 2\,000x^{-1}$.

Utilizando a regra da potência (ou regra do tombo), temos:

$$f'(x) = -2\,000x^{-2} = -\dfrac{2\,000}{x^2}$$

Observe que a derivada não existe para $x = 0$ ($D_{f'} = \Re^*$) e não há raízes para essa derivada porque ela é expressa por uma fração com numerador que nunca será zero.

Além disso, $f'(x) < 0$, para qualquer $x \neq 0$, porque o denominador é positivo para qualquer $x \neq 0$ e o numerador é negativo, sendo o quociente negativo.

f é decrescente em todo o seu domínio.

▶ o sentido da concavidade da curva (via os sinais da derivada segunda)

Determinando a derivada segunda:

$$f''(x) = +4\,000x^{-3} = +\dfrac{4\,000}{x^3}$$

A derivada segunda também não existe para $x = 0$ ($D_{f''} = \Re^*$) e não há raízes para essa derivada porque ela é expressa por uma fração com numerador que nunca será zero.

Mas $f''(x) < 0$, para qualquer $x < 0$ e $f''(x) > 0$, para qualquer $x > 0$.

f muda de concavidade. Não podemos classificar o ponto de abscissa $x = 0$ como ponto de inflexão porque ele sequer está no gráfico (0 não está no domínio de f).

▸ os pontos críticos da função: máximos, mínimos (anulam a derivada primeira) e inflexão.

Não há pontos críticos.

▸ os limites

Calculando os limites laterais e nos extremos do domínio para $f(x) = 100 + \dfrac{2\,000}{x}$:

$$\lim_{x \to 0^+} \left(100 + \dfrac{2\,000}{x}\right) = +\infty \quad \text{e} \quad \lim_{x \to 0^-} \left(100 + \dfrac{2\,000}{x}\right) = -\infty$$

$$\lim_{x \to +\infty} \left(100 + \dfrac{2\,000}{x}\right) = 100 \quad \text{e} \quad \lim_{x \to -\infty} \left(100 + \dfrac{2\,000}{x}\right) = 100$$

As retas $x = 0$ (o próprio eixo Oy) e $y = 100$ são as assíntotas desse gráfico. Construímos, então o gráfico de $f(x) = 100 + \dfrac{2\,000}{x}$:

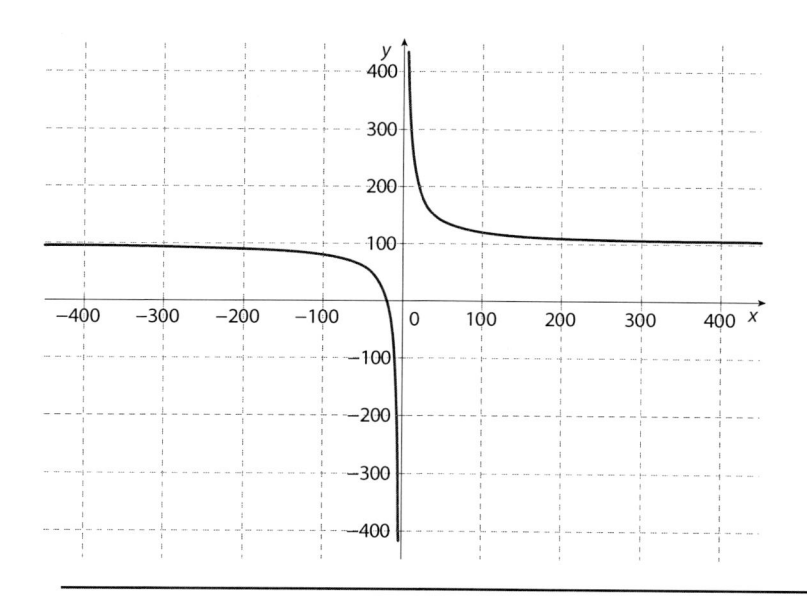

7.4. Teste da derivada segunda

> Se $f'(x_0) = 0$ e $f''(x_0) > 0$ para x_0 no domínio de f então x_0 é abscissa de um ponto de mínimo local de f.

Se a derivada primeira se anula em x_0, esse valor é abscissa de um ponto crítico da função. Mas se a derivada segunda é positiva em x_0, isso quer dizer que aí a concavidade é voltada para cima e, então, x_0 é abscissa de um ponto de mínimo local de f.

> Se $f'(x_0) = 0$ e $f''(x_0) < 0$ para x_0 no domínio de f então x_0 é abscissa de um ponto de máximo local de f.

Se a derivada primeira se anula em x_0, esse valor é abscissa de um ponto crítico da função. Mas se a derivada segunda é negativa em x_0, isso quer dizer que aí a concavidade é voltada para baixo e, então, x_0 é abscissa de um ponto de máximo local de f.

> Se $f'(x_0) = 0$ e $f''(x_0) = 0$ para x_0 no domínio de f nada se pode concluir.

EXEMPLOS

1. Retomando as informações obtidas pela derivada primeira da função $f(x) = \dfrac{x^3}{3} - \dfrac{3x^2}{2} + 2x + \dfrac{7}{6}$, temos:

$$f'(x) = x^2 - 3x + 2$$

$x^2 - 3x + 2 = 0$ para $x = 1$ e para $x = 2$ ($S = 3$ e $P = 2$).

$f''(x) = 2x - 3$ e vamos calcular seus valores nesses candidatos a pontos críticos de f.

$$f''(1) = -1$$
$$f''(2) = 1$$

Como $f''(1) < 0$, nesse ponto a concavidade será para baixo e, desse modo, 1 é abscissa de um ponto de máximo.

Como $f''(2) > 0$, nesse ponto a concavidade será para cima e, desse modo, 2 é abscissa de um ponto de mínimo.

2. Vamos fazer o estudo completo da função $f(x) = -x^3 - 5x^2 + 1\,400x - 2\,750$ e construir o seu gráfico.

- o domínio da função: $D = \Re$
- o ponto em que a curva intercepta o eixo Oy ($x = 0$): $(0, -2\,750)$

Até então, a tabela de pontos é:

x	y = f(x)
0	−2 750

- as raízes da função:

$$-x^3 - 5x^2 + 1\,400x - 2\,750 = 0$$

TECNOLOGIA
Software Gráfico

Utilizando o *Winplot*, determinamos as três raízes do polinômio:

$$-x^3 - 5x^2 + 1\,400x - 2\,750$$

$x_1 \cong -41, \qquad x_2 \cong +2, \qquad x_3 \cong +34$

A tabela de pontos passa a ser:

x	y = f(x)
0	−2 750
−41	0
+2	0
+34	0

- os intervalos de crescimento e decrescimento da função (via os sinais da derivada primeira).

Utilizando a regra da potência (ou regra do tombo), temos:

$$f'(x) = -3x^2 - 10x + 1\,400$$

$-3x^2 - 10x + 1\,400 = 0$ para $x = 20$ e para $x = -23{,}333\,\ldots$

Capítulo 7
Estudo da variação das funções

Determinando a derivada segunda:

$$f''(x) = -6x - 10$$

Vamos calcular seus valores nesses candidatos a pontos críticos de f.

$$f''(20) = -130$$

$$f''(-23,33...) = +130$$

Como $f''(20) < 0$, nesse ponto a concavidade será para baixo e, desse modo, 20 é abscissa de um ponto de máximo.

Como $f''(-23,33...) > 0$, nesse ponto a concavidade será para cima e, desse modo, $-23,33...$ é abscissa de um ponto de mínimo.

Então, temos

$$f''(x) = -6x - 10 = 0 \text{ para } x = -\frac{10}{6} = -\frac{5}{3}$$

ponto de inflexão

f muda de concavidade em $x = -\dfrac{5}{3} = -1,66...$

- os pontos críticos da função: máximos, mínimos e inflexão
  (20, 15 250) é ponto de máximo local
  (−23,33..., − 25 435,19) é ponto de mínimo local
  (−1,66... , − 5 092,58) é ponto de inflexão

- os limites no infinito
  Calculando os limites nos extremos para $f(x) = -x^3 - 5x^2 + 1\,400x - 2\,750$:

$$\lim_{x \to +\infty} f(x) = -\infty \quad \text{e} \quad \lim_{x \to -\infty} f(x) = +\infty$$

Construímos, então o gráfico de *f*:

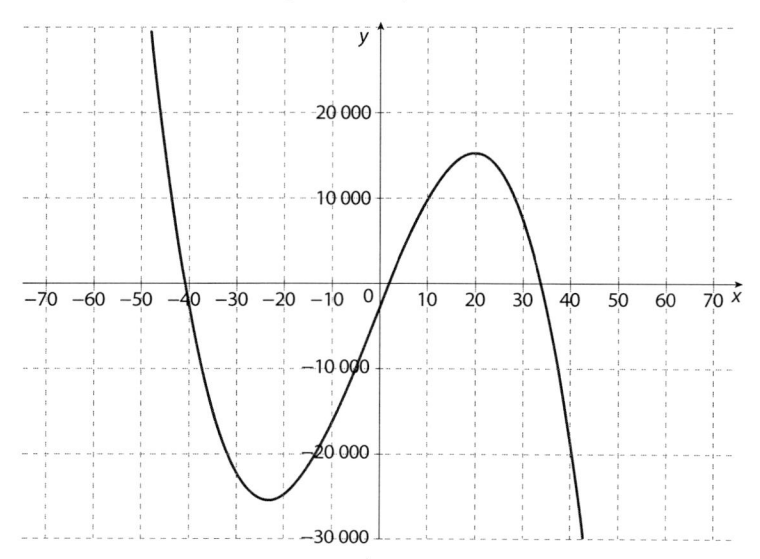

Exercícios e problemas propostos

1. Faça o estudo completo da função e construa o gráfico, destacando e classificando os pontos críticos.

   a) $f(x) = x^4$

   b) $f(x) = \dfrac{1}{x^2}$

   c) $y = \sqrt{x}$

   d) $y = \sqrt[3]{x^2}$

   e) $f(x) = x - 3x^{\frac{1}{2}}$

   f) $f(x) = x - 3x^{\frac{1}{3}}$

   g) $f(x) = x^4 - 3x^3 + 3x^2 - x$, observando que $f'(1) = 0$ e $f'\left(\dfrac{1}{4}\right) = 0$

   h) $f(x) = \dfrac{6}{x^2 + 3}$

   i) $f(x) = x - \sqrt{x}$

   j) $CT(x) = x^3 - 30x^2 + 375x + 3\,000,\ x \geq 0$

   k) $LT(x) = -x^3 - 5x^2 + 3\,000x - 8\,000,\ x \geq 0$

l) $CT(x) = x^3 - 25x^2 + 400x + 2750$ sendo $D = \Re_+$

m) $f(x) = x + \dfrac{1}{x}$

n) $f(x) = \dfrac{1}{x^2 + 1}$

TECNOLOGIA
Software Gráfico

No *Winplot*, construa o gráfico das funções do exercício anterior e confira as informações obtidas por meio das derivadas.

2. A partir do gráfico de $f(x) = x^3$ construa os gráficos de $f(x) = x^3$, $f(x) = x^3 + 2$, $f(x) = x^3 - 1$, $f(x) = (x + 2)^3$ e $f(x) = (x - 1)^3$.

3. Observando o gráfico da função $f(x) = \sqrt[3]{x^2}$, $D = [-4, 3]$ e por meio do estudo de suas derivadas, determine e classifique os pontos críticos.

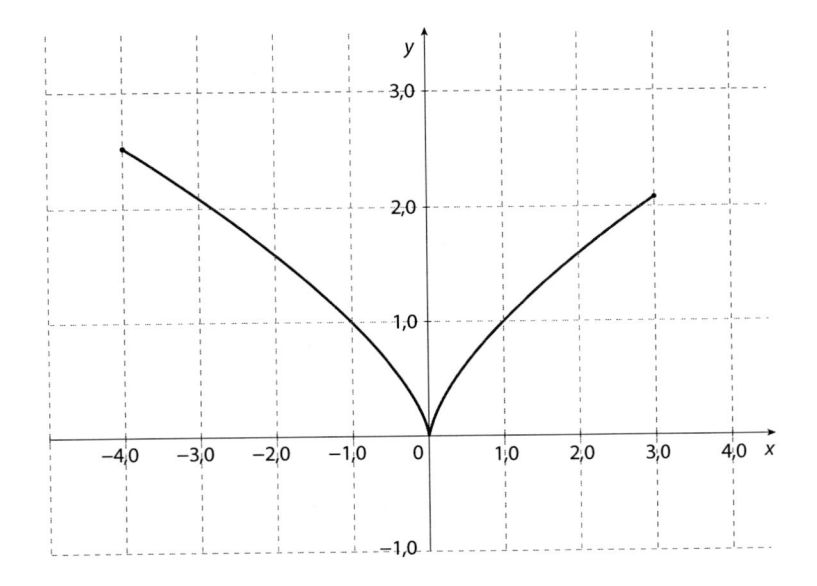

4. Considere as raízes da função $y = f(x)$, cujo gráfico se encontra abaixo, a fatoração $f(x) = a(x - r_1)(x - r_2)(x - r_3)$, em que r_i são raízes e a é um número real não nulo e as derivadas de $y = f(x)$:

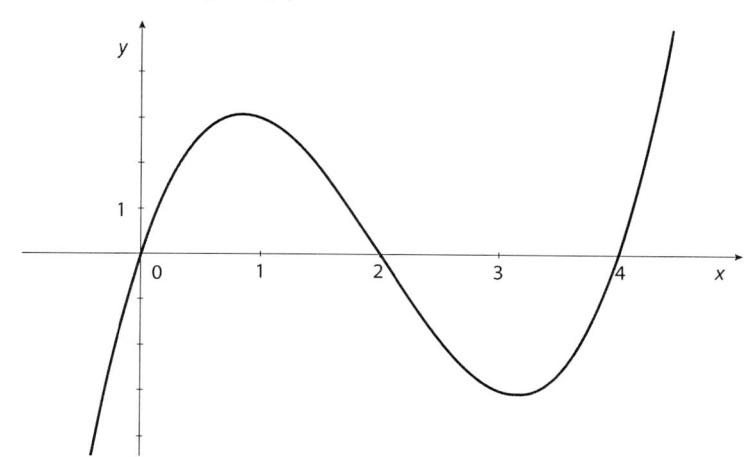

Analisando o comportamento da função, você pode afirmar que:
a) $f(x) = 3x^2 - 12x + 8$
b) $f(x) = x^3 - 6x^2 + 8x + 7$
c) $f(x) = 2x^3 - 12x^2 + 16x$
d) $f(x) = x^3 - 6x^2 + 8x$
e) $f(x) = x^4 - 7x^2 + 8x$

5. Sendo a função $f(x) = -x^3 + 30x^2 - 300x + 400$, *não* podemos afirmar sobre seu gráfico:
a) A concavidade é para baixo no intervalo $]10, +\infty[$.
b) Apresenta um ponto de inflexão quando $x = 10$.
c) f é crescente em seu domínio.
d) Há uma raiz entre 1 e 2.
e) A intersecção com o eixo Oy é o ponto $(0, 400)$.

6. Por meio do estudo das derivadas primeira e segunda das funções $f(x) = 4^x$ e $g(x) = \log_4 x$ confirme o aspecto dos gráficos estudados no Ensino Médio.

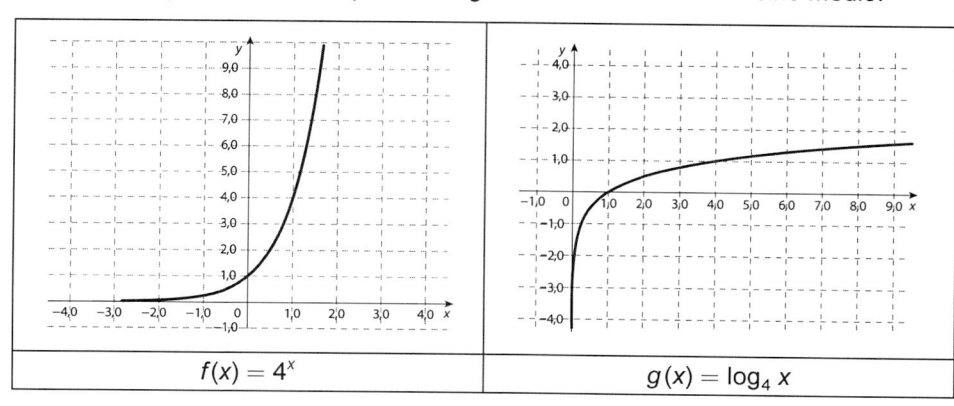

$f(x) = 4^x$	$g(x) = \log_4 x$

Capítulo 7
Estudo da variação das funções

7. Para $f(x) = x^3 - 12x^2 + 36x + 10$, *não* podemos afirmar:
   a) O gráfico de *f* tem concavidade para cima no intervalo $]4, +\infty[$.
   b) Não há pontos de inflexão no gráfico de *f*.
   c) *f* apresenta um máximo local em (2, 42).
   d) Os intervalos de crescimento de *f* são $]-\infty, 2[$ e $]6, +\infty[$.

8. Faça o estudo completo de cada função a seguir e construa seu gráfico.
   a) $f(x) = \dfrac{10}{(x-1)^2}$

   b) $f(x) = \dfrac{-2}{(x+1)^2}$

   c) $f(x) = 2x + \dfrac{128}{x}$

   d) $f(x) = -3x - \dfrac{75}{x}$

   e) $f(x) = 100x + \dfrac{1}{x}$

9. Faça o estudo completo das funções *sen x* e *cos x* e compare as informações obtidas com os gráficos a seguir.

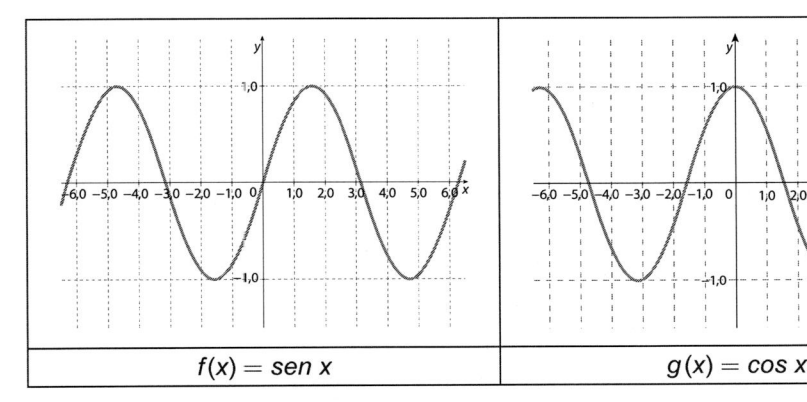

$f(x) = \text{sen } x$	$g(x) = \cos x$

10. Sendo a função $f(x) = \dfrac{x}{256} + \dfrac{1}{x}$, determine:
    a) o domínio e os pontos de intersecção com os eixos coordenados (*Ox* e *Oy*), se houver;
    b) os intervalos de crescimento ou decrescimento;
    c) os pontos extremos (máximos ou mínimos) (se houver), classificando-os em locais (relativos) ou globais (absolutos);
    d) o(s) sentido(s) da concavidade e os pontos de inflexão (se houver);
    e) e construa o gráfico.

11. (CEAG) O gerente de uma fábrica fez um estudo da sua linha de produção e descobriu que um trabalhador médio, que inicia o trabalho às 7h30, terá montado *f(x)* monitores, *x* horas após o início do turno de produção. Se $f(x) = -\dfrac{x^3}{8} + x^2 + 2x$, $0 \le x \le 6$, o horário em que o trabalhador médio atingirá o máximo de produtividade será:
    a) 11h
    b) 9h
    c) 10h
    d) 13h30
    e) 11h30

Aplicações da matemática

EXERCÍCIOS E PROBLEMAS COMPLEMENTARES

1. Analisando o comportamento da função, podemos afirmar que:

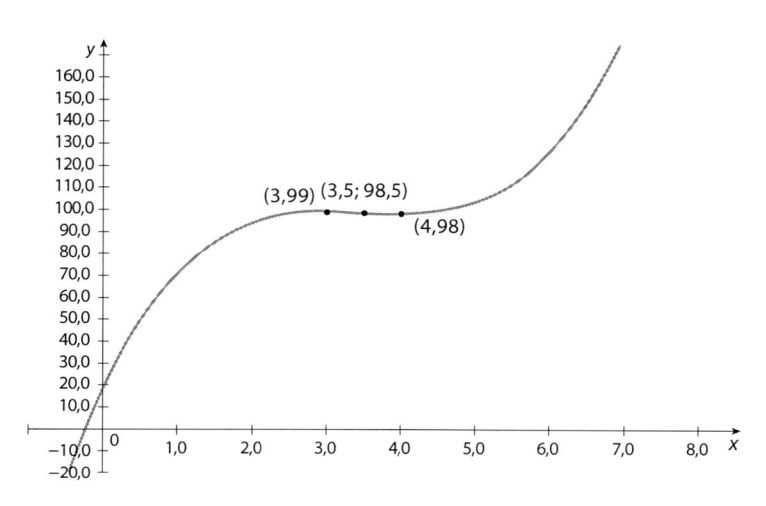

a) $f(x) = 2x^3 - 21x^2 + 72x - 7$
b) $f(x) = 2x^3 - 21x^2 + 72x$
c) $f(x) = x^4 - 7x^2 + 8x + 57$
d) $f(x) = x^3 + 3x^2 + 9x + 18$
e) $f(x) = 2x^3 - 21x^2 + 72x + 18$

2. (ENADE – MAT) A respeito da função $f(x) = x^3 - 2x^2 + 5x + 16$, é correto afirmar que
   a) existe um número real M tal que $f(x) \geq M$ para todo número real x;
   b) existe um número real N tal que $f(x) \leq N$ para todo número real x;
   c) existe um número real $x_0 < 0$ tal que $f(x_0) = 0$;
   d) existe um número real y tal que $f(x) \neq y$ para todo número real x;
   e) existem 3 números reais x para os quais $f(-x) = f(x)$.

3. (ENC – MAT) O gráfico da função real $f(x) = \sqrt[3]{x}$ pode ser obtido do gráfico da função real $g(x) = x^3$ por meio de uma
   a) reflexão no eixo dos x;
   b) reflexão no eixo dos y;
   c) reflexão na bissetriz dos quadrantes ímpares;
   d) reflexão na bissetriz dos quadrantes pares;
   e) simetria em relação à origem.

Capítulo 7   Estudo da variação das funções   **303**

4. (ENADE – MAT) Considere $f: \Re \to \Re$ uma função derivável até a ordem 2, pelo menos, tal que $f(-2) = 0$, $f(-1) = -1$, $f(0) = -2$, $f(1) = 1$ e $f(2) = 2$. O gráfico da derivada de primeira ordem, f', tem o aspecto apresentado abaixo.

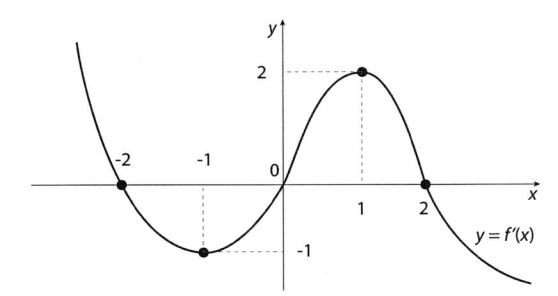

Com base nos valores dados para a função f e no gráfico de sua derivada f', faça o que se pede nos itens a seguir.

a) Em uma reta como a abaixo, represente com setas ↗ ou ↘ os intervalos em que a função f é crescente ou decrescente, respectivamente.

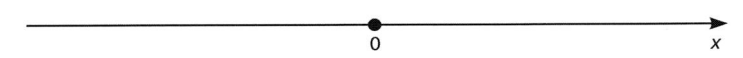

b) Calcule: $\lim\limits_{x \to -\infty} f(x)$ e $\lim\limits_{x \to +\infty} f(x)$

c) Quais são os pontos de máximo e de mínimo relativos (locais) de f?

d) Quais são os pontos de inflexão de f?

e) Em um sistema de eixos coordenados, faça um esboço do gráfico da função f.

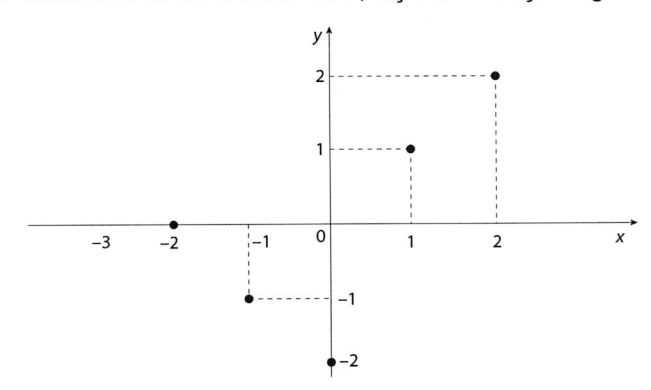

5. Faça o estudo completo das funções em cada item a seguir, construa os seus gráficos, compare-os e justifique semelhanças e diferenças:

a) $f(x) = (x-1)(-1+x^2)$ $g(x) = (-x+1)(-1+x^2)$ $h(x) = (x-1)(1-x^2)$

b) $f(x) = \sqrt{x}$ $g(x) = \dfrac{1}{\sqrt{x}}$ $h(x) = -\dfrac{1}{\sqrt{x}}$

c) $f(x) = \dfrac{1}{x-2}$ $g(x) = \dfrac{x-2}{x^2-4x+4}$

TECNOLOGIA
Software Gráfico

No *Winplot*, construa o gráfico da função

$$f(x) = 2{,}5x^3 - 3{,}1x^2 + 6{,}3x + 8{,}75$$

determinando os intervalos de crescimento e decrescimento e os pontos críticos.

(FGV) O texto abaixo se refere às questões 6 e 7.

Para determinado produto, o número de unidades vendidas está relacionado com a quantia gasta em propaganda, de tal modo que, para x milhares de reais investidos em propaganda, a Receita R é dada por $R(x) = 50 - \dfrac{50}{x+5}$ milhares de reais.

6. Pode-se dizer então que a receita, ainda que nenhuma quantia seja investida em propaganda, será igual a:
   a) R$ 40 000,00
   b) R$ 50 000,00
   c) R$ 0,00
   d) R$ 10 000,00
   e) R$ 100 000,00

7. Pode-se afirmar também que:
   a) a receita cresce proporcionalmente ao aumento da quantia gasta em propaganda;
   b) quanto maior o investimento em propaganda, menor será a receita;
   c) por maior que seja o investimento em propaganda, a receita não ultrapassará R$ 40 000,00;
   d) quanto menor o investimento em propaganda, maior será a receita;
   e) por maior que seja o investimento em propaganda, a receita não ultrapassará R$ 50 000,00.

8. (CEAG) Sobre a função $f(x) = \dfrac{1}{1+x^2}$, pode-se afirmar que:
   a) (0, 1) é ponto de máximo
   b) (0, 1) é ponto de mínimo
   c) não admite extremos
   d) (1, 0) é ponto de mínimo
   e) (1, 0) é ponto de máximo

9. (CEAG) Considere a função $f(x) = 20 + 3x - 5x^2 + x^3$. Pode-se afirmar que:
   a) $x = \dfrac{1}{3}$ é ponto de máximo relativo de $f(x)$.
   b) $x = \dfrac{1}{3}$ é ponto de mínimo relativo de $f(x)$.

c) $x = 3$ é ponto de máximo relativo de $f(x)$.

d) $x = \dfrac{1}{3}$ é abscissa de um ponto de inflexão de $f(x)$.

e) A função $f(x)$ admite dois pontos de máximo relativos.

10. Faça o estudo completo e construa o gráfico da função, destacando e classificando os pontos críticos.

a) $f(x) = -x^3 - x^2 + x + 1$

b) $f(x) = x^3 + x^2 - x - 1$

c) $f(x) = (x-3)^4$

d) $f(x) = (2x+3)^4$

e) $f(x) = 2(x+3)^4$

f) $f(x) = (x-3)^6$

g) $f(x) = \dfrac{1}{x^2 + 8}$

h) $f(x) = \dfrac{2}{x^3 + 3}$

i) $f(x) = -\dfrac{1}{x^2 + 3x}$

j) $f(x) = -\dfrac{1}{x^2 + 2x}$

k) $f(x) = -\dfrac{1}{x(x+1)}$

l) $f(x) = \dfrac{x^2}{x-1}$

m) $f(x) = (x^2 - 9)^4$

n) $f(x) = 18 + x + \dfrac{841}{x}$

o) $f(x) = (x^2 - 5)^3$

11. Faça o estudo completo da função f em cada item e construa o seu gráfico, destacando e classificando os pontos críticos. Em seguida, indique como seria o gráfico da função g no mesmo item, observando as semelhanças e as diferenças das expressões algébricas que as definem.

a) $f(x) = x^4 - 4x^3$
$g(x) = x^4 - 4x^3 + 2$ (considere $x \cong 0{,}9$ e $x \cong 4$ como os zeros ou raízes de g)

b) $f(x) = \dfrac{1}{4}x^4 - \dfrac{7}{2}x^2 + 6x$ (considere 0 e $-4{,}4$ como as únicas raízes reais de f e -3, 1 e 2 como as raízes de f')

$g(x) = -\dfrac{1}{4}x^4 + \dfrac{7}{2}x^2 - 6x$ (considere 0 e $-4{,}4$ como as únicas raízes reais de g e -3, 1 e 2 como as raízes de g')

c) $f(x) = x + \dfrac{9}{x}$

$g(x) = -x - \dfrac{9}{x}$

d) $f(x) = \dfrac{24}{x^2 - 16}$

$g(x) = -\dfrac{24}{x^2 - 16}$

e) $f(x) = \dfrac{x}{x - 3}$

$g(x) = -\dfrac{x}{x - 3}$

12. Construa o gráfico de cada função, destacando e classificando os pontos críticos.

a) $f(x) = \dfrac{4}{3}x^3 - 64x$
b) $f(x) = x^4 - 5x^2 + 6$
c) $f(x) = -x^4 + 14x^2 - 24x$ (considere 0 e −4,4 como as únicas raízes reais de f e −3, 1 e 2 como as raízes de f')
d) $f(x) = 2x^3 - 12x^2 - 30x + 2$
e) $f(x) = (3x - 1)^9$
f) $f(x) = -2(3x - 1)^9$
g) $f(x) = -(x^2 - 2)^3 + 27$
h) $f(x) = x(x - 4)^3$
i) $f(x) = \dfrac{24}{x^2 + 12}$
j) $f(x) = x^2(6 - x)^3$
k) $f(x) = x^{\frac{2}{3}} - 3$
l) $f(x) = (x - 3)^3 - 8$
m) $f(x) = \sqrt{x + 2} - 3$
n) $f(x) = \dfrac{x^2 - 15x + 56}{x^2 - 64}$
o) $f(x) = \dfrac{x^2 - 15x + 44}{x^2 - 121}$

Capítulo 7 — Estudo da variação das funções

NO MUNDO REAL

EMPRESAS EVITAM DIVULGAR SEUS NÚMEROS

da Reportagem Local

Há entre os editores visões contraditórias sobre crescimento, estagnação ou crise no mercado editorial, e a principal razão é a carência de dados confiáveis. Como as empresas têm capital fechado, não são obrigadas a divulgar seus números de vendas, faturamento ou lucro.

A pesquisa anual do Snel (Sindicato Nacional dos Editores de Livros) e da CBL (Câmara Brasileira do Livro) é feita a partir de dados enviados pelas próprias editoras. Não se questiona a idoneidade no tratamento dos dados, analisados pela Fipe (Fundação Instituto de Pesquisas Econômicas). Mas há editoras que dizem, sob a condição de não serem citadas, que os números não refletem a realidade, já que todas querem "esconder os números da concorrência".

Um dos maiores críticos dessa insegurança nos dados é Fabio Sá Earp, economista da UFRJ que há anos acompanha a evolução do mercado editorial. Ao analisar as pesquisas anuais Snel/CBL, Earp chegou a conclusões bem diferentes daquelas divulgadas pelos patrocinadores dos levantamentos, que evitavam falar em crise. Ele destacou que, de 1998 a 2005, houve uma queda brutal no faturamento total das empresas (de R$ 4,6 bilhões para R$ 2,5 bilhões, já levando em conta a inflação no período).

Mas o economista considera que 2005 foi um ano de inflexão e que, baseado nos números da próxima pesquisa, pode afirmar que 2006 marcou uma virada. "Sempre fui visto como aquele que trazia as más notícias. Com a confirmação desses números, ficaria contente de anunciar que o mercado realmente voltou a crescer". **(MS)**

Fonte: *Folha de S.Paulo*, caderno Ilustrada, São Paulo, 28 jul. 2007.

capítulo 8

Análise marginal

8.1. Inclinação da reta tangente a uma curva

Pretendemos aproximar os valores de uma função não linear pelos valores de uma função "linear" ou, de outro modo, uma curva por uma reta. Certamente, como em toda aproximação, cometeremos um erro que pode ser calculado pela diferença dos valores reais obtidos pela função e dos valores estimados obtidos por meio da função linear (ou afim) que utilizaremos para a aproximação.

Vamos analisar o que acontece quando aproximamos uma função de 2º grau por funções de 1º grau cujos gráficos passem pelos extremos dos intervalos considerados, ou seja, por retas secantes às parábolas em cada intervalo.

Inicialmente desenhamos o gráfico da função $f(x) = x^2$ e a reta secante (1) a essa parábola nos pontos (0, 0) e (1, 1).

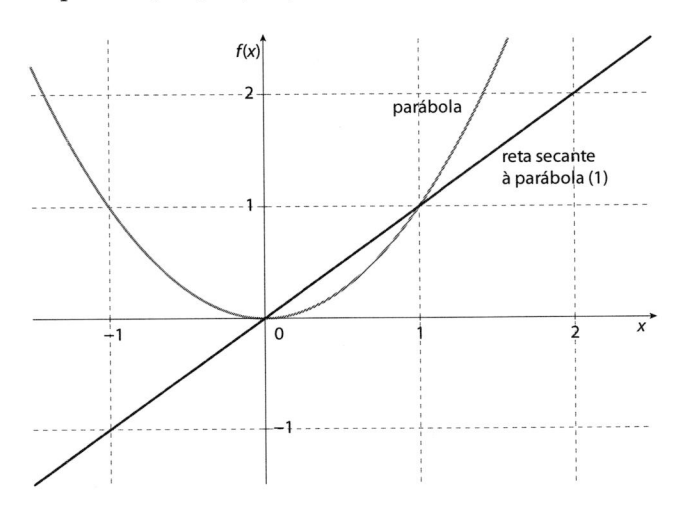

Observe que, nesses pontos — extremos do intervalo que vamos considerar —, as imagens das duas funções — a de 2º e a de 1º grau – coincidem.

Mas, dividindo o intervalo [0, 1] ao meio e cada metade ao meio novamente e calculando as imagens desses valores de x por $f(x) = x^2$ e por $y = x$, vemos que as coincidências não se repetem no interior do intervalo.

Observe essas diferenças na tabela a seguir:

x	$f(x) = x^2$	$y = x$	$y - f(x)$
0,0000	0,0000	0,0000	0,000000
0,2500	0,0625	0,2500	0,187500
0,5000	0,2500	0,5000	0,250000
0,7500	0,5625	0,7500	0,187500
1,0000	1,0000	1,0000	0,000000

Essas afirmações podem ser feitas também pela observação dos gráficos: há uma distância entre a parábola e a reta — elas não coincidem a não ser nos extremos desse intervalo.

Se considerarmos segmentos cada vez mais próximos à parábola, esses erros serão reduzidos.

Observe no gráfico a seguir a divisão do segmento 0 – 1 na metade, na metade novamente e assim por diante ... e note que os segmentos com extremos nesses intervalos cada vez menores estão cada vez mais próximos da parábola.

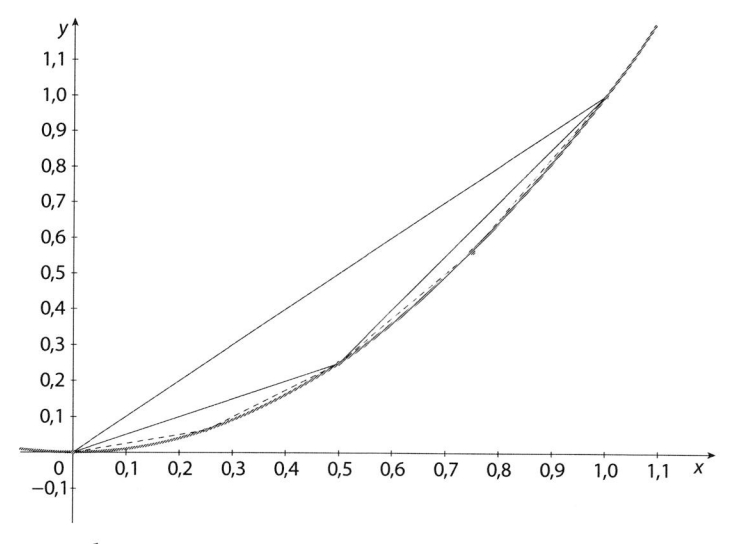

Vamos, então, determinar uma outra reta secante (2) que esteja mais próxima da parábola, reduzindo o intervalo estudado para [0; 0,50].

Capítulo 8

Essa outra reta secante à parábola passa pelos pontos (0, 0) e (0,50; 0,25) que são os extremos do novo intervalo considerado.

A equação dessa reta secante pode ser determinada conhecendo seu coeficiente angular (m); ela tem coeficiente linear igual a zero porque passa pelo ponto (0, 0). Como:

$$m = \frac{\Delta y}{\Delta x} = \frac{0{,}25 - 0}{0{,}50 - 0} = \frac{25}{50} = \frac{1}{2}$$

essa reta secante tem equação $y = \frac{1}{2}x$.

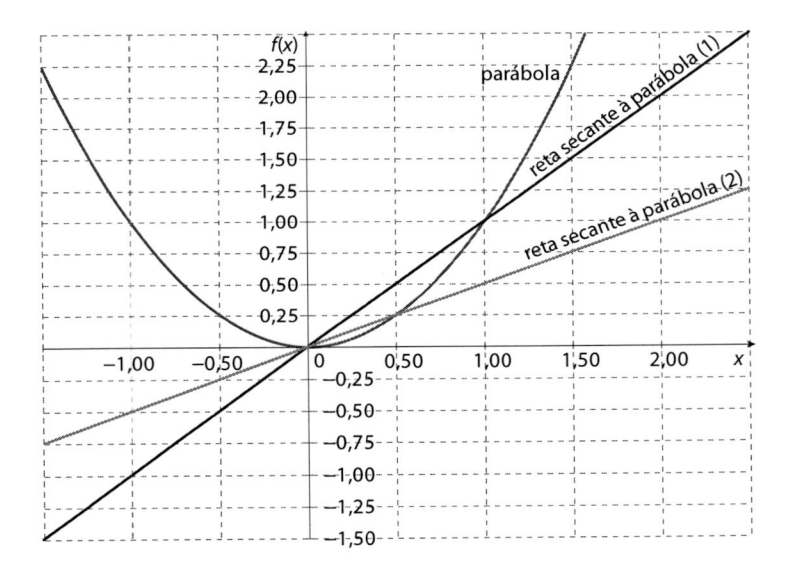

Se desejamos aproximar os valores da função de 2º grau $f(x) = x^2$ pelos valores de uma função de 1º grau nesse intervalo, sem dúvida essa nova função cujo gráfico é a reta secante à parábola nos pontos (0, 0) e (0,50; 0,25) dará valores mais próximos dos reais e cometeremos menos erros.

Observe na tabela a seguir:

x	$f(x) = x^2$	$y = \frac{1}{2}x$	$y - f(x)$
0,0000	0,0000	0,0000	0,000000
0,1250	0,0156	0,0625	0,046875
0,2500	0,0625	0,1250	0,062500
0,3750	0,1406	0,1875	0,046875
0,5000	0,2500	0,2500	0,000000

Nos extremos do intervalo as duas funções coincidem e, por isso, a diferença ou o erro que cometemos ao tomar o valor de uma como se fosse o da outra é zero.

Compare as últimas colunas das duas tabelas anteriores e note como estamos considerando segmentos de reta cada vez mais próximos da parábola nos intervalos considerados (os erros ou as distâncias entre as duas estão cada vez menores).

Vamos, então, novamente, determinar uma outra reta secante (3) que esteja mais próxima da parábola, reduzindo o intervalo estudado para [0; 0,25].

Essa outra reta secante à parábola passa pelos pontos (0, 0) e (0,25; 0,0625) que são os extremos do novo intervalo considerado.

A equação dessa reta secante também pode ser determinada conhecendo seu coeficiente angular (m), pois ela também passa pelo ponto (0, 0). Como:

$$m = \frac{\Delta y}{\Delta x} = \frac{0,0625 - 0}{0,25 - 0} = \frac{1}{4}$$

essa reta secante tem equação $y = \frac{1}{4}x$.

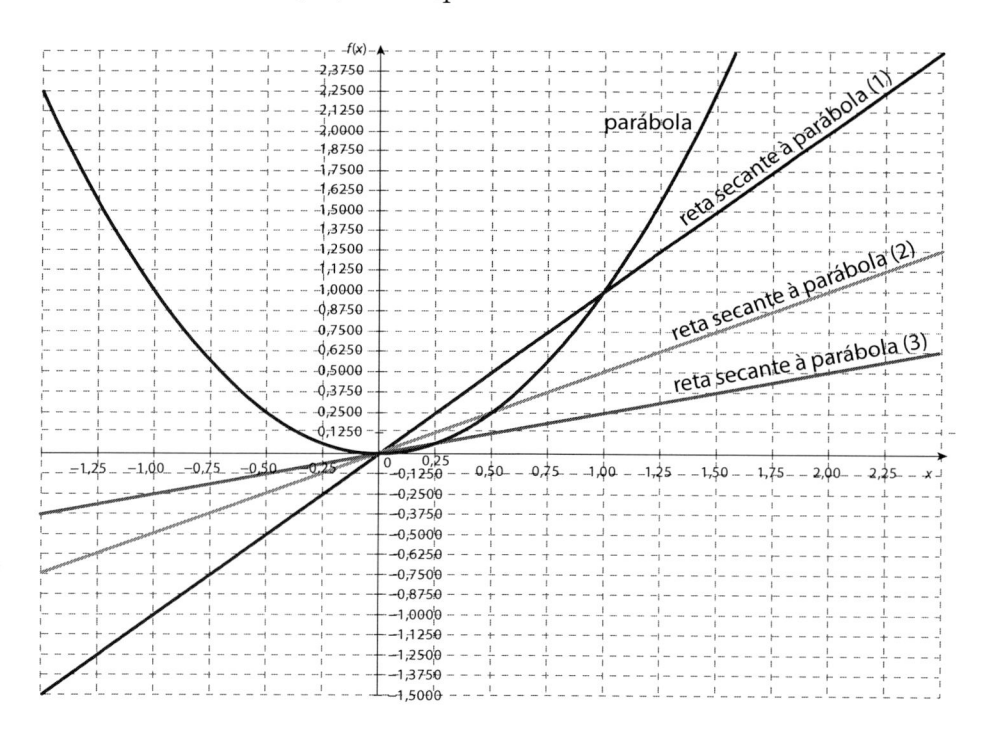

A nova função cujo gráfico é a reta secante à parábola nos pontos (0, 0) e (0,25; 0,0625) dará valores mais próximos dos reais e cometeremos erros ainda menores nesse intervalo.

Capítulo 8

Observe na tabela a seguir:

x	$f(x) = x^2$	$y = \frac{1}{4}x$	$y - f(x)$
0,0000	0,0000	0,000000	0,000000
0,0625	0,0039	0,015625	0,011719
0,1250	0,0156	0,031250	0,015625
0,1875	0,0352	0,046875	0,011719
0,2500	0,0625	0,06250	0,000000

Cada um dos segmentos das retas secantes determinadas — com extremidades nos intervalos considerados — aproxima melhor o respectivo segmento de parábola.

Poderíamos continuar esse procedimento reduzindo cada vez mais a amplitude dos intervalos e determinando novas retas secantes mais próximas a parábola nesses intervalos.

TECNOLOGIA
Planilha eletrônica

Com o auxílio de uma planilha ou de uma calculadora, continue esse processo considerando mais dois intervalos de variação de *x*:

[0; 0,125] e [0; 0,0625]

Faça tabelas como a seguir:

x	$f(x) = x^2$	y	$y - f(x)$
0,000000			
0,031250			
0,062500			
0,093750			
0,125000			

x	$f(x) = x^2$	y	$y - f(x)$
0,00000000			
0,01562500			
0,03125000			
0,04687500			
0,06250000			

Trata-se de um processo infinito, mas com uma tendência bem definida: quando os extremos do intervalo estiverem tão próximos que quase não seja possível distinguir os dois, ou seja, quando o tamanho do segmento de reta secante que passa por esses pontos for extremamente pequeno, a reta secante se parecerá com uma reta tangente e sua inclinação será uma medida da inclinação da curva — no caso, uma parábola — nesse ponto.

Se as retas secantes se aproximarão cada vez mais de uma reta tangente à curva considerada, as inclinações das retas secantes (m_s) tenderão à inclinação da reta tangente (m_t).

A sequência de valores – inclinações (m) das retas secantes –

$$1, \frac{1}{2}, \frac{1}{4}, \frac{1}{8}, \frac{1}{16}...$$

apresenta uma tendência que será definida como a inclinação da reta tangente à curva — gráfico da função $f(x) = x^2$ — no ponto $(0, 0)$.

Se realizarmos esse processo para qualquer função ($f(x)$) e qualquer intervalo (Δx), mantendo uma extremidade do intervalo fixa (x) e aproximando a outra extremidade da primeira cada vez mais ($\Delta x \to 0$), note que estaremos utilizando o mesmo procedimento feito para o cálculo da derivada de uma função (taxa de variação instantânea ou marginal), agora com um argumento geométrico.

Observe o gráfico:

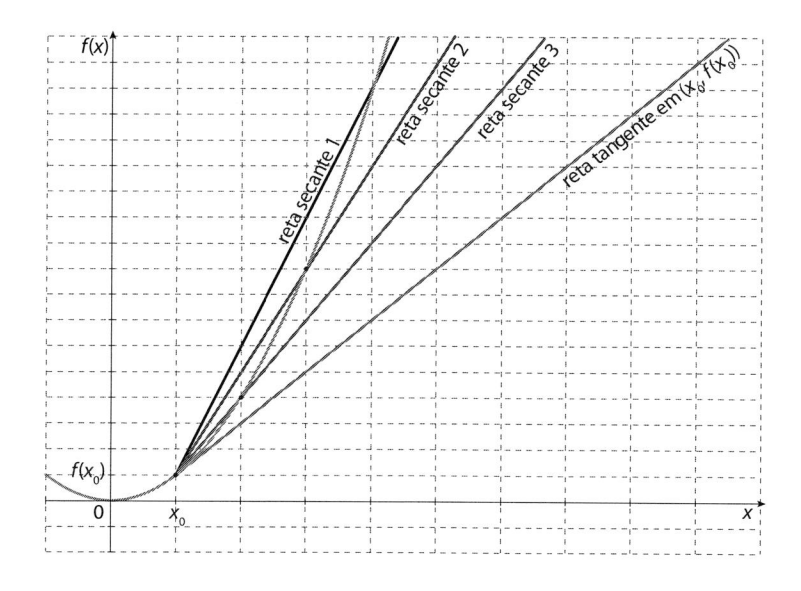

Capítulo 8 — Análise marginal

A *inclinação de uma reta secante* pode ser assim calculada:

$$m_s = \frac{\Delta f}{\Delta x} = \frac{f(x+\Delta x) - f(x)}{(x+\Delta x) - x} = \frac{f(x+\Delta x) - f(x)}{\Delta x}$$

Observe o gráfico:

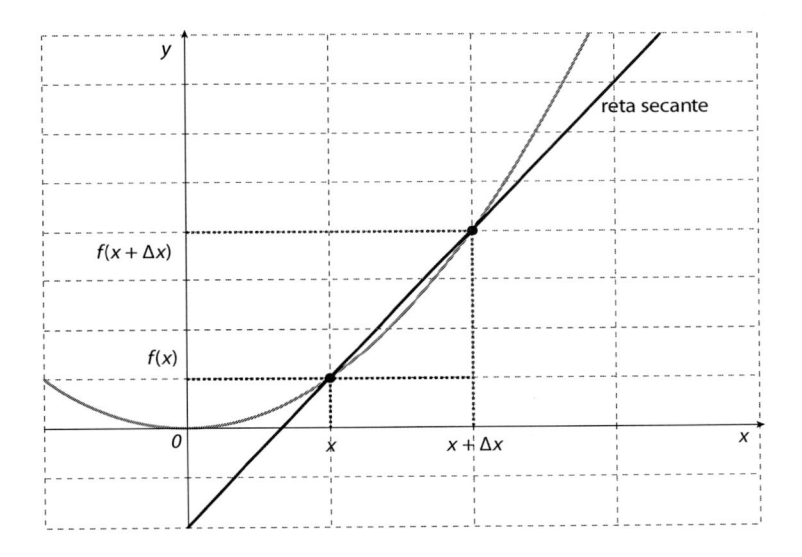

A inclinação da reta tangente a uma curva é calculada como uma tendência apresentada pela sequência de valores das inclinações das retas secantes a essa curva (gráfico de uma função f):

$$m_t = \lim_{\Delta x \to 0} \frac{\Delta f}{\Delta x} = \lim_{\Delta x \to 0} \frac{f(x+\Delta x) - f(x)}{(x+\Delta x) - x} = \lim_{\Delta x \to 0} \frac{f(x+\Delta x) - f(x)}{\Delta x} = f'(x)$$

> A derivada de uma função em um ponto $(x, f(x))$ é a inclinação ($m = \tg \theta$) da reta tangente à curva (gráfico da função f) nesse ponto.

A função derivada fornece, a cada x, a inclinação da reta tangente ao gráfico de f no ponto $(x, f(x))$.

De outro modo, podemos dizer que há uma regularidade tal nas inclinações das retas tangentes a uma curva — gráfico de uma função f — que conseguimos determinar uma outra função — a derivada f' — que descreve essa regularidade.

Mas qual é a finalidade de estudar a inclinação da reta tangente a uma curva? Para que precisaríamos aproximar a curva se temos seus valores exatos?

A ideia fundamental é que é mais fácil estudar retas do que curvas, mas é verdade que trocamos o estudo de uma curva pelo estudo de infinitas retas tangentes que a aproximarão.

Se desenharmos as retas tangentes a uma curva e, depois, "apagarmos" a curva, ainda será possível visualizar seu traçado – o comportamento da função em termos de crescimento, decrescimento, concavidade etc. – pelo comportamento de suas retas tangentes.

Observe:

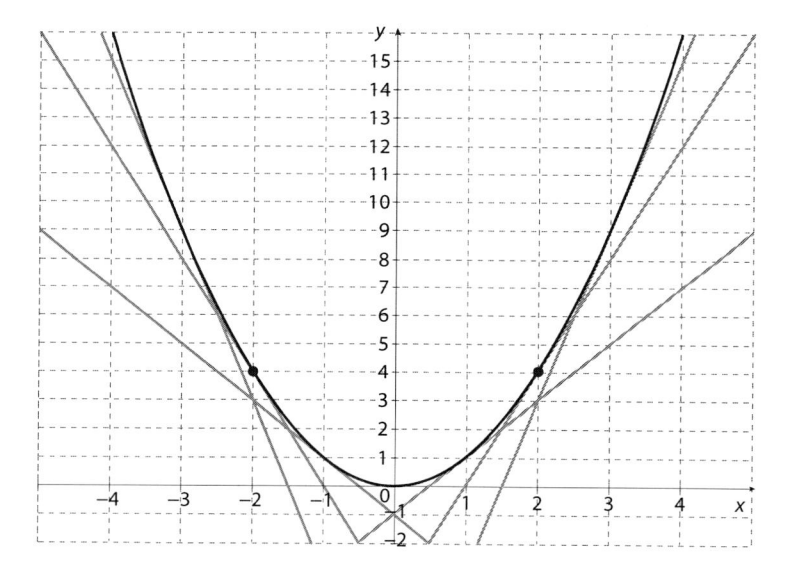

Mas quando estamos interessados apenas em um comportamento local, ou seja, próximo a um valor de x, a reta tangente fornece um indicativo, uma tendência de comportamento da curva.

É como quando dizemos que se não frearmos em uma curva saímos pela tangente! É o caminho mais natural da curva se não houver variação de ritmo ou de velocidade naquele ponto (variação instantânea ou derivada).

A reta tangente *aponta* uma tendência da curva naquele ponto, indicando como ela *seria* se mantivesse o seu comportamento a partir daquele x, ou seja, se fosse uma reta.

Quanto à outra questão: *nós* temos os valores da curva, mas considerando uma empresa que esteja hoje em uma produção x e pretenda decidir se vale a pena ou não produzir mais uma unidade, ela não tem ideia do que se passará a partir dessa produção. A produção $x + 1$ é "futuro" para a empresa, porque ela nunca produziu essa quantidade e, portanto, precisa de um recurso que lhe permita fazer uma estimativa ou uma previsão, a fim de tomar uma decisão sobre a produção ou não dessa unidade a mais.

O conceito de derivada fornece um desses recursos.

EXEMPLOS

1. Determine a equação da reta secante à curva que é o gráfico de $f(x) = x^3$, nos pontos $(1, 1)$ e $(2, 8)$.

A reta secante passa pelos pontos $(1, 1)$ e $(2, 8)$. Note que esses pontos estão na reta secante que vamos determinar, mas também estão no gráfico de f. Desse modo, seria suficiente que nos fornecessem as abscissas desses pontos — $x = 1$ e $x = 2$ —, pois os valores das ordenadas (y) poderiam ser calculados pela função f:

$$f(1) = 1^3 = 1$$
$$f(2) = 2^3 = 8$$

Vamos determinar a equação da reta secante por meio da forma ponto-declividade:

$$y - y_0 = m(x - x_0) \quad \text{(I)}$$

Calculando m:

$$m = \frac{\Delta y}{\Delta x} = \frac{8-1}{2-1} = \frac{7}{1} = 7$$

Substituindo em I:

$$y - y_0 = m(x - x_0)$$
$$y - 1 = 7(x - 1)$$
$$y - 1 = 7x - 7$$
$$y = 7x - 7 + 1$$
$$y = 7x - 6$$

A equação da reta secante nesses pontos é $s: y = 7x - 6$.

Observe o gráfico:

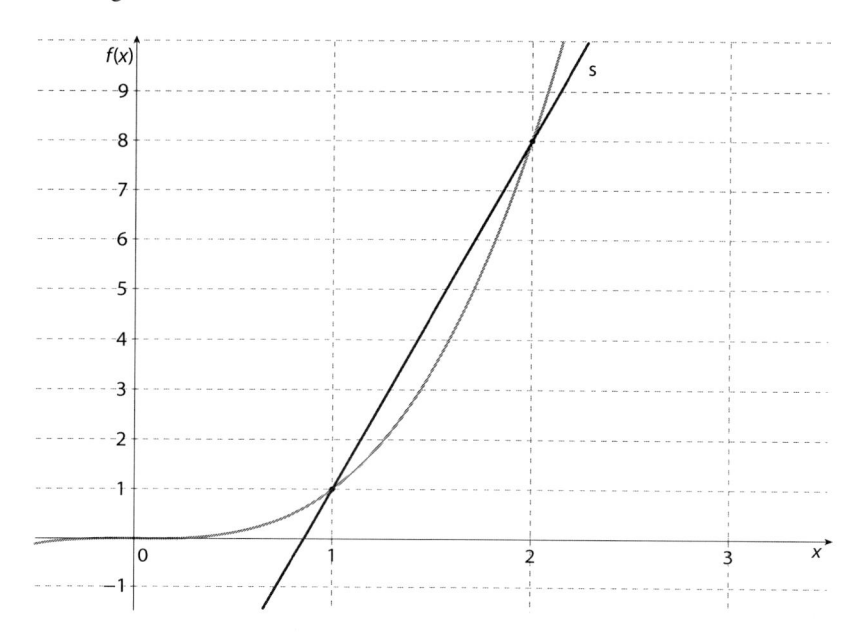

2. Determine a equação da reta tangente à curva que é o gráfico de $f(x) = x^3$, no ponto (1, 1).

A reta tangente nesse ponto tem $m = f'(1)$ e passa por (1, 1) que é o ponto de tangência.
Sabemos que $f'(x) = 3x^2$. Então $m = f'(1) = 3 \cdot 1^2 = 3$.
Vamos determinar a equação da reta tangente por meio da expressão:

$$y - y_0 = m(x - x_0)$$
$$y - 1 = 3(x - 1)$$
$$y - 1 = 3x - 3$$
$$y = 3x - 3 + 1$$
$$y = 3x - 2$$

A equação da reta tangente em (1, 1) é t: $y = 3x - 2$.

Observe o gráfico:

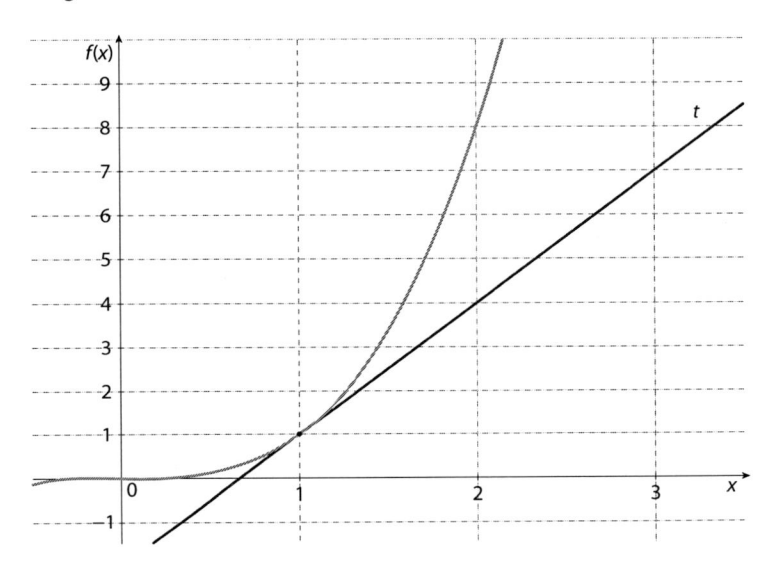

3. Determine a equação da reta tangente ao gráfico de $f(x) = 3x^2 - 4x + 2$ no ponto de abscissa 2.

A reta tangente nesse ponto tem $m = f'(2)$
Sabemos que $f'(x) = 6x - 4$. Então $m = f'(2) = 6 \cdot 2 - 4 = 8$.

Vamos determinar a equação da reta tangente por meio da forma ponto-declividade:

$$y - y_0 = m(x - x_0)$$
$$y - y_0 = 8(x - 2)$$

Precisamos determinar a ordenada do ponto de tangência (y_0).
Mas, como o ponto de tangência está na reta tangente, mas também na curva (gráfico de f), temos $y_0 = f(2) = 3 \cdot 2^2 - 4 \cdot 2 + 2 = 12 - 8 + 2 = 6$. Então:

$$y - y_0 = 8(x - 2)$$
$$y - 6 = 8(x - 2)$$
$$y = 8x - 16 + 6$$
$$y = 8x - 10$$

A equação da reta tangente em (2, 6) é $t: y = 8x - 10$.

Observe o gráfico:

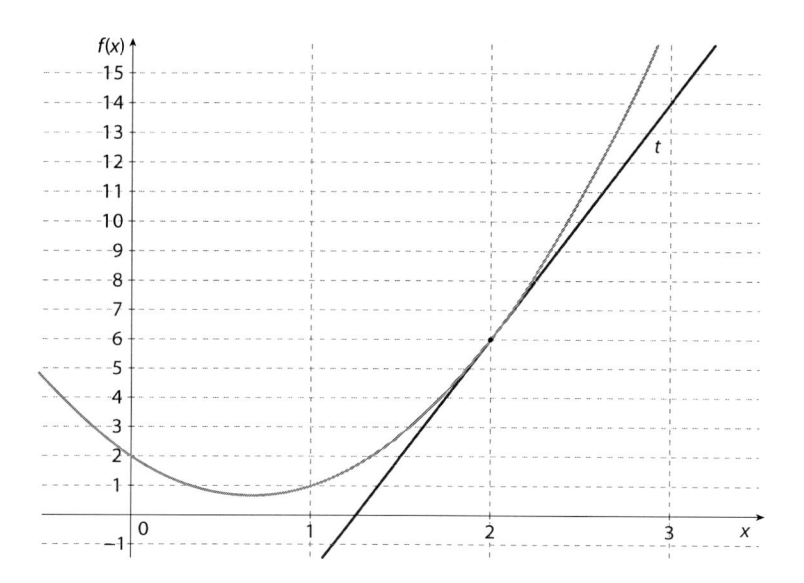

> **No terceiro exemplo, se f '(x) = 6x – 4, essa já não é a equação da reta tangente?**
>
> De fato, essa equação tem por representação geométrica – gráfico – uma reta. *Mas a função derivada não é a equação da reta tangente à curva.* Ela "guarda", descreve, todos os coeficientes angulares (*m*) de todas as retas tangentes à curva.
>
> Note que, quando a função é de 3º grau, como no exemplo 2, sua função derivada é de 2º grau e uma função de 2º grau não tem por gráfico uma reta. Ou seja, essa dúvida só aparece quando se trata de uma função de 2º grau que, derivando, recai em uma função de 1º grau, facilitando a confusão entre a *função derivada* e a *equação da reta tangente* à curva no ponto.

4. Sendo $y = 8x - 10$ a equação da reta tangente ao gráfico de $f(x) = 3x^2 - 4x + 2$ no ponto de abscissa 2, determine uma aproximação das imagens de f por meio da reta tangente para $x = 2{,}01$, $x = 2{,}02$ e $x = 2{,}1$ e compare essas aproximações com os valores das imagens.

Para $x = 2{,}01 : y = 8 \cdot 2{,}01 - 10 = 6{,}08$

Em $x = 2{,}02 : y = 8 \cdot 2{,}02 - 10 = 6{,}16$
Se $x = 2{,}1 : y = 8 \cdot 2{,}1 - 10 = 6{,}8$
Calculando os valores das imagens por $f(x) = 3x^2 - 4x + 2$:

Se $x = 2{,}01 : f(2{,}01) = 6{,}0803$
Quando $x = 2{,}02 : f(2{,}02) = 6{,}1612$
Para $x = 2{,}1 : f(2{,}1) = 6{,}83$

Como as aproximações foram calculadas – por meio da reta tangente no ponto de abscissa 2 — para valores de x próximos a 2, conseguimos boas aproximações.

	$y = 8x - 10$	$f(x) = 3x^2 - 4x + 2$
$x = 2{,}01$	6,08	6,0803
$x = 2{,}02$	6,16	6,1612
$x = 2{,}10$	6,8	6,83

Observe o que acontece se usarmos a mesma reta tangente para aproximar a imagem de $x = 5{,}03$, por exemplo:

Para $x = 5{,}03: y = 8 \cdot 5{,}03 - 10 = 30{,}24$
Para $x = 5{,}03 : f(5{,}03) = 57{,}7827$

Como 5,03 é um valor relativamente distante de 2, obtivemos uma aproximação (30,24) muito ruim do valor exato da imagem de 5,03 (57,7827). Para que a aproximação fosse uma boa aproximação, deveríamos ter determinado a equação da reta tangente à curva em $x = 5$.

Exercícios e problemas propostos

1. Determine a equação da reta secante à curva – gráfico de f – que passa pelos pontos indicados em cada item:
   a) $f(x) = x^2$, (2, 4) e (3, 9)
   b) $f(x) = x^2$, (−1, 1) e (1, 1)
   c) $f(x) = x^3$, (−2, −8) e (−1, −1)
   d) $f(x) = x^2 - 5x + 6$, pontos de abscissas $x = 4$ e $x = 6$
   e) $f(x) = x^4$, (−2, 16) e (−1, 1)
   f) $f(x) = \sqrt{x}$, pontos de abscissas $x = 4$ e $x = 16$
   g) $f(x) = \dfrac{1}{x}$, pontos de abscissas $x = 5$ e $x = 8$

TECNOLOGIA
Software Gráfico

Utilizando o *Winplot*, faça os gráficos de cada função *f* do exercício anterior e das respectivas retas secantes.

É possível utilizar a opção Segmento (*x*, *y*) em Equação.

---

2. Determine a equação da reta tangente à curva – gráfico de *f* – no ponto indicado em cada item:
   a) $f(x) = x^2$, em $x = 2$
   b) $f(x) = x^2$, para $x = -1$
   c) $f(x) = x^3$, se $x = -2$
   d) $f(x) = x^2 - 5x + 6$, no ponto de abscissa $x = 4$
   e) $f(x) = x^4$, em $(-2, 16)$
   f) $f(x) = \sqrt{x}$, no ponto de abscissa $x = 4$
   g) $f(x) = \dfrac{1}{x}$ para $x = 5$

TECNOLOGIA
Software Gráfico

Faça, no *Winplot*, os gráficos de cada função *f* do exercício anterior e das respectivas retas tangentes.

---

3. Construa o gráfico de $f(x) = \sqrt{x}$, determine as equações das retas tangentes a essa curva em $x = 1$, $x = 4$ e $x = 9$, e desenhe essas retas tangentes no mesmo plano cartesiano em que foi desenhado o gráfico de *f*.

4. Utilize os cálculos do exercício anterior para estimar o valor de $f(4,1)$.

5. (UFF) O gráfico da figura a seguir, formado por dois segmentos de reta, mostra o crescimento da "esperança de vida" do brasileiro, de 1990 a 2004. Assim, pelo gráfico, pode-se observar que a "esperança de vida" em 1990 era de 66 anos, em 2000 passou a ser de 70 anos e em 2004 passou a ser de 72 anos.

Capítulo 8   Análise marginal   **323**

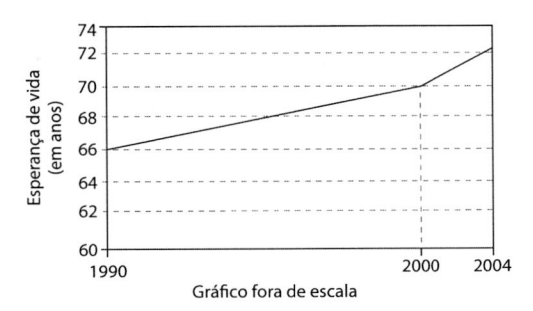

Gráfico: Esperança de vida (em anos) de 1990 a 2004

Fonte: Adaptado de IBGE, Diretoria de Pesquisas, Coordenação de População e Indicadores Sociais.

a) Determine, com base no gráfico, a "esperança de vida" no ano de 1995.
b) Faça uma estimativa para a "esperança de vida" no ano de 2010, considerando que o gráfico no período 2000 a 2010 é o segmento de reta obtido pelo prolongamento do gráfico no período 2000 a 2004.

6. Qual é a alternativa correta?
   a) A derivada da função $f(x) = \dfrac{1}{x}$ é a função $f'(x) = 1$.
   b) Se a derivada de uma função é positiva em um intervalo [aberto] então a função é decrescente nesse intervalo.
   c) O custo médio unitário de um artigo pode ser calculado pela soma $c + CF$, sendo c o custo unitário de produção desse artigo e CF, o custo fixo.
   d) A equação da reta tangente à parábola que é gráfico da função $f(x) = x^2 - 3x + 14$ no ponto de abscissa $x = 1$ é dada por $y = -x + 13$.

7. Classifique as asserções a seguir em *verdadeiras* ou *falsas*, justificando sua opção:
   a) A derivada de uma função f é a inclinação da reta secante à curva que é gráfico de f.
   b) A derivada de uma função f é a taxa de variação instantânea dessa função em um dado intervalo.
   c) Para $f(x) = \dfrac{x}{\sqrt[3]{x^2 + 7x}}$, temos $\dfrac{df}{dx} = \dfrac{1}{\dfrac{2}{3}x^{-\frac{1}{3}} + 7}$.
   d) Se a derivada de uma função é negativa em um intervalo [aberto] então a função é crescente nesse intervalo.
   e) Para $f(x) = \dfrac{1}{x^4 + 5x}$, temos $\dfrac{df}{dx} = -1(4x^3 + 5)^{-2}$.

8. (CEAG) O gráfico da função $f(x) = x^5 - 5x$, representado no plano cartesiano, admite uma reta tangente paralela ao eixo horizontal nos pontos cujas abscissas são:
   a) 0 e 5   b) 0 e 1   c) 1 e –1   d) 2 e –2   e) 5 e –5

9. (ESPM) Para efeitos práticos, a relação entre as grandezas x e y que, teoricamente, seria dada por $y = 1 + \dfrac{x^2}{4}$ e cujo gráfico cartesiano se vê a seguir, em

linha tracejada, foi substituída pela relação linear representada pela reta que passa por A e B. Dessa forma, a diferença dy, que se obtém quando x = 6, vale:
a) 1,5
b) 2,0
c) 2,5
d) 3,0
e) 3,5

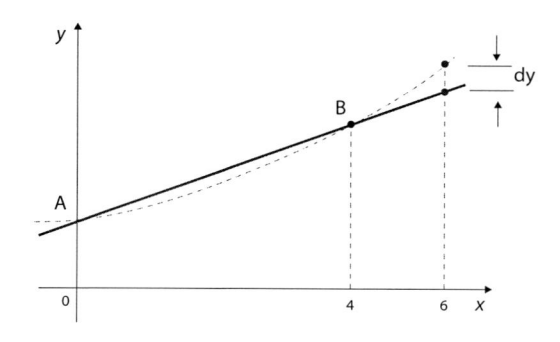

Existência da derivada

Nem sempre é possível calcular o limite

$$\lim_{\Delta x \to 0} \frac{f(x_0 + \Delta x) - f(x_0)}{\Delta x}$$

ou seja, encontrar a derivada de uma função em um ponto – $f'(x_0)$ – ou em alguns pontos.

Como a derivada de uma função em um ponto é a inclinação da reta tangente à curva nesse ponto, temos duas possibilidades: ou *não conseguimos determinar a reta tangente nesse ponto ou ela é vertical*. Nesses dois casos não é possível definir a inclinação da reta tangente (m) ou porque $m = tg\, 90°$ (que não existe) ou porque sequer encontramos a reta tangente.

Observemos algumas funções e seus gráficos.

EXEMPLOS

1. Determine a derivada da função $f(x) = |x|$ em $x_0 = 0$.
   Devemos calcular

   $$\lim_{\Delta x \to 0} \frac{f(0 + \Delta x) - f(0)}{\Delta x} = \lim_{\Delta x \to 0} \frac{f(\Delta x) - 0}{\Delta x} = \lim_{\Delta x \to 0} \frac{f(\Delta x)}{\Delta x} = \lim_{\Delta x \to 0} \frac{|\Delta x|}{\Delta x}$$

   Como $\frac{|\Delta x|}{\Delta x} = 1$ para $\Delta x > 0$ e $\frac{|\Delta x|}{\Delta x} = -1$ para $\Delta x < 0$, não há uma tendência quando Δx se aproxima de zero.

Temos resultados diferentes para os limites laterais:

$$\lim_{\Delta x \to 0^+} \frac{|\Delta x|}{\Delta x} = +1 \text{ e } \lim_{\Delta x \to 0^-} \frac{|\Delta x|}{\Delta x} = -1$$

Observe o gráfico de f e a infinidade de retas possíveis tangentes em $(0,0)$.

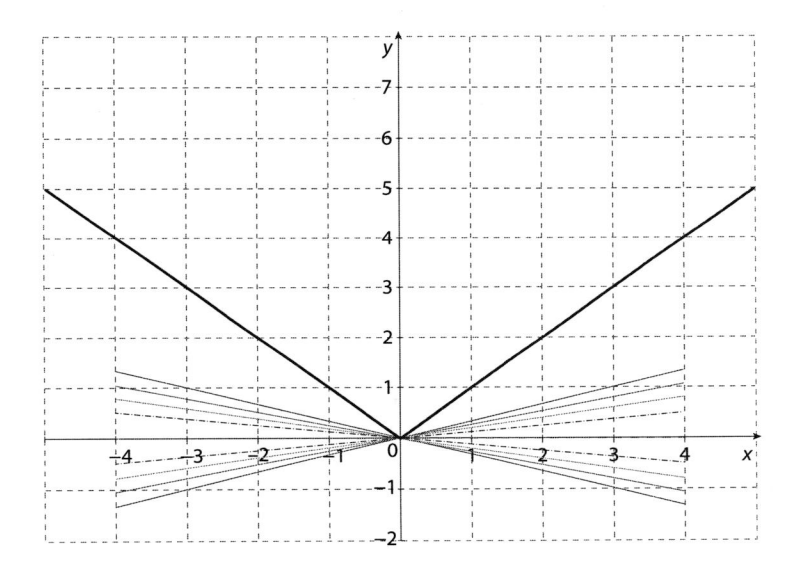

Em $x = 0$ não é possível determinar a reta tangente.
Há uma mudança muita abrupta no comportamento da função em $(0, 0)$.

2. Determine a derivada da função $f(x) = x^{\frac{2}{3}}$ em $x_0 = 0$.
   Vamos calcular:

$$\lim_{\Delta x \to 0} \frac{f(0 + \Delta x) - f(0)}{\Delta x} = \lim_{\Delta x \to 0} \frac{f(\Delta x) - 0}{\Delta x} = \lim_{\Delta x \to 0} \frac{f(\Delta x)}{\Delta x} =$$

$$= \lim_{\Delta x \to 0} \frac{\sqrt[3]{(\Delta x)^2}}{\Delta x} = \lim_{\Delta x \to 0} \left[\frac{\sqrt[3]{(\Delta x)^2}}{\Delta x} \cdot \frac{\sqrt[3]{(\Delta x)}}{\sqrt[3]{\Delta x}} \right] =$$

$$= \lim_{\Delta x \to 0} \frac{\sqrt[3]{(\Delta x)^3}}{\Delta x \sqrt[3]{\Delta x}} = \lim_{\Delta x \to 0} \frac{\Delta x}{\Delta x \sqrt[3]{\Delta x}} = \lim_{\Delta x \to 0} \frac{1}{\sqrt[3]{\Delta x}} = +\infty$$

Como o resultado desse limite não é um número, mas uma tendência para $+\infty$, não existe a derivada em $x_0 = 0$.

Observe o gráfico de f.

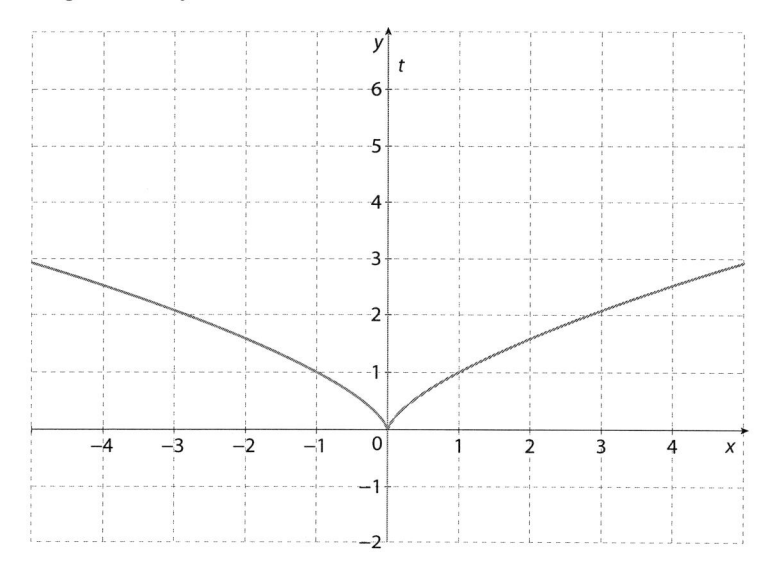

A reta tangente t em (0, 0) é o próprio eixo y (de equação $x = 0$), ou seja, é uma reta vertical.

Sempre que não for possível calcular o limite da razão incremental ou seu resultado não for um número, não existe a derivada da função no ponto considerado.

Geometricamente: gráficos que apresentam tendências distintas nas laterais próximas a um ponto ou que têm reta tangente vertical nesse ponto não têm derivada aí.

Uma função pode ser contínua em um ponto de abscissa p e não ser derivável nesse ponto, como nos mostraram os exemplos, mas:

> Se f é derivável em p então f é contínua em p.

No entanto, nos demais pontos dos gráficos dos dois exemplos, as derivadas podem ser calculadas:

- para $f(x) = |x|$, $f'(x) = -1$ para $x < 0$ e $f'(x) = 1$ para $x > 0$.
- para $f(x) = x^{\frac{2}{3}}$, $f'(x) = \frac{2}{3}x^{-\frac{1}{3}} = \frac{2}{3\sqrt[3]{x}}$ para $x \neq 0$.

Observe que, em ambos os exemplos, temos um ponto de mínimo global: (0, 0).

Esse valor de x não zera as derivadas primeiras dessas funções. Por isso, na análise das derivadas, devem ser considerados os valores que as zeram e aqueles em que elas não existem, ou seja, os valores que não estão no domínio de f'.

Capítulo 8

Exercícios e problemas propostos

1. Mostre que não existe a derivada de $f(x) = \sqrt{x}$ em $x_0 = 0$.

Diferentes pontos de inflexão

Em alguns pontos de inflexão de abscissa x_0 temos $f'(x_0) = 0$ e $f''(x_0) = 0$. Em outros pontos de inflexão temos $f'(x_0) \neq 0$ e $f''(x_0) = 0$.

Observe os gráficos:

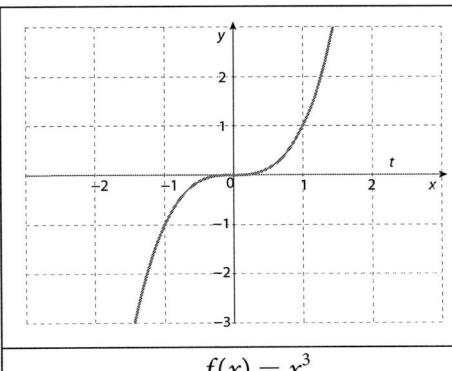

$f(x) = x^3$	O gráfico de f tem um ponto de inflexão em que a reta tangente em $(0, 0)$ é horizontal. Ambas as derivadas de f são nulas nesse ponto. Poderíamos interpretar como se a função tivesse, nesse ponto, velocidade e aceleração nulas: a função "para" a fim de mudar de comportamento.
	$f'(0) = 0$ e $f''(0) = 0$
$g(x) = -x^3 + 3x^2 - 2$	O gráfico de g tem um ponto de inflexão em $(1, 0)$ em que a reta tangente é oblíqua. Nesse caso, apenas a derivada segunda é nula. Poderíamos interpretar como se a função tivesse, nesse ponto, apenas aceleração nula: a função não "para" de fato.
	$g'(1) \neq 0$ e $g''(1) = 0$

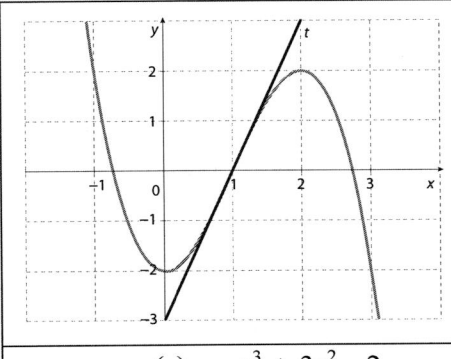

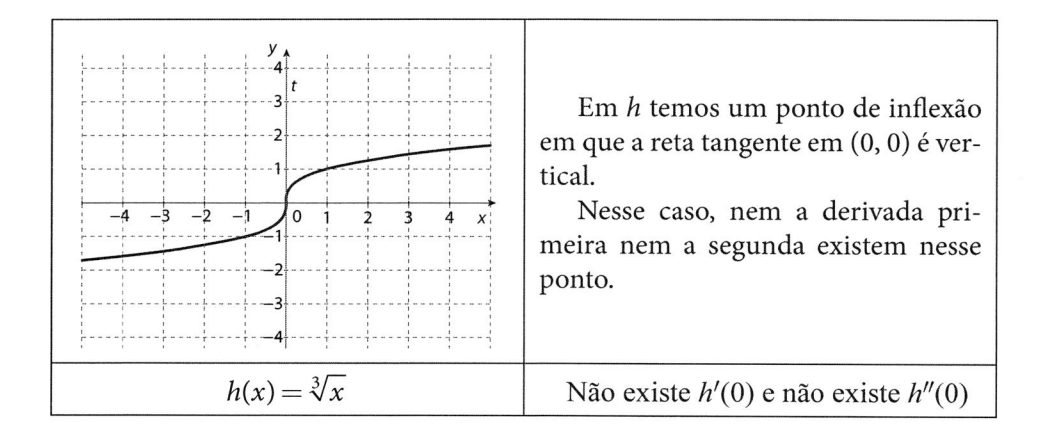

$h(x) = \sqrt[3]{x}$	Em h temos um ponto de inflexão em que a reta tangente em $(0, 0)$ é vertical. Nesse caso, nem a derivada primeira nem a segunda existem nesse ponto.
	Não existe $h'(0)$ e não existe $h''(0)$

Note que, quando o gráfico da função tem concavidade voltada para cima, as retas tangentes estão sob o gráfico.

E, quando o gráfico da função tem concavidade voltada para baixo, as retas tangentes estão sobre o gráfico.

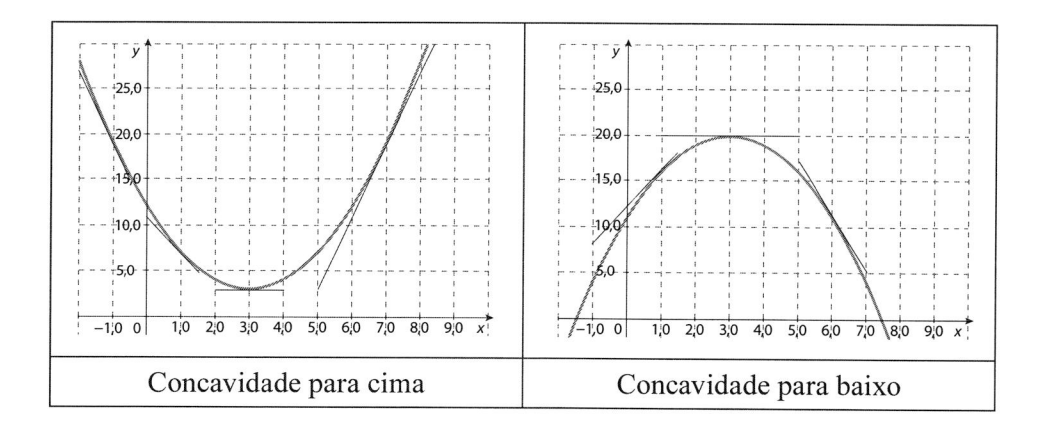

Concavidade para cima	Concavidade para baixo

8.2. Receita total, média e marginal

A receita marginal (R_{Mg}) é a derivada da função receita total (RT'), em relação a x. Ela permite fazer uma previsão do faturamento obtido com a venda da próxima peça.

$$R_{Mg}(x) \approx \Delta RT = RT(x+1) - RT(x) \text{ ou}$$
$$RT(x+1) \approx RT(x) + R_{Mg}(x)$$

Capítulo 8

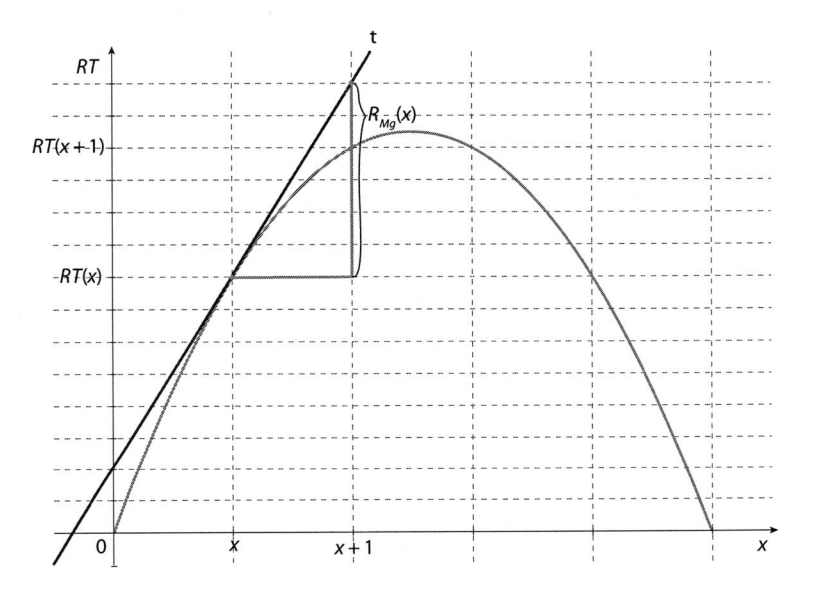

Análise marginal

A receita média é o preço médio cobrado por unidade:

$$R_{Me}(x) = \frac{RT(x)}{x} = \frac{xy}{x} = y$$

Note que os valores de receita média e de receita marginal são comparáveis, pois se referem à unidade do produto, enquanto que a receita total se refere a toda a venda.

EXEMPLOS

1. Considerando $RT(x) = -2x^2 + 100x$, determine as funções receita marginal e receita média e, utilizando a receita marginal, faça uma previsão de quanto será o faturamento obtido com a venda de mais uma peça quando $x = 20$. Compare esse valor com o faturamento exato que se irá obter com a peça de número 21 e interprete esses resultados.

As funções solicitadas são:

$$R_{Mg}(x) = RT'(x) = -4x + 100$$

$$R_{Me}(x) = \frac{RT(x)}{x} = \frac{-2x^2 + 100x}{x} = -2x + 100 = y$$

Como $RT'(20) = -4 \cdot 20 + 100 = 20$, estima-se que a 21ª peça gerará para a empresa R$ 20,00 de faturamento adicional.

Para determinar o valor exato do faturamento obtido com a venda da 21ª peça, calculamos:

$$RT(21) - RT(20) = 18$$

Desse modo, como a derivada é positiva na venda 20 — $RT'(20) = +20$ — o faturamento da empresa está crescendo e ainda vale a pena reduzir o preço para vender mais uma unidade.

Com a venda de todas as 21 unidades, a empresa terá um faturamento estimado de:

$$RT(20) + RT'(20) = 1\,200 + 20 = 1\,220$$

e um faturamento real de:

$$RT(21) = 1\,218$$

Temos que:

$$RT'(20) \approx RT(21) - RT(20) \text{ ou}$$

$$RT(20) + RT'(20) \approx RT(21)$$

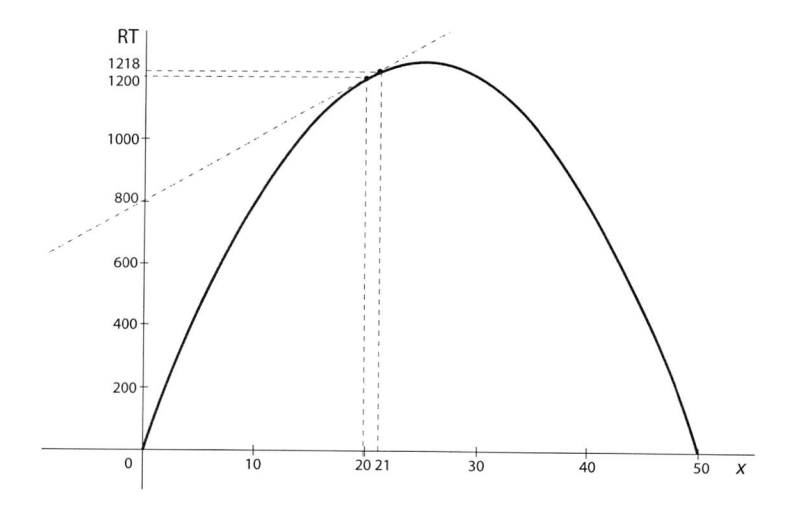

Note que, como a estimativa obtida pela reta tangente e pela derivada — $RT(20) + RT'(20) = 1\,220$ — é maior do que o faturamento realmente obtido — $RT(21) = 1\,218$ — a reta tangente está sobre a curva e a curva apresenta concavidade para baixo nas proximidades desses valores.

Observe o zoom:

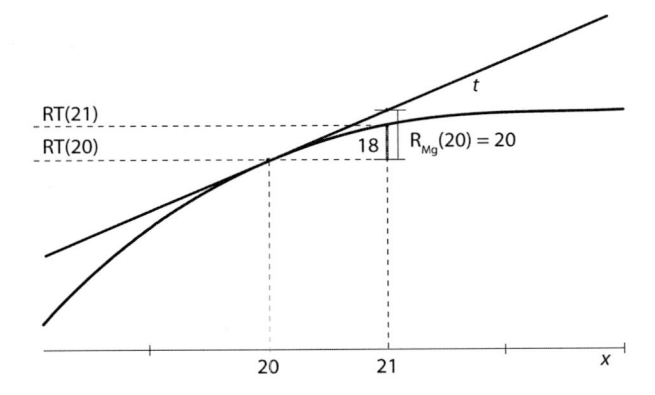

```
          RT(21) ─ ─ ─ ─ ─ ─ ─ ─ ─ ─ ─ ─ ─|       / t
          RT(20) ─ ─ ─ ─ ─ ─ ─ ─ ─ ─ ─|18 | R_Mg(20) = 20
                                    20    21              x
```

2. Considerando a mesma função receita do exemplo anterior e utilizando a receita marginal, faça uma previsão de quanto será o faturamento obtido com a venda de mais uma peça quando $x = 40$. Compare esse valor com o faturamento exato que se irá obter com a peça de número 41 e interprete esses resultados.

Como $RT'(40) = -4 \cdot 40 + 100 = -60$, estima-se que a 41ª peça gerará para a empresa uma redução de R$ 60,00 no faturamento.

Para determinar o valor exato do faturamento obtido com a venda da 41ª peça, calculamos:

$$RT(41) - RT(40) = 738 - 800 = -62$$

Desse modo, como a derivada é negativa na venda 40 – $RT'(40) = -60$ – o faturamento da empresa está decrescendo e não vale a pena reduzir o preço para vender mais uma unidade.

Com a venda de todas as 41 unidades, a empresa terá um faturamento estimado de:

$$RT(40) + RT'(40) = 800 + (-60) = 740$$

e um faturamento real de:

$$RT(41) = 738$$

Temos:

$$RT'(40) \approx RT(41) - RT(40) \text{ ou}$$

$$RT(40) + RT'(40) \approx RT(41)$$

Novamente, a estimativa obtida pela reta tangente e pela derivada — $RT(40) + RT'(40) = 740$ – é maior do que o faturamento realmente obtido — $RT(41) = 738$ — a reta tangente está sobre a curva e a curva apresenta concavidade para baixo nas proximidades desses valores.

A receita pode ser negativa?

Não. A receita total de uma empresa não pode ser negativa, pois se trata do faturamento. Mas *a receita marginal pode ser negativa*, porque é uma medida de variação marginal (derivada).

Uma variação negativa indica um decréscimo de receita, enquanto uma variação positiva indica uma receita ascendente ou crescente.

EXERCÍCIOS E PROBLEMAS PROPOSTOS

1. Se $RT(x) = 600x - \dfrac{x^3}{20}$, calcule:
   a) uma aproximação da receita obtida na venda da 31ª unidade;
   b) a receita efetiva obtida na venda da 31ª unidade;
   c) e faça a representação dos dois valores obtidos nos itens anteriores no gráfico da receita total.

2. Sendo $R = -2q^2 + 1\,000q$ a receita, em reais, conforme a quantidade q vendida, não podemos dizer que:
   a) Vale a pena vender mais uma peça se a venda atual é $q = 100$.
   b) No intervalo de 100 a 200 unidades, a receita aumenta, em média, R$ 400,00 por unidade.
   c) A reta tangente ao gráfico de R em $q = 100$ tem inclinação 600.
   d) A inclinação da reta tangente ao gráfico de R em $q = 250$ é zero.
   e) A partir de $q = 250$, cada peça a mais vendida contribui para o aumento da receita.

(CEAG) O texto a seguir refere-se às questões 3 e 4.

Para a economia como um todo, para faixas relativamente curtas, assume-se que o consumo esteja linearmente relacionado com a renda nacional disponível, e tal análise baseia-se nas seguintes afirmações:

1. Existe alguma quantia absoluta de consumo necessária para manter a vida, ainda que não haja renda.
2. O consumo é função da renda disponível, ou seja, $c = f(y_d)$.
3. Quando a renda disponível aumenta, o consumo também aumenta, mas numa proporção menor.
4. A proporção de um incremento na renda disponível que será consumida é constante, e tal proporção é denominada *tendência marginal para consumir*.

Essas afirmações podem ser traduzidas pela equação $c = a + b\,y_d$, em que c é o consumo; a, o consumo fixo, básico, independentemente da renda; b, a *tendência marginal* para consumir e y_d, a renda disponível.

3. Se, em cada nível de renda disponível, o consumo é igual a R$ 3,5 bilhões mais 75% da renda disponível, então, quando a renda disponível for 50 bilhões, o consumo total (em bilhões de reais) será igual a:
   a) 37,5   b) 41   c) 40   d) 50   e) 53,5

4. Suponha que a função de consumo seja dada por $c = 11 + 0{,}65\,y_d$. Quando a renda disponível é 60 bilhões de reais, podemos dizer que o consumo de renda disponível representa:
   a) 78% do consumo total
   b) 65% do consumo total
   c) 70% do consumo total
   d) 22% do consumo total
   e) 35% do consumo total

5. Verifique que, em um ponto crítico da receita média, $R_{Me}(x) = R_{Mg}(x)$.

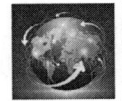

NO MUNDO REAL

Crise dos 50
Gol reduz tarifa e DAC veta. Preço baixo é proibido?

Na noite de segunda-feira 10, após chegar do Rio de Janeiro, o ministro Walfrido Mares Guia, do Turismo, foi surpreendido pelo seu motorista, que comentava o tumulto que a promoção da Gol estava causando no aeroporto de Brasília. "Ia comprar uma passagem para minha mulher, doutor. Custava R$ 50, mas a promoção foi suspensa." No dia seguinte, o ministro ficou sabendo que o Departamento de Aviação Civil vetou a iniciativa da Gol de cobrar tarifa de R$ 50 sob alegação de que a companhia poderia incorrer em concorrência predatória. Mares Guia chiou: "Não tem concorrência predatória. É uma competente oferta para atrair passageiros que nunca tinham entrado num avião".

O DAC queria documentos da Gol comprovando que os preços oferecidos são compatíveis com os custos da operação. Em outras palavras, queria saber se a ela não estava praticando dumping. O custo médio por assento da Gol é de R$ 102. Portanto, os R$ 50 cobrados na tarifa não seriam suficientes para bancar um voo. Só que a Gol não fixou a promoção em todos os assentos. Limitou-a a 8% dos lugares. Ou seja, fez a oferta em algumas das poltronas vazias baseando-se no índice de ocupação de suas aeronaves, com o voo previamente pago. "Fizemos um mix de tarifas que permitiu a promoção", diz Constantino Júnior, presidente da Gol. "Ele buscou uma receita marginal, legítima. Se trabalhou em cima das estatísticas de assentos vazios do setor e não vendeu mais que isso, não há problema", afirma o advogado José DelChiaro, especialista em direito econômico. "Se a concorrência se sentir prejudicada tem a Secretaria de Direito Econômico para reclamar. É o órgão competente para avaliar questões como essa."

> **PROMOÇÃO RELÂMPAGO**
>
> - A Gol vendeu, na segunda-feira 10, 40 mil bilhetes. Num dia normal, comercializa metade disso.
> - Em algumas rotas, como São Paulo-Manaus, as passagens acabaram em apenas três horas.

Fonte: <http://www.terra.com.br/istoedinheiro/350/negocios/350_crise_50.htm>.

8.3. Custo total, médio e marginal

O custo marginal (C_{Mg}) é a derivada da função custo total (CT'), em relação a x. O custo marginal permite fazer uma previsão do custo da próxima peça a ser produzida.

$$C_{Mg}(x) \approx \Delta CT = CT(x+1) - CT(x) \text{ ou}$$

$$CT(x+1) \approx CT(x) + C_{Mg}(x)$$

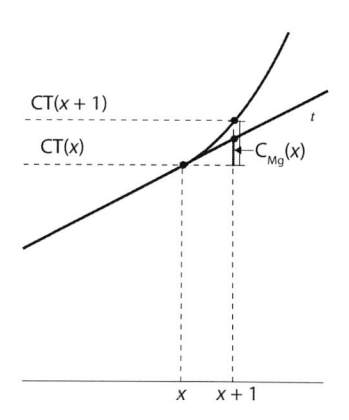

Lembramos que $C_{Me}(x) = \dfrac{CT(x)}{x}$.

Os valores de custo médio e de custo marginal são comparáveis, pois se referem à unidade do produto, enquanto o custo total se refere a toda a produção.

EXEMPLOS

1. Explique o significado e as relações entre os valores:

$$CT(8) - CT(7), C_{Me}(8) \text{ e } C_{Mg}(7)$$

$CT(7)$ é o custo total com a produção de 7 peças.
$CT(8)$ é o gasto total com a produção de 8 peças.

Então, $CT(8) - CT(7)$ é o custo exato da produção da 8ª peça.

$C_{Me}(8)$ é o custo médio unitário na produção de 8 unidades, ou seja, o quanto, em média, foi gasto com cada uma das peças de um lote de produção de 8 peças.

Observe que o custo da 1ª peça pode ser diferente do custo da 6ª ou da 7ª peça. Na produção da 1ª peça pode ter havido, por exemplo, perda de matéria-prima por ajustes de máquina em uma indústria, de modo que o custo com a 1ª peça foi superior ao gasto com as demais.

O custo médio unitário é uma média e, então, considera qual seria o gasto por peça se ele fosse o mesmo para qualquer peça.

$C_{Mg}(7)$ fornece uma estimativa, uma previsão, do gasto com a 8ª peça. $C_{Mg}(7)$ é uma medida de variação instantânea (derivada), de ritmo, de velocidade dos custos totais na produção 7. Se esse ritmo se mantiver, $C_{Mg}(7)$ aproxima $CT(8) - CT(7)$.

Fazendo uma analogia com avaliações escolares:

- $CT(8) - CT(7)$ seria a variação no total de pontos da prova 7 para a prova 8, ou seja, a nota da prova 8.
- $C_{Me}(8)$ seria a média das notas das 8 provas (que pode ser diferente de qualquer nota de qualquer das provas realizadas).
- $C_{Mg}(7)$ indicaria uma tendência de nota na 8ª prova a ser realizada; uma estimativa conforme o desempenho até então, o estudo do conteúdo etc.

Note que os dois primeiros valores são "fatos" e o último permite fazer uma "previsão" do primeiro.

Ou fazendo uma analogia envolvendo movimento, espaço, tempo e velocidade:

- $CT(8) - CT(7)$ seria a variação de espaço de um tempo 7 a um tempo 8 ou o quanto foi percorrido nessa unidade de tempo.
- $C_{Me}(8)$ corresponderia à variação média do espaço na unidade de tempo ou a velocidade média desde o início do movimento até o tempo 8.
- $C_{Mg}(7)$ seria uma tendência de variação do espaço para a próxima unidade de tempo, ou seja, a velocidade instantânea no tempo 7.

Também nessa analogia os dois primeiros valores são "fatos" e o último permite fazer uma "previsão" do primeiro. Se alguém nos disser que está viajando, neste instante, a 80 km/h (velocidade instantânea) podemos inferir que, daqui a uma hora, estará a 80 km de onde está neste momento. Trata-se de uma previsão, pois, no instante seguinte pode haver aceleração ou frenagem e a previsão não se verificar. Mas é essa a previsão que pode ser feita com as informações de velocidade no momento presente.

2. Sendo $CT(x) = \dfrac{x^3}{3} - 7x^2 + 49x + 400$, não podemos dizer que:

   a) Essa função custo total é sempre crescente.
   b) A 8ª peça custará à empresa R$ 514,67.
   c) Uma boa aproximação do valor do custo da 6ª peça é R$ 4,00.
   d) O gráfico dessa função apresenta concavidade para baixo até $x = 7$.
   e) O custo exato da 10ª peça é R$ 6,33.

Fazendo o estudo completo da função $CT(x) = \dfrac{x^3}{3} - 7x^2 + 49x + 400$, temos:

$$CT(x) = \frac{1}{3}x^3 - 7x^2 + 49x + 400 \rightarrow CT'(x) = x^2 - 14x + 49$$

$x^2 - 14x + 49 = 0$ para $x = 7$ (raiz dupla) e o gráfico de CT' é uma parábola de concavidade para cima que apenas toca o eixo em $x = 7$.

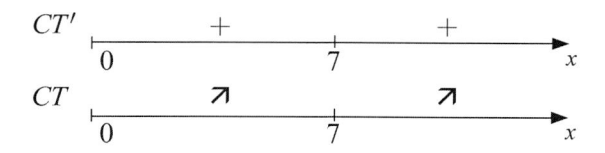

Desse modo, a função custo total é crescente em seu domínio. A alternativa a) é verdadeira.

$$CT'(x) = x^2 - 14x + 49 \rightarrow CT''(x) = 2x - 14$$

$2x - 14 = 0$ para $x = 7$ e o gráfico de CT'' é uma reta "crescente".

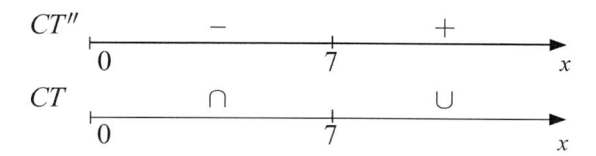

O gráfico da função custo total apresenta concavidade para baixo até $x = 7$. A alternativa d) é verdadeira.

As alternativas c) e e) também estão corretas, pois:

$C_{Mg}(5) = 5^2 - 14 \cdot 5 + 49 = 4$ e

$CT(10) - CT(9) = \dfrac{1}{3} \cdot 10^3 - 7 \cdot 10^2 + 49 \cdot 10 + 400 - \left(\dfrac{1}{3} \cdot 9^3 - 7 \cdot 9^2 + 49 \cdot 9 + 400\right) =$
$= 523{,}33 - 517 = 6{,}33$

A alternativa b) é a incorreta, porque o custo exato da 8ª peça pode ser calculado por:

$CT(8) - CT(7) = \dfrac{1}{3} \cdot 8^3 - 7 \cdot 8^2 + 49 \cdot 8 + 400 - \left(\dfrac{1}{3} \cdot 7^3 - 7 \cdot 7^2 + 49 \cdot 7 + 400\right) =$
$= 514{,}67 - 514{,}33 = 0{,}33$

R$ 514,67 é o custo total para a produção de 8 peças — CT(8) - e não da 8ª peça.

Observe o gráfico do custo total a seguir:

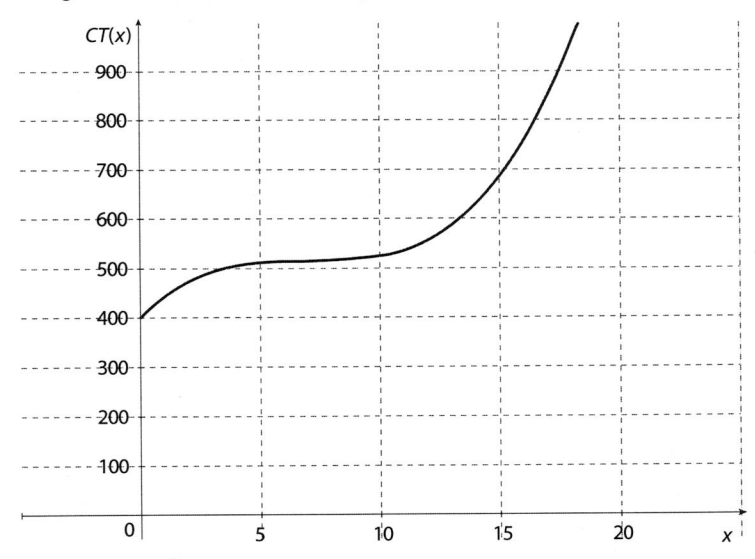

3. Observando a tabela a seguir e completando-a se necessário, assinale a alternativa correta:

x	CT(x)	$C_{Me}(x)$	$C_{Mg}(x)$ ou $C'(x)$
1 000	5 600,00		4,00
2 000	10 600,00	5,30	6,00
3 000	17 600,00		8,00

a) Como $C_{Mg}(1\,000) < C_{Me}(1\,000)$, 1 000 é abscissa do ponto de mínimo do custo médio.
b) No nível de produção de 3 000 unidades cada peça a mais produzida contribuirá para reduzir o gasto médio unitário.
c) Observando o valor aproximado do custo de mais uma peça no nível de produção 2 000 é interessante, do ponto de vista da otimização, a empresa aumentar sua produção em uma unidade.
d) O custo médio é uma função estritamente crescente.
e) A empresa deve produzir mais uma unidade, além das 1 000, pois seu custo médio tende a cair.

Determinamos o custo médio para 1 000 unidades a fim de verificar primeiro se a relação $C_{Mg}(1\,000) < C_{Me}(1\,000)$ é verdadeira:

$$C_{Me}(1\,000) = \frac{CT(1\,000)}{1\,000} = \frac{5\,600}{1\,000} = 5,60$$

Não é possível afirmar que a produção 1 000 corresponde à abscissa do ponto de mínimo da função custo médio apenas porque $C_{Mg}(1\,000) < C_{Me}(1\,000)$.

Essa informação permite concluir apenas que a próxima unidade — a $1\,001^a$ — deve custar à empresa menos do que, em média, custou cada uma das 1 000 unidades já produzidas, contribuindo para reduzir o gasto médio por unidade.

Calculamos o custo médio para 3 000 unidades:

$$C_{Me}(3\,000) = \frac{CT(3\,000)}{3\,000} = \frac{17\,600}{3\,000} = 5,87$$

Como $C_{Mg}(3\,000) > C_{Me}(3\,000)$ ou $C_{Me}(3\,000) < C_{Mg}(3\,000)$, a próxima unidade — a $3\,001^a$ — deve custar à empresa mais do que, em média, custou cada uma das 3 000 unidades já produzidas, contribuindo para elevar o gasto médio por unidade.

Ao produzir a peça de número 2 001, a empresa tende a aumentar o gasto médio por unidade porque o custo marginal em 2 000 é maior que o custo médio em 2 000. Não é interessante, para a empresa que deseja otimizar — minimizar custos médios unitários —, produzir a $2\,001^a$ unidade.

Pela sequência de valores da tabela na coluna do custo médio (5,60; 5,30; 5,87) podemos dizer que a função custo médio não é estritamente crescente.

Como o $C_{Mg}(1\,000) < C_{Me}(1\,000)$, a empresa deve produzir mais uma unidade, pois o custo estimado com essa unidade é menor do que o custo médio unitário com cada uma das 1 000 unidades já produzidas.

A alternativa *e* é a correta.

Capítulo 8

4. Observe os dois gráficos a seguir representativos de uma curva de Custo Total no intervalo [30, 31] e da reta tangente **t** em $x = 30$; note, em especial, os segmentos destacados. Sendo $C_{Mg}(30) = 57{,}00$ e $CT(31) - CT(30) = 60{,}10$, escolha o gráfico de custo total adequado a esses dados e indique nele os valores mencionados.

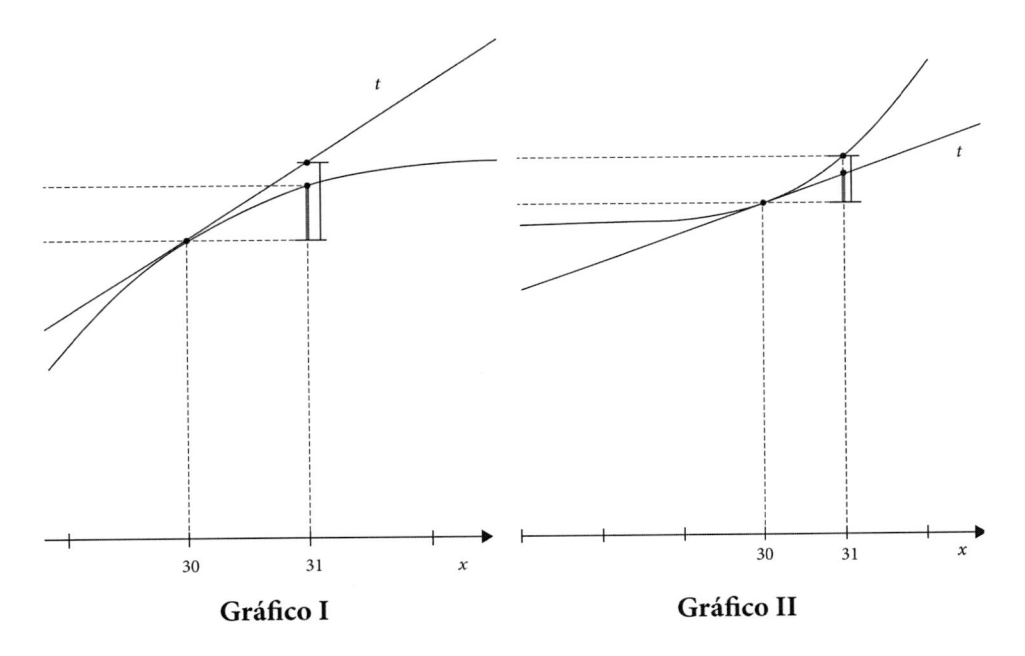

Gráfico I   **Gráfico II**

Note que não dispomos da função custo total de modo a calcular suas derivadas primeira e segunda e, pela análise de sinais da 2ª derivada, determinar a concavidade do gráfico do custo total.

Mas, comparando o custo estimado da 31ª unidade ($C_{Mg}(30) = 57{,}00$) com o custo exato dessa unidade ($CT(31) - CT(30) = 60{,}10$) poderemos determinar a concavidade da curva de custos, ainda que apenas nesse intervalo.

Como $C_{Mg}(30) < CT(31) - CT(30)$, a estimativa do custo da 31ª unidade foi feita "a menor" ou "por falta": o custo exato dessa unidade foi superior ao previsto. Desse modo, a curva de Custo Total atingiu pontos mais altos do que a reta tangente a ela em $x = 30$, ou seja, a curva é mais acelerada do que a reta tangente nesse ponto. Logo, a curva apresenta concavidade para cima nesse intervalo e o gráfico de custo total correto nesse intervalo é o Gráfico II:

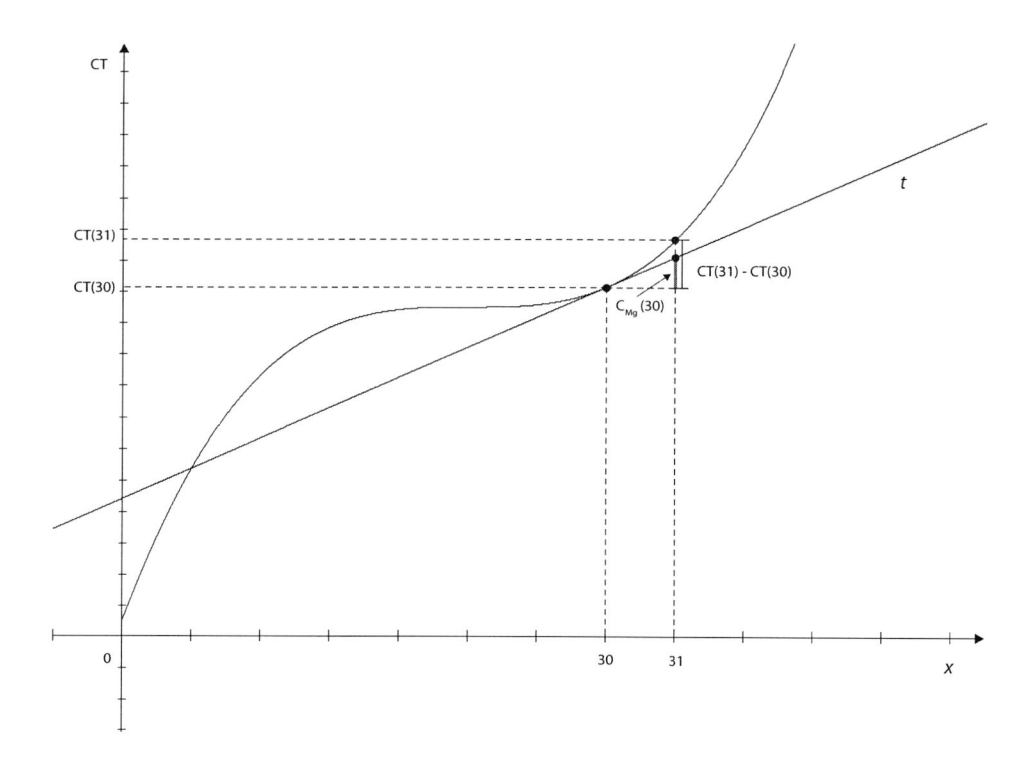

A inclinação da reta tangente à curva de custo total em $x = 30$ é a derivada $C_{Mg}(30)$ que é menor do que a variação real sofrida pela curva de custos totais de 30 a 31 (custo exato da 31ª unidade ou $CT(31) - CT(30)$).

> **FAQ** Se queremos determinar uma estimativa do custo com a produção da 6ª peça, por exemplo, porque não calculamos $CT'(6)$ em vez de $CT'(5)$?
>
> Isso equivaleria a "usar o futuro para fazer uma previsão sobre o futuro". Não sabemos nada sobre a produção 6.
>
> Utilizamos, então, o comportamento dos custos, seu ritmo de variação, na produção 5 para fazer uma previsão do custo de produção da 6ª peça.

Capítulo 8 Análise marginal **341**

EXERCÍCIOS E PROBLEMAS PROPOSTOS

1. Considerando a tabela a seguir e completando-a se necessário, assinale a alternativa *incorreta*:

Quantidade x	Custo total $CT(x)$	$C(x) - C(x-1)$	$C_{Mg}(x)$	$C_{Me} = \dfrac{CT(x)}{x}$
40	15 246,00	–	361,00	
41	15 605,67	359,67	–	
55	20 764,00	–	321,25	377,53
56	21 084,00		–	
140	63 434,00	–	550,00	
141	63 963,00	529,00	–	453,64

   a) O custo marginal em $x = 55$ é uma boa aproximação do custo da 56ª unidade.
   b) O custo da peça de número 42 pode ser estimado por $C_{Mg}(41)$.
   c) O custo da 56ª unidade é, exatamente, R$ 320,00.
   d) No nível de produção de 140 unidades, cada peça a mais produzida contribuirá para reduzir o custo médio unitário (C_{Me}).
   e) Como $C_{Mg}(40) < C_{Me}(40)$, nesse nível de produção, cada peça produzida a mais contribuirá para reduzir o custo médio unitário.

2. (ENC – C. CONTÁBEIS) Analisando os relatórios da indústria de ventiladores Bom Ar Ltda., o diretor administrativo solicita explicações sobre o custo marginal de R$ 180 000,00, decorrente da elevação do nível de produção em mais 2 000 unidades. Assim, deve-se explicar ao diretor que o custo marginal é
   a) o quanto foi gasto pela empresa na fabricação de cada um dos 2 000 produtos;
   b) o que a empresa incorre para produzir uma unidade adicional, no caso, o acréscimo por unidade em cada um dos 2 000 ventiladores;
   c) o resultado entre a receita total da empresa e a receita referente aos 2 000 ventiladores;
   d) a diferença entre a receita total e os custos e despesas fixas para fabricar os 2 000 ventiladores;
   e) a diferença entre o preço de venda unitário e as despesas unitárias de venda.

3. Qual é a alternativa *falsa*? (Justifique sua opção.)
   a) A derivada da função $f(x) = x$ é $f'(x) = 1$.
   b) $f(x) = k$, k constante $\rightarrow f'(x) = 0$.
   c) A receita média pode ser calculada dividindo a receita total pela quantidade vendida.
   d) Considerando a derivada da função $CT(x) = 555 + 0,04x + 0,02x^2$, podemos obter uma boa aproximação para o custo de produção de mais uma unidade e, quando nos encontramos na faixa de produção 100, esse valor é R$ 8,00.

e) Se a derivada de uma função em um ponto de abscissa x é k ($k \in \Re$) e no ponto de abscissa $-x$ é $-k$ então o gráfico dessa função apresenta alguma espécie de simetria.

4. Determine o que é solicitado em cada item.
   a) $f(x) = 3x^5 - x^3 + 3x^2 - 4x + 10$ $f'(x)$
   b) $g(x) = \sqrt{x}$ $g'(x)$
   c) $CT(x) = 20x + 1300$ $C_{Me}(x)$
   d) $RT(x) = -7x^2 + 16x$ p (preço unitário)
   e) $CT(x) = 6\,200 + 5x + 3x^2$ $C_{Me}(4)$
   f) $LT(x) = -5x^2 + 10x - 1\,754$ CF
   g) $CT(x) = -x^3 + 700x + 1\,000$ $C_{Mg}(10)$
   h) $f(x) = \dfrac{1}{x^2}$ $f'(-2)$

Exercícios e problemas complementares

1. Defina lucro marginal e determine uma forma de calculá-lo.

2. (CEAG) As funções custo e receita de um produto são, respectivamente, $C(x) = 50 + 2x$ e $R(x) = x \cdot (30 - x)$, em milhares de reais, quando x milhares de unidades são vendidas. O lucro marginal para 10 mil unidades é:
   a) R$ 10 000,00
   b) R$ 130 000,00
   c) R$ 8 000,00
   d) R$ 8,00
   e) R$ 130,00

3. (ENC – C. CONTÁBEIS) A Centro-Oeste Metalúrgica, em fase de planejamento para o próximo exercício, prevê dois cenários diferentes.

   1º cenário: Mantida a atual política de crédito, as vendas montarão a R$ 1 600 000,00 mensais, sendo 25% à vista; os custos e despesas variáveis mensais representarão 50% das vendas; os custos e despesas relativos à concessão de crédito representarão 5% das vendas a prazo e a provisão para devedores duvidosos (PDD) ficará situada em 2,5% das vendas a prazo.

   2º cenário: Reduzindo as exigências da atual política de crédito, as vendas montarão a R$ 2 000 000,00 mensais, sendo mantido o mesmo valor das vendas à vista; os custos e despesas variáveis deverão manter-se em 50% das vendas; os custos e despesas relativos à concessão de crédito deverão manter-se em 5% das vendas a prazo e a provisão para devedores duvidosos (PDD) deverá elevar-se para 5% sobre as vendas a prazo.

Admitindo-se que os custos e despesas fixos não sofrerão alteração em ambos os cenários, o lucro marginal resultante da adoção do 2º cenário em relação ao 1º, em reais, será de

a) 130 000,00
b) 150 000,00
c) 180 000,00
d) 640 000,00
e) 710 000,00

4. (CEAG) Considere que, em certa indústria, o volume mensal de produção de cada operário esteja relacionado com o tempo de trabalho, através da função $P(x) = 96\sqrt{x}$, sendo x o número de horas trabalhadas e $P(x)$ o número de unidades produzidas pelo operário naquele mês.

A taxa segundo a qual a produção mensal estará crescendo em $x = 144$, isto é, na 144ª hora de trabalho do mês, é igual a:

a) 8 unidades
b) 4 unidades
c) 12 unidades
d) 1 152 unidades
e) 16 unidades

5. Observe os dois gráficos a seguir representativos de uma curva de Custo Total no intervalo [30, 31] e da reta tangente t em $x = 30$; note, em especial, os segmentos destacados e a concavidade de cada curva. Sendo $C_{Mg}(30) = 60,10$ e $CT(31) - CT(30) = 57,00$, escolha o gráfico de custo total adequado a esses dados e indique nele os valores mencionados.

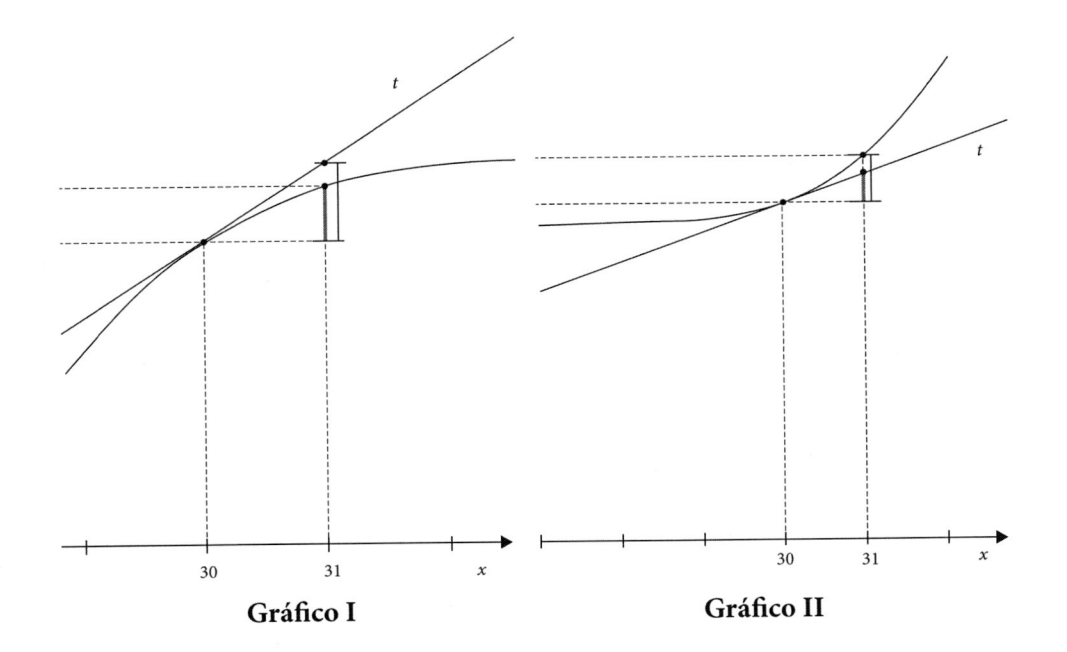

Gráfico I

Gráfico II

NO MUNDO REAL

[...] Passamos a palavra ao representante da Gol, diretor de Gestão e vice-presidente Wilson Maciel Ramos.

O Sr. Wilson Maciel Ramos – Senador Paulo Octávio, srs. senadores, presidentes das nossas congêneres, em primeiro lugar, gostaria de dizer que a Gol é uma empresa realmente diferente. Ela consegue fazer coisas diferentes. Entre o momento em que se começou a pensar na Gol e a decolagem do primeiro voo do aeroporto de Brasília, transcorreram sete meses. Isso foi um recorde que se conseguiu na aviação internacional e um recorde brasileiro.

A Gol, a partir do segundo ano de operação, já deu lucro. No ano passado, fomos a segunda empresa mais rentável do mundo. Tivemos uma margem de **(?)** de 38% e uma margem operacional de 12%. São números extremamente elevados que demonstram a eficiência da empresa na sua operação, na sua forma de comercialização e de se posicionar no mercado.

Em terceiro lugar, gostaria de dizer que somos uma empresa de transporte regular. Isso significa que temos por obrigação realizar os voos programados, quer tenhamos passageiros a bordo, quer não tenhamos passageiro a bordo.

Então, vou falar especificamente sobre a questão da tarifa de R$ 50,00 para ser rápida a apresentação.

Partindo da premissa de que somos uma empresa regular, os assentos que estamos oferecendo em determinado voo são perecíveis, ou seja, fechou a porta do avião, decolou o avião, perdemos a possibilidade de vender aquele assento, de fazer uma receita.

Quanto a essa promoção de R$ 50,00, deve-se entender claramente a questão do custo e da formação do preço, vamos dizer assim, de venda de uma empresa aérea como da indústria de modo geral. As coisas não são muito diferentes.

Vejam bem, mencionou-se a questão dos voos noturnos.

Voo noturno significa horas adicionais de voo. Significa uma aeronave que estava parada vai realizar mais um voo.

Se partirmos do pressuposto de que esse avião está sendo utilizado naquilo que ele tem ainda em excesso de capacidade produtiva, como uma fábrica, por exemplo, o que temos que levar em consideração como o valor mínimo de custo para criar a tarifa desse voo? Todos os custos variáveis. Neste caso, estou falando dos pilotos, dos comissários, do custo de comercialização, das tarifas aeroportuárias e assim por diante. Então, é o custo global. Não podemos operar esse voo com um resultado positivo se o fizermos abaixo do custo variável total de operação dessa hora voada.

Quando nos reportamos à questão dos R$ 50,00, o assunto é extremamente diferente. Por quê? É uma aeronave em que o voo já existe. É aquela questão da porta fechada: fechou a porta, perdemos a capacidade de realizar a receita.

Se as aeronaves estivessem 100% completas não se ofertaria uma tarifa promocional. Contudo, se existem assentos vazios, isso significa o quê? Oportunidade de se ganhar algo adicional em relação àquilo que a empresa já está auferindo.

Que custos variáveis têm que se considerar? Os custos variáveis da produção adicional ou do transporte adicional de um passageiro. Não são os mesmos custos variáveis de se fazer uma hora adicional de voo. Estamos falando de custo marginal agora. E o que é custo marginal? É quanto aquele passageiro vai me gerar de adicional de custo por ser transportado. Ou seja, aquele assento está vazio e o avião vai decolar. Se houver mais alguém para ocupar aquele assento, quanto ele me custa, que gastos estão envolvidos e quanto devo cobrar novamente para auferir lucro dessa transação comercial?

Capítulo 8

Análise marginal

Como fazemos para não transformar essa promoção em algo prejudicial à empresa? Existe o que se chamam restrições. O que é restrição e como a implantamos? Implantamo-na por meio de compra antecipada de assento – essa é uma forma. Quer dizer, obriga-se o passageiro que quer usar aquela promoção a comprá-la com certa antecedência. Isolamos disso, normalmente, o passageiro de negócios, que é aquele que compra muito mais próximo do voo, daquele turista que tem uma viagem programada. E mais: isolamos, novamente, por meio da permanência mínima no destino. Ou seja, um homem de negócios, uma pessoa a trabalho não vai ficar numa cidade porque a passagem é barata. Ele resolverá seu assunto e voltará, senão estará perdendo dinheiro. São dois pontos importantes: permanência no destino e antecipação de compra, com os quais segmentamos o mercado.

Para uma empresa fazer promoção, ela deve ser organizada e ter um sistema de informação que lhe permita conhecer o comportamento do seu passageiro e dos seus voos. E isso nós temos.

Quanto à tarifa de R$ 50,00, especificamente, primeiro, escolhemos trechos e voos nos quais havia ociosidade. Analisando qualquer dos trechos promocionados, Vossas Excelências verificarão que nem são todos os voos nem todos os horários daquele voo. Por exemplo: um voo pode estar em promoção na segunda-feira e não estar na terça-feira. Por quê? Porque, na segunda-feira, temos um bom carregamento e, na terça-feira, não o temos. Entre um par de cidades, nem todos os voos estarão dentro da promoção, porque alguns estão em horários demandados, e outros voos, em horários que não são demandados. Assim, novamente, selecionamos o par de cidades e os horários nos quais queremos fazer promoção para atrair passageiros sem prejudicar aquela demanda que já estaria a bordo dos nossos aviões.

Já falei sobre antecedência e permanência. Há outra característica: uma promoção significa um período de tempo limitado. Como promoção, ela tem que ser oportunista. Ela se realizava entre o dia 10 de maio e 4 de junho. Por que isso? Estávamos no final de baixa temporada e, a partir de 4 de junho, já começa a haver um melhoramento do tráfego aéreo, sem mais necessidade de haver promoção. Colocamos em promoção 562 etapas. Por exemplo, um voo Belém–Brasília–Congonhas tem duas etapas: Belém–Brasília, Brasília–Congonhas. E, por semana, cerca de 28 mil assentos. Quais eram as nossas premissas? Das tarifas promocionadas, seriam vendidas 70%. Ou seja, dos 28 100 assentos, venderíamos 70%. Dez por cento dos nossos passageiros, que estariam voando normalmente, seriam atraídos para essa promoção, e perderíamos a receita que auferiríamos com esses passageiros na tarifa normal. Pagaríamos e passaríamos a ter uma receita menor.

Para Vossas Excelências terem uma ideia, no primeiro e único dia em que foi vendida a essa tarifa, dos 100 mil assentos que seriam vendidos entre o dia 10 de maio e 4 de junho, vendemos 40 mil. Ou seja, num dia, vendemos 40% dos assentos.

Aqui é só para mostrar como foi segmentado: são extratos, não é verdade? São 562 trechos; estamos falando em cerca de 200 e poucos voos no período. Só para mostrar como organizamos os dias: alguns dias sim, outros dias não, alguns horários sim, outros horários não.

Voltando um pouquinho ao início, estamos naquela situação do assento que sairia vazio. Temos que trabalhar com custos marginais e receitas marginais. Qual o custo marginal de transportar um passageiro? Esse passageiro vai consumir o serviço de bordo, haverá um aumento no consumo de combustível. O valor que está ali de consumo de combustível tecnicamente é calculado, o pessoal de engenharia determina como se calcula isso. Ele é praticamente independente da distância do voo. Se for um voo de 200 km ou de 1 000 km, a variação do consumo... Imaginem que um avião tem cerca de 65 toneladas; se nós vendermos os 50 assentos que colocamos à venda, serão 3 500 quilos, então praticamente nada de acréscimo de consumo.

Quanto às comissões de venda, o valor médio que definiríamos, considerando as comissões de venda e os outros custos que teríamos ali, de reserva. Então, o custo marginal de um passageiro é da ordem de R$ 17.

O resumo da ópera: considerando que nós vamos transportar 48 262 trechos, considerando que o passageiro é obrigado a ir e voltar e considerando que, naqueles voos durante a semana, temos 10 367 assentos que já eram passageiros que estavam nesses pares de OD, haveria um custo adicional da ordem de R$ 648 mil. E auferiríamos uma receita de R$ 2 678 000 por semana, com um resultado líquido de R$ 2 milhões por semana.

Nesse quadrinho, tentamos apresentar a situação anterior, quer dizer, antes da promoção: o número de passageiros, 19 por voo, são aqueles que estariam dentro dos pares de ODs que estão sendo tratados na promoção. Se olharmos na mesma coluna, imaginamos que perderemos 10% dos passageiros que migrariam para a tarifa promocional. Então são 17, mas venderíamos 70% dos 50 disponibilizados, então acrescentamos ao voo 35. No final das contas, mudamos a situação de 19 passageiros que estão fazendo aquelas ODs e de 76 passageiros em média que estão em todas as etapas, com 75% de assentos vazios para aquela outra posição. Teríamos 52 passageiros em média, dentro desse par de ODs, 109 passageiros a bordo, melhorando isso em 33 passageiros, e a nossa ociosidade cairia de 75 para 42.

No lado de cá, explicamos como foi feito o cálculo. Temos 10 367 pessoas fazendo aqueles movimentos, tiramos os 10%, ficamos com 4 665, que estão indo, vamos dizer assim, num sentido, não importa se estão indo ou voltando, e outros 4 665 que estarão na volta, são obrigados a comprar ida e volta.

O *sr. presidente* (Paulo Octávio) – Dr. Wilson, para concluir, por favor.

O *sr. Wilson Maciel Ramos* – Então, o que acontece? No trecho 1, esse passageiro está pagando R$ 50. Na volta, ele poderá pagar R$ 50, mas poderá não estar pagando R$ 50, e sim uma tarifa que seria a média do *mix* tarifário que estamos oferecendo, porque não necessariamente existirá um voo para ele voltar no dia em que quiser, cumpridos aqueles dois dias de permanência. Então, a tarifa média, ou o valor médio da tarifa, seria de R$ 98,98, conforme os nossos cálculos, resultando no valor de R$ 101,55 por passageiro transportado dentro da promoção.

Este tipo de raciocínio é meramente microeconômico. Se a empresa tem informações suficientes para fazer isso, ela o faz com tranquilidade. Já fizemos outras promoções e ganhamos dinheiro com isso. Obrigado.

Trecho de Ata da Segunda Reunião da Subcomissão Temporária de Turismo e Décima Oitava da Comissão de Assuntos Econômicos, Extraordinárias, da 2ª Sessão Legislativa Ordinária da 52ª Legislatura, realizada, em conjunto, em 27 de maio, de 2004, às 10:00 horas, na sala de reuniões nº 19 da Ala Alexandre Costa, Senado Federal.

Fonte: <http://webthes.senado.gov.br/sil/Comissoes/Permanentes/CAESTURI/Atas/20040527EX002.rtf>.

capítulo 9

Situações de otimização

9.1. Condições para Receita Total Máxima

Em um período, mês, trimestre ... pode não interessar à empresa o lucro máximo — porque, por exemplo, há uma série de contas a pagar com vencimentos no período —, mas sim a receita total máxima, ou seja, interessa determinar a quantidade a ser vendida x necessária para que a receita (faturamento) seja máxima. Utilizaremos, para tanto, a derivada da receita.

Se x_1 estiver muito próximo de x_0, ou seja, para pequenas variações no volume de vendas (variações marginais), podemos calcular:

$$\frac{dRT}{dx} = \lim_{\Delta x \to 0} \frac{\Delta RT}{\Delta x} = \lim_{x_1 \to x_0} \frac{RT_1 - RT_0}{x_1 - x_0},$$

a derivada, ou melhor, a variação marginal da receita $\left(\frac{dRT}{dx}\right)$.

Retomando a tabela do capítulo anterior, feita considerando a função preço (ou demanda) como sendo $y = -2x + 100$ e a função receita total em relação à quantidade, $RT(x) = -2x^2 + 100x$.

Note que $\frac{\Delta RT}{\Delta x}$ muda de sinal entre $x = 25$ e $x = 30$. E a função receita total assume um valor máximo em $x = 25$, na tabela, quando $RT(25) = 1250$. O *preço ótimo* ($y_{ótimo}$), ou seja, que otimiza a receita total, pela tabela, é $y_{ótimo} = 50$.

Conforme o que analisamos anteriormente e, do ponto de vista da otimização da receita total, "vale a pena" reduzir o preço unitário até $y = 50$, levando em conta apenas os valores da tabela.

x (quantidade)	y (preço unitário)	$\frac{\Delta y}{\Delta x}$	RT (receita total)	ΔRT	$\frac{\Delta RT}{\Delta x}$	$\frac{\Delta^2 RT}{\Delta x^2} = \frac{\Delta\left(\frac{\Delta RT}{\Delta x}\right)}{\Delta x}$
0	100	—	0	—	—	—
5	90	−2	450	450	90	—
10	80	−2	800	350	70	−4
15	70	−2	1050	250	50	−4
20	60	−2	1200	150	30	−4
21	58	−2	1218	18	18	−12
25	50	−2	1250	32	8	−2,5
30	40	−2	1200	−50	−10	−3,6
35	30	−2	1050	−150	−30	−4
40	20	−2	800	−250	−50	−4
45	10	−2	450	−350	−70	−4
50	0	−2	0	−450	−90	−4

Calculando $RT'(x) = -4x + 100$ e igualando essa derivada a zero, temos:

$$-4x + 100 = 0$$
$$x = 25$$

Desse modo, $x = 25$ é abscissa de um ponto crítico da receita total. Faremos a análise de sinais da derivada para determinar o comportamento da receita para valores próximos a 25.

Para determinar os sinais da derivada da função receita podemos fazer, por exemplo, os cálculos:

$$RT'(1) = -4 \cdot 1 + 100 = +96 > 0$$
$$RT'(30) = -4 \cdot 30 + 100 = -20 < 0$$

escolhendo valores de x menores do que 25 e valores de x maiores do que 25.

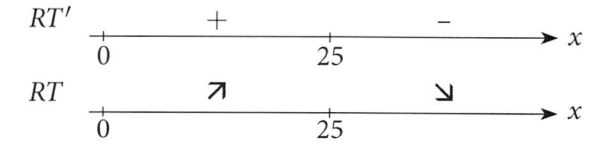

Então $x = 25$ é abscissa de um ponto em que a receita total é máxima.

Capítulo 9 — Situações de otimização — **349**

Como

$$RT'(1) = R_{Mg}(1) = +96\frac{R\$}{\text{unidade}}$$

$$RT'(30) = R_{Mg}(30) = -20\frac{R\$}{\text{unidade}}$$

podemos interpretar esses resultados, considerando que a receita marginal fornece uma estimativa da receita obtida com a próxima peça.

Assim, vale a pena produzir a 2ª peça, pois ela elevará a receita em R$ 96,00. E, analogamente, qualquer peça de 0 a 25.

Mas não vale a pena produzir a 31ª unidade, pois ela reduzirá o faturamento em R$ 20,00. E, analogamente, qualquer unidade no intervalo de vendas] 25, 50] (50 é a demanda potencial).

Como $RT'(25) = R_{Mg}(25) = 0$, podemos entender esse resultado do seguinte modo: a peça de número 26 não trará, aproximadamente, nem aumento nem redução à receita, não valendo a pena ser produzida. Ficamos, então, na produção 25 como a ideal do ponto de vista da otimização da receita.

Haverá, em $x = 25$, uma mudança de comportamento da função receita: de crescente (derivada positiva) para decrescente (derivada negativa). Como a mudança é de crescente cada vez mais lentamente para decrescente (observe os valores de $\frac{\Delta RT}{\Delta x}$ na tabela), a concavidade só poderia ser para baixo.

FAQ | **A receita total máxima corresponde ao preço máximo e à demanda máxima?**

Não. Note que, quando o preço for máximo, a demanda será mínima, ou seja, *zero* e a receita total será nula e não máxima.

Quando a demanda for máxima, o preço unitário será o menor possível, ou seja, *zero* e, novamente, a receita total será nula.

A receita total máxima é obtida com a venda de um certo número *x* de unidades do produto e, para que essa venda aconteça, é necessário gerar essa demanda. Desse modo, o *preço ótimo* é aquele que produz uma demanda tal que, sendo atendida, dará a maior receita total possível à empresa nesse mercado em que ela opera (mercado esse descrito pelos coeficientes da equação de demanda ou equação preço do produto).

EXEMPLO

Considerando $y = -5x + 15$ a equação de demanda, podemos afirmar que o ponto de máximo da receita total é:

a) (1,5; 7,50) c) (1,5; 11,25) e) (0; 15)
b) (7,50; 1,5) d) (3; 0)

Para obter o ponto de máximo da receita total, é preciso determinar a função receita total:

$$RT(x) = x \cdot y = x \cdot (-5x + 15) = -5x^2 + 15x$$

A derivada primeira da função receita total é $R_{Mg}(x) = -10x + 15$ que se anula para $x = 1,5$.

Para determinar os sinais da derivada da função receita podemos fazer, por exemplo, os cálculos:

$$RT'(1) = -10 \cdot 1 + 15 = +5 > 0$$
$$RT'(2) = -10 \cdot 2 + 15 = -5 < 0$$

escolhendo valores de x menores do que 1,5 e valores de x maiores do que 1,5.

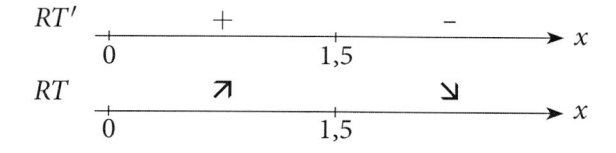

RT' ——+——|——–——→ x
     0   1,5

RT ——↗——|——↘——→ x
     0   1,5

Então $x = 1,5$ é abscissa de um ponto em que a receita total é máxima.

Podemos também considerar que a função $R_{Mg}(x) = -10x + 15$ tem por gráfico uma reta decrescente, o que define seus sinais antes e após $x = 1,5$.

Substituindo esse valor na função receita, temos o valor máximo da função:

$$RT(1,5) = -5 \cdot 1,5^2 + 15 \cdot 1,5 = 11,25.$$

O ponto de máximo é (1,5; 11,25)
A alternativa correta é a c.

Capítulo 9   Situações de otimização   **351**

Observe o gráfico da receita total:

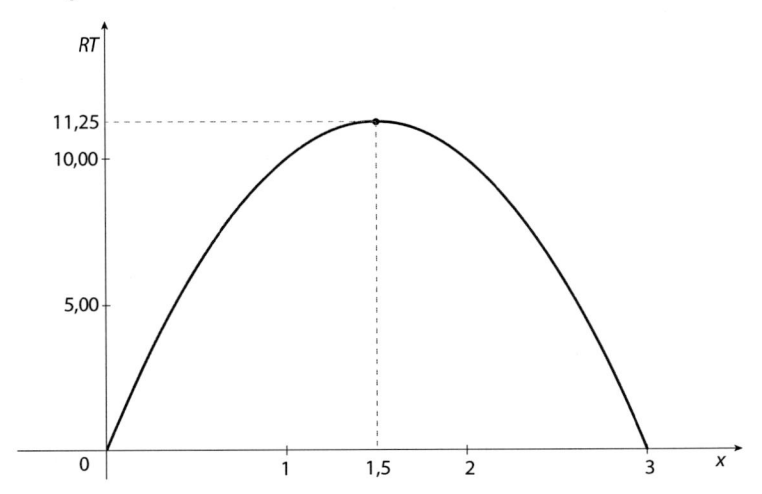

Se calcularmos o preço ótimo, temos $y_{ótimo} = -5 \cdot 1{,}5 + 15 = 7{,}50$. A alternativa *a* não está correta porque o ponto (1,5; 7,50) não é um ponto crítico do gráfico da função receita. O preço não aparece explicitamente no gráfico da receita total.

Para $x = 3$ (alternativa *d*), temos $y = 0$ e $RT(3) = 0$. Para encontrar o ponto de máximo, igualamos a derivada da função receita a zero e não a função receita. Queremos receita máxima e não receita zero!

Para $x = 0$ (alternativa *e*), temos $y = 15$ e $RT(0) = 0$. Se a empresa não vende nenhuma unidade, tem receita zero e não receita máxima. Observe que, ao preço máximo da demanda (R$ 15,00) não corresponde a receita máxima, pelo contrário, corresponde receita zero, porque a procura e, consequentemente, a venda, serão nulas.

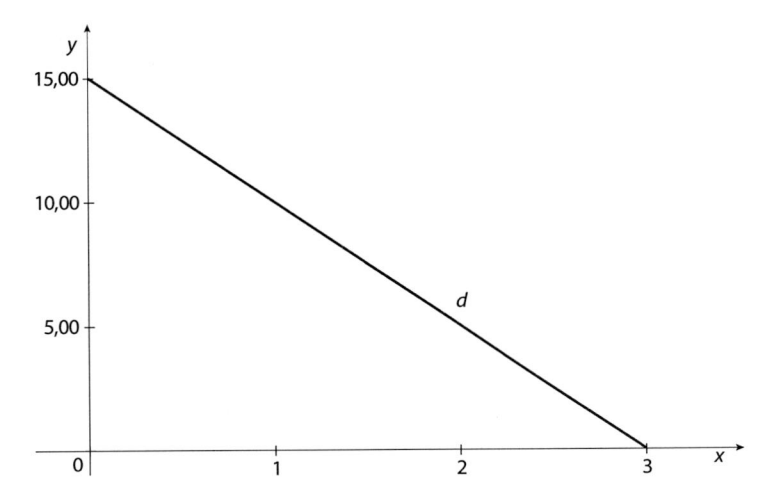

Note também que, como a função receita é expressa por um polinômio de 2º grau, poderíamos utilizar a fórmula do x_V e de y_V, lembrando que y_V, nesse caso, é a receita total máxima.

$$x_V = -\frac{b}{2a} = \frac{-15}{-10} = 1,5 \quad \text{e} \quad y_V = -\frac{\Delta}{4a} = \frac{-225}{-20} = 11,25$$

EXERCÍCIOS E PROBLEMAS PROPOSTOS

1. Uma empresa pretende reduzir o preço dos produtos que fabrica, de modo a aumentar suas vendas no período. Considerando a equação de demanda $y = -10x + 1\,000$ como representativa das relações, no mercado em que opera a empresa, entre o preço unitário (y) e a quantidade demandada (x), determine:
   a) a equação da receita total;
   b) sendo a venda atual 70 unidades, uma *aproximação* da variação da receita obtida na venda de mais uma unidade;
   c) o erro cometido na aproximação calculada no item b);
   d) e, do ponto de vista da otimização da receita, dê um parecer que responda à questão: reduzir ou não o preço unitário?

2. (CEAG) Uma multinacional do ramo de entretenimento pretende instalar um parque temático no interior do Estado de São Paulo. Por experiência, o gerente financeiro sabe que o número x de frequentadores está relacionado com o preço p do ingresso pela função $p = 80 - 0,004x$. Para obter receita máxima, o gerente financeiro deverá fixar o preço do ingresso em:
   a) $ 65,00
   b) $ 60,00
   c) $ 52,00
   d) $ 40,00
   e) $ 38,00

3. A demanda potencial de um produto é 24,44 unidades. A cada R$ 50,00 que elevar seu preço, a empresa terá a demanda reduzida em uma peça e o preço unitário não deve superar R$ 1 222,00. Determine:
   a) a equação de demanda;
   b) a função receita total;
   c) o preço para receita máxima;
   d) a receita média e a receita marginal quando a receita total é máxima.

4. Determine a demanda potencial, o preço ótimo e construa o gráfico da função receita sendo $RT(x) = 15x^2 - x^3$.

5. (CEAG) Uma cafeteria expôs um cartaz com a seguinte oferta: "O preço da porção de minissalgados é R$ 2,50; o preço de duas porções é R$ 4,80; o de três é R$ 6,90 e assim por diante." Qual é o limite de porções para cada cliente de forma a maximizar a receita da cafeteria?
   a) 13
   b) 15
   c) 26
   d) 8
   e) 20

6. A receita total da venda de x unidades de um produto é $RT(x) = 125x - 0,002x^2$.
   a) Dê um parecer a respeito da decisão da empresa de reduzir seu preço unitário para que as vendas tenham um pequeno aumento das atuais 20 000 unidades para 20 001 unidades.
   b) De quanto deve ser essa redução no preço?
   c) Buscando a otimização de seus resultados, até que valor é compensatório para a empresa reduzir o preço unitário?

7. (FGV – ECONOMIA) Quando uma empresa cobra p reais por unidade de um produto fabricado, ela vende x unidades por mês. Sabe-se que p relaciona-se com x mediante a equação $x = 100 - 0,5p$. Para que a receita mensal de venda desse produto seja R$ 4 800,00, o preço cobrado por unidade, pode ser p_1 ou p_2. A soma $p_1 + p_2$, vale:
   a) R$ 160,00
   b) R$ 180,00
   c) R$ 240,00
   d) R$ 220,00
   e) R$ 200,00

TECNOLOGIA
Software Gráfico

No *Winplot*, construa o gráfico da função receita total do exercício anterior e destaque os pontos correspondentes aos preços p_1 e p_2 calculados.

Escolha:

Janela – 2-dim

Arquivo – Novo

Equação – Explícita

e, depois, Equação – Ponto – (x,y), digitando as coordenadas de cada ponto.

8. Um fabricante dispõe dos seguintes dados a respeito da variação de seus preços em relação a quantidade demandada: a um preço unitário de R$ 78,00, a quantidade demandada é de 1 200 unidades. Havendo um aumento de 36% no preço, a quantidade demandada cai de 28,08 unidades.
   Determine:
   a) a quantidade que deverá ser produzida para que a receita seja máxima, a receita máxima e o preço unitário;
   b) e construa os gráficos das receitas total, marginal e média (as duas últimas no mesmo plano cartesiano).

9. Sendo $y = \sqrt{300 - x}$, determine:
   a) as condições de otimização da receita (quantidade, preço ótimo e receita máxima);
   b) uma estimativa da receita para a venda de mais uma unidade quando $x = 219$, o valor exato da receita obtida com essa próxima unidade, compare e interprete esses resultados;
   c) e faça o gráfico da função receita.
10. Determine o preço ótimo sendo $RT(x) = 4x^3 - 48x^2 + 144x$.

EXERCÍCIOS E PROBLEMAS COMPLEMENTARES

1. Considere a equação de demanda $y = \dfrac{500}{\sqrt{x}}$ sendo y o preço unitário de um produto e x a quantidade demandada desse produto.

   Classifique cada sentença abaixo em verdadeira (V) ou falsa (F), *justificando sua opção:*
   a) A equação da Receita Marginal é $R_{Mg}(x) = -\dfrac{250}{x\sqrt{x}}$.
   b) Uma aproximação da variação da receita obtida na venda de mais uma unidade, por meio da função marginal, quando $x = 3\,000$ é 4,5643.
   c) A variação efetiva da receita devida à venda da peça de número 3 001 é 4,5639.
   d) Sendo a venda atual 3 000 unidades, e do ponto de vista da otimização da receita, vale a pena reduzir o preço do produto aumentando as vendas no período.
   e) A equação da Receita Total é $RT(x) = 500\sqrt{x}$.

2. Considerando a função receita total a seguir

$$RT(x) = -x^3 + 450x^2 + 52\,500x$$

   observando seu gráfico e fazendo os cálculos que forem necessários, complete a tabela e as afirmações de modo a torná-las verdadeiras (note as opções entre parênteses).

Capítulo 9 — Situações de otimização

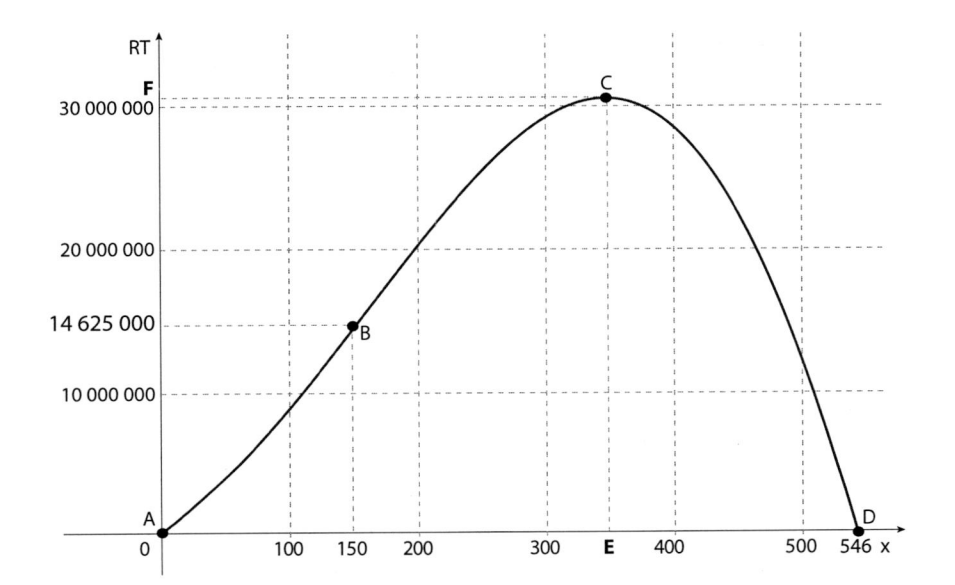

x	RT(x)	$R_{Mg}(x)$
0	a) ★	52 500
150	b) ★	c) ★
151	d) ★	119 997
350	e) ★	f) ★

g) Em ★ (**A/D**), a receita é nula porque o preço é máximo.
h) Em x = ★, temos um ponto de máximo da receita total.
i) O preço ★ (máximo/ótimo) é aquele que gera uma demanda para a qual a receita é máxima.
j) Em **C** ★ (podemos/não podemos) afirmar que o lucro total é o maior possível.
k) Em **C** temos ★ (lucro/receita) máximo(a).
l) A receita marginal calculada em 150 é uma estimativa da receita da ★ (150ª/151ª) unidade.
m) ★ (Podemos/Não podemos) afirmar que o ponto **B** é um ponto de inflexão da receita.
n) A receita com a venda da 151ª unidade é R$ ★.
o) O valor em **F** é igual a R$ ★.
p) Após o ponto **C** podemos afirmar que $R_{Mg}(x)$ ★ (>/<) 0.
q) Em **A** certamente o lucro total é ★ (positivo/negativo).
r) Em **E** temos a demanda ★ (máxima/ótima).
s) O preço ótimo é R$ ★.

3. Observe o gráfico da receita total (*RT*) em função do volume de vendas (*x*) e assinale a afirmação *incorreta*:

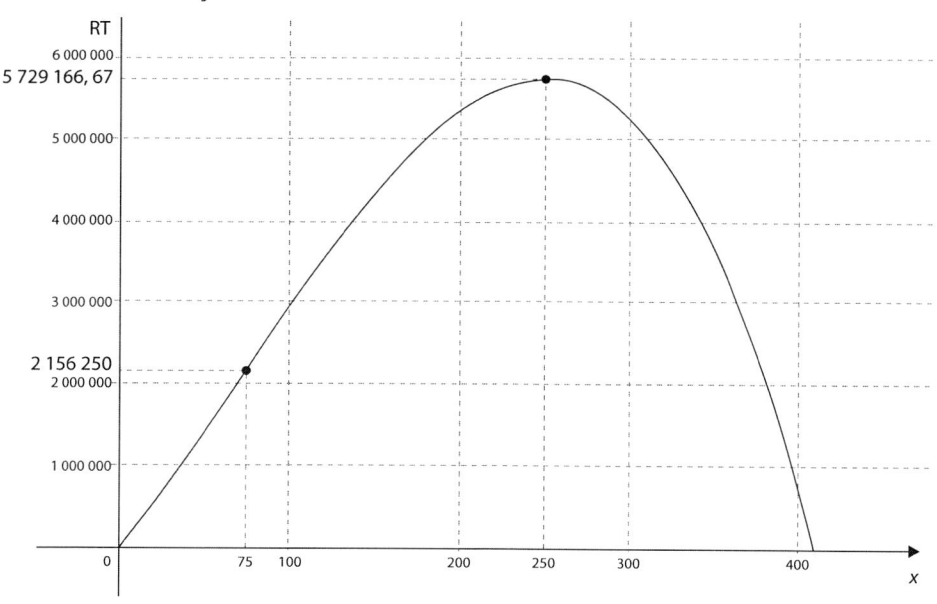

a) A receita máxima é R$ 5 729 166,67.
b) Em $x = 75$ podemos ter um ponto de inflexão.
c) Para $x = 250$, o lucro é máximo.
d) $R_{Mg}(250) = 0$.
e) O preço ótimo é R$ 22 916,67.

4. Sendo $RT(x) = -x^3 + 12x^2 + 28x$ a função que relaciona a receita total com o volume de vendas, determine (considere unidades inteiras):
   a) o volume de vendas que otimiza a receita total;
   b) o preço ótimo;
   c) a receita máxima;
   d) a quantidade a partir da qual a receita começa a apresentar um crescimento lento.

9.2. Condições para Custo Médio Mínimo

Minimizar o custo total seria produzir uma quantidade x suficiente para zerar o custo variável ($x = 0$), mas ainda teríamos os custos fixos. E, assim, o custo total mínimo (o menor possível) é o custo fixo. Note que não há interesse nenhum em minimizar custos totais, pois isso acontece com produção zero.

O ponto de mínimo do gráfico de uma função custo total é (0, *CF*) e não é obtido por meio de uma derivada, mas sim pela restrição de domínio da função custo total ($D = \{x \in \Re \ / \ x \geq 0\}$).

Observe o gráfico:

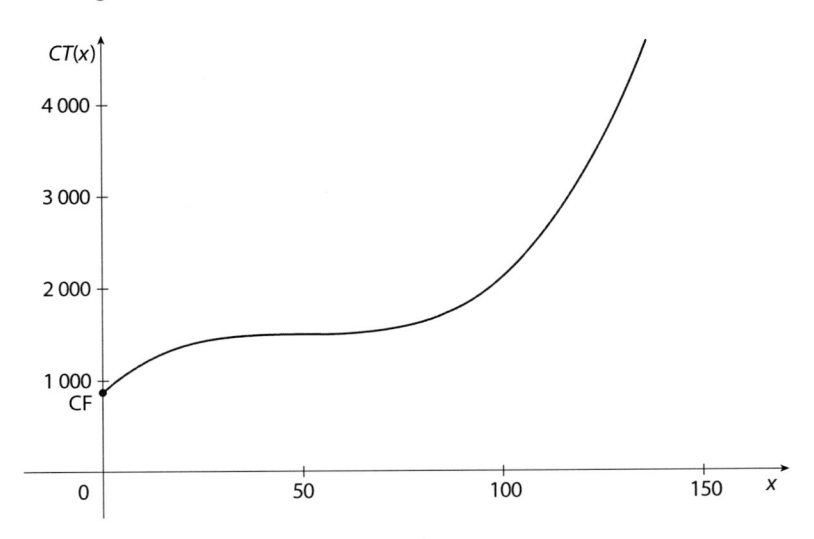

[Gráfico de CT(x) versus x: curva partindo de 1000 (CF) em x=0, crescendo lentamente até aproximadamente 1500 em x=50, permanecendo quase constante entre x=50 e x=100, e crescendo rapidamente após x=100, passando de 4000 próximo a x=150.]

O que realmente nos interessará é minimizar o custo médio unitário (C_{Me}). *Como determinar o ponto de mínimo da função custo médio?*

Procuremos os pontos críticos da função $C_{Me}(x) = \dfrac{CT(x)}{x}$.

Para tanto, vejamos onde $C_{Me}'(x)$ se anula.

Utilizando a regra do quociente para a derivação:

$$C_{Me}'(x) = \frac{CT'(x) \cdot x - CT(x) \cdot 1}{x^2} = 0$$

Mas uma fração é igual a zero apenas se seu numerador for nulo.

$$CT'(x) \cdot x - CT(x) \cdot 1 = 0$$
$$CT'(x) \cdot x = CT(x)$$
$$CT'(x) = \frac{CT(x)}{x}$$
$$CT'(x) = C_{Me}(x)$$

$$\boxed{CT'(x) = C_{Me}(x) \text{ ou } C_{Mg}(x) = C_{Me}(x)}$$

A derivada do custo médio unitário se anula quando $C_{Mg} = C_{Me}$. Essa é uma condição *necessária* para determinar o ponto de mínimo, ou ainda, a quantidade a ser produzida que minimiza o custo médio unitário.

Esse resultado pode ser interpretado observando que, quando cada unidade a mais produzida não contribui para reduzir (nem para aumentar) o gasto médio por unidade, não vale a pena produzi-la; ou já atingimos o gasto médio mínimo por peça ou estamos no gasto médio máximo por peça (ou ainda, em um ponto de inflexão).

Essa condição é apenas *necessária*, mas não *suficiente* para estarmos em um ponto de mínimo da função custo médio unitário.

Suponha que x_1 e x_2 ($x_1 < x_2$) sejam dois candidatos a pontos de mínimo, ou seja, neles, $C_{Me}'(x) = 0$ ou $C_{Mg}(x) = C_{Me}(x)$.

C_{Me} ○────────┼────────────┼────────→ x
　　　　0　　$C_{Mg}(x_1)=C_{Me}(x_1)$　$C_{Mg}(x_2)=C_{Me}(x_2)$
　　　　　　　　　x_1　　　　　　x_2

Mas, tenhamos:

▸ Para $0 < x < x_1$: $C_{Mg}(x) < C_{Me}(x)$

É vantajoso produzir mais unidades, pois cada unidade a mais contribui para reduzir o custo médio por peça, porque seu custo marginal é menor que o custo médio.

C_{Me} ○──$C_{Mg}(x) < C_{Me}(x)$──┼────────┼────────→ x
　　　　0　　　　↘　　　　　x_1　　　　x_2

▸ Para $x_1 < x < x_2$: $C_{Mg}(x) > C_{Me}(x)$

Não é vantajoso produzir mais unidades, pois cada unidade a mais contribui para aumentar o custo médio unitário, porque seu custo marginal é maior que o custo médio.

C_{Me} ○──$C_{Mg}(x) < C_{Me}(x)$──┼──$C_{Mg}(x) > C_{Me}(x)$──┼────→ x
　　　　0　　　　↘　　　　x_1　　　↗　　　　x_2

▸ Para $x > x_2$: $C_{Mg}(x) < C_{Me}(x)$

É vantajoso produzir mais unidades, pois cada unidade a mais contribui para a redução do custo médio unitário.

C_{Me} ○──$C_{Mg}(x) < C_{Me}(x)$──┼──$C_{Mg}(x) > C_{Me}(x)$──┼──$C_{Mg}(x) < C_{Me}(x)$──→ x
　　　　0　　　　↘　　　　x_1　　　↗　　　　x_2　　　↘

Podemos concluir que x_1 é a quantidade que torna o custo médio mínimo e x_2 é a quantidade que torna o custo médio máximo.

x_1 é a quantidade ideal a ser produzida, ou seja, é aquela que torna o custo médio mínimo.

Interessará, então, à empresa, produzir x_1 unidades.

Capítulo 9 — Situações de otimização

EXEMPLOS

1. Sendo a função $CT(x) = 800 + 0{,}04x + 0{,}02x^2$, *não* podemos dizer que:
   a) O custo médio mínimo é R$ 8,04.
   b) O ponto de mínimo do custo total é (200, 1 608).
   c) Para $x = 200$, o gasto médio unitário é o menor possível.
   d) O custo total ótimo é R$ 1 608,00.
   e) O menor gasto total é R$ 800,00.

Como algumas alternativas falam sobre o ponto de mínimo do custo médio unitário, vamos determinar essa função:

$$C_{Me}(x) = \frac{CT(x)}{x} = \frac{800 + 0{,}04x + 0{,}02x^2}{x} =$$
$$= \frac{800}{x} + 0{,}04 + 0{,}02x = 800x^{-1} + 0{,}04 + 0{,}02x$$

Derivaremos a função custo médio a fim de encontrar seus pontos críticos, em particular, um ponto de mínimo:

$$C_{Me}'(x) = -\frac{800}{x^2} + 0{,}02$$

$-\dfrac{800}{x^2} + 0{,}02 = 0 \to 0{,}02x^2 = 800 \to x^2 = 40\,000 \to x = \pm 200$

Como x representa a quantidade produzida, desprezamos o valor negativo ($x = -200$).

Analisando os sinais da derivada primeira do custo médio unitário nos intervalos $]\,0,\,200\,[$ e $]\,200,\,+\infty\,[$:

▶ para $x = 1$, $C_{Me}'(1) = -800 + 0{,}02 < 0$.

▶ para $x = 1\,000$, $C_{Me}'(1\,000) = -\dfrac{800}{1\,000^2} + 0{,}02 > 0$.

Então:

200 é a abscissa de um ponto de mínimo do custo médio unitário.

Para $x = 200$, o *custo médio mínimo* é calculado substituindo esse valor na função custo médio:

$$C_{Me\ \text{mínimo}}(200) = \frac{800}{200} + 0,04 + 0,02 \cdot 200 = 8,04$$

Se $x = 200$, o *custo total ótimo* é calculado substituindo esse valor na função custo total ou, ainda, multiplicando a quantidade pelo gasto médio unitário mínimo:

$$CT_{\text{ótimo}}(200) = 800 + 0,04 \cdot 200 + 0,02 \cdot 200^2 = 1\,608 \text{ ou}$$
$$CT_{\text{ótimo}}(200) = 200 \cdot 8,04 = 1\,608$$

Observe os gráficos:

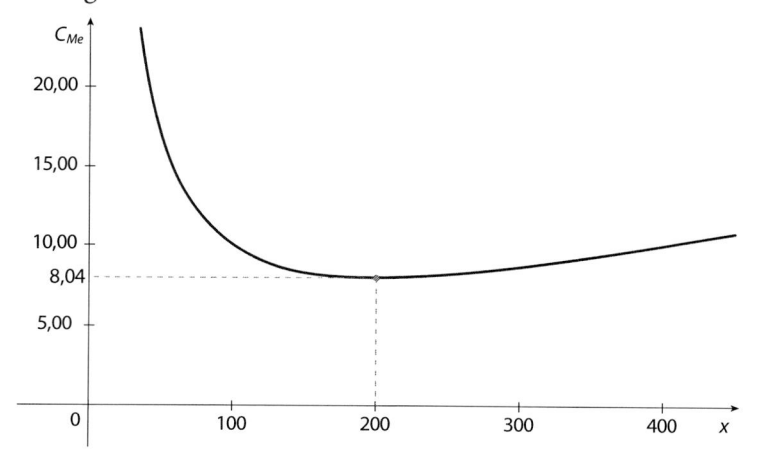

O gráfico da função custo médio unitário apresenta o ponto de mínimo (200; 8,04).

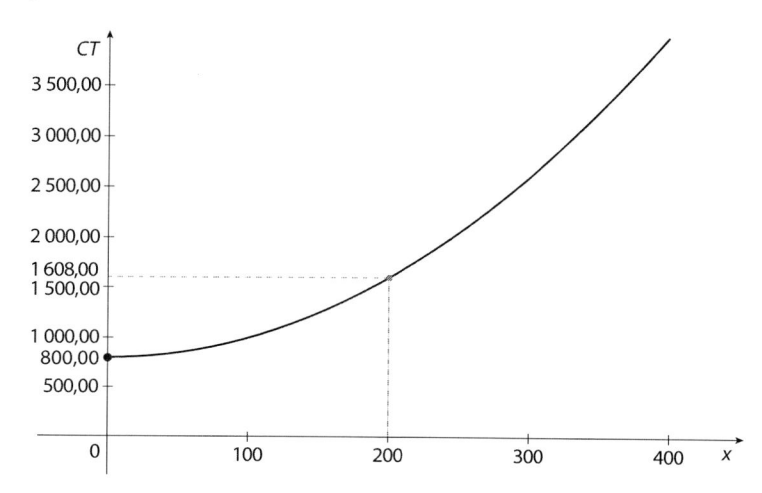

O ponto (200, 1 608) é um ponto do gráfico do custo total, mas não é um ponto crítico dessa função.

O ponto de mínimo do custo total é (0, 800), ou seja, (0, CF).

A alternativa escolhida é, então, a b.

Poderíamos ter resolvido a questão, lembrando que no ponto de mínimo do custo médio unitário, o custo médio e o custo marginal são iguais:

$$C_{Me}(x) = C_{Mg}(x)$$
$$\frac{800}{x} + 0{,}04 + 0{,}02x = 0{,}04 + 0{,}04x$$
$$\frac{800}{x} = 0{,}02x$$
$$0{,}02x^2 = 800$$
$$x = \pm 200$$

Como aquela relação *é necessária, mas não suficiente*, devemos investigar as relações de ordem entre C_{Mg} e C_{Me}, antes de $x = 200$ e depois dele.

Para $x = 1$, por exemplo:

$$C_{Me}(1) = \frac{800}{1} + 0{,}04 + 0{,}02 \cdot 1 = 800{,}06$$
$$C_{Mg}(1) = 0{,}04 + 0{,}04 \cdot 1 = 0{,}08$$

então $C_{Mg}(1) < C_{Me}(1)$, o que significa que a próxima peça produzida contribuirá para reduzir o gasto médio por peça.

Para $x = 1\,000$, por exemplo:

$$C_{Me}(1\,000) = \frac{800}{1\,000} + 0{,}04 + 0{,}02 \cdot 1\,000 = 20{,}84$$
$$C_{Mg}(1\,000) = 0{,}04 + 0{,}04 \cdot 1\,000 = 40{,}04$$

então $C_{Mg}(1\,000) > C_{Me}(1\,000)$, o que significa que a próxima peça produzida contribuirá para aumentar o gasto médio por peça.

Sendo assim temos:

C_{Me} ↘ ↗ x
0   200

e $x = 200$ é abscissa de um ponto de mínimo da função custo médio unitário.

Os demais cálculos seguiriam da mesma forma como fizemos.

2. Considerando x a quantidade produzida, observando os gráficos do custo médio unitário e do custo marginal, e sabendo que x_1 é o ponto de mínimo do custo médio, compare C_{Mg} e C_{Me}, para x menor e maior do que a abscissa do ponto de mínimo mencionado.

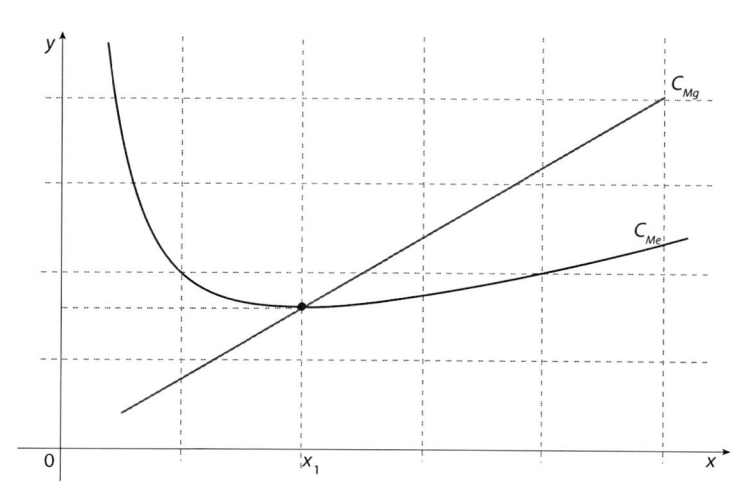

No ponto de mínimo do custo médio, C_{Mg} e C_{Me} são iguais. x_1 é abscissa de um ponto de mínimo do custo médio unitário e de um ponto de intersecção dos gráficos de C_{Mg} e C_{Me}.

$$C_{Mg}(x_1) = C_{Me}(x_1)$$

Para $0 < x < x_1$: $C_{Mg}(x_1) < C_{Me}(x_1)$, o gráfico do custo marginal fica abaixo do gráfico do custo médio.

Para $x > x_1$: $C_{Mg}(x_1) > C_{Me}(x_1)$, o gráfico do custo marginal fica acima do gráfico do custo médio.

Então, é verdade que o custo médio unitário é sempre igual ao custo marginal?

Não, essa afirmação não é verdadeira, até porque não seriam necessários dois nomes para esses conceitos se eles fossem *sempre* iguais.

Imagine que tenhamos as notas de dez provas realizadas e que a média das notas dessas provas seja igual a média mínima para aprovação no curso em questão. Se lhe fosse oferecida a possibilidade de fazer uma prova optativa e, pelo seu desempenho nas últimas avaliações, pelo seu ritmo de estudos, você fosse capaz de prever que tiraria uma nota inferior à média, você faria a prova optativa? E se for igual a média?

Vamos concluir essa analogia não sem antes observar que, nesse caso, a intenção seria maximizar a média e não minimizá-la.

A sua nota média nas 10 primeiras avaliações realizadas equivale ao custo médio unitário, porque se você fizesse uma única prova, o seu desempenho nela seria o da média.

A nota da próxima prova a ser realizada (a optativa) equivale ao custo marginal (estimativa de custo com a próxima peça). E ela pode ser diferente de todas as notas que você tirou até então.

Assim, se a próxima peça a ser produzida reduzir seu gasto médio por peça ($C_{Mg}(x) < C_{Me}(x)$), vale a pena produzi-la (ou, da mesma forma, se a próxima avaliação a ser realizada aumentar sua média, vale a pena fazê-la), caso contrário ($C_{Mg}(x) > C_{Me}(x)$), o melhor é ficar na produção em que se está ($C_{Mg}(x) = C_{Me}(x)$).

Então, não há nenhum motivo para pensarmos que o custo médio e o custo marginal sejam iguais sempre!

O custo médio e o custo marginal são iguais em um *ponto crítico* da função custo médio unitário.

Exercícios e problemas propostos

1. Dada a função custo total:
$$CT(x) = 1\,444 + 708x + x^2$$
   a) determine as condições para custo médio mínimo (x, $C_{Me\,mín.}$ e $CT_{ót.}$);
   b) mostre que, nesse nível de produção, o custo médio e o custo marginal são iguais.

TECNOLOGIA
Software Gráfico

No *Winplot*, construa o gráfico das funções custo médio e custo marginal do exercício anterior e verifique que o ponto de intersecção dos seus gráficos é o ponto de mínimo do custo médio unitário; verifique também que, antes desse valor de x, o gráfico da função custo marginal está abaixo do gráfico da função custo médio e, após esse valor de x, a relação se inverte, ou seja, a curva do custo marginal está acima da curva do custo médio.

2. Considerando a função custo total:
$$CT(x) = 1\,875 + 500x + 3x^2$$
   a) determine as condições para custo médio mínimo (x, $C_{Me\,mín.}$ e $CT_{ót.}$);
   b) prove que, nesse nível de produção, o custo médio e o custo marginal são iguais.

3. Construa o gráfico das funções $f(x) = \dfrac{800}{x}$ e $g(x) = 0{,}04 + 0{,}02x$ e explique como o gráfico da função custo médio $C_{Me}(x) = \dfrac{800}{x} + 0{,}04 + 0{,}02x$ relaciona-se com os gráficos de f e de g.

4. Seja $CT(x) = x^3 - 6x^2 + 14x + 2\,000$, o custo total devido à fabricação de determinado produto.
   a) Determine a função custo marginal (C_{Mg}).
   b) Escreva a função custo médio (C_{Me}).
   c) Calcule o custo da 51ª unidade produzida — $CT(51) - CT(50)$ — e determine, por meio do C_{Mg}, uma boa aproximação para esse valor.
   d) Calcule $C_{Me}(50)$, compare seu valor com $C_{Mg}(50)$ e responda: a abscissa do ponto de mínimo da função custo médio é maior ou menor do que 50? Por quê?

5. Seja a função custo total dada por:
   $$CT(x) = x^2 + 1\,000x + 765\,625$$
   a) Determine as funções custo médio e custo marginal.
   b) Calcule sob que condições o custo médio é mínimo (x, $C_{Me\,min.}$ e $CT_{ót.}$).
   c) Verifique que no ponto em que o custo médio é mínimo, o custo médio é igual ao custo marginal.

TECNOLOGIA
Software Gráfico

Confira, os itens b e c do exercício anterior e destaque o ponto crítico do custo médio.
Use em Dois – Intersecções: "marcar ponto".

6. Copie e complete cada sentença abaixo de modo a tornar todas verdadeiras:
   a) O custo marginal pode ser obtido ★ a função custo total.
   b) Dividindo o custo total pela quantidade produzida obtemos o ★.
   c) O custo fixo corresponde ao custo total quando a produção ★.
   d) A margem de contribuição no BEP apenas paga ★.
   e) O custo total ótimo é o custo total que corresponde a produção onde o custo médio é ★.

7. (IBMEC) Sendo a e b números reais positivos, sabe-se que a função $f(x) = ax + \dfrac{b}{x}$ definida para $x > 0$ assume seu valor mínimo quando $x = \sqrt{\dfrac{b}{a}}$.

Um grupo de amigos alugou por R$ 6 000,00 um salão para fazer uma festa. Este valor será dividido por todos que estiverem presentes na festa. Como o dia do aniversário de José Carlos, um dos integrantes deste grupo, coincide com o dia da festa, ele decidiu que a comida será por conta dele. A empresa que prestará este serviço irá lhe cobrar R$ 15,00 por pessoa presente na festa. Então, o número de integrantes do grupo de amigos que minimiza o gasto de José Carlos somando o custo total da comida com a parte dele no aluguel do salão é de
a) 5 pessoas
b) 10 pessoas
c) 15 pessoas
d) 20 pessoas
e) 25 pessoas

8. Prove a afirmação inicial da questão anterior:

"Sendo a e b números reais positivos, sabe-se que a função $f(x) = ax + \dfrac{b}{x}$ definida para x > 0, assume seu valor mínimo quando $x = \sqrt{\dfrac{b}{a}}$."

9. Observando o gráfico a seguir estabeleça as condições necessárias e suficientes para que x_1 seja ponto de mínimo do custo médio unitário:

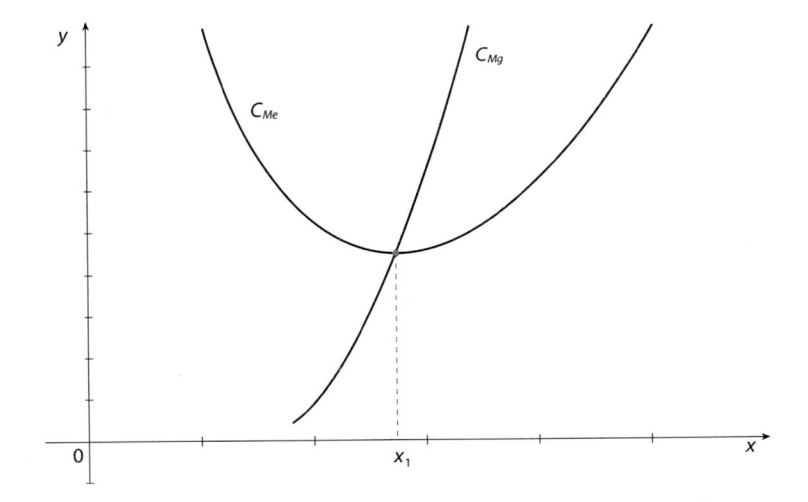

10. (ENC – ECO) Considere a relação entre o custo total de produção de um bem (y), e a quantidade produzida deste bem (Q), expressa através de uma função f(·). Explicite as propriedades desta função, em termos dos valores que ela assume, assim como os de suas derivadas, compatíveis com as afirmações abaixo.
   a) O custo de produção de zero unidades é zero ou positivo.
   b) O custo de produção aumenta quando a quantidade produzida aumenta.
   c) O custo de produção aumenta a taxas decrescentes para um determinado intervalo da quantidade produzida (de Q = 0 até Q = Q'), depois do qual o custo de produção aumenta a taxas crescentes, sempre em relação à quantidade produzida.

11. Considerando a função custo médio

$$C_{Me}(x) = 479x + 500 + \frac{47900}{x},$$

e fazendo os cálculos que forem necessários, complete a tabela e as afirmações de modo a torná-las verdadeiras (note as opções entre parênteses).

x	$C_{Me}(x)$	$C_{Mg}(x)$	$CT(x)$
0	—	500	a) ★
10	b) ★	c) ★	d) ★
19	e) ★	18 702	230 319
20	f) ★	19 660	249 500

g) Em $x = $ ★, podemos ter um ponto de mínimo do custo médio.
h) O custo total na produção de ★ unidades é mínimo.
i) Comparando o custo marginal e o custo médio em 10 concluímos que esse valor satisfaz uma condição necessária para ser abscissa de um ponto de mínimo do ★ (custo médio/custo total).
j) O custo médio mínimo é R$ ★.
k) Uma estimativa do custo da 20ª unidade é R$ ★.
l) O custo total ótimo ocorre em $x = $ ★.
m) A 20ª unidade custou R$ ★ à empresa.
n) Se $C_{Mg}(x) > C_{Me}(x)$, podemos afirmar que ★ (é vantajoso / não é vantajoso) para a empresa produzir mais uma unidade.
o) O custo total mínimo é R$ ★.
p) Em $x = 19$, a tendência de aumento no custo total é ★ (maior/menor) do que em $x = 20$.
q) No intervalo] 19, 20 [, podemos afirmar que o gráfico do custo total apresenta concavidade para ★ (baixo / cima).
r) Para qualquer x positivo menor do que o valor em que temos o ponto de mínimo do custo médio é verdade que $C_{Mg}(x)$ ★ ($>$ / $<$) $C_{Me}(x)$.
s) Podemos afirmar que o custo marginal é positivo ou nulo ★ (sempre/para alguns valores de x).
t) Após $x = $ ★ o gráfico do custo médio está abaixo do gráfico do custo marginal.

Capítulo 9 — Situações de otimização

Exercícios e problemas complementares

1. Sendo a função custo médio

$$C_{Me}(x) = 18 + x + \frac{841}{x},$$

faça os cálculos necessários e complete a tabela e as afirmações de modo a torná-las verdadeiras (note as opções entre parênteses).

x	$C_{Me}(x)$	$C_{Mg}(x)$	CT(x)
0	—	18	a) ★
29	b) ★	c) ★	d) ★
30	e) ★	78	2 281
31	f) ★	80	2 360

g) Em x = ★, podemos ter um ponto de mínimo do custo médio.
h) O custo total na produção de ★ unidades é mínimo.
i) Comparando o custo marginal e o custo médio em 29 concluímos que esse valor satisfaz uma condição necessária para ser abscissa de um ponto de mínimo do ★ (custo médio / custo total).
j) O custo médio mínimo é R$ ★.
k) Uma estimativa do custo da 31ª unidade é R$ ★.
l) O custo total ótimo ocorre em x = ★.
m) A 30ª unidade custou R$ ★ à empresa.
n) Se $C_{Mg}(x) < C_{Me}(x)$, podemos afirmar que ★ (é vantajoso/não é vantajoso) para a empresa produzir mais uma unidade.
o) O custo total mínimo é R$ ★.
p) Em x = 31, a tendência de aumento no custo total é ★ (maior/menor) do que em x = 30.
q) No intervalo] 30 , 31 [, podemos afirmar que o gráfico do custo total apresenta concavidade para ★ (baixo / cima).
r) Antes de x = ★ o gráfico do custo médio está acima do gráfico do custo marginal.

2. Considere as informações da tabela e complete as afirmações de modo a torná-las verdadeiras.

x	$C_{Me}(x)$	$C_{Mg}(x)$	CT(x)
40	192	100	
41	190	150	7 790
50		175	9 000
	177	177	9 027

a) Comparando o custo marginal e o custo médio em 41 concluímos que há tendência de ★ (aumento / redução) do custo médio.
b) O custo total na produção de 40 unidades é R$ ★.
c) Um estimativa do custo da 41ª unidade é R$ ★.
d) O custo médio na produção de 50 unidades é R$ ★.
e) Para a produção $x = $ ★ temos custo marginal igual a 177 e custo total igual a 9 027.
f) Em $x = $ ★, podemos ter um ponto de mínimo do custo médio.
g) Se C_{Mg} (52) > C_{Me} (52), podemos afirmar que 9 027 pode ser o custo total ★(mínimo / ótimo).
h) A 41ª unidade custou R$ ★ à empresa.
i) No intervalo] 40 , 41 [, podemos afirmar que o gráfico do custo total apresenta concavidade para ★ (baixo / cima).
j) Em $x = 51$, há tendência de ★ (aumento / redução) do custo total.

3. Considerando a função custo médio

$$C_{Me}(x) = 8 + x + \frac{361}{x},$$

e fazendo os cálculos necessários, complete a tabela e as afirmações de modo a torná-las verdadeiras (note as opções entre parênteses).

x	$C_{Me}(x)$	$C_{Mg}(x)$	$CT(x)$
0	—	8	a) ★
12	b) ★	32	601
13	c) ★	34	634
19	d) ★	e) ★	f) ★

g) A 13ª unidade custou R$ ★ à empresa.
h) O custo médio mínimo é R$ ★.
i) O custo total na produção de ★ unidades é mínimo.
j) Comparando o custo marginal e o custo médio em 19 concluímos que esse valor satisfaz uma condição necessária para ser abscissa de um ponto de mínimo do ★ (custo médio/custo total).
k) Uma estimativa do custo da 13ª unidade é R$ ★.
l) O custo total ótimo ocorre em $x = $ ★.
m) Em $x = $ ★, podemos ter um ponto de mínimo do custo médio.
n) O custo total mínimo é R$ ★.
o) Antes de $x = $ ★ o gráfico do custo médio está acima do gráfico do custo marginal.
p) No intervalo] 12 , 13 [, podemos afirmar que o gráfico do custo total apresenta concavidade para ★ (baixo/cima).

Capítulo 9 — Situações de otimização

4. Considerando a função custo total a seguir

$$CT(x) = 800 + 0{,}04x + 0{,}0002x^2$$

observando seu gráfico e fazendo os cálculos que forem necessários, complete a tabela e as afirmações de modo a torná-las verdadeiras (note as opções entre parênteses).

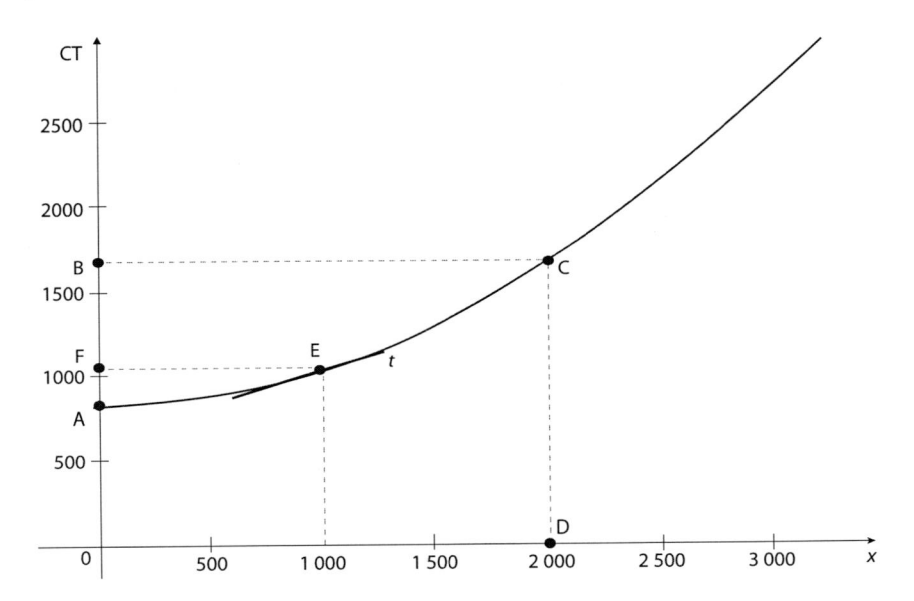

x	$C_{Me}(x)$	$C_{Mg}(x)$	$CT(x)$
0	a) ★	0,0400	b) ★
1 000	1,0400	0,4400	c) ★
1 001	1,0394	0,4404	d) ★
2 000	0,8400	e) ★	f) ★

g) Em **A** o custo total é ★ (zero / mínimo).
h) Em $x = $ ★, temos um ponto de mínimo do custo médio.
i) Em x_D ★ (podemos / não podemos) afirmar que o custo médio é mínimo.
j) A inclinação da reta **t**, tangente à curva de custo total no ponto **E**, vale ★.
k) Em **C** temos um ponto crítico do ★ (custo total / custo médio).
l) O custo marginal calculado em 1 000 é uma estimativa do custo da ★ (1 000ª/ 1 001ª) unidade.
m) O custo total ótimo é R$ ★.
n) O custo com a produção da 1001ª unidade é R$ ★.

o) O valor em **F** é igual a R$ ★.
p) Se $C_{Mg}(1000) < CT(1001) - CT(1000)$ então a curva de custo total tem concavidade ★ (para cima / para baixo) nesse intervalo.
q) Em **B** temos o custo total ★ (mínimo / ótimo).
r) Para uma empresa que pretenda reduzir o custo médio unitário vale a pena produzir a ★ (1001ª / 2001ª).

5. Sendo a função $C_{Me}(x) = \dfrac{1}{(x - \frac{1}{20})^2} + 2x$, determine:

a) a produção que minimiza o custo médio;
b) e construa o gráfico do custo médio em função da produção.

NO MUNDO REAL

CONSUMIDOR NEM SEMPRE GANHA COM AS FUSÕES

Segundo analistas, tudo depende da competição: quanto maior a oferta, menor o preço

Renée Pereira

A onda frenética de fusões e aquisições que varreu o país desde 1994 mudou a cara de muitas empresas nacionais, que melhoraram os níveis de eficiência, sinergia e rentabilidade. Benefícios, porém, nem sempre chegam à vida do consumidor final, contrariando a lógica da economia eficiente, em que os cidadãos dispõem de maior variedade de produtos pelos menores preços possíveis. Mas se existem setores nos quais a guerra da concorrência provoca queda no preço dos produtos, há também segmentos que registram aumento de custo para o consumidor.

A professora de Economia da Universidade de São Paulo (USP), Elizabeth Farina, explica que impactos positivos ou negativos são decorrentes do grau de concentração do mercado. "Quanto menor a concorrência, maior os prejuízos para os consumidores, e vice-versa", afirma.

Um exemplo é o mercado de cervejas, cuja competitividade foi reduzida com a criação da Ambev — empresa resultante da fusão das três principais marcas do país (Skol, Brahma e Antarctica). A falta de um competidor potencialmente forte no segmento resultou em aumento de preço do produto em cerca de 30%.

Mas a situação ainda poderá ser revertida, acredita o governo. A esperança baseia-se no reestabelecimento da concorrência com a compra da cervejaria Kaiser pela empresa canadense Molson, contribuindo para a queda dos preços das cervejas no Brasil, afirma o presidente do Conselho Administrativo de Defesa Econômica (Cade), João Grandino Rodas.

Escaldado com o caso da Ambev, o órgão tenta evitar novos prejuízos ao consumidor e à ordem econômica. No fim do mês passado, suspendeu o andamento da operação de venda da Chocolates Garoto para a Nestlé, até que o tema seja julgado. Segundo especialistas na área de concorrência, a decisão foi a mais acertada. As duas empresas, juntas, dominariam 66,5% do mercado de "sortidos e variados", o que poderia eliminar a concorrência em um segmento.

Outro argumento para barrar a transação são as dificuldades para entrada de novas empresas no mercado. O advogado José Del Chiaro explica que não é possível manter a competitividade do setor apenas com a importação de produtos, por causa de limitações no sistema de distribuição. E há, ainda, o paladar dos brasileiros em relação aos chocolates. Ele explica que as marcas tradicionais do segmento, como os bombons Sonho de Valsa, Serenata do Amor e Batom, por exemplo, têm a fidelidade do público. "Além disso, uma marca leva aproximadamente dez anos para ser consolidada; as novas empresas estão começando a entrar no país somente agora."

A professora Elizabeth frisa, porém, que segmentos fragmentados, com empresas pequenas que não exploram a economia de escala, também acabam prejudicando o consumidor, pois não têm capacidade e espaço para redução de preços e melhora da qualidade dos produtos e serviços. Na opinião dela, hoje não existe nenhum setor no Brasil que esteja exageradamente concentrado. O sócio da área Antitruste da Machado & Meyer, Eugênio da Costa e Silva, argumenta ainda não ser proibido uma empresa dominar o mercado, o que é contra a lei é o ato ilícito da concorrência.

Briga explícita — Mas não é em todos os casos que fusões e aquisições causam prejuízos ao consumidor. No setor de varejo, por exemplo, o processo tem trazido muitos benefícios. As últimas aquisições, explicam os especialistas, provocaram enorme competitividade entre os supermercados, que reduziram preços para manter as margens de lucros. Na semana passada, por exemplo, as redes Extra, do grupo Pão de Açúcar e a francesa Carrefour travaram uma verdadeira briga pela preferência do consumidor.

Nos anúncios veiculados pelo Extra, a empresa explicitava que quem encontrasse "algum produto anunciado pelo concorrente Carrefour com um preço menor do que o praticado em suas lojas, receberiam, na hora e em dinheiro, dez vezes o valor da diferença". A condição somente é válida para ofertas anunciadas pela empresa francesa em TV e jornais. A concorrência acirrada entre os supermercados já vem de algum tempo.

Segundo o vice-presidente da Associação Brasileira de Supermercados (Abras), José Simão Filho, a concentração nesse segmento tem fortalecido as empresas, possibilitando desenvolvimento tecnológico e alteração de preços. Ele destaca que a evolução de 47,57% no preço da cesta básica de 1994 até hoje ficou bem abaixo do IPCA, medido pelo Instituto Brasileiro de Geografia e Estatística (IBGE), de 113,31%, e pelo IGPDI, da Fundação Getúlio Vargas (FGV), de 177,05%.

Mas para o sócio diretor da Consultoria Exceler, Rogério Daudt, na média é difícil dizer se há queda nos preços. As redes podem ganhar mais em um produto e perder em outro. De qualquer maneira, avalia, as fusões dão mais poder de compra ao segmento. "A concentração, em determinados casos, melhora a logística, otimiza estoques e minimiza custos, mas é preciso ter controle", afirma o coordenador-geral do IPC da Fipe, Heron do Carmo.

Além disso, afirma o professor em finanças da FEA/USP e diretor da ABM Consulting, Alberto Borges Matias, as fusões de grandes supermercados acabam inserindo as empresas na área financeira, com a criação de cartões de crédito e crediários. "É um banco disfarçado de loja, em que o grande ganho é financeiro."

De qualquer forma, a tendência é que haja novas aquisições neste segmento, cujo alvo serão empresas de médio porte, afirma Simão Filho. Segundo ele, entre 1994 e 2000, o aumento do número de lojas chegou a 63%; o faturamento, 93,7%; e o número de empregos, 8%.

Este último item, entretanto, ainda causa muitas discussões no mercado.

Junto com a economia de escala adquirida com as fusões e aquisições, surgem os "enxugamentos" no quadro de funcionários, principalmente nas áreas administrativas, de transporte e segurança. Mas, em determinados casos, isso pode ocorrer apenas num primeiro momento, diz Daudt, da Exceler. "No médio prazo, a tendência é aumentar o número de postos de trabalho." Para ele, as fusões proporcionam desenvolvimento e, consequentemente, novos empregos. A mesma opinião é compartilhada pelo sócio da KPMG Corporate Finance, André Castello Branco. "A situação apenas é diferente em aquisições de empresas públicas, que quase sempre estão inchadas."

Isso ocorreu nas companhias privatizadas pelo governo, como é o caso do setor de telecomunicações. Nessa área, no entanto, os resultados foram de grande melhoria para o consumidor, que recebia um serviço de alto custo e ruim, afirma Castello Branco. "Pelo menos, hoje o mercado pode contar com uma variedade maior de produtos."

De acordo com estudos da Exceler, as fusões e aquisições devem movimentar este ano mais de US$ 400 milhões. Em 2001, os negócios somaram US$ 353 milhões no Brasil, dos quais US$ 157 milhões em São Paulo e US$ 43 milhões no Rio.

Fonte: O Estado de S. Paulo, caderno de Economia, 7 abr. 2002.

9.3. Condições para Lucro Total Máximo

Nosso objetivo é, agora, determinar a quantidade a ser produzida e vendida que proporcionará à empresa lucro total máximo.

Consideremos então a função lucro total (LT):

$$LT(x) = RT(x) - CT(x)$$

A derivada da função lucro total — o lucro marginal (L_{Mg}) — pode ser calculada utilizando a regra da soma e da multiplicação por constante (no caso, a constante é igual a -1):

$$L_{Mg}(x) = LT'(x) = RT'(x) - CT'(x)$$

Mas, em um ponto de máximo:

$$LT'(x) = 0$$

então

$$LT'(x) = RT'(x) - CT'(x) = 0$$

$$RT'(x) = CT'(x)$$

$$R_{Mg}(x) = C_{Mg}(x)$$

Temos apenas uma *condição necessária* para determinar o ponto de máximo do lucro total. Essa igualdade foi deduzida a partir da derivada do lucro igual a zero, ou seja, ela é válida quando estivermos em pontos críticos da função lucro (não apenas em pontos de máximo).

Para que os pontos determinados sejam identificados como de máximo, ou mínimo ou inflexão, devemos verificar a relação de ordem entre R_{Mg} e C_{Mg} antes e depois dos pontos determinados.

Capítulo 9 — Situações de otimização

Suponha que x_1 e x_2 ($x_1 < x_2$) sejam dois candidatos a pontos de máximo, ou seja, neles, $LT'(x) = 0$ ou $R_{Mg}(x) = C_{Mg}(x)$.

$$\begin{array}{ccccc} & R_{Mg}(x_1) = C_{Mg}(x_1) & & R_{Mg}(x_2) = C_{Mg}(x_2) & \\ LT \; 0 & \longmapsto & x_1 & x_2 & \longrightarrow x \end{array}$$

Mas, tenhamos:

▸ Para $0 < x < x_1 : R_{Mg}(x) > C_{Mg}(x)$

É vantajoso produzir mais unidades, pois cada unidade a mais contribui para o aumento do lucro, porque sua receita marginal é maior que seu custo marginal.

$$\begin{array}{cccc} & R_{Mg}(x) > C_{Mg}(x) & & \\ LT \; 0 & \nearrow & x_1 & x_2 \longrightarrow x \end{array}$$

▸ Para $x_1 < x < x_2 : R_{Mg}(x) < C_{Mg}(x)$

Não é vantajoso produzir mais unidades, pois cada unidade a mais contribui para a redução do lucro, porque sua receita marginal é menor que seu custo marginal.

$$\begin{array}{ccccc} & R_{Mg}(x) > C_{Mg}(x) & & R_{Mg}(x) < C_{Mg}(x) & \\ LT \; 0 & \nearrow & x_1 & \searrow & x_2 \longrightarrow x \end{array}$$

▸ Para $x > x_2 : R_{Mg}(x) > C_{Mg}(x)$

É vantajoso produzir mais unidades, pois cada unidade a mais contribui para o aumento do lucro.

$$\begin{array}{ccccccc} & R_{Mg}(x) > C_{Mg}(x) & & R_{Mg}(x) < C_{Mg}(x) & & R_{Mg}(x) > C_{Mg}(x) & \\ LT \; 0 & \nearrow & x_1 & \searrow & x_2 & \nearrow & \longrightarrow x \end{array}$$

Podemos concluir que x_1 é a quantidade ideal a ser produzida e vendida, ou seja, é aquela que dá lucro total máximo; e que x_2 é a quantidade que dá lucro total mínimo.

Se $R_{Mg}(x_1) = C_{Mg}(x_1)$ e, além disso, $R_{Mg}(x) > C_{Mg}(x)$ para $0 < x < x_1$ e $R_{Mg}(x) < C_{Mg}(x)$ para $x_1 < x < x_2$, então x_1 é a quantidade a ser produzida e vendida para obtermos lucro máximo; ou seja, quando o faturamento estimado com a próxima peça apenas compensa o custo para produzi-la ($R_{Mg} = C_{Mg}$) não vale a pena produzir essa próxima peça, o que pode significar que já atingimos um lucro máximo, mas também que estamos em um ponto de mínimo do lucro, porque a peça seguinte não contribui para aumentar o lucro nem para reduzi-lo.

Se antes dessa quantidade o lucro cresce ($R_{Mg}(x) > C_{Mg}(x)$) e, após, o lucro decresce ($R_{Mg}(x) < C_{Mg}(x)$), estamos em um ponto de máximo.

A empresa deverá cobrar um preço chamado *preço ótimo* que produza a demanda necessária para atingir o lucro total máximo.

> **FAQ** — O lucro total é máximo quando a receita total é máxima e o custo total é mínimo?

Não, não é verdade que *LT* é máximo quando *RT* é máxima e *CT* é mínimo! Observe o gráfico:

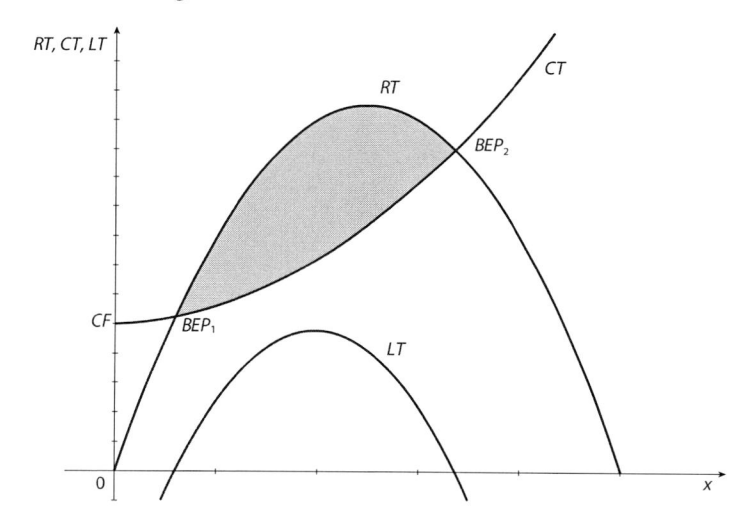

Há dois *BEPs* nesse gráfico. Antes do BEP_1 e após o BEP_2 temos prejuízo ($CT(x) > RT(x)$). Entre os *BEPs* temos uma faixa de lucro.

Devemos determinar o valor de *x* que torna o segmento-distância — o lucro — entre os dois gráficos nessa faixa o maior possível.

Note que a produção e venda (*x*) que dá receita total máxima pode até, como nesse caso, ser maior do que aquela que dá o lucro total máximo, ou seja, obtemos lucro máximo antes de atingirmos a maior receita possível e, quando a receita for máxima, o lucro não o é, pois os custos também cresceram.

Além do que, o custo total mínimo ocorre na produção zero e é o custo fixo.

No ponto de máximo do lucro total, as retas tangentes aos gráficos de RT e CT são paralelas, porque a receita marginal é igual ao custo marginal nesse ponto.

Temos, então, duas formas de determinar a quantidade a ser produzida para obter lucro total máximo:

1) Calcular $LT'(x)$, determinar os valores de x candidatos a abscissas de pontos críticos: $LT'(x) = 0$ e analisar os sinais dessa derivada para determinar o ponto de máximo.

ou

2) Calcular $RT'(x)$ e $CT'(x)$ e determinar os valores de x candidatos a abscissas de pontos críticos pela igualdade:

$$RT'(x) = CT'(x) \text{ ou } R_{Mg}(x) = C_{Mg}(x)$$

e verificar qual, dentre os valores de x fornecidos pela igualdade acima, é a abscissa do ponto de máximo do lucro total, analisando as relações de ordem entre R_{Mg} e C_{Mg} antes e depois do ponto candidato a ponto de máximo.

FAQ — Se $R_{Mg}(x) = C_{Mg}(x)$ e $C_{Mg}(x) = C_{Me}(x)$ então, é verdade que $R_{Mg}(x) = C_{Me}(x)$?

Não.

A 1ª igualdade é verdadeira para um x em que $L_{Mg}(x) = 0$, ou seja, quando estamos em pontos críticos da função lucro (máximos, mínimos ou inflexão).

A 2ª igualdade é verdadeira quando $C_{Me}'(x) = 0$, ou seja, quando estamos em pontos críticos da função custo médio.

Desse modo, essas igualdades se verificam em situações diferentes, para valores diferentes de x.

Não vale, nesse caso, a propriedade transitiva da igualdade porque os valores de x que satisfazem essas igualdades são diferentes.

EXEMPLOS

1. Considerando que o lucro (L) de uma empresa referente a um de seus produtos é função da quantidade vendida (x) desse produto, conforme a expressão

$$L(x) = -3x^2 + 360x - 6\,000,$$

assinale a alternativa *falsa*:

a) Para $0 \leq x < 20$ ou $x > 100$, a empresa terá lucro negativo (prejuízo).
b) O lucro marginal depende da produção conforme a expressão $L_{Mg}(x) = -6x + 360$.
c) Há uma tendência de aumento de R$ 60,00 no lucro se ocorrer um pequeno aumento na venda de 50 unidades.
d) O lucro máximo é R$ 60,00.
e) O lucro devido a venda da 31ª unidade é de, aproximadamente, R$ 180,00.

Para verificar a correção ou não da letra *a*, devemos analisar o sinal da função lucro. Inicialmente, vamos determinar quando o lucro total é zero, ou seja, os BEPs dessa empresa:

$$L(x) = -3x^2 + 360x - 6\,000$$

$-3x^2 + 360x - 6\,000 = 0$ \hfill (I)

$3x^2 - 360x + 6\,000 = 0$ (multiplicamos a expressão por -1) \hfill (II)

$x^2 - 120x + 2\,000 = 0$ (dividimos a expressão por 3) \hfill (III)

Procuramos duas raízes cuja soma seja $S = 120$ e o produto seja $P = 2\,000$ ($x^2 - Sx + P = 0$). Essas raízes são 20 e 100.

Para $x = 20$ e $x = 100$, o lucro total é igual a zero, ou seja, esses valores são abscissas de BEPs.

Note que, quanto às raízes, as funções (I), (II) e (III) não diferem. Observe os seus gráficos:

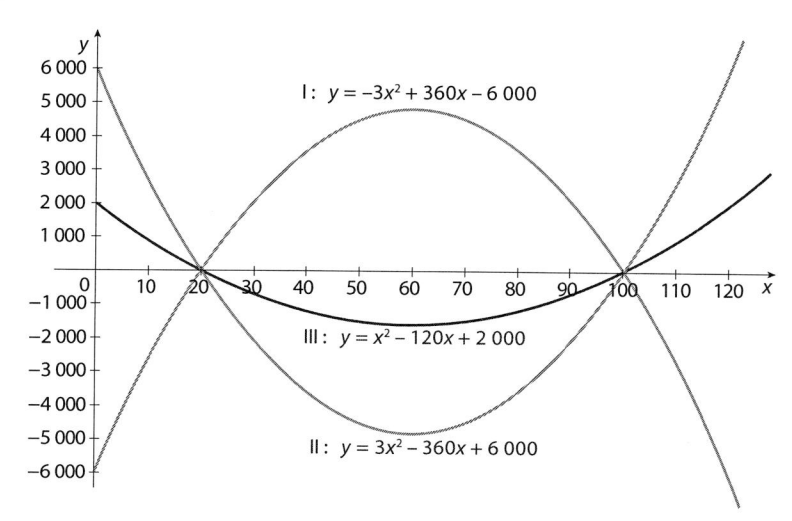

Mas apenas (I) é o gráfico do lucro dessa empresa.

Os sinais das funções (II) e (III) são os mesmos, mas são opostos aos da função (I) que é a nossa função lucro original.

Observe:

(II) e (III)
```
        +              −              +
  ──┼────────┼──────────────────┼──────────→ x
    0       20                 100
```

(I)
```
        −              +              −
  ──┼────────┼──────────────────┼──────────→ x
    0       20                 100
```

Desse modo, para determinar os BEPs podemos utilizar (I), (II) ou (III), mas para determinar os intervalos em que a empresa terá lucro ou prejuízo (lucro negativo) precisamos analisar a função lucro propriamente dita: $L(x) = -3x^2 + 360x - 6\,000$ e seus sinais nos intervalos [0, 20 [,] 20, 100[e] 100, $+\infty$ [.

A alternativa *a* está correta.

A abscissa do ponto de máximo da função lucro anula a derivada primeira do lucro, então:

$$L(x) = -3x^2 + 360x - 6000$$
$$L'(x) = -6x + 360$$
$$-6x + 360 = 0$$
$$x = 60$$

LT'
```
              +              −
  ──┼────────────┼────────────────→ x
    0           60
```
LT
```
              ↗              ↘
  ──┼────────────┼────────────────→ x
    0           60
```

Se $x = 60$, o lucro total é máximo.

O preço que gera a demanda por 60 unidades não pode ser obtido com as informações da questão.

O lucro máximo é obtido substituindo $x = 60$ na expressão do lucro:

$$L_{máximo}(60) = -3 \cdot 60^2 + 360 \cdot 60 - 6000 = 4\,800$$

A alternativa *b* é verdadeira e *d* é a falsa (porque a quantidade — *x* — é 60 e não o lucro total).

Para verificar que as alternativas *c* e *e* são corretas basta fazer os cálculos a seguir:

$$L_{Mg}(50) = -6 \cdot 50 + 360 = +60$$
$$L_{Mg}(30) = -6 \cdot 30 + 360 = +180$$

2. Sendo

$$RT(x) = 100\sqrt{x}$$
$$CT(x) = 1500 + x$$

a) determine as condições de otimização do lucro total (quantidade, preço ótimo e lucro máximo);
b) calcule R_{Mg} e C_{Mg} para a quantidade que maximiza o lucro;
c) faça o gráfico da função lucro, sabendo que as quantidades 338 e 6 662 são os valores aproximados de abscissas de BEPs.

Para determinar as condições em que o lucro total é ótimo, ou seja, máximo, vamos escrever a função lucro e derivá-la:

$$LT(x) = RT(x) - CT(x) = 100\sqrt{x} - (1500 + x) = 100\sqrt{x} - 1500 - x$$

$$LT(x) = 100x^{\frac{1}{2}} - 1500 - x$$

$$\text{e } LT'(x) = 50x^{-\frac{1}{2}} - 1$$

Anulando a 1ª derivada, temos candidatos a pontos críticos da função lucro total:

$$50x^{-\frac{1}{2}} - 1 = 0$$
$$\frac{50}{\sqrt{x}} = 1$$
$$\sqrt{x} = 50$$
$$x = 2500$$

Assim:

```
LT'    o————+————+————−————→ x
       0         2500
LT     |————↗————+————↘————→ x
       0         2500
```

Se $x = 2500$, o lucro total é máximo.

O preço que gera a demanda por 2 500 unidades — preço ótimo — é obtido por meio da receita:

$$RT(2500) = 100\sqrt{2500} = 100 \cdot 50 = 5000 \text{ e } y_{\text{ótimo}} = \frac{5000}{2500} = 2$$

O lucro total máximo é calculado substituindo $x = 2\,500$ na função lucro total:

$$LT_{máx}(2\,500) = RT(2\,500) - CT(2\,500) = 100\sqrt{2\,500} - (1\,500 + 2\,500) = 1\,000$$

Para responder ao item b, vamos calcular as derivadas da receita e do custo:

$$R_{Mg}(x) = \frac{50}{\sqrt{x}}$$
$$C_{Mg}(x) = 1$$

Então: $R_{Mg}(2\,500) = 1$ e $C_{Mg}(2\,500) = 1$.

Assim, resolvemos o item b e verificamos a relação $R_{Mg}(x) = C_{Mg}(x)$ quando x é ponto crítico do lucro total.

Para a construção do gráfico do lucro (item c), falta somente fazer o estudo da derivada segunda da função lucro total:

$$LT'(x) = 50x^{-\frac{1}{2}} - 1$$
$$LT''(x) = -25x^{-\frac{3}{2}}$$

O gráfico do lucro pode ser desenhado considerando a análise das derivadas 1ª e 2ª e a tabela a seguir:

x	LT(x)
0	−1 500
338	0
6 662	0
2 500	1 000

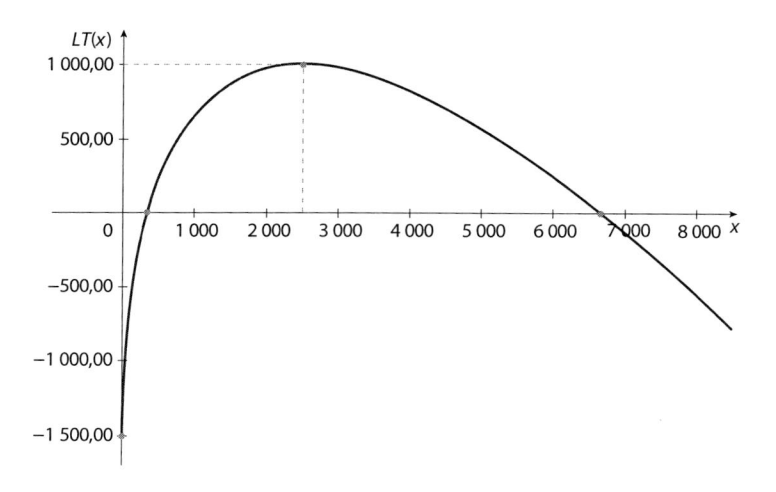

Note que o lucro total apresenta um ponto de mínimo em $(0, -1\,500)$ não fornecido pela derivada, mas pela restrição de domínio da função lucro total $(D = \{x \in \Re / x \geq 0\})$.

FAQ

Ao resolver a equação $\sqrt{x} = 50$, está correta a resposta $x = \sqrt{50}$?

Não.

Estamos procurando um número x cuja raiz quadrada seja 50, ou seja, $x = 2\,500$.

Também não é correta a resposta $x = \pm 2\,500$, pois não é possível extrair a raiz quadrada de um número negativo $(-2\,500)$ no conjunto dos números reais.

Para resolver formalmente aquela equação, utilizamos a operação inversa da raiz quadrada em ambos os membros:

$$\sqrt{x} = 50$$
$$\left(\sqrt{x}\right)^2 = 50^2$$
$$x = 2500$$

No entanto, na equação $x^2 = 2\,500$, estamos procurando um número que, elevado ao quadrado, resulte em 2 500. Há dois números que satisfazem essa igualdade: -50 e $+50$ porque

$$(-50)^2 = 2\,500 \text{ e } (+50)^2 = 2\,500$$

Capítulo 9 — Situações de otimização — **381**

EXERCÍCIOS E PROBLEMAS PROPOSTOS

1. O que pode representar cada um dos pontos e o segmento destacado em preto no gráfico conjunto receita total *versus* quantidade e custo total *versus* quantidade a seguir? Justifique suas afirmações.

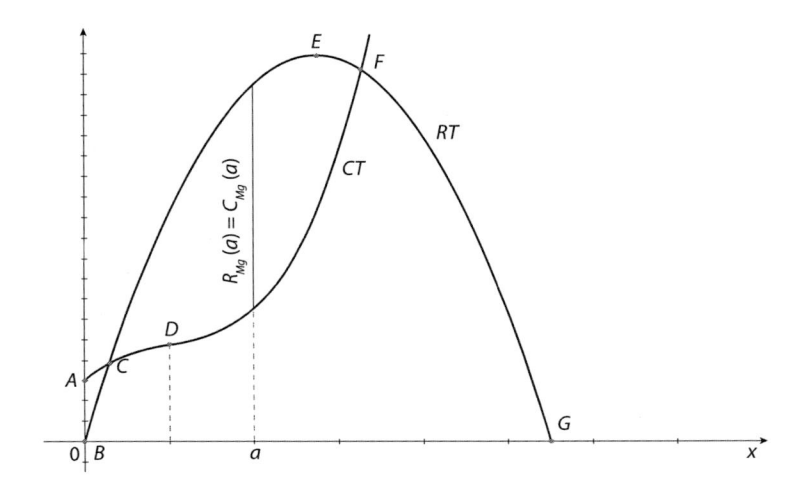

2. (FGV – ECONOMIA) Quando uma pizzaria cobra R$ 14,00 por pizza, 80 unidades são vendidas por dia. Quando o preço é R$ 12,00 por pizza, 90 unidades são vendidas.
   a) Admitindo que a quantidade vendida (y) seja função do 1º grau do preço (x), qual o preço que deve ser cobrado para maximizar a receita diária?
   b) Se a relação entre y e x fosse $y = -4x + 160$, e o custo de cada pizza R$ 8,00, qual o preço que deveria ser cobrado para maximizar o lucro?

3. Considere as funções abaixo (sendo x – quantidade e y – preço unitário) e responda às questões:

$$y = -25x + 1\,375$$
$$CT(x) = x^3 - 30x^2 + 375x + 3\,000$$

   a) Quantas unidades devem ser vendidas se o objetivo dessa empresa é obter receita total máxima?
   b) Qual é o preço ótimo para que o lucro total seja máximo?
   c) Quando $x = 16$ é interessante para a empresa produzir e vender mais uma unidade? Por quê?
   d) Qual é o custo estimado na produção de mais uma unidade quando $x = 16$? Compare-o com o custo exato dessa unidade a mais e com o custo médio unitário.

TECNOLOGIA
Software Gráfico

No *Winplot*, construa os gráficos das funções receita e custo total do exercício anterior e destaque os pontos críticos.

Em seguida utilize *Dois – Combinações*, para construir o gráfico do lucro total (escolha *f* como a receita, *g* como o custo e $f - g$). Determine o ponto de máximo da função lucro total.

4. (FGV – DIREITO) Uma loja de departamentos compra cartuchos para uma determinada impressora jato de tinta a R$ 28,00 a unidade e prevê que, se cada cartucho for vendido a *x* reais, serão vendidos $200 - 2x$ cartuchos por mês.
    a) Encontre uma fórmula que forneça o lucro mensal em função do preço de venda *x* de cada cartucho.
    b) Estabeleça matematicamente o intervalo dos valores de *x* para os quais existe efetivamente lucro.
    c) Para que o lucro seja máximo, qual deve ser o preço de venda *x* de cada cartucho?
    d) Qual será o lucro máximo e quantos cartuchos serão vendidos mensalmente ao preço que maximiza esse lucro?

5. Um produto tem função demanda cujo modelo é $y = 1\,000 - 0{,}5x^2$ e função custo total $CT(x) = 400x + 4\,750$.
    a) Que preço gera lucro total máximo?
    b) Quando o lucro é maximizado, quanto é o custo médio por unidade?

6. (ENC – ECONOMIA) Com o intuito de maximizar seus lucros, uma firma deve escolher o nível de produto, onde
    a) o custo médio é mínimo;
    b) o custo variável médio é mínimo;
    c) o custo variável médio é igual ao preço;
    d) o custo marginal é igual à receita marginal;
    e) o custo marginal é mínimo.

7. (FGV) Cada unidade de um brinquedo é vendida pela indústria que o fabrica por R$ 40,00 e a esse preço são vendidas, semanalmente, 500 unidades. Empiricamente sabe-se que, a cada R$ 1,00 de aumento no preço unitário do brinquedo, as vendas semanais diminuirão em 10 unidades.
    a) Nessas condições, qual é o valor da receita semanal máxima dessa indústria?
    b) Se o custo médio semanal de fabricação de *x* unidades desse brinquedo é dado pela expressão: $C_{Me}(x) = \dfrac{3\,000}{x} + 32$, determine o lucro semanal obtido

Capítulo 9 — Situações de otimização — 383

pela indústria na condição de receita máxima. (Entende-se por custo médio a razão entre o custo total de produção e o número de unidades produzidas.)

8. Para que 2 800 seja abscissa do ponto de máximo do lucro total:
   a) é necessário que $R'(2800) > C'(2800)$;
   b) é preciso que $R'(2800) = C'(2800)$, $R'(x) > C'(x)$ para $\forall x < 2800$ e $R'(x) < C'(x)$ para $\forall x > 2800$;
   c) é necessário que $R''(2800) = C''(2800)$;
   d) é suficiente que $R'(2800) = C'(2800)$;
   e) é necessário que $R'(2800) = C'(2800)$ e $R''(2800) > C''(2800)$.

9. (FGV – ECONOMIA) Um fabricante de produtos esportivos gasta R$ 10,00 para produzir uma bola de tênis. Ele estima que, se vender cada bola por x reais, conseguirá produzir e vender $(150 - x)$ unidades desse produto. Sabendo que o lucro y que ele tem com a venda de cada bola é a diferença entre o preço de venda e o preço unitário de custo, o gráfico que melhor representa a variação do lucro desse fabricante, com o preço de venda, é

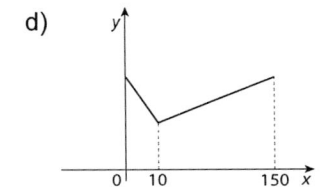

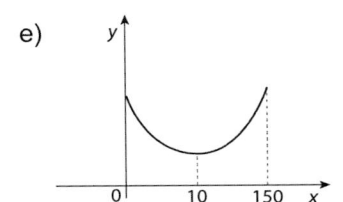

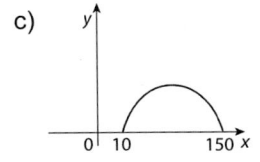

a) [gráfico]
b) [gráfico]
c) [gráfico]
d) [gráfico]
e) [gráfico]

10. (ENC – ECONOMIA) Considere uma função de lucro $\pi(q)$ dada pela expressão

$$\pi(q) = R(q) - C(q),$$

onde q é a quantidade que a firma escolhe produzir, $R(q)$ é a função de receita total, e $C(q)$, a função de custo total. As expressões $R'(q)$ e $R''(q)$ representam, respectivamente, a primeira e a segunda derivadas da função receita, e as expressões $C'(q)$ e $C''(q)$, a primeira e a segunda derivadas da função custo. A firma maximiza o lucro ao escolher produzir a quantidade q_1 que satisfaz:

a) $R'(q_1) > C'(q_1)$ e $R''(q_1) = C''(q_1)$.
b) $R'(q_1) > C'(q_1)$ e $R''(q_1) < C''(q_1)$.
c) $R'(q_1) = C'(q_1)$ e $R''(q_1) = C''(q_1)$.
d) $R'(q_1) = C'(q_1)$ e $R''(q_1) < C''(q_1)$.
e) $R'(q_1) < C'(q_1)$ e $R''(q_1) = C''(q_1)$.

11. Determine a função lucro total sendo o lucro marginal dado por $\dfrac{dLT}{dx} = -40x + 250$ e $LT(5) = 650$.

12. Assinale a alternativa *falsa*:
    a) Sendo $LT(x) = 0{,}0002x^3 + 10x - 500$, uma boa aproximação para a variação no lucro quando o nível de produção aumenta de 100 para 101 unidades é $L_{Mg}(100) = 16{,}00$.
    b) O lucro efetivo decorrente do aumento do nível de produção de 100 para 101 unidades para uma empresa com $LT(x) = 0{,}0002x^3 + 10x - 500$ é R$ 16,06.
    c) Se o custo marginal, no nível de produção 2 000, for R$ 6,00 é válido para a empresa aumentar sua produção de uma unidade, sendo o custo médio nessa produção igual a R$ 5,30.
    d) No intervalo fechado $[-1, 8]$ a função $g(x) = x^{2/3}$ tem um ponto de máximo em $(8, 4)$.

13. Considere as funções abaixo (sendo x – quantidade e y – preço unitário) e responda as questões:

$$RT(x) = xy = -30x^2 + 3\,525x$$
$$CT(x) = x^3 - 25x^2 + 525x + 8\,000$$

a) Quantas unidades devem ser vendidas se o objetivo dessa empresa é obter receita total máxima?
b) Qual é o lucro total máximo?
c) Quando $x = 10$ é interessante para a empresa produzir e vender mais uma unidade? Por quê?
d) Qual é o custo estimado na produção de mais uma unidade quando $x = 10$? Compare-o com o custo exato dessa próxima unidade e com o custo médio unitário.

14. (FGV – ECONOMIA) Na parte sombreada da figura, as extremidades dos segmentos de reta paralelos ao eixo y são pontos das representações gráficas das funções definidas por $f(x) = x^2$ e $g(x) = x + 6$, conforme indicado.

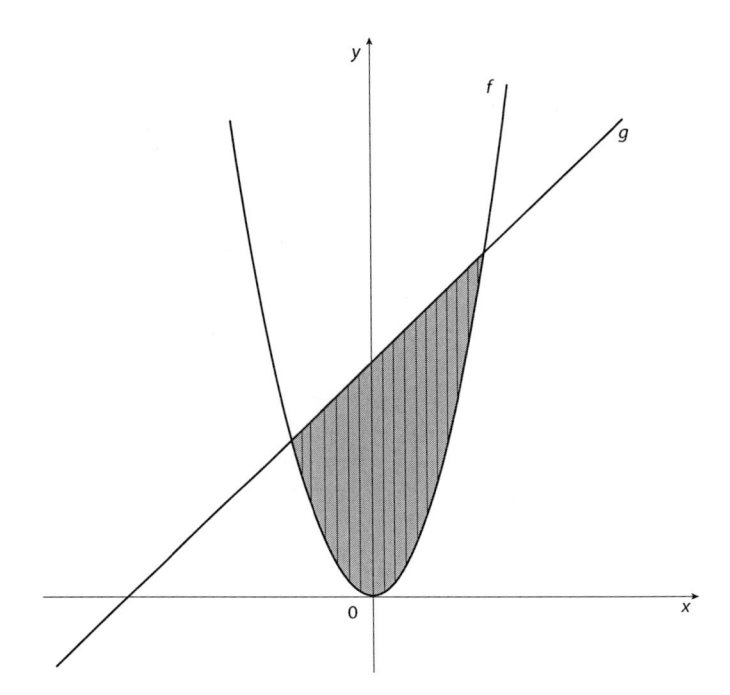

A medida do comprimento do maior desses segmentos localizado na região indicada na figura é
a) 6   b) 6,25   c) 6,5   d) 6,75   e) 7

15. Assinale a alternativa correta:
    a) Se $R_{Mg}(x) = C_{Mg}(x)$ então x é abscissa de um ponto de máximo do lucro total.
    b) Quando a receita marginal é negativa antes de x_1, $R_{Mg}(x_1) = 0$ e a receita marginal é positiva após x_1, x_1 é abscissa de um ponto de máximo da receita total.
    c) Para determinar o ponto de mínimo do custo médio devemos encontrar x tal que $C_{Mg}(x) = 0$.
    d) Quando $C_{Me}(x) > C_{Mg}(x)$ é interessante para a empresa que deseja minimizar os gastos médios, produzir mais uma unidade.
    e) Se $C_{Mg}(x) = C_{Me}(x)$ então o custo médio é mínimo em x.

16. Se uma função lucro é dada por $LT(x) = \dfrac{x^3}{3} - 270x^2 + 70\,400x - 4\,920\,666{,}67$, para $0 \leq x \leq 320$, não podemos afirmar que:
    a) O lucro mínimo é $-4\,920\,666{,}67$.
    b) O lucro é máximo para $x = 220$.
    c) O ponto de mínimo do lucro ocorre em $x = 110$.
    d) Há um ponto de inflexão no gráfico em $x = 270$.
    e) O lucro decresce entre 220 e 320.

TECNOLOGIA
Software Gráfico

No *Winplot*, construa o gráfico da função lucro total do exercício anterior e destaque os pontos críticos.

17. Considerando a otimização dos resultados e as funções $RT(x) = 50\sqrt{x}$ e $CT(x) = 0,5x + 1\,000$, podemos afirmar que:
    a) O lucro máximo é aproximadamente igual a 764.
    b) A abscissa do ponto de máximo do lucro total é aproximadamente 5 236.
    c) O ponto de máximo do lucro é (2 500, 250).
    d) O lucro é máximo para a quantidade vendida 2 500, ao preço unitário ótimo de R$ 250,00
    d) $R_{Mg}(5\,236) = C_{Mg}(5\,236)$.

18. Considere as funções abaixo (sendo x – quantidade) e responda às questões:

    $$RT(x) = -30x^2 + 1\,800x$$
    $$CT(x) = x^3 - 25x^2 + 400x + 2\,750$$

    a) Qual é o preço ótimo para obter receita total máxima?
    b) Qual é o ponto de máximo do lucro total?
    c) Quando $x = 30$ é interessante para a empresa produzir e vender mais uma unidade? Por quê?
    d) Qual é o custo estimado na produção de mais uma unidade quando $x = 30$? Compare-o com o custo exato dessa mais uma unidade e com o custo médio unitário.

19. Observando as informações das tabelas a seguir, classifique cada afirmação em verdadeira (V) ou falsa (F):

x	R_{Mg}	C_{Mg}
5	1 125,00	150,00
10	875,00	75,00
20	375,00	375,00
25	125,00	750,00
50	−1 125,00	4 875,00

x	C_{Me}	C_{Mg}
12	409,00	87,00
13	384,77	102,00
24	356,00	663,00
30	475,00	1 275,00

Capítulo 9 Situações de otimização

a) Produzir e vender a 6ª unidade é interessante para uma empresa que pretenda aumentar seus lucros.
b) Quando $x = 30$, vale a pena produzir mais uma unidade se a empresa pretende reduzir o custo médio unitário.
c) Do ponto de vista da otimização de lucros, a produção e venda da 11ª peça deve ser recomendada.
d) Em $x = 20$, temos satisfeita uma condição necessária para lucro máximo.
e) Em $x = 50$, a receita total é crescente.
f) O custo total para $x = 12$ é 4 908.
g) O custo exato da 13ª unidade produzida pela empresa foi 94,01.

20. Considerando as funções receita total e custo total a seguir:

$$RT(x) = -35x^2 + 4\,000x \text{ e } CT(x) = x^3 - 30x^2 + 1\,000x + 8\,000$$

e fazendo os cálculos que forem necessários, complete a tabela e as afirmações de modo a torná-las verdadeiras (note as opções entre parênteses).

x	$R_{Mg}(x)$	$C_{Mg}(x)$	$L_{Mg}(x)$
0	4 000	1 000	3 000
24	a) ★	b) ★	1 032
25	2 250	c) ★	875
30	d) ★	e) ★	f) ★

g) Uma estimativa do custo da 26ª unidade é R$ ★.
h) Comparando a receita marginal e o custo marginal em 30 concluímos que esse valor satisfaz uma condição necessária para ser abscissa de um ponto de máximo do(a) ★ (lucro total/receita total).
i) Considerando que 50 é a maior produção dessa empresa, o lucro mínimo é ★.
j) O custo total mínimo é R$ ★.
k) O lucro estimado com a venda da 25ª unidade é R$ ★.
l) Após $x = $ ★ o gráfico do custo marginal está acima do gráfico da receita marginal.
m) A venda que maximiza a receita é de, aproximadamente, ★ unidades.
n) O custo marginal calculado em 25 é uma estimativa do custo da ★ (25ª/26ª) unidade.
o) O lucro com a venda da 25ª unidade é R$ ★.

EXERCÍCIOS E PROBLEMAS COMPLEMENTARES

1. Observando a tabela a seguir classifique cada afirmação em *verdadeira (V)* ou *falsa (F)*, justificando sua opção:

x	$R_{Mg}(x)$ ou $R'(x)$	$C_{Mg}(x)$ ou $C'(x)$
1 000	5,60	4,00
2 000	6,00	6,00
3 000	5,87	8,00

   a) A empresa não deve produzir e vender mais uma unidade, além das 1 000, pois há tendência de redução dos lucros.
   b) No nível de produção de 3 000 unidades, cada peça a mais contribuirá para aumentar o lucro.
   c) No nível de produção 2 000 é interessante para a empresa aumentar sua produção em uma unidade.

2. (IBMEC) Suponha que a quantidade mensal (*d*) que uma comunidade queira comprar de um determinado produto seja uma função do primeiro grau em termos do preço (*p*) do respectivo produto. Considere que nos últimos dois meses os preços praticados foram R$ 10,00 e R$ 20,00 e que as respectivas quantidades adquiridas pela comunidade foram 180 e 80 unidades do produto. O fabricante desse produto calcula que cada unidade produzida custa-lhe R$ 2,00, e que o custo fixo operacional mensal é de R$ 690,00 (isto é, independentemente da quantidade produzida, ele gasta R$ 690,00 para manter sua empresa funcionando).
   a) Determine a fórmula que estabelece a função de *d* em termos de *p*.
   b) Defina a função lucro total mensal (*l*) do fabricante como a função que, para cada preço *p* praticado, associa o resultado da receita total mensal (dada pelo produto do preço pela quantidade) subtraindo o custo total mensal (dado pela soma do custo fixo operacional mensal com o custo de produzir *d* unidades); e determine a fórmula da função *l* em termos de *p*.
   c) Determine o preço que o fabricante deve praticar no próximo mês para que seu lucro total mensal seja o maior possível.

3. Considerando a função lucro total a seguir

$$LT(x) = -\frac{1}{4}x^4 + \frac{5}{3}x^3 + 7x^2 - 10$$

   e fazendo os cálculos que forem necessários, complete a tabela e as afirmações de modo a torná-las verdadeiras (note as opções entre parênteses).

x	$LT(x)$	$L_{Mg}(x)$
0	a) ★	0
6	b) ★	48
7	c) ★	d) ★
8	e) ★	f) ★

Capítulo 9 — Situações de otimização

g) O custo fixo corresponde a ★ (0/10) unidades monetárias.
h) O preço ★ (máximo/ótimo) é aquele que gera uma demanda para a qual o lucro é máximo.
i) Em x = ★, podemos ter um ponto de máximo do lucro total.
j) Considerando que 9 é a maior produção dessa empresa, o lucro mínimo é ★.
k) x = 7 é abscissa de um ponto de ★ (máximo / BEP).
l) O lucro marginal calculado em 8 é uma estimativa do lucro da ★ (8ª/9ª) unidade.
m) Após x = ★ o gráfico do custo marginal está acima do gráfico da receita marginal.
n) O lucro total na produção de ★ unidades é máximo.
o) O lucro máximo é aproximadamente igual a R$ ★.
p) O lucro estimado com a venda da 7ª unidade é R$ ★.
q) O lucro com a venda da 7ª unidade é R$ ★.

4. Considerando a função lucro total a seguir

$$LT(x) = -x^3 - 5x^2 + 3\,000x - 8\,000$$

e fazendo os cálculos que forem necessários, complete a tabela e as afirmações de modo a torná-las verdadeiras (note as opções entre parênteses).

x	LT(x)	$L_{Mg}(x)$
0	a) ★	3 000
30	b) ★	c) ★
40	d) ★	– 2 200
41	e) ★	f) ★

g) Uma estimativa do lucro com a 41ª unidade é ★.
h) O preço ★ (máximo/ótimo) é aquele que gera uma demanda para a qual o lucro é máximo.
i) O lucro marginal calculado em 41 é uma estimativa do lucro da ★ (41ª/42ª) unidade.
j) O lucro estimado com a venda da 1ª unidade é R$ ★.
k) O lucro com a venda da 41ª unidade é ★.

5. Considerando a função lucro total a seguir

$$LT(x) = -\frac{1}{4}x^4 + \frac{5}{3}x^3 + 7x^2 - 100$$

observando seu gráfico e fazendo os cálculos que forem necessários, complete a tabela e as afirmações de modo a torná-las verdadeiras (note as opções entre parênteses).

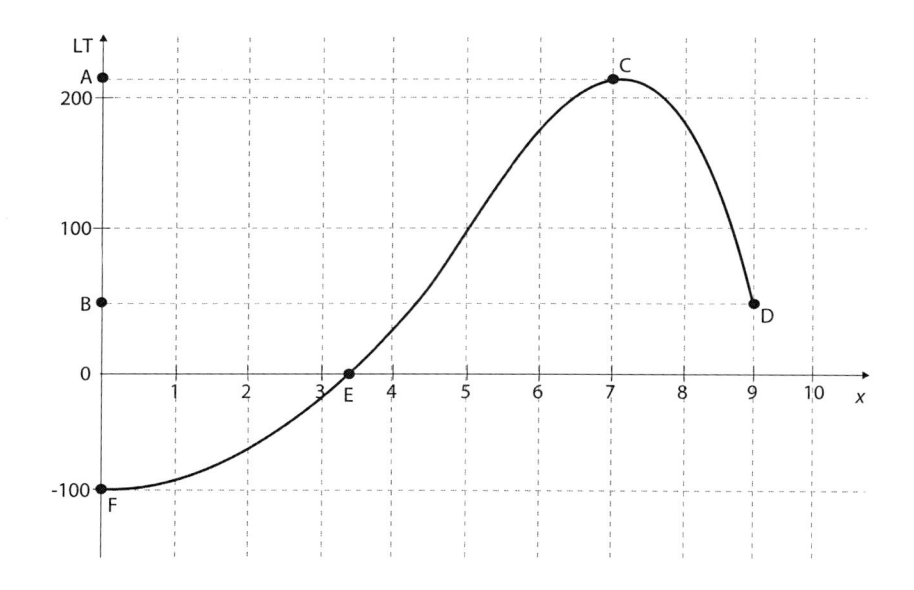

x	LT(x)	$L_{Mg}(x)$
0	a) ★	0
6	b) ★	48
7	c) ★	d) ★
8	e) ★	f) ★

g) O custo fixo corresponde a ★ (0/100) unidades monetárias.
h) Em $x = $ ★, temos um ponto de máximo do lucro total.
i) Considerando que 9 é a maior produção dessa empresa, o ponto de mínimo global do lucro total é (★, ★).
j) Em **C** temos ★ (LT/L_{Mg}) é igual a zero.
k) O lucro marginal calculado em 6 é uma estimativa do lucro da ★ (6ª/ 7ª) unidade.
l) No ponto **E** temos ★ (LT/L_{Mg}) igual a zero
m) O lucro total na produção de ★ unidades é máximo.
n) O valor em **A** é aproximadamente igual a R$ ★.
o) Em **D** temos um ponto de mínimo ★ (local/global) do lucro total.

Capítulo 9   Situações de otimização   **391**

6. Considere as funções a seguir (x – quantidade) e determine:

$$RT(x) = 44x - 4{,}5x^2 \text{ e } CT(x) = \frac{2}{3}x^3 - 3{,}5x^2 + 20x + 1{,}75$$

a) a venda para a qual a empresa em questão atinge o lucro máximo:	$x = \star$
b) o preço ótimo (para lucro máximo):	$y_{\text{ótimo}} = \star$
c) o lucro máximo:	$LT_{\text{MÁX}} = \star$
d) o lucro com a venda da 4ª unidade:	$\star$
e) a produção para a qual o custo médio é mínimo, sabendo que $C_{Me}'(2{,}8) = 0$:	$x = \star$
f) o custo médio mínimo:	$C_{Me\ \text{mínimo}} = \star$
g) o custo total ótimo:	$CT_{\text{ótimo}} = \star$
h) uma estimativa do custo da produção da 4ª unidade:	$\star$
i) o custo exato da 4ª unidade:	$\star$
j) o custo médio unitário para $x = 2$, compare-o com o custo estimado da próxima unidade e conclua se a empresa deve, do ponto de vista da otimização do custo médio, produzir ou não mais uma unidade:	$\star$ $\star$ ☐ Sim, deve produzir. ☐ Não, não deve produzir.

7. Observando o gráfico a seguir, classifique cada afirmação em *verdadeira* (V) ou *falsa* (F), *justificando sua opção*.

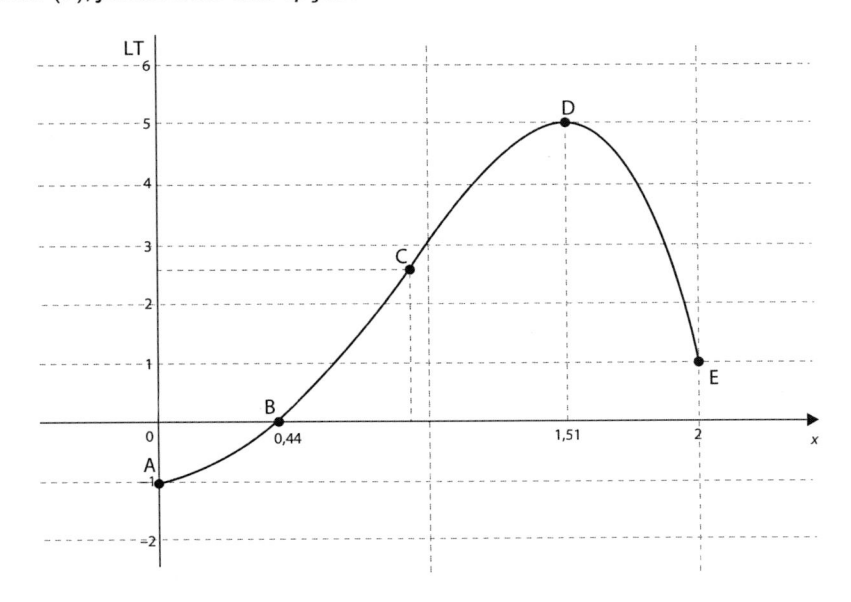

a) Em **B** temos o lucro marginal igual a zero.
b) Em **E** temos um ponto de mínimo global.
c) O custo fixo dessa empresa é igual ao módulo da abscissa do ponto **A**.
d) Em **D** a receita é máxima.
e) **C** pode ser um ponto de inflexão.
f) Até o ponto **D** podemos afirmar que $R_{Mg} > C_{Mg}$.
g) Certamente o custo médio é mínimo em **D**.
h) Após o ponto **D** temos $LT < 0$.
i) Em **A** temos um ponto de mínimo global.

8. Considerando as funções receita total e custo total a seguir

$$RT(x) = -35x^2 + 4\,000x \text{ e } CT(x) = x^3 - 30x^2 + 1\,000x + 8\,000$$

e seus gráficos, determine o solicitado.

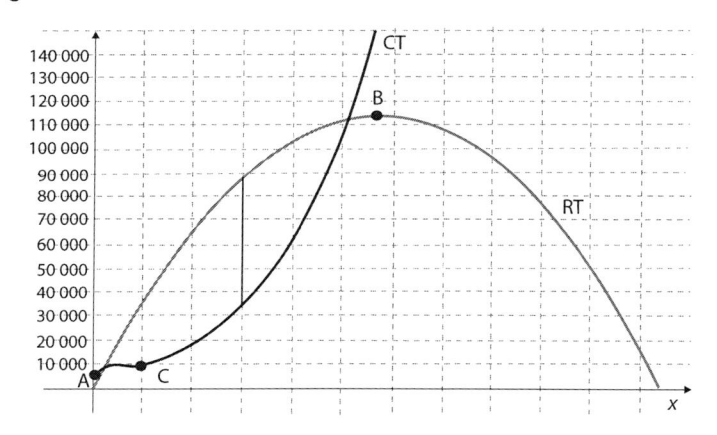

a) Em **B** temos um ponto de máximo da função ★.
b) A ordenada do ponto **A** corresponde a(o) ★ que, para essa empresa, é de R$ ★.
c) O segmento vertical destacado corresponde a distância máxima entre os gráficos de *RT* e *CT*. Ele está na direção de $x = $ ★.
d) O tamanho do segmento vertical destacado é ★.
e) As coordenadas do ponto **C**, sabendo que ele é um ponto de inflexão no gráfico de *CT*, são (★, ★).
f) O preço máximo que os consumidores pagariam por esse produto é de R$ ★.
g) A função custo médio unitário é $C_{Me}(x) = $ ★.
h) A função custo marginal é $C_{Mg}(x) = $ ★.
i) Até **B** os sinais de $R_{Mg}(x)$ e $C_{Mg}(x)$ são ★.
j) Até $x = $ ★ temos $L_{Mg}(x) > 0$. Após esse valor temos $L_{Mg}(x) < 0$.
k) O sinal de $RT''(x)$ é ★ para todo x no domínio da função.
l) Após $x = $ ★ o custo total cresce a taxas crescentes.
m) Em $x = 30$, a receita vale R$ ★.

Capítulo 9 Situações de otimização

n) Uma estimativa do custo com a 11ª unidade é R$ ★.
o) A receita obtida com a venda da 21ª unidade é R$ ★.
p) Calculando $C_{Mg}(20)$ e $C_{Me}(20)$ e comparando seus valores, concluímos que a produção de mais uma unidade deve ou não ser recomendada (do ponto de vista da otimização do custo médio)? Por quê?
q) Conforme a sua resposta no item anterior, a abscissa do ponto de mínimo do custo médio é maior ou menor do que 20? Por quê?
r) Sendo $RT(x) = xy$, a função preço é ★.
s) É correto afirmar que o custo variável unitário é $c(x) = x^2 - 30x + 1\,000$? Por quê?

9. Considerando o gráfico da função lucro total a seguir, determine o solicitado.

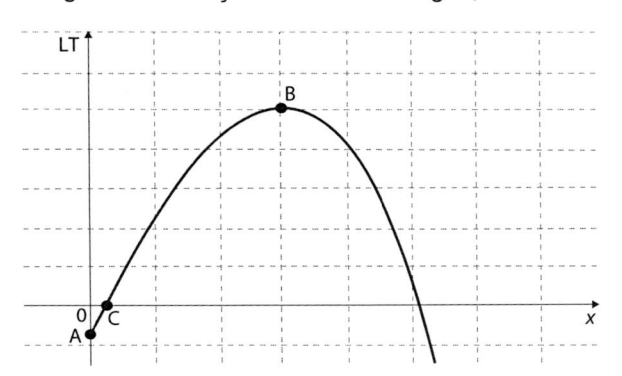

a) Podemos afirmar que **A** é um ponto de mínimo global da função lucro total? Por quê?
b) A ordenada do ponto **A** corresponde a um ★.
c) A afirmação "No ponto **C**, temos um ponto crítico da função" é verdadeira? Por quê?
d) O sinal de $LT''(x)$ é ★ para todo x no domínio da função.

10. Determine a alternativa *correta*:
a) Se $L_{Mg}(x) < 0$, então a empresa opera no prejuízo.
b) O custo total é mínimo quando $C_{Mg}(x) = 0$.
c) Se $R_{Mg}(x_0) = 0$ então x_0 é ponto de máximo da receita total.
d) Se $C_{Mg}(50) =$ R$ 48 400,00 e $CT(51) - CT(50) =$ R$ 48 879,00, o gráfico da função custo total terá concavidade para cima em $x = 50$.
e) nenhuma das anteriores

11. *Não podemos* afirmar que:
a) Se o custo total ótimo, que ocorre na produção $x = 20$, é R$ 420 200,00, então o custo médio mínimo é R$ 21 010,00.
b) Se $R_{Mg}(x_1) = 0$ e $RT''(x_1) < 0$, então x_1 é ponto de máximo da receita total.
c) Quando o lucro total é máximo, a receita total é máxima e o custo total é o menor possível.
d) Quando o lucro é máximo, a receita marginal é igual ao custo marginal.
e) nenhuma das anteriores.

12. Considere as funções a seguir (x – quantidade) e determine:

$$CT(x) = 479x^2 + 500x + 47\,900$$
$$R_{Mg}(x) = 192\,100$$

a) a venda para a qual a empresa em questão atinge o lucro máximo;
b) o preço ótimo e o lucro máximo;
c) o lucro com a venda da 100ª unidade;
d) a produção para a qual o custo médio é mínimo;
e) o custo médio mínimo e o custo total ótimo;
f) uma estimativa do custo da produção da 51ª unidade;
g) compare o custo estimado calculado no item anterior com o custo exato dessa próxima unidade e conclua sobre o sentido da concavidade do gráfico do custo total no intervalo considerado;
h) e calcule o custo médio unitário para $x = 50$, compare-o com o custo estimado da próxima unidade e conclua se a empresa deve, do ponto de vista da otimização do custo médio, produzir ou não mais uma unidade.

13. Observe o gráfico do lucro total (LT) em função do volume de vendas (x) e assinale a afirmação *incorreta*:

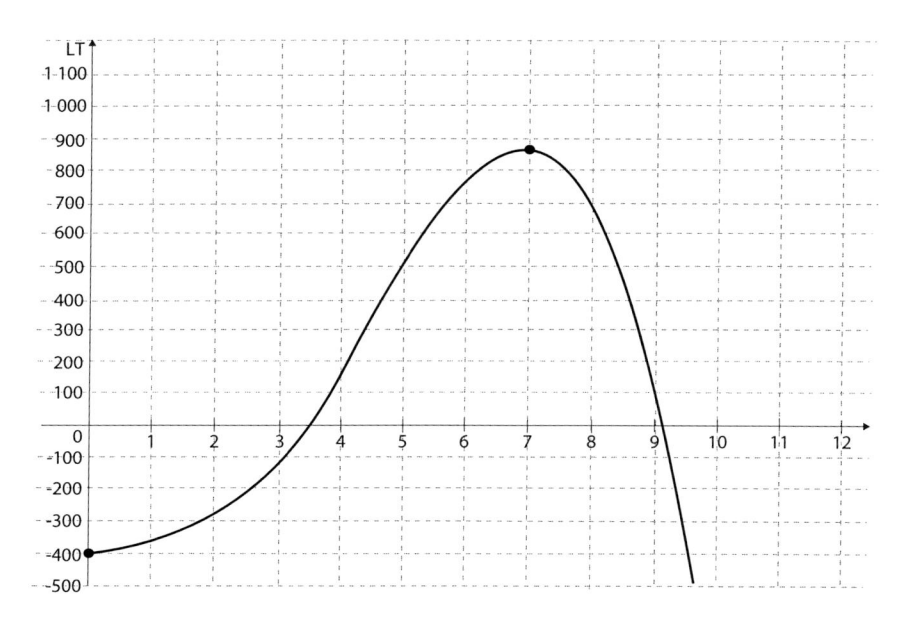

a) O lucro máximo está entre 800 e 900.
b) O lucro tem um ponto de mínimo local em $x = 0$.
c) O lucro é zero para uma venda entre 3 e 4.
d) $LT(7) = 0$.
e) $R_{Mg}(7) = C_{Mg}(7)$.

Capítulo 9

14. Considere as informações da tabela e complete as afirmações de modo a torná-las verdadeiras.

x	$R_{Mg}(x)$	$C_{Mg}(x)$	$L_{Mg}(x)$
10	261	150	a) ★
11	252	163	b) ★
12	200	200	0
13	215	230	c) ★

d) Comparando o custo marginal e a receita marginal em 10 concluímos que há tendência de ★ (aumento / redução) do lucro total.
e) Uma estimativa do lucro com a 12ª unidade é R$ ★.
f) O lucro marginal em $x = 10$ é R$ ★.
g) Em $x = 13$ temos um lucro total ★ (negativo/decrescente).
h) Em $x = $ ★, temos uma condição necessária para lucro total máximo.
i) Apenas com os dados da tabela, ★ (é/não é) possível determinar o ponto de máximo da receita total.
j) Em $x = 13$, há tendência de ★ (aumento/redução) do lucro total.
k) Comparando $L_{Mg}(10)$ e $L_{Mg}(11)$, podemos afirmar que o gráfico do lucro total apresenta uma ★ (aceleração/desaceleração) nesse intervalo.
l) R$ 230,00 é uma boa estimativa do custo da ★ (13ª/14ª) unidade.

15. Observe o gráfico do lucro total (LT) em função do volume de vendas (x) e assinale a afirmação *incorreta*:

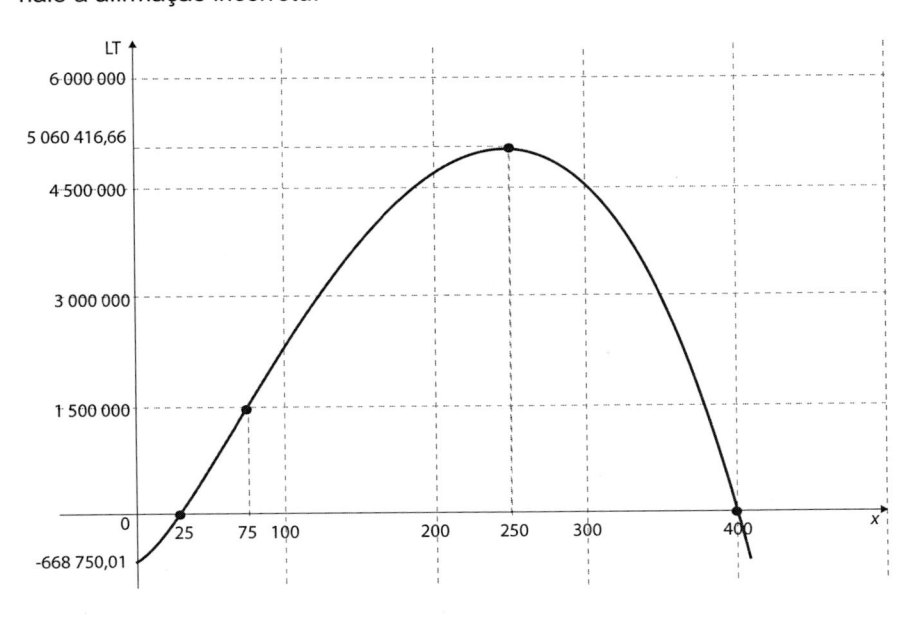

a) O custo fixo é R$ 668 750,01.
b) O lucro é máximo com a venda de 250 unidades.
c) Há um ponto de mínimo do lucro em $x = 0$.
d) $R_{Mg}(250) = C_{Mg}(250)$.
e) Em $x = 25$ e $x = 400$ temos lucro marginal igual a zero.

16. Classifique cada sentença a seguir em *verdadeira* (V) ou *falsa* (F), *justificando sua opção*.
    a) Se $R_{Mg}(200) = C_{Mg}(200)$ então 200 é a venda que maximiza o lucro total.
    b) Se $R_{Mg}(200) > C_{Mg}(200)$ então 200 é a venda que maximiza o lucro total.
    c) Quando $C_{Me}(320) = C_{Mg}(320)$ e $C_{Mg}(x) < C_{Me}(x)$ para $0 < x < 320$ e $C_{Mg}(x) > C_{Me}(x)$ para $x > 320$, a empresa que desejar minimizar seu custo médio unitário deve produzir 320 unidades.
    d) Quando $C_{Me}(350) < C_{Mg}(350)$, a empresa que desejar minimizar seu custo médio unitário deve produzir a 351ª unidade.
    e) O custo marginal calculado em 35 permite determinar uma estimativa do custo de produção da 35ª unidade.
    f) x_0 é abscissa de um ponto de máximo do lucro total se as seguintes relações forem válidas: $R_{Mg}(x_0) = C_{Mg}(x_0)$; $R_{Mg}(x) < C_{Mg}(x)$ para $0 < x < x_0$ e $R_{Mg}(x) > C_{Mg}(x)$ para $x > x_0$.
    g) x_0 é abscissa de um ponto de máximo do lucro total se as seguintes relações forem válidas: $R_{Mg}(x_0) = C_{Mg}(x_0)$ ou $R_{Mg}(x) > C_{Mg}(x)$ para $0 < x < x_0$ ou $R_{Mg}(x) < C_{Mg}(x)$ para $x > x_0$.
    h) Se $L_{Mg}(100) < 0$ então a empresa não deve produzir e vender a 101ª peça, pois ela reduzirá o seu lucro total.
    i) Se $L_{Mg}(29) > 0$ então a empresa deve produzir e vender a 30ª peça, pois ela aumentará o seu lucro total.
    j) Quando $C_{Mg}(50) < CT(51) - CT(50)$, o gráfico da função custo tem concavidade para baixo próximo a esses valores.
    k) Quando $C_{Mg}(83) < CT(84) - CT(83)$, o gráfico da função custo tem concavidade para cima próximo a esses valores.
    l) A função $f(x) = x^3 - 2x^2 + 100x - 3000$ pode representar uma função custo total.
    m) A função $f(x) = x^3 - 25x^2 + 400x + 2750$ pode representar uma função custo total.
    n) O custo exato da 55ª peça produzida pode ser calculado fazendo $CT(56) - CT(55)$.
    o) O custo exato da 48ª peça produzida pode ser calculado fazendo $C_{Mg}(47)$.
    p) Se $RT(x) = -x^3 + x^2 + x$ então o preço ótimo é 1.
    q) Se $RT(x) = -30x^2 + 1800x$ então o preço que otimiza a receita é R$ 30,00.
    r) O lucro de uma empresa com estrutura de custos dada por $CT(x) = 20x + 4000$ e equação de demanda $p = 1000 - x$ é máximo para as quantidades $x = 4$ e $x = 976$ (valores aproximados).
    s) O lucro de uma empresa com estrutura de custos dada por $CT(x) = 20x + 4000$ e equação de demanda $p = 1000 - x$ é máximo em $x = 490$.

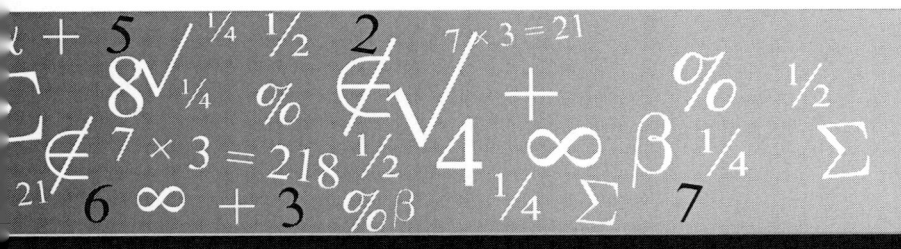

PARTE 4

NOÇÕES DE INTEGRAL

Capítulo 10 ▶ Integral indefinida

- Conceito de integral: antiderivada
- Integração de funções polinomiais
- Integral das funções receita marginal, custo marginal e lucro marginal

Capítulo 11 ▶ Técnicas de integração

- Integração por substituição
- Integração por partes

Capítulo 12 ▶ Integral definida

- Integral definida
- Aplicações da integral definida

capítulo 10

Integral indefinida

10.1. Conceito de integral: antiderivada

Conhecendo a forma de variar da receita total, é possível determinar a função receita? Dispondo da função custo marginal, é possível obter a função custo total?

Neste capítulo pretendemos responder a essas questões, analisando um processo inverso ao da derivação: a *integração*.

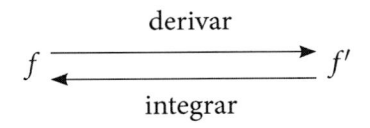

$$f \xrightarrow[\text{integrar}]{\text{derivar}} f'$$

REVISÃO ORIENTADA
Derivadas

Uma função constante tem variação nula; uma função de 1º grau varia de um modo regular monótono, uniforme; uma função de 2º grau tem uma variação instantânea com uma regularidade tal que pode ser descrita por uma função de 1º grau; e assim por diante, para as demais funções polinomiais.

Conhecemos também o modo de variar de funções não representadas por polinômios e somos capazes de determinar, para cada uma delas, uma função que descreva esse modo de variar: a função derivada.

Podemos dizer que a derivada particiona, "fatia" as curvas, buscando aproximá-las por retas, e a integral integra, reúne, soma.

Se conhecermos a derivada de uma função qualquer: é possível determinar a função original — aquela que foi derivada — ou a denominada *primitiva*?

Vamos considerar as funções a seguir e suas derivadas:

$$f(x) = x^2 \quad \rightarrow \quad f'(x) = 2x$$
$$f(x) = x^2 + 1 \quad \rightarrow \quad f'(x) = 2x$$
$$f(x) = x^2 - 1 \quad \rightarrow \quad f'(x) = 2x$$

O processo de derivação associa a cada função sua única derivada primeira.

Ao observarmos os gráficos das funções acima, vemos que, a cada ponto, elas têm o mesmo comportamento — crescimento, decrescimento e concavidade.

As retas tangentes em cada ponto têm mesma inclinação, ou seja, são paralelas. Mas os gráficos estão em posições diferentes no plano cartesiano.

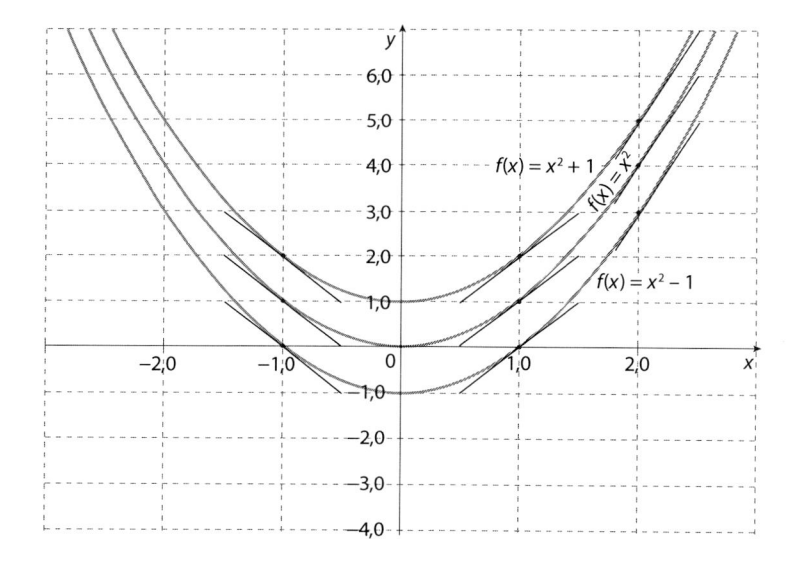

Se considerarmos $f'(x) = 2x$ e procurarmos determinar a função f, encontraremos infinitas possibilidades: $F(x) = x^2 + k, k \in \Re$.

A essas infinitas funções é que chamamos a *integral indefinida* de f'.

De certo modo, os processos de derivação e de integração são inversos, mas a derivação associa a cada função uma única função derivada primeira, enquanto a integração de uma função resulta em uma infinidade de outras funções.

Se uma função f' tem por antiderivada uma função F, então F é a *integral indefinida* de f'.

Capítulo 10 — Integral indefinida — **401**

Indicamos:

$$\int f'(x)\,dx = F(x) + k,\; k \in \Re$$

Funções com mesma derivada diferem por uma constante, pois se f' é a derivada de F, f' é, também, a derivada de $F(x) + k$, $k \in \Re$.

Considerando a notação $\dfrac{df}{dx}$ para a derivada de uma função f, ou seja, $\dfrac{df}{dx} = f'(x)$, estamos determinando a integral de $df = f'(x)\,dx$.

Do mesmo modo que há regras de derivação, valem algumas *regras para a integração*:

Regra da soma

$$\int [f_1(x) + f_2(x)]\,dx = \int f_1(x)\,dx + \int f_2(x)\,dx$$

A integral indefinida da soma de duas funções é a soma das integrais indefinidas de cada função-parcela.

Regra da multiplicação por constante

$$\int [c \cdot f(x)]\,dx = c \cdot \int f(x)\,dx,\; c \in \Re$$

A integral indefinida de uma constante multiplicada por uma função é o produto da constante pela integral indefinida da função.

A regra da soma e a da multiplicação pela constante, juntas, justificam a regra da subtração:

Regra da subtração

$$\int [f_1(x) - f_2(x)]\,dx = \int f_1(x)\,dx - \int f_2(x)\,dx$$

A integral indefinida da diferença de duas funções é a diferença das integrais indefinidas de cada função.

EXEMPLOS

1. Calcule $\int (2x + 3)\, dx$.

Procuramos uma função cuja derivada seja a função de 1º grau $y = 2x + 3$. Consequentemente a função a ser determinada é polinomial de 2º grau.

Derivando x^2, obtemos $2x$.
Derivando $3x$, obtemos 3.

As funções $f(x) = x^2 + 3x + 2\,000$, $g(x) = x^2 + 3x - 7$ e $h(x) = x^2 + 3x + 50$, dentre outras, têm derivadas iguais a $2x + 3$.

Desse modo:

$$\int (2x + 3)\, dx = x^2 + 3x + k,\, k \in \Re$$

Não podemos determinar uma única função cuja derivada seja $2x + 3$. Há infinitas funções que têm essa derivada. Por isso, chamamos a essa integral de *indefinida*.

Observe os gráficos:

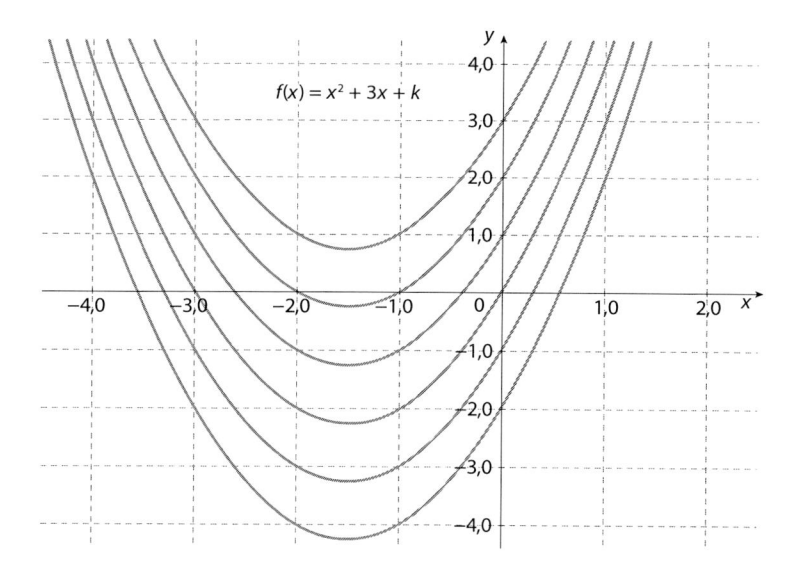

2. Se $f'(x) = 2x + 3$ e $f(-1) = -3$ então:

$f(x) = x^2 + 3x + k,\, k \in \Re$ e
$-3 = f(-1) = (-1)^2 + 3 \cdot (-1) + k$
$-3 = +1 - 3 + k$
$-1 = k$

Capítulo 10 | Integral indefinida | **403**

Portanto $k = -1$ e $f(x) = x^2 + 3x - 1$.

Neste exemplo foi possível determinar uma única função cuja derivada é $2x + 3$ porque dispúnhamos de mais uma informação: $f(-1) = -3$. Procurávamos, dentre as infinitas funções que têm aquela derivada, a que passa pelo ponto $(-1, -3)$.

Observe os gráficos:

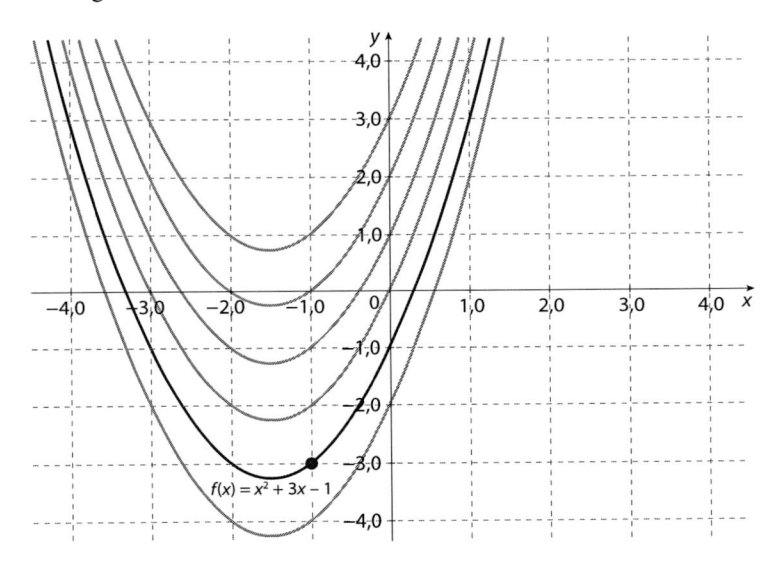

3. Se $f'(x) = \cos x$, então $f(x) = \operatorname{sen} x + k$, $k \in \Re$.

4. $\int 5^x \, dx = \dfrac{5^x}{\ln 5} + k$, $k \in \Re$.

FAQ — Por que $\int [c \cdot f(x)] \, dx$ não é $cx \cdot \int f(x) \, dx$, $c \in \Re$?

A integral de uma função pode ser obtida considerando um processo inverso ao que utilizamos para derivar.

Se $(c \cdot f(x))' = c \cdot f'(x)$, então $\int [c \cdot f'(x)] \, dx = c \cdot \int f'(x) \, dx = c \cdot f(x) + k$, $c, k \in \Re$.

$$c \cdot f(x) \; \xrightarrow{\text{derivar}} \; c \cdot f'(x)$$
$$\xleftarrow{\text{integrar}}$$

10.2. Integração de funções polinomiais

Vamos determinar a integral indefinida de algumas funções polinomiais.

Derivada nula

Funções cuja variação instantânea — derivada — é igual a zero são funções constantes:

$$f'(x) = 0$$

Assim:

$$\int 0\, dx = k,\, k \in \Re$$

Derivada constante e não nula

Funções cuja variação instantânea é constante e não nula são funções de 1º grau:

$$f'(x) = a,\, a \neq 0$$

Então:

$$\int a\, dx = ax + k,\, a \in \Re^* \text{ e } k \in \Re$$

Derivada de 1º grau

Ao utilizarmos a regra da potência para derivar uma função de 2º grau temos como resultado uma derivada de 1º grau, deste modo:

$$f'(x) = 2ax + b,\, a \in \Re^* \text{ e } b \in \Re$$

Então:

$$\int (2ax + b)\, dx = ax^2 + bx + k,\, a \in \Re^*,\, b \in \Re \text{ e } k \in \Re$$

Derivada de 2º grau

Ao utilizarmos a regra da potência para derivar uma função de 3º grau, temos como resultado uma derivada de 2º grau, deste modo:

$$f'(x) = 3ax^2 + 2bx + c,\, a \in \Re^*,\, b \in \Re \text{ e } c \in \Re$$

Capítulo 10 Integral indefinida **405**

Sendo assim:

$$\int (3ax^2 + 2bx + c)\, dx = ax^3 + bx^2 + cx + k,\, a \in \Re^*,\, b \in \Re,\, c \in \Re \text{ e } k \in \Re$$

TECNOLOGIA
Software Gráfico

Utilizando o *Winplot*, escolha uma função de 3º grau e construa o seu gráfico; em seguida, construa o gráfico da integral dessa função.
Escolha:

Janela — 2-dim
Arquivo — Novo
Equação — Explícita

E, então, digite a equação de uma função polinomial de 3º grau.
Em Um — Medidas, há a opção "integrar".
Opte por *Indefinida*.

Podemos notar que há uma relação entre os polinômios que representam a função e aqueles que representam sua integral.

A primeira observação é que se a função é um polinômio de grau n sua integral é um polinômio de grau $n + 1$.

> Para obter a *integral indefinida* de uma função polinomial, basta dividir o coeficiente da variável pelo expoente acrescido de uma unidade e adicionar um (1) ao expoente da variável.

Observe os exemplos que fizemos:

$f'(x) = 0$	$f(x) = k,\, k \in \Re$
$f'(x) = a$	$f(x) = ax + k,\, a \in \Re^* \text{ e } k \in \Re$
$f'(x) = 2ax + b$	$f(x) = ax^2 + bx + k,\, a \in \Re^*,\, b \in \Re \text{ e } k \in \Re$
$f'(x) = 3ax^2 + 2bx + c$	$f(x) = ax^3 + bx^2 + cx + k,\, a \in \Re^*,\, b \in \Re,\, c \in \Re \text{ e } k \in \Re$

Generalizando:

$$\int x^n dx = \frac{x^{n+1}}{n+1} + k, k \in \Re, n \in \aleph$$

Estamos utilizando uma regra que "desfaz" o cálculo da derivada feito pela regra da potência (ou *regra do tombo*).

Assim como a regra da potência para a derivação, essa regra pode ser estendida a funções não polinomiais em que a variável tenha expoentes negativos ou fracionários, ou seja:

$$\int x^n dx = \frac{x^{n+1}}{n+1} + k, k \in \Re, n \in Q, n \neq -1$$

EXEMPLOS

1. $f'(x) = 0$ tem integral $f(x) = k, k \in \Re$.
2. A integral de $f'(x) = -6$ é $f(x) = -6x + k, k \in \Re$.
3. $f'(x) = 14x$ tem integral $f(x) = 7x^2 + k, k \in \Re$.
4. $\int 6x^2 \, dx$ é $f(x) = 2x^3 + k, k \in \Re$.
5. $f'(x) = \dfrac{4}{5\sqrt[5]{x}} = \dfrac{4}{5} x^{-\frac{1}{5}}$ tem integral $f(x) = x^{\frac{4}{5}} + k = \sqrt[5]{x^4} + k, k \in \Re$.
6. A integral de $f'(x) = -\dfrac{16}{x^9} = -16x^{-9}$ é $f(x) = 2x^{-8} + k = \dfrac{2}{x^8} + k, k \in \Re$.
7. $f'(x) = -\dfrac{10}{3x\sqrt[3]{x}} = -\dfrac{10}{3} x^{-\frac{4}{3}}$ tem integral

   $f(x) = 10x^{-\frac{1}{3}} + k = \dfrac{10}{\sqrt[3]{x}} + k, k \in \Re$.
8. Se $f'(x) = x^3 + 1{,}4x + 7{,}5$ e $f(2) = 1{,}8$, então a integral indefinida é

   $$f(x) = 0{,}25x^4 + 0{,}7x^2 + 7{,}5x + k, k \in \Re$$

   e

   $$f(2) = 0{,}25 \cdot 2^4 + 0{,}7 \cdot 2^2 + 7{,}5 \cdot 2 + k, k \in \Re$$
   $$f(2) = 21{,}8 + k, k \in \Re$$

   Sendo assim, $k = -20$ e $f(x) = 0{,}25x^4 + 0{,}7x^2 + 7{,}5x - 20$.
9. $f''(x) = 4x$ tem integral $f'(x) = 2x^2 + k_1, k_1 \in \Re$.

   E $f'(x) = 2x^2 + k_1, k_1 \in \Re$ tem integral $f(x) = \dfrac{2x^3}{3} + k_1 x + k_2, k_1, k_2 \in \Re$.

Capítulo 10   Integral indefinida

FAQ

A integral indefinida de $f(x) = 4x$, por exemplo, é x^4?

Não. A integral de uma função pode ser obtida considerando um processo inverso ao que utilizamos para derivar. Se, ao derivarmos uma função, encontramos $4x$ como derivada, certamente a função que foi derivada era de 2º grau porque sua derivada — $4x$ — é de 1º grau.

Ao derivarmos um polinômio, pela regra da potência, reduzimos uma unidade no expoente da variável, mas, antes, multiplicamos o expoente pelo coeficiente. Ao "desfazer" esse processo, isso precisa ser levado em conta.

4 é o resultado dessa multiplicação do expoente (2) pelo coeficiente. Então, o coeficiente era 2 e a integral de $4x$ é $2x^2$. Assim:

$$\int 4x\, dx = 2x^2 + k, k \in \Re$$

EXERCÍCIOS E PROBLEMAS PROPOSTOS

1. Calcule as seguintes integrais indefinidas:

    a) $\int 5\, dx$

    b) $\int (3 - 2x + x^2)\, dx$

    c) $\int (3x + 5)\, dx$

    d) $\int (2 + 3x^2 - 8x^3)\, dx$

    e) $\int 3x^4\, dx$

    f) $\int (3x^5 - 2x^3)\, dx$

    g) $\int (4x^3 - 3x^2 + 6x - 1)\, dx$

    h) $\int \dfrac{1}{x^2}\, dx$

    i) $\int \left(\dfrac{1}{x^4} + \dfrac{1}{\sqrt[4]{x}}\right) dx$

    j) $\int \left(x^{\frac{3}{2}} - x\right) dx$

    k) $\int \left(\sqrt{x} - \dfrac{1}{\sqrt{x}}\right) dx$

    l) $\int \sqrt[3]{x^2}\, dx$

    m) $\int \sqrt{x}(x + 1)\, dx$

    n) $\int x^2\, dt$

2. Se $f'(x) = x^3 - 2x^2 + 7x - 9$ então:

    a) $f(x) = \dfrac{x^4}{3} - \dfrac{2x^3}{2} + 7x^2 - 9x + k, k \in \Re$

    b) $f(x) = x^4 - 2x^3 + 7x^2 - 9x + k, k \in \Re$

    c) $f(x) = \dfrac{x^4}{4} - \dfrac{2x^3}{3} + \dfrac{7x^2}{2} - 9x + k, k \in \Re$

    d) $f(x) = 3x^2 - 4x + 7 + k, k \in \Re$

3. No processo de integração descrito a seguir há erros. Encontre-os e corrija-os.

$$\int(9x^5 - 7x^4 + 4x^3 - 20x^2 + 13x + 1200)dx =$$
$$= \frac{9}{6}x^6 - \frac{7}{5}x^5 + x^4 - 40x + 13 + 1200x + k, k \in \Re$$

4. Determine a integral de $g'(x) = x^3 + 6x^2 + 7x + 21$ sabendo que $g(1) = 0$.

5. Se $f''(x) = x^3 - 8x + 16$, então:

   a) $f(x) = \frac{x^4}{4} - 4x^2 + 16x + k, k \in \Re$
   b) $f(x) = 3x^2 - 8 + k, k \in \Re$
   c) $f(x) = 6x + k, k \in \Re$
   d) $f(x) = \frac{x^5}{20} - \frac{4x^3}{3} + 8x^2 + k_1 x + k_2, k_1, k_2 \in \Re$

6. Observando o gráfico da derivada de uma função f a seguir, determine a integral de f' que passa pelo ponto destacado.

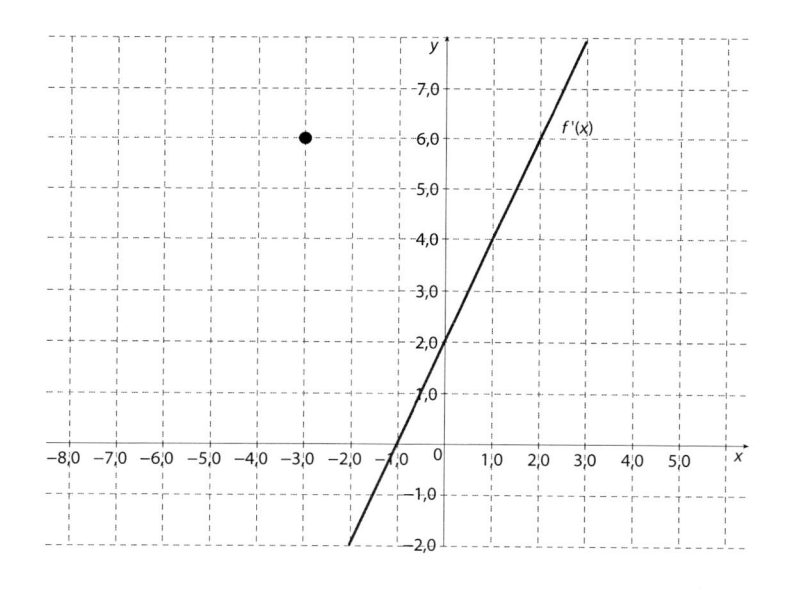

7. Calcule a integral da função $v(t) = v_0 + at$, $v_0, a \in \Re$

10.3. Integral das funções receita marginal, custo marginal e lucro marginal

Integrando as funções marginais — *receita marginal, custo marginal, lucro marginal* —, podemos vir a determinar as funções *receita total, custo total* e *lucro total*, ou seja, conhecendo a forma de variar de uma função, podemos selecionar, de uma infinidade de funções, uma "família" de funções com aquele comportamento — variação.

Mas dispomos de mais algumas informações sobre as funções *receita total, custo total* e *lucro total*, e, então, é possível determinar as funções procuradas.

Considerando, inicialmente, apenas as *funções polinomiais*:

▸ Para a receita marginal, temos:

$$\int RT'(x)\,dx = RT(x) + k, k \in \Re$$

Como $RT(0) = 0$, $k = 0$ e $\int RT'(x)\,dx = RT(x)$

▸ Conhecendo o custo marginal, temos:

$$\int CT'(x)\,dx = F(x) + k, k \in \Re$$

Porque $CT(0) = CF$, $k = CF$ e $\int CT'(x)\,dx = CV(x) + CF$

Diversas empresas com estruturas diferentes — número de funcionários, tecnologia, instalações — têm mesmo ritmo, mesma forma de variar dos custos totais. Essas empresas têm o mesmo custo marginal, mas custos fixos diferentes.

Ao integrarmos o custo marginal, encontramos diversas funções possíveis, mas, dispondo também do valor do custo fixo, determinamos a função custo de uma empresa específica.

▸ Integrando o lucro marginal:

$$\int LT'(x)\,dx = G(x) + k, k \in \Re$$

Como $LT(0) = -CF$, $k = -CF$, então $\int LT'(x)\,dx = RT(x) - CV(x) - CF$

EXEMPLOS

1. Sendo $R_{Mg}(x) = -2x + 100$, a função receita total é $RT(x) = -x^2 + 100x$.
2. Quando $C_{Mg}(x) = 10$, a função custo total é $CT(x) = 10x + k, k \in \Re$
3. Se $C_{Mg}(x) = 10$ e $CF = 134$, então a função custo total é $CT(x) = 10x + 134$.
4. Se $C_{Mg}(x) = 7,50$ e $CT(2) = 171$, então a função custo total é

$CT(x) = 7,50x + 156$.

5. Se $L_{Mg}(x) = -2x + 500$, então a função lucro total é $LT(x) = -x^2 + 500x + k$, $k \in \Re$.
6. Quando $L_{Mg}(x) = -2x + 500$ e $CF = 1\,000$, a função lucro total é $LT(x) = -x^2 + 500x - 1\,000$.
7. Quando $L_{Mg}(x) = -2x + 500$ e $LT(100) = 39\,000$, a função lucro total é $LT(x) = -x^2 + 500x + k, k \in \Re$.

Como $LT(100) = -100^2 + 500 \cdot 100 + k = 39\,000$
$LT(100) = -10\,000 + 50\,000 + k = 39\,000$
$LT(100) = 40\,000 + k = 39\,000$

então $k = -1\,000$ e
$$LT(x) = -x^2 + 500x - 1\,000$$

FAQ

A integral do lucro marginal não seria
$$\int LT'(x)dx = G(x) - k, k \in \Re,$$
porque devemos subtrair uma constante que é o custo fixo?

Não é necessário. A constante é um número real e, neste caso,
$$\int LT'(x)dx = G(x) + k, k \in \Re$$
está indicando um número negativo: $k = -CF$.

Exercícios e problemas propostos

1. Determine a função receita total, sendo a receita marginal dada por $\dfrac{dRT}{dx} = -10x + 15$.

2. Determine a função receita total, sendo a receita marginal $R_{Mg}(x) = -20x + 1\,000$ e $RT(1) = 990$.

3. Escreva a função custo total, sendo o custo marginal dado por $\dfrac{dCT}{dx} = 3x^2 - 12x + 14$ e $CF = 8\,000$.

4. Defina a função custo total, sendo o custo marginal dado por $\dfrac{dCT}{dx} = 500 + 6x$ e $CT(20) = 13\,075$.

5. Sabendo que $LT'(x) = -4x + 256$ e $CF = 5\,600$, escreva a função lucro total.

6. Determine a função lucro total, sendo $LT'(x) = 50x^{-\frac{1}{2}} - 1$ e $x = 2\,500$, a abscissa de um BEP.

Capítulo 10

7. Determine a função receita total, sendo a receita marginal $R_{Mg}(x) = \dfrac{250}{\sqrt{x}}$.

8. Determine a função custo total, sendo o *custo médio marginal* (a derivada da função custo médio) dado por

$$C_{Me}'(x) = -\dfrac{1444}{x^2} + 1$$

e $CT(10) = 8\,624{,}00$.

9. Qual é a função preço se a receita marginal é $R_{Mg}(x) = -30x + 1\,500$?

10. Considere a função *custo médio marginal*: $C_{Me}'(x) = 1 - \dfrac{765\,625}{x^2}$.

    Sabendo que $C_{Me}(10) = 77\,572{,}50$, determine as funções C_{Me} e CT.

FAQ

Se $L_{Mg}(x) = -3x^2 - 10x + 3\,000$, podemos afirmar que $R_{Mg}(x) = -3x^2$ e $C_{Mg}(x) = 10x - 3\,000$?

Não. Note que esse raciocínio equivaleria a "partir" a função L_{Mg} em duas. Embora seja verdade que, para as funções receita marginal e custo marginal da questão, o lucro marginal associado coincide com a função L_{Mg} dada, não poderíamos ter também, dentre outras possibilidades:

$R_{Mg}(x) = -3x^2 + 10x$ e $C_{Mg}(x) = 20x - 3\,000$ ou
$R_{Mg}(x) = -3x^2 + 20x$ e $C_{Mg}(x) = 30x - 3\,000$ ou ainda
$R_{Mg}(x) = -2x^2 + 35x$ e $C_{Mg}(x) = x^2 + 45x - 3\,000$?

Para todos esses pares de funções, e uma infinidade de outros pares, teríamos:

$$L_{Mg}(x) = -3x^2 - 10x + 3\,000$$

EXERCÍCIOS E PROBLEMAS COMPLEMENTARES

1. Calcule as seguintes integrais indefinidas:

   a) $\int (\sqrt{2} - 2\sqrt{3}x + 6x^2)\,dx$

   b) $\int (-7{,}8x^5 + 10x^4 + 7{,}2x^2)\,dx$

   c) $\int (3{,}9x^2 + x + 1)\,dx$

   d) $\int 2\pi\,r\,dr$

   e) $\int 4\pi r^2\,dr$

   f) $\int \left(-\dfrac{25}{x^2}\right) dx$

g) $\int(-\dfrac{1}{4x^2})\,dx$

h) $\int(-\dfrac{3}{x^4})\,dx$

i) $\int(-\dfrac{4}{5x\sqrt[5]{x^4}})\,dx$

j) $\int(-\dfrac{1}{2x\sqrt{x}})\,dx$

k) $\int(-\dfrac{4}{x^5}+\dfrac{5}{3}\sqrt[3]{x^2})\,dx$

l) $\int(-\dfrac{10}{x^5}-\dfrac{9}{x^4}-\dfrac{6}{x^2}+4)\,dx$

m) $\int(3-\dfrac{9}{x^2}-\dfrac{6}{x^3})\,dx$

n) $\int(\dfrac{x^2-1}{x^2})\,dx$

o) $\int e^x\,dx$

p) $\int \operatorname{sen} x\,dx$

2. Sendo a derivada da função g igual a $\dfrac{1}{\sqrt[3]{x^2}}+\dfrac{1}{\sqrt[6]{x^5}}$ e $g(0)=\pi$, a função g é:

a) $g(x)=-\dfrac{2}{3\sqrt[3]{x^5}}-\dfrac{5}{6\sqrt[6]{x^{11}}}+\pi$

b) $g(x)=\pi+3\sqrt[3]{x}+6\sqrt[6]{x}$

c) $g(x)=\pi x+3\sqrt[3]{x}+6\sqrt[6]{x}$

d) $g(x)=-\dfrac{2}{3\sqrt[3]{x^5}}-\dfrac{5}{6\sqrt[6]{x^{11}}}$

3. Se $R_{Mg}(x)=-60x+3\,525$ e $C_{Mg}(x)=3x^2-50x+525$ e $CF=8\,000$, qual é a função lucro total?

4. Identifique os gráficos a seguir, conforme suas características, com as opções:
   a) Custo Total
   b) Custo Marginal
   c) Custo Médio
   d) Integral do Custo Marginal

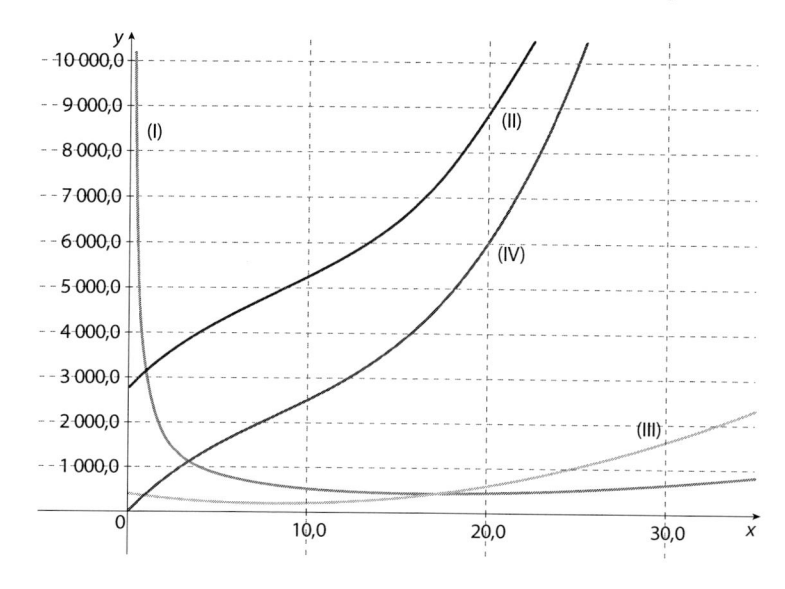

Capítulo 10   Integral indefinida **413**

5. Determine a função receita total, sendo a receita marginal dada por $\frac{dRT}{dx} = -100x + 1\,222$ e R\$ 611,00, o preço para receita máxima.

6. Explique como determinar o solicitado em cada item a partir das informações:
   a) $C_{Me}(x)$ conhecidos o $C_{Mg}(x)$ e o CF
   b) $C_{Mg}(x)$ dado o $CT(x)$
   c) $R_{Me}(x)$ sendo conhecida a $RT(x)$
   d) $LT(x)$ sendo dados o $CT(x)$ e a $RT(x)$
   e) $RT(x)$ sabendo a $R_{Mg}(x)$
   f) $RT(x)$ conhecida a $R_{Mg}{}'(x)$
   g) $LT'(x)$ sendo dados o $C_{Mg}(x)$ e $R_{Mg}(x)$
   h) $CT(x)$ se soubermos o $C_{Me}(x)$ e o CF
   i) $LT(x)$ conhecidos o $L_{Mg}(x)$ e o CF
   j) $LT(x)$ sendo dados o $C_{Mg}(x)$, a $R_{Mg}(x)$ e o CF
   k) $LT(x)$ conhecidos o $L_{Mg}(x)$ e $LT(x_0)$, $x_0 \in D(LT)$
   l) $RT(x)$ conhecida a $R_{Me}{}'(x)$
   m) p dada a $R_{Me}(x)$
   n) p dada a $R_{Mg}(x)$
   o) $C_{Me}{}'(x)$ conhecido o $CT(x)$

7. Identifique os gráficos a seguir, conforme suas características, com as opções:
   a) Lucro total
   b) Lucro marginal
   c) Integral do lucro marginal

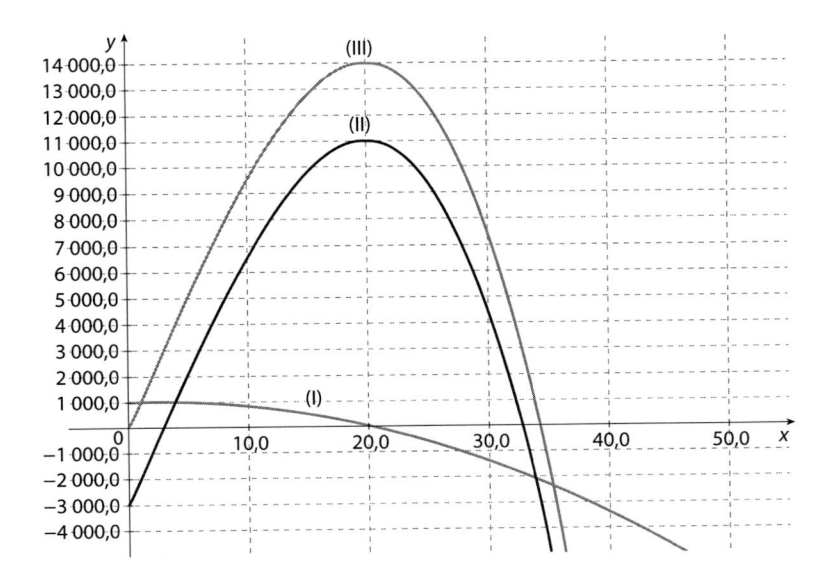

8. Considerando $R_{Mg}(x) = -100x + 1\,000$, associe as funções a seguir:
   (a) $-50x^2 + 1\,000x$ (I) $R_{Mg}'(x)$
   (b) $-50x + 1\,000$ (II) $RT(x)$
   (c) -100 (III) R_{Me}

9. Determine a função receita total sendo a derivada da receita marginal $R_{Mg}'(x) = -30$ e uma estimativa da receita obtida com a venda da 31ª unidade igual a R$ 600,00.

10. Escreva a função custo total sendo a derivada do custo marginal $C_{Mg}'(x) = 6x^2 - 2x - 45$, o custo estimado da 101ª peça igual a R$ 500,00 e $CF = $ R$ 1 900 000,00.

NO MUNDO REAL

Indústria opera em recorde de capacidade instalada

Rio de Janeiro, 4 dez (EFE) — A indústria brasileira operou em outubro com 82,8% da capacidade instalada, um nível recorde e que começa a gerar preocupações no país, informou hoje a Confederação Nacional da Indústria (CNI).

O uso da capacidade instalada da indústria brasileira de outubro superou em 0,3 ponto percentual o de setembro (82,5%) e em quase dois pontos o de outubro de 2 006 (80,9%).

"O aumento da utilização da capacidade instalada foi promovido pelo aumento das horas trabalhadas, a variável mais diretamente vinculada à produção", segundo o boletim "Indicadores industriais", divulgado hoje pela entidade.

Apesar da preocupação sobre a possibilidade de começar a esgotar essa capacidade, manifestada por alguns analistas e até pelo presidente Luiz Inácio Lula da Silva, a CNI considera que os novos investimentos anunciados para a expansão da capacidade produtiva serão suficientes para atender à demanda crescente.

Dos 19 setores medidos, em apenas dois houve uma redução do uso da capacidade instalada: no de material eletrônico e de comunicação e no de máquinas e equipamentos.

Nos dois setores, o indicador se reduziu apesar do aumento do número de horas trabalhadas, o que indicou que os investimentos nos dois setores já aumentaram a capacidade instalada.

No setor de móveis e derivados, o uso da capacidade instalada cresceu 6,8 pontos percentuais e ficou em 85,8%.

Em outubro, em reunião com os 100 maiores empresários do país, Lula pediu para aumentarem seus investimentos diante das preocupações com o esgotamento da capacidade produtiva instalada no país.

Alguns analistas alertaram que o esgotamento da capacidade produtiva pode afetar a relação entre a demanda e a oferta, já que em algum momento a indústria não terá condições de atender às encomendas, e se transformar em risco inflacionário.

A CNI informou que as vendas da indústria cresceram em agosto pelo quarto mês consecutivo. As vendas de outubro foram 8,2% superiores às do mesmo mês do ano passado e em 0,3% que as de setembro.

As vendas industriais acumuladas nos dez primeiros meses do ano superam em 4,9% às do mesmo período de 2 006.

Fonte: <http://noticias.uol.com.br/ultnot/2007/12/04/ult1767u109043.jhtm>. Acesso em: 4 out. 2007.

capítulo 11

Técnicas de integração

11.1. Integração por substituição

Correspondendo à regra de derivação conhecida como *regra da cadeia*,

$$[f(g(x))]' = f'(g(x)) \cdot g'(x) \text{ ou } \frac{df}{dx} = \frac{df}{dg} \cdot \frac{dg}{dx}$$

é possível deduzir uma técnica de integração denominada "integração por substituição".

Como $g'(x) = \frac{dg}{dx}$ e, então, $dg = g'(x)\,dx$, podemos resolver uma integral do tipo $\int f'(g(x)) \cdot g'(x)\,dx$ por meio de uma *mudança de variável*: fazendo $g(x) = u$, temos

$$\int f'(u)\,du = F(u) + k = F(g(x)) + k, \, k \in R$$

EXEMPLOS

1. Calcule $\int 2x(x^2 + 3)\,dx$.
Reescrevendo a função a ser integrada deste modo:

$$\int (x^2 + 3)\,2x\,dx$$

notamos que temos uma função — $x^2 + 3$ — e sua derivada — $2x$.
Fazendo a mudança de variável $u(x) = x^2 + 3$:

$$u'(x) = 2x \text{ ou, de outra forma, } \frac{du}{dx} = 2x \text{ e } du = 2x\,dx$$

Desse modo, a integral a calcular é agora: $\int u\, du$ e

$$\int u\, du = \frac{u^2}{2} + k, k \in \Re$$

Substituindo u por $u = x^2 + 3$:

$$\int 2x(x^2 + 3)dx = \frac{(x^2 + 3)^2}{2} + k, k \in \Re$$

2. Verifique que $\int cx\, dx = c \cdot \int x\, dx, c \in \Re$.

Como $\int cx\, dx = \frac{cx^2}{2} + k, k \in \Re$ e $c \cdot \int x\, dx = c\left(\frac{x^2}{2} + k_1\right) = c\frac{x^2}{2} + ck_1$, $ck_1 \in \Re$

temos $\int cx\, dx = c \cdot \int x\, dx, c \in \Re$.

3. Determine $\int x^2(x^3 + 1)\, dx$.

Se considerarmos $u(x) = x^3 + 1$, deveríamos ter:

$$\frac{du}{dx} = 3x^2$$
$$du = 3x^2 dx$$

Mas, na expressão da função a integrar, temos apenas $x^2\, dx$.

Considerando o que foi verificado no exemplo 2, podemos multiplicar a integral por $\frac{1}{3}$ e o integrando por 3, ou seja, escrever:

$$\frac{1}{3}\int 3x^2(x^3 + 1)\, dx$$

Agora temos que calcular:

$$\frac{1}{3}\int u\, du = \frac{1}{3}\left(\frac{u^2}{2} + k\right), k \in \Re$$

Substituindo u por $u = x^3 + 1$:

$$\int x^2(x^3 + 1)dx = \frac{1}{3}\int 3x^2(x^3 + 1)dx = \frac{1}{3} \cdot \frac{(x^3 + 1)^2}{2} + k = \frac{(x^3 + 1)^2}{6} + k, k \in \Re$$

4. Calcule a integral de $f(x) = \sqrt{8x + 9}$.

Reescrevendo a função a integrar: $f(x) = (8x + 9)^{1/2}$.

Fazemos a mudança de variável $u(x) = 8x + 9$ e, então:

$$\frac{du}{dx} = 8$$
$$du = 8dx$$

e a integral a calcular é:

$$\frac{1}{8}\int (8x+9)^{\frac{1}{2}} 8dx \text{ ou}$$

$$\frac{1}{8}\int u^{\frac{1}{2}} du = \frac{1}{8} \cdot \frac{2u^{\frac{3}{2}}}{3} = \frac{2u^{\frac{3}{2}}}{24} = \frac{\sqrt{u^2 \cdot u}}{12} = \frac{u\sqrt{u}}{12} + k, k \in \Re$$

Substituindo u por $8x+9$:

$$\int \sqrt{8x+9}\, dx = \frac{(8x+9)\sqrt{8x+9}}{12} + k, k \in \Re$$

5. Calcule $\int (x-4)^7 dx$.

Poderíamos desenvolver o binômio, mas reescrevendo a função a ser integrada deste modo:

$$\int (x-4)^4 (x-4)^3 dx$$

notamos que temos uma função $-(x-4)^4-$ e parte de sua derivada $-4(x-4)^3$.

Fazemos a mudança de variável $u(x) = (x-4)^4$:

$$\frac{du}{dx} = 4(x-4)^3 \cdot 1 \text{ (regra da cadeia)}$$

$$du = 4(x-4)^3 dx$$

e a integral a calcular é:

$$\frac{1}{4}\int (x-4)^4 \, 4(x-4)^3 dx$$

$$\frac{1}{4}\int u\, du = \frac{1}{4} \cdot \frac{u^2}{2} + k = \frac{u^2}{8} + k, k \in \Re$$

Substituindo u por $u = (x-4)^4$:

$$\int (x-4)^7 dx = \frac{(x-4)^8}{8} + k, k \in \Re$$

6. Calcule $F(x) = \int (x-4)^7 dx$, sendo $F(2) = 0$.

Do exemplo anterior, temos a integral indefinida da função $(x-4)^7$:

$$F(x) = \int (x-4)^7 dx = \frac{(x-4)^8}{8} + k, k \in \Re$$

Calculando $F(2) = \frac{(2-4)^8}{8} + k = \frac{(-2)^8}{8} + k = 32 + k = 0$, concluímos que

$$F(x) = \frac{(x-4)^8}{8} - 32$$

Exercícios e problemas propostos

1. Calcule as integrais indefinidas:
   a) $\int x(5x^2 + 10)\, dx$
   b) $\int x^2(x^3 + 5)\, dx$
   c) $\int 5x^2(5x^3 + 5)\, dx$
   d) $\int (x + 1)(7x^2 + 14x)\, dx$
   e) $\int (x - 1)(x^2 - 2x + 6)\, dx$
   f) $\int (3x^2 + 6x + 3)(x + 1)^3\, dx$
   g) $\int (x - 9)^3\, dx$
   h) $\int (x^3 + x + 1)(3x^2 + 1)\, dx$
   i) $\int (2x^3 + 3x^2 - 2)(x^4 + 2x^3 - 4x)\, dx$
   j) $\int \left(x^4 + \dfrac{3x^2}{2}\right)\left(\dfrac{x^5}{2} + \dfrac{5x^3}{4}\right) dx$
   k) $\int (6x^5 - 8x^3 + 2x)(x^3 - x)^2\, dx$
   l) $\int (3x^5 - 4x^3 + x)(x^3 - x)^2\, dx$

2. Para calcular a integral indefinida por substituição $\int (x^7 + x^3)\left(\dfrac{4x^8}{3} + \dfrac{8x^4}{3}\right) dx$, devemos fazer a seguinte mudança de variável:
   a) $u = 8x^8 + 4x^4$
   b) $u = x^7 + x^3$
   c) $u = \dfrac{4x^8}{3} + \dfrac{8x^4}{3}$
   d) $u = 7x^6 + 3x^2$

3. Calcule $F(x) = \int (x - 5)^5\, dx$, sendo $F(2) = 93{,}50$.

REVISÃO ORIENTADA
Derivadas

Se $f(x) = a^x$ então $f'(x) = a^x \ln a$, para $a > 0$ e $a \neq 1$.
Para $f(x) = \log_b x$ então $f'(x) = \dfrac{1}{x \ln b}$, para $x > 0$ e $b > 0$ e $b \neq 1$.
Se $f(x) = \operatorname{sen} x$ então $f'(x) = \cos x$.
Quando $f(x) = \cos x$ $f'(x) = -\operatorname{sen} x$.
Sendo $f(x) = \operatorname{tg} x$ então $f'(x) = \sec^2 x$.

4. Consultando o quadro anterior, determine:
   a) $\int 5^x\, dx$
   b) $\int \dfrac{25}{x}\, dx$
   c) $\int (\operatorname{sen} x \cdot \cos x)\, dx$
   d) $\int \cos x\, dx$
   e) $\int (\operatorname{tg} x \cdot \sec^2 x)\, dx$
   f) $\int (\operatorname{sen}^2 x \cdot \operatorname{sen} 2x)\, dx$

   (Lembre-se de que $\operatorname{sen} 2x = 2 \operatorname{sen} x \cos x$)

Capítulo 11   Técnicas de integração   **419**

EXERCÍCIOS E PROBLEMAS COMPLEMENTARES

1. Determine as integrais indefinidas das funções:

a) $f(x) = \dfrac{4x^3}{\sqrt[5]{x^4}}$

b) $f(x) = \sqrt{2x-1}$

c) $f(x) = \sqrt[3]{-3x+8}$

d) $g(x) = \dfrac{1}{\sqrt[3]{3x+2}}$

e) $h(x) = (x+1)\sqrt[3]{(x+1)^2}$

f) $f(x) = (2x+3)\sqrt{x^2+3x+2}$

g) $f(x) = (x-9)^5$

h) $g(x) = \dfrac{3x^2}{x^3-4}$

i) $f(x) = 3x^2\sqrt{x^3+1}$

j) $h(x) = \sqrt{x^2-x^4},\ x \geq 0$

k) $f(x) = \dfrac{x+1}{\sqrt[3]{2x^2+4x}}$

l) $f(x) = \left(\sqrt{x} + \sqrt[3]{x}\right)\left(\dfrac{1}{2\sqrt{x}} + \dfrac{1}{3\sqrt[3]{x^2}}\right)$

m) $f(x) = \sqrt[3]{8x^5 - 8x^3}$

n) $f(x) = \dfrac{3x^2 + 2x + 1}{x^3 + x^2 + x}$

o) $g(x) = \dfrac{(x-1)^2}{x^3 - 3x^2 + 3x - 1}$

p) $f(x) = \dfrac{1}{x}$

11.2. Integração por partes

Da regra de *derivação de um produto* de duas funções:

$$(u \cdot v)'(x) = u'(x) \cdot v(x) + u(x) \cdot v'(x)$$

vamos concluir uma técnica de integração denominada "integração por partes".
Observe:

$$(u \cdot v)'(x) = u(x) \cdot v'(x) + u'(x) \cdot v(x)$$

Calculando a integral em cada membro da igualdade acima, temos:

$$\int (u \cdot v)'(x)\, dx = \{\int [u(x) \cdot v'(x) + u'(x) \cdot v(x)]\, dx\} + k,\ k \in \Re$$

ou seja, funções iguais têm integrais que diferem por uma constante.
Como a integral de uma adição (ou subtração) de funções é igual à adição (ou subtração) das integrais das funções-parcela:

$$\int (u \cdot v)'(x)\, dx = \{\int [u(x) \cdot v'(x)]\, dx + \int [u'(x) \cdot v(x)]\, dx\} + k,\ k \in \Re$$

No 1º membro da igualdade anterior, podemos resolver a integral:

$$u(x) \cdot v(x) = \{\int [u(x) \cdot v'(x)]\, dx + \int [u'(x) \cdot v(x)]\, dx\} + k,\ k \in \Re$$

Trocando de membro alguns termos:

$$\int [u(x) \cdot v'(x)]\, dx = \{u(x) \cdot v(x) - \int [u'(x) \cdot v(x)]\, dx\} + k,\ k \in \Re$$

Essa expressão é útil quando notamos que é necessário integrar um produto de duas funções — $u(x) \cdot v'(x)$ — e reconhecemos que uma delas — $v'(x)$ — pode ser vista como uma derivada de outra função — $v(x)$.

De modo simplificado:

$$\int u\, dv = u\, v - \int v\, du + k,\ k \in \Re$$

EXEMPLOS

1. Calcule $\int x \cdot \sqrt{x}\, dx$.

Considerando $u(x) = \sqrt{x}$ e $v'(x) = x$, precisamos calcular $u'(x)$ e $v(x)$.

$$u'(x) = \frac{1}{2\sqrt{x}} \text{ e } v(x) = \frac{x^2}{2}$$

Aplicando a expressão da integração por partes:

$$\int \sqrt{x} \cdot x\, dx = \sqrt{x} \cdot \frac{x^2}{2} - \int \left[\frac{1}{2\sqrt{x}} \cdot \frac{x^2}{2}\right] dx$$

$$\int \sqrt{x} \cdot x\, dx = \sqrt{x} \cdot \frac{x^2}{2} - \int \frac{x^{\frac{3}{2}}}{4}\, dx$$

$$\int \sqrt{x} \cdot x\, dx = \frac{x^2}{2}\sqrt{x} - \frac{2}{5} \cdot \frac{x^{\frac{5}{2}}}{4}$$

$$\int \sqrt{x} \cdot x\, dx = \frac{x^2}{2}\sqrt{x} - \frac{x^2\sqrt{x}}{10}$$

$$\int \sqrt{x} \cdot x\, dx = \frac{4x^2}{10}\sqrt{x}$$

$$\int \sqrt{x} \cdot x\, dx = \frac{2x^2}{5}\sqrt{x} + k,\ k \in \Re$$

Capítulo 11 Técnicas de integração **421**

Seria, neste caso, muito mais simples escrever a função a integrar como:

$$x \cdot \sqrt{x} = x^{\frac{3}{2}}$$

e calcular $\int x^{\frac{3}{2}} dx$.

2. Calcule $\int \ln|x| \cdot \frac{1}{x} dx$.

Como $(\ln|x|)' = \frac{1}{x}$, podemos resolver essa integral *por substituição*, fazendo:

$$u(x) = \ln|x| \text{ e } u'(x) = \frac{1}{x}.$$

Desse modo, $du = \frac{1}{x} dx$.

$$\int \ln|x| \cdot \frac{1}{x} dx = \int u \, du = \frac{u^2}{2} + k, k \in \Re$$

$$\int \ln|x| \cdot \frac{1}{x} dx = \frac{\ln^2|x|}{2} + k, k \in \Re$$

Considerando $u(x) = \ln|x|$ e $v'(x) = \frac{1}{x}$, também podemos fazer a integração *por partes*. Precisamos calcular $u'(x)$ e $v(x)$.

$$u'(x) = \frac{1}{x} \text{ e } v(x) = \ln|x|$$

Aplicando a expressão da integração por partes:

$$\int \ln|x| \cdot \frac{1}{x} dx = \ln^2|x| - \int \frac{1}{x} \cdot \ln|x| dx$$

$$\int \ln|x| \cdot \frac{1}{x} dx + \int \left[\frac{1}{x} \cdot \ln|x|\right] dx = \ln^2|x|$$

$$2 \int \ln|x| \cdot \frac{1}{x} dx = \ln^2|x|$$

$$\int \ln|x| \cdot \frac{1}{x} dx = \frac{\ln^2|x|}{2}$$

$$\int \ln|x| \cdot \frac{1}{x} dx = \frac{\ln^2|x|}{2} + k, k \in \Re$$

Exercícios e problemas propostos

1. Calcule as seguintes integrais indefinidas:
   a) $\int x \ln|x|\, dx$
   b) $\int -x \cdot \cos x\, dx$
   c) $\int 3^x \cdot x\, dx$
   d) $\int x \cdot \operatorname{sen} x\, dx$

TECNOLOGIA
Software Gráfico

Utilizando o *Winplot*, construa o gráfico da função do item c do exercício anterior.
Escolha:

Janela — 2-dim
Arquivo — Novo
Equação — Explícita

Em Um — Medidas, há a opção "integrar".
Opte por *indefinida*.

Exercícios e problemas complementares

1. Calcule as seguintes integrais indefinidas:

   a) $\int 1\,000\,(x^9 + x^6 + 1)^{999}(9x^8 + 6x^5)\, dx$

   b) $\int 2430x\,(x^2 - 4)^4\, dx$

   c) $\int 3x^2\,(x^5 + x^3 + 1)^2\,(5x^2 + 3)\, dx$

   d) $\int \dfrac{x}{\sqrt{x^2 - 9}}\, dx$

   e) $\int 16x\,(4x^2 - 1)\, dx$

   f) $\int -\dfrac{2x + 1}{(x^2 + x)^2}\, dx$

   g) $\int (x + 2)^8 (11x^2 + 54x + 64)\, dx$

   h) $\int \dfrac{x}{1 + x^2}\, dx$

   i) $\int x\, \operatorname{sen} x^2\, dx$

   j) $\int \dfrac{1}{(x - 1)^3}\, dx$

   k) $\int \cos^2 x\, dx$

   l) $\int (3x + 2) \cos x\, dx$

capítulo 12

Integral definida

12.1. Integral definida

A *integral definida* de uma função f em um intervalo $[a, b]$ é assim calculada:

$\int_a^b f(x)dx = F(b) - F(a)$, $b > a$ e F uma primitiva de f no intervalo $[a, b]$.
(Teorema fundamental do cálculo)

A integral definida de uma função f em um intervalo $[a, b]$ é um *número*, enquanto a integral indefinida de f é uma *função* ou uma "família" de funções.

EXEMPLOS

1. $\int 5dx = 5x + k$, $k \in \Re$

   $\int_0^2 5dx = (5x)_0^2 = 5 \cdot 2 - 5 \cdot 0 = 10$

2. $\int_{-1}^1 x^3 dx = \left(\dfrac{x^4}{4}\right)_{-1}^1 = \dfrac{1}{4} - \dfrac{1}{4} = 0$

3. $\int_{-2}^5 x\, dx = \left(\dfrac{x^2}{2}\right)_{-2}^5 = \dfrac{25}{2} - \dfrac{4}{2} = \dfrac{21}{2}$

4. $\int_0^\pi \cos x\, dx = (\operatorname{sen} x)_0^\pi = \operatorname{sen} \pi - \operatorname{sen} 0 = 0$

Exercícios e problemas propostos

1. Calcule as seguintes integrais definidas:

a) $\int_0^1 3\,dx$

b) $\int_{-1}^1 8\,dx$

c) $\int_0^1 x\,dx$

d) $\int_{-1}^1 x^2\,dx$

e) $\int_{-1}^1 x^3\,dx$

f) $\int_{-3}^2 3x^4\,dx$

g) $\int_{-2}^2 \left(\frac{1}{2}x + 4\right)dx$

h) $\int_1^2 \frac{1}{x^2}\,dx$

i) $\int_0^2 (3 - 2x + x^2)\,dx$

j) $\int_2^3 (x^2 - 5x + 6)\,dx$

k) $\int_2^3 (-x^2 + 5x - 6)\,dx$

l) $\int_0^9 \sqrt{x}\,dx$

m) $\int_0^2 \sqrt[3]{x}\,dx$

n) $\int_0^\pi \cos x\,dx$

o) $\int_0^\pi (-\operatorname{sen} x)\,dx$

REVISÃO ORIENTADA
Área da superfície de algumas formas planas

Sendo b – base (ou base menor no caso do trapézio); B – base maior do trapézio; e h – altura relativa à base, a área das formas planas a seguir pode ser calculada pelas fórmulas indicadas:

Retângulo – $b \cdot h$ Triângulo – $\dfrac{b \cdot h}{2}$ Trapézio – $\dfrac{(B+b) \cdot h}{2}$

2. Calcule a área das regiões limitadas pelo gráfico de cada função, pelo eixo Ox e pelas retas e compare os resultados com as respectivas integrais definidas do exercício anterior.

a) $f(x) = 3$, $x = 0$ e $x = 1$

b) $f(x) = 8$, $x = -1$ e $x = 1$

c) $f(x) = x$, $x = 0$ e $x = 1$

d) $f(x) = \dfrac{1}{2}x + 4$, $x = -2$ e $x = 2$

Capítulo 12   Integral definida   **425**

TECNOLOGIA
Software Gráfico

Utilizando o *Winplot*, construa o gráfico da função $f(x) = x^2$ e do eixo *Ox* de equação $y = 0$; em seguida, escolha:

Dois − Integrações $(f(x) - g(x)) \, dx$

Selecione a parábola na primeira opção e a reta (eixo *Ox*) na segunda.

Defina *lim inferior* como 0 e *lim superior* como 2.

Escolha um dos métodos de cálculo (pode ser o "aleatório"), clique em "visualizar" e opte por *definida*.

O valor da integral definida $\int_0^2 x^2 \, dx$ é aproximadamente 2,67.

Área de regiões limitadas por curvas

Para calcular a área da superfície de regiões planas limitadas por segmentos de retas, podemos recorrer a divisão dessas regiões em polígonos cuja área saibamos calcular tais como trapézios, retângulos, triângulos etc.

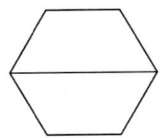

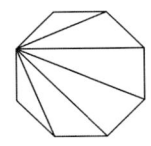

Quando é necessário determinar a área de uma região plana com contorno delimitado por linhas curvas também é possível recorrer a área dessas formas conhecidas, mas será preciso buscar aproximações cada vez melhores dessa área.

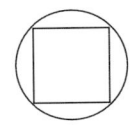

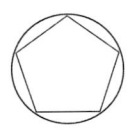

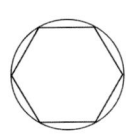

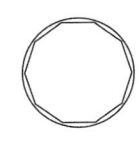

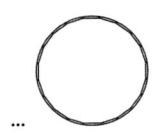

Vamos determinar, como exemplo, a área da superfície limitada pelos eixos cartesianos, o gráfico de $f(x) = x^2$ e a reta vertical de equação $x = 1$ representados a seguir:

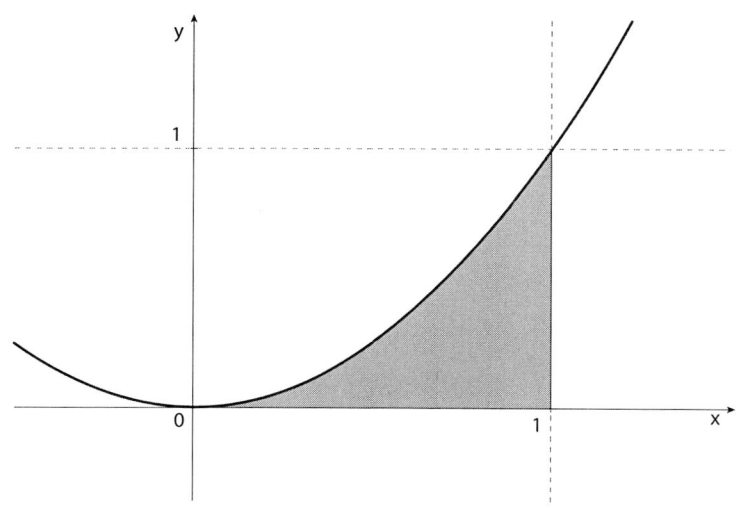

A área do quadrado de vértices (0, 0), (1, 0), (1, 1), (0, 1) é igual a 1 e é maior do que a área da região considerada; em certa medida, 1 é um valor aproximado dessa área, por excesso.

Mas o erro dessa medida é muito grande. Vejamos uma aproximação melhor.

A área do triângulo retângulo de vértices (0, 0), (1, 0), (1, 1) é igual a $\dfrac{1}{2}$ e também limita superiormente a área dessa região; no entanto, esse valor está bem mais próximo do valor da área real.

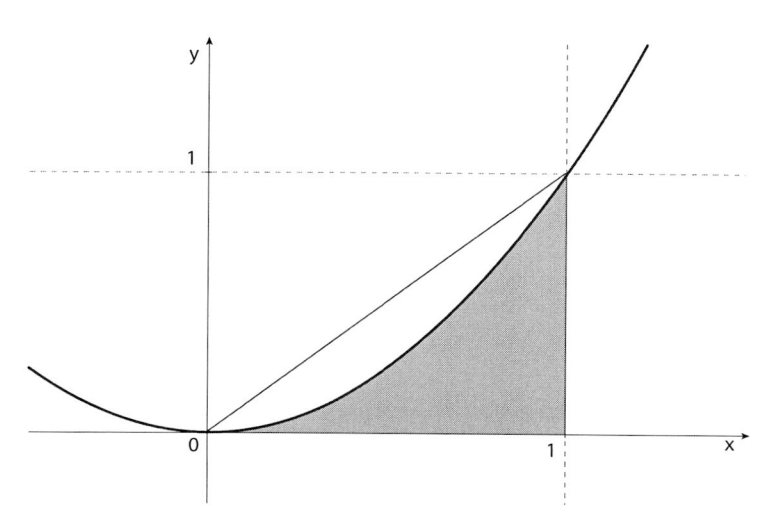

Capítulo 12   Integral definida **427**

Se considerarmos o ponto médio do segmento horizontal 0 − 1, que é 0,5, e a imagem desse valor pela função f, $f(0,5) = 0,5^2 = 0,25$, teremos uma nova aproximação da área considerada por meio das áreas de um triângulo retângulo e um trapézio:

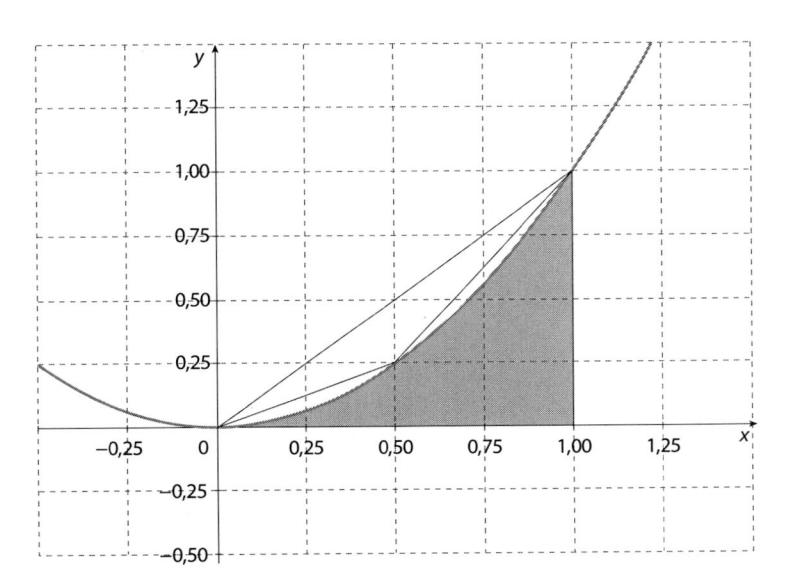

A área do triângulo é 0,0625 e a área do trapézio é 0,3125. Uma aproximação da área considerada é, então, $0,0625 + 0,3125 = 0,375$. Esse valor ainda é uma aproximação por excesso da área sob a parábola nesse intervalo.

Se repetirmos esse procedimento de divisão ao meio do segmento horizontal e considerarmos os triângulos e trapézios que serão assim formados, conseguiremos aproximações cada vez melhores da área em questão.

Sendo esse procedimento repetido à exaustão, no limite (se existir), determinaríamos a área desejada.

Outra forma de aproximar a área considerada seria adicionar a área dos retângulos com altura determinada por um ponto do gráfico e base escolhida como 0,25, por exemplo. Nesse caso, o intervalo 0 − 1 fica dividido em $n = 4$ subintervalos.

Podemos considerar os retângulos que aproximariam a área por falta ou aqueles que aproximariam a área por excesso, como nas ilustrações:

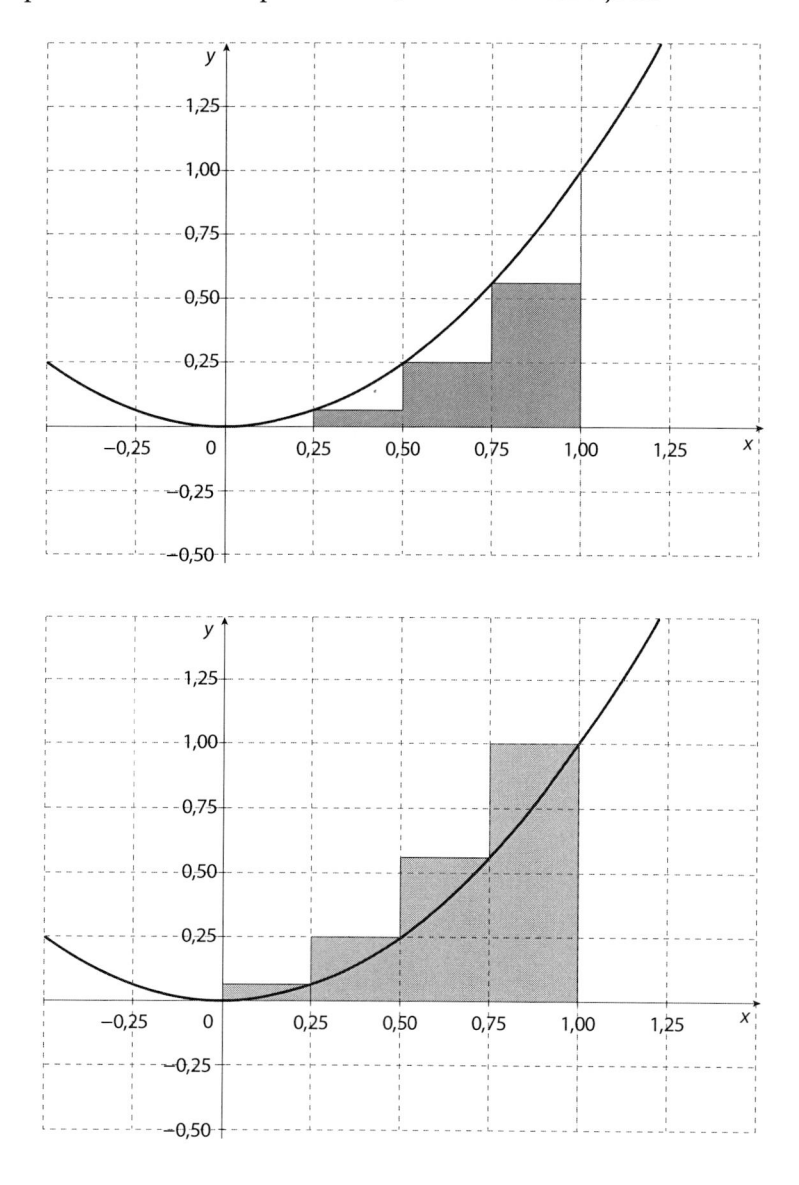

A área real está, certamente, limitada pelos valores dessas duas áreas.

Também é possível escolher aleatoriamente um valor — c_i — em cada intervalo e considerar n retângulos com altura $f(c_i)$.

Capítulo 12

Observe:

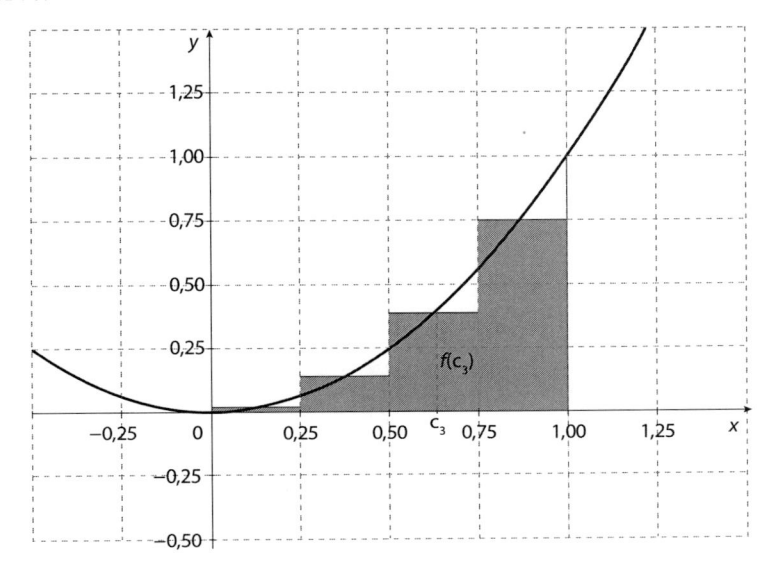

[Gráfico mostrando uma curva com retângulos sob ela, com eixos x de -0,25 a 1,25 e y de -0,50 a 1,25, destacando $f(c_3)$ e c_3 entre 0,50 e 0,75]

Se reduzirmos mais e mais a base desses retângulos (Δx_i), conseguiremos limitar inferior e superiormente a área da região considerada. Trata-se de um processo que resultará em uma soma de infinitas áreas de n retângulos com bases iguais ao tamanho de intervalos muito pequenos (Δx_i), e altura igual a $f(c_i)$ em que c_i é um valor qualquer em cada intervalo considerado.

Essa soma é denominada *soma de Riemann* e pode ser indicada por:

$$\sum_{i=1}^{n} f(c_i) \cdot \Delta x_i$$

Ao reduzirmos os intervalos, fazemos $\Delta x_i \to 0$ e $n \to \infty$, e a soma de Riemann tende a área em $[a, b]$; representamos:

$$\lim_{\substack{\text{máx } \Delta x_i \to 0 \\ n \to \infty}} \sum_{i=1}^{n} f(x_i) \cdot \Delta x_i = \int_a^b f(x)dx, \; b > a$$

> Se f é uma função contínua e não negativa no intervalo $[a, b]$, a integral definida $\int_a^b f(x)dx$ coincide com a área limitada pelas retas verticais $x = a$, $x = b$, pelo eixo Ox e o gráfico de f.

Aplicações da matemática

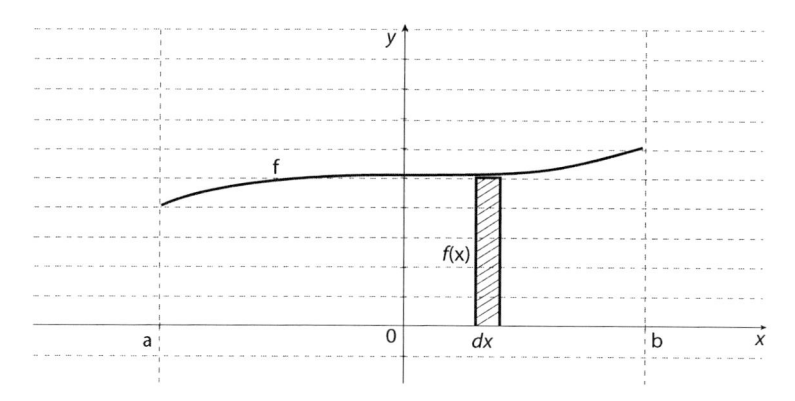

Em nosso exemplo, a região sob a parábola entre 0 e 1 tem área:

$$\int_0^1 x^2 dx = \left(\frac{x^3}{3}\right)_0^1 = \frac{1}{3} \approx 0{,}33$$

REVISÃO ORIENTADA
Somatório

Podemos indicar uma soma de parcelas com o símbolo Σ que se lê "somatório".
Por exemplo, na adição $1 + \frac{1}{2} + \frac{1}{4} + \cdots + \frac{1}{2^{n-1}} + \frac{1}{2^n}$ temos cada parcela da forma $\frac{1}{2^i}$, $0 \leq i \leq n$.

Essa adição pode ser representada por $\sum_{i=0}^{n} \frac{1}{2^i}$.

FAQ Como essa soma de Riemann, que leva à integral, pode estar relacionada ao conceito de derivada e à integral como antiderivada?

Podemos dizer, de modo simplificado, que o processo de derivação substitui o estudo de uma curva pelo estudo do comportamento marginal da curva, via suas retas tangentes.

O processo de derivação divide a curva para estudá-la pontualmente.

O processo de integração, como o próprio nome diz, integra esses pequenos pedaços da curva, reúne, adiciona e recompõe a curva.

EXEMPLOS

1. $\int_0^1 3\,dx = (3x)\big|_0^1 = 3$

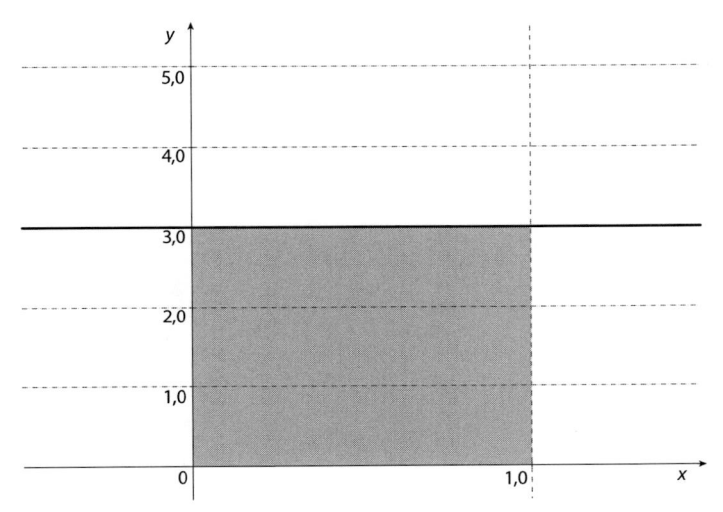

O valor da integral definida coincide com a área do retângulo limitado pelas retas $x = 0$ (eixo Oy), $x = 1$, $y = 0$ (eixo Ox) e a reta que é gráfico da *função-integrando* $f(x) = 3$.

2. $\int_0^1 x\,dx = \left(\dfrac{x^2}{2}\right)\bigg|_0^1 = \dfrac{1}{2}$

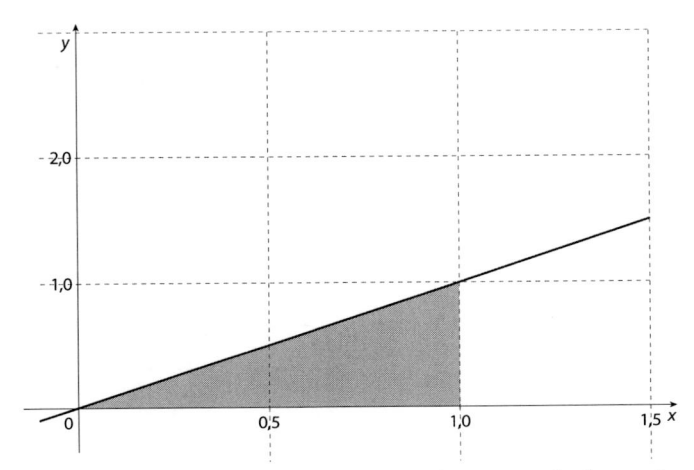

O valor da integral definida é a área do triângulo retângulo limitado pelas retas $x = 0$ (eixo Oy), $x = 1$, $y = 0$ (eixo Ox) e a reta que é gráfico da função-integrando $f(x) = x$.

Nos exemplos 1 e 2, a integral definida não nos é de muita valia, porque conhecemos formas mais simples de calcular a área de um retângulo (Exemplo 1) ou de um triângulo (Exemplo 2).

Mas, quando um dos "lados" da forma plana é curvo, a integral definida nos permite calcular uma área que apenas poderíamos, desconhecendo esse conceito, aproximar por meio da área de triângulos ou retângulos ou trapézios, por exemplo.

3. $\int_0^1 x^2 dx = \left(\dfrac{x^3}{3}\right)\Big|_0^1 = \dfrac{1}{3}$

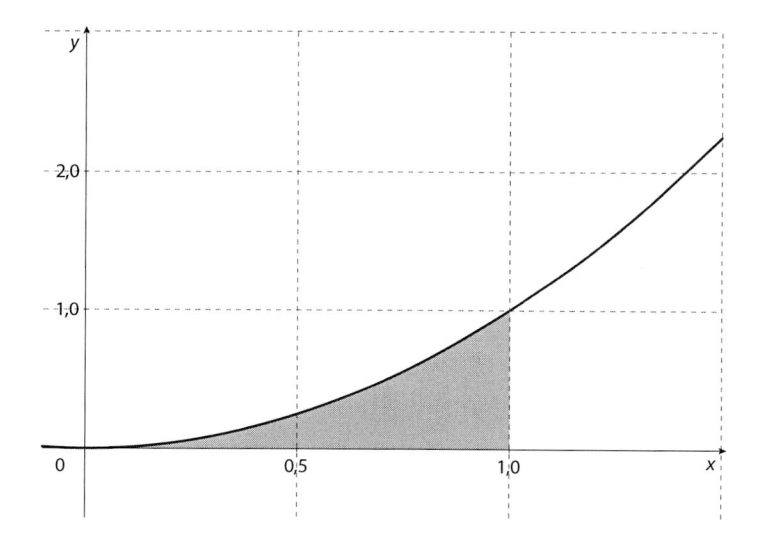

O valor da integral definida coincide com a área da figura limitada pelas retas $x = 0$ (eixo Oy), $x = 1$, $y = 0$ (eixo Ox) e a parábola que é gráfico da função-integrando $f(x) = x^2$.

4. $\int_0^1 (x - x^2)\, dx$

Inicialmente determinamos uma primitiva de $f(x) = x - x^2$.

$$F(x) = \int (x - x^2)\, dx = \dfrac{x^2}{2} - \dfrac{x^3}{3} + k,\ k \in \Re$$

E, então, calculamos $F(1) - F(0) = \dfrac{1^2}{2} - \dfrac{1^3}{3} + k - \left(\dfrac{0^2}{2} - \dfrac{0^3}{3} + k\right) = \dfrac{1}{2} - \dfrac{1}{3} = \dfrac{1}{6}$.

Capítulo 12

Note que o gráfico da função $f(x) = x$ está acima do gráfico da função $f(x) = x^2$, no intervalo considerado, e poderíamos então fazer:

$$\int_0^1 x\,dx - \int_0^1 x^2\,dx$$

para determinar a área da superfície limitada pelos dois gráficos por diferença entre a área do triângulo retângulo e a área sob a parábola nesse intervalo.

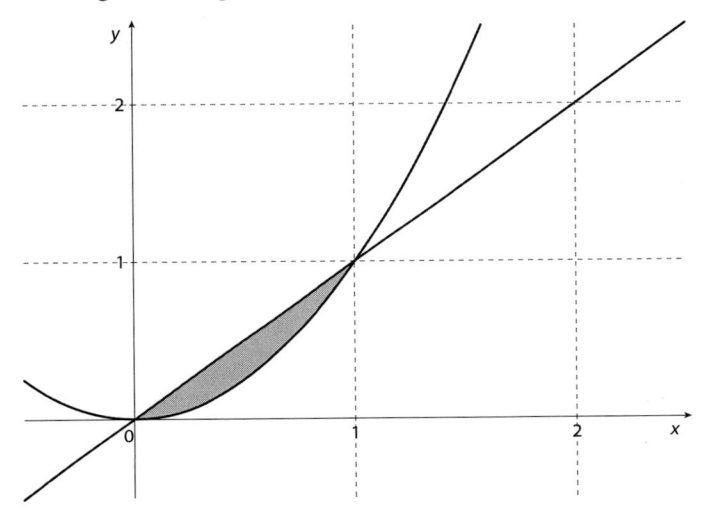

5. $\int_0^1 x^3\,dx = \left(\dfrac{x^4}{4}\right)_0^1 = \dfrac{1}{4}$

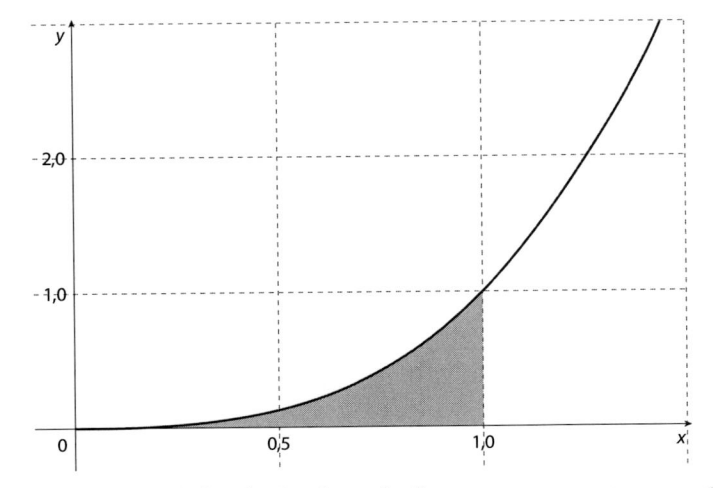

O valor da integral definida é a área da figura entre as retas $x = 0$ (eixo Oy), $x = 1$, $y = 0$ (eixo Ox) e a curva que é gráfico da função-integrando $f(x) = x^3$.

6. $\int_{-1}^{1} x^3 dx = \left(\dfrac{x^4}{4}\right)_{-1}^{1} = 0$

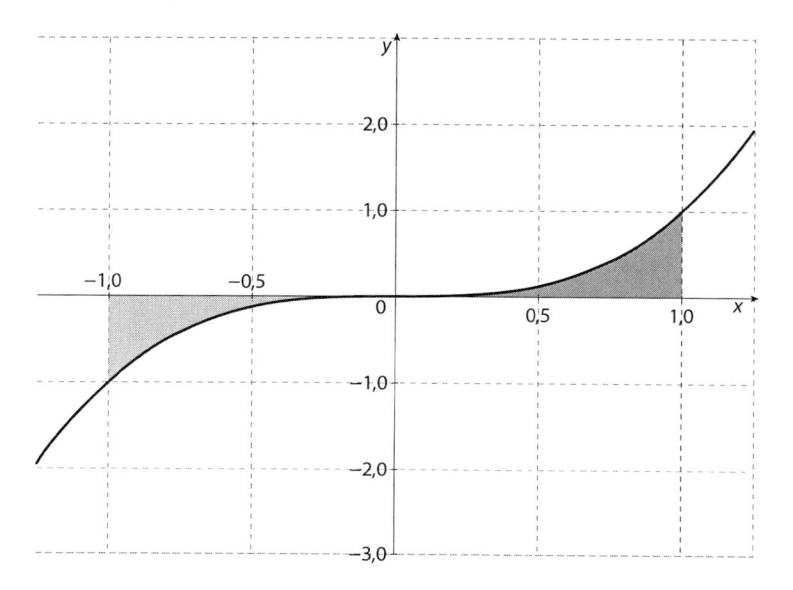

O valor da integral definida é zero, porque o gráfico da função $f(x) = x^3$ apresenta simetria em relação a origem do plano cartesiano — (0, 0). Para calcular a área da figura definida pelas retas $x = 0$ (eixo Oy), $x = -1$, $x = 1$, $y = 0$ (eixo Ox) e a curva que é gráfico da função-integrando $f(x) = x^3$ basta resolver:

$$2\int_0^1 x^3 dx = 2 \cdot \dfrac{1}{4} = \dfrac{1}{2}$$

Capítulo 12
Integral definida **435**

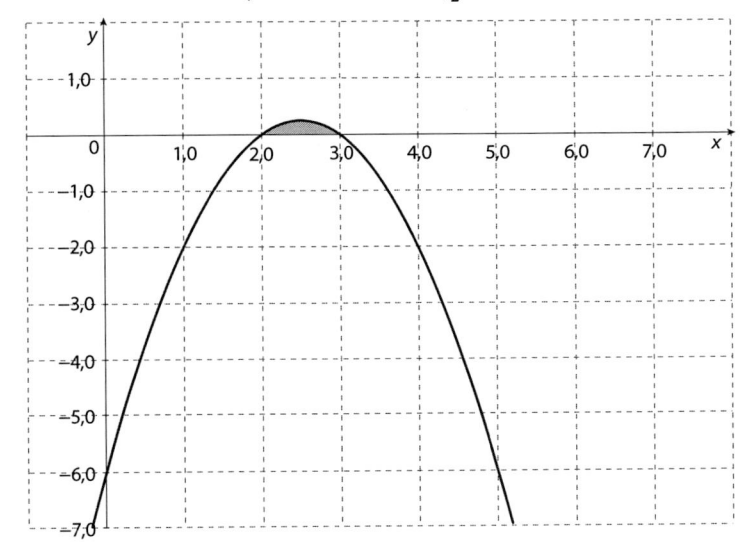

7. $\int_{2}^{3}(-x^2+5x-6)dx = \left(-\dfrac{x^3}{3}+\dfrac{5x^2}{2}-6x\right)\Big|_{2}^{3} = \dfrac{1}{6}$

O valor da integral definida é a área da figura entre as retas $x=2$, $y=0$ (eixo Ox), $x=3$ e a curva que é gráfico da função-integrando $f(x) = -x^2 + 5x - 6$.

8. Determine a área da superfície limitada pelos gráficos das funções $f(x) = x^3$ e $g(x) = x$.

Para delimitar a superfície e determinar a região de integração, construímos o gráfico das duas funções:

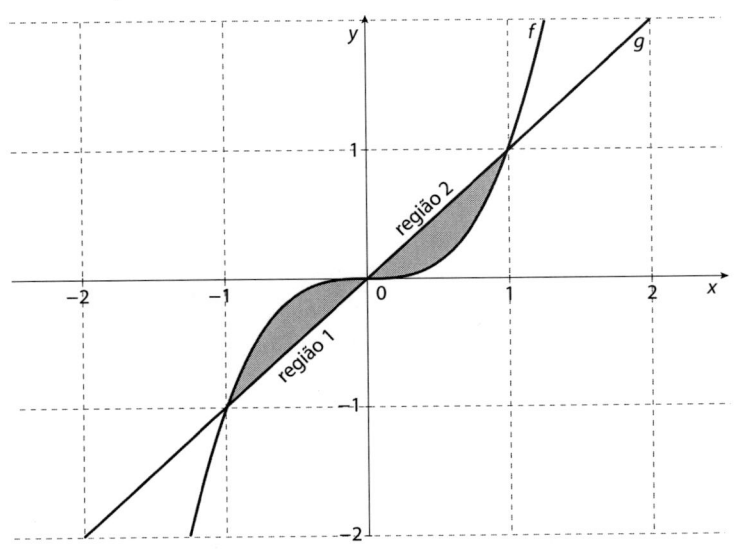

Observando-se o eixo Ox a partir dos valores negativos de x, vemos que o primeiro valor a determinar é o ponto de intersecção entre o gráfico de f e o de g. Desse valor de x até a intersecção dos dois gráficos em $(0, 0)$ temos uma *região* 1. Entre esse valor de x e zero, a região 1 é limitada superiormente pelo gráfico de f e inferiormente pelo gráfico de g.

Após a origem, temos uma *região* 2 limitada superiormente pela reta — gráfico de g — e inferiormente pelo gráfico de f. A região 2 estende-se da origem até a outra intersecção dos gráficos de f e g.

A fim de sabermos os extremos de integração, vamos determinar as intersecções mencionadas. Trata-se de resolver o sistema:

$$\begin{cases} y = x^3 \\ y = x \end{cases}$$

que resulta em $x = \pm 1$ ou $x = 0$ e o valor de y não precisa ser calculado.

Porque o gráfico de f é simétrico em relação a origem do plano cartesiano, precisamos calcular as áreas da *região* 1 e da *região* 2 separadamente e adicionar os valores da integral definida calculada para a *região* 1 com o da calculada para a *região* 2.

Então, é preciso calcular:

$$\int_{-1}^{0}(x^3 - x)\,dx + \int_{0}^{1}(x - x^3)\,dx =$$

$$= \left(\frac{x^4}{4} - \frac{x^2}{2}\right)\Big|_{-1}^{0} + \left(\frac{x^2}{2} - \frac{x^4}{4}\right)\Big|_{0}^{1} = \left[0 - \left(\frac{1}{4} - \frac{1}{2}\right)\right] + \left(\frac{1}{2} - \frac{1}{4}\right) - 0 = \frac{1}{4} + \frac{1}{4} = \frac{2}{4} = \frac{1}{2}$$

Note que as duas regiões "preenchem" — ou seja, têm a mesma área — o triângulo retângulo de vértices $(0, 0)$, $(1, 0)$ e $(1, 1)$, por exemplo. Com a região 2, por exemplo, dividimos o triângulo mencionado exatamente ao meio, de um modo não usual.

FAQ

Para saber a área não se pode calcular direto $\int_{-1}^{1}(x^3 - x)\,dx$?

Se calcularmos $\int_{-1}^{1}(x^3 - x)\,dx$, a integral definida irá se anular, visto que as áreas da *região* 1 e da *região* 2 são iguais em módulo (a *região* 1 situa-se abaixo do eixo Ox).

Capítulo 12 — Integral definida

9. Escreva a expressão da integral definida necessária para calcular a área da superfície limitada pelos gráficos das funções $f(x) = -x^2$, $g(x) = 5x$ e $h(x) = -6$.

Primeiro é preciso delimitar a superfície a que a questão se refere, a fim de determinarmos a região de integração. Construímos, então, o gráfico das três funções:

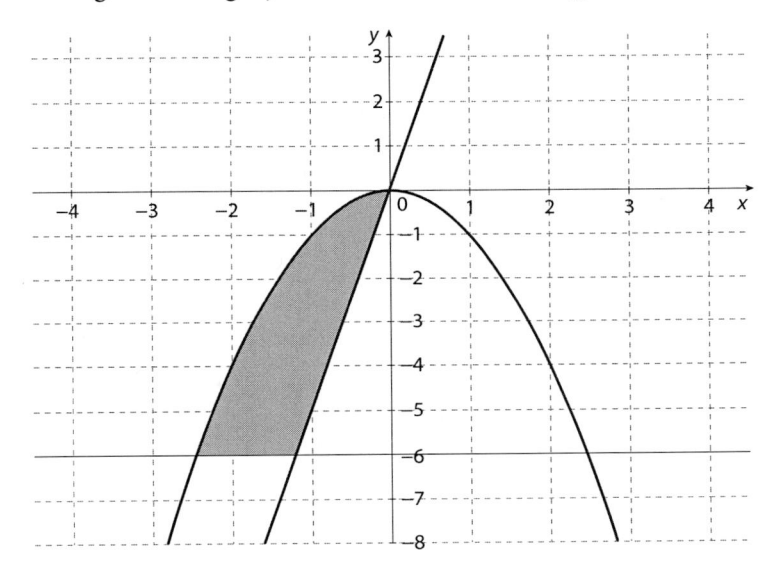

Observando-se o eixo Ox a partir dos valores negativos de x, temos que o primeiro valor a determinar é o ponto de intersecção entre a parábola e a reta horizontal. Desse valor de x até a intersecção entre a reta $y = 5x$ e a reta $y = -6$ a região é limitada superiormente pela parábola e inferiormente pela reta horizontal.

Após essa última intersecção – a ser determinada – a região continua a ser limitada superiormente pela parábola, mas passa a ser limitada inferiormente pela reta $y = 5x$ até a intersecção entre $y = -x^2$ e $y = 5x$.

É como se estivéssemos "escaneando" a região da esquerda para a direita.

A fim de sabermos os extremos de integração, vamos determinar as três intersecções mencionadas. Trata-se de resolver três sistemas:

(I) $\begin{cases} y = -x^2 \\ y = -6 \end{cases}$ (II) $\begin{cases} y = 5x \\ y = -6 \end{cases}$ (III) $\begin{cases} y = -x^2 \\ y = 5x \end{cases}$

O primeiro sistema resulta em $x = \pm\sqrt{6} \approx \pm 2{,}45$. Interessa-nos apenas o valor negativo: $-\sqrt{6}$ e o valor de y não precisa ser calculado.

O segundo resulta em $x = -\dfrac{6}{5} = -1{,}2$. O valor de y também não precisa ser calculado.

O terceiro sistema resulta em $x = 0$ ou $x = -5$. Interessa-nos apenas o zero e o valor de y não precisa ser calculado.

Então, é preciso calcular:

$$\int_{-\sqrt{6}}^{-1,2}\left[-x^2-(-6)\right]dx + \int_{-1,2}^{0}\left(-x^2-5x\right)dx =$$
$$= \int_{-\sqrt{6}}^{-1,2}\left[-x^2+6\right]dx + \int_{-1,2}^{0}\left(-x^2-5x\right)dx$$

FAQ

Como pode a área que é $\int_{a}^{b}f(x)dx$ ser calculada por $F(b) - F(a)$?

Vamos considerar $dA = f(x)dx$ um acréscimo na área sob o gráfico de f calculada no intervalo $[a, b]$.

Integrando ambos os membros dessa igualdade:

$$\int dA = \int f(x)dx$$

As integrais diferem por uma constante:

$$A + k_1 = F(x) + k_2, k_1, k_2 \in \Re$$

Então

$$A = F(x) + k, k \in \Re \quad \text{(I)}$$

Para $x = a$, temos a área igual a zero:

$$0 = A = F(a) + k$$
$$-F(a) = k$$

Substituindo k em (I):

$$A = F(x) - F(a)$$

Para $x = b$, temos a área sob a curva no intervalo $[a, b]$:

$$A = F(b) - F(a)$$

Então

$$\int_{a}^{b}dA = \int_{a}^{b}f(x)dx = F(b) - F(a)$$

Capítulo 12 Integral definida **439**

EXERCÍCIOS E PROBLEMAS PROPOSTOS

1. (ESPM) A curva abaixo representa uma parte do gráfico da função $f(x) = \log_2(kx)$ com $k > 0$. A área da região sombreada vale:

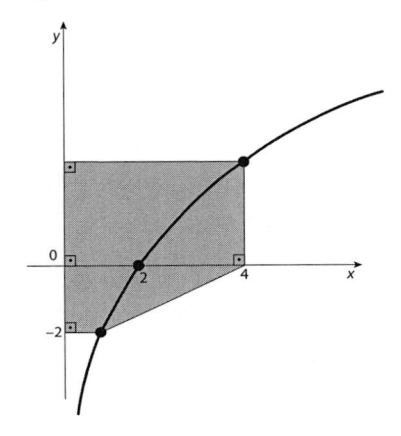

   a) 6,5   b) 8,5   c) 10,5   d) 9   e) 12

2. (FGV) Determine a área da região limitada pelas curvas:

   $$f(x) = ||x - 1| - 1| \quad e \quad g(x) = 2 - \frac{x}{2}$$

3. (FGV) Represente graficamente a região dada pelas restrições

   $$\begin{cases} y > 3 - 5x \\ |y - 1| > x \\ y < 2 \end{cases}$$

   e calcule sua área.

4. (FGV) A área da região triangular limitada pelo sistema de inequações

   $$\begin{cases} 3x + 5y - 15 \leq 0 \\ 2x + 5y - 10 \geq 0 \\ x \geq 0 \end{cases}$$

   é igual a:
   a) 2,5   b) 7,5   c) 5   d) 12,5   e) 3

5. (FGV – ECONOMIA) No gráfico seguinte estão representados os três primeiros trapézios de uma sequência infinita. Pelos vértices A, B, C, D... desses trapézios passa o gráfico de uma função exponencial $f(x) = a^x$. Se a área total dos infinitos trapézios dessa sequência é $\frac{5}{6}$, então:

a) $f(x) = 3^x$

b) $f(x) = \left(\dfrac{1}{2}\right)^x$

c) $f(x) = \left(\dfrac{1}{3}\right)^x$

d) $f(x) = \left(\dfrac{1}{4}\right)^x$

e) $(-2)^x$

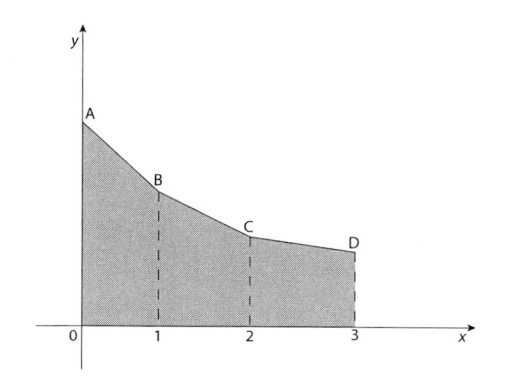

6. (FUVEST) Das regiões hachuradas na sequência, a que melhor representa o conjunto dos pontos (x, y), do plano cartesiano, satisfazendo ao conjunto de desigualdades

$$x \geq 0$$
$$y \geq 0$$
$$x - y + 1 \geq 0$$
$$x^2 + y^2 \leq 9$$

é:

a)

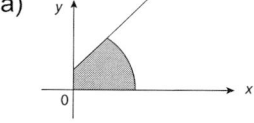

b)

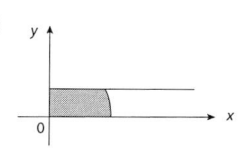

c)

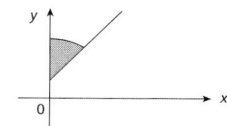

d)

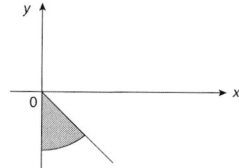

e)

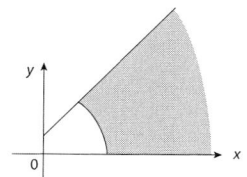

7. Represente graficamente as regiões de integração do exercício 1 (p. 424) e determine a área dessas regiões.

Capítulo 12

8. Represente graficamente e determine a área da superfície limitada pelos gráficos das funções em cada item:
   a) $f(x) = x^2$ e $g(x) = x^3$, $0 \leq x \leq 1$
   b) $f(x) = 8$ e $g(x) = x^3$, $0 \leq x \leq 2$
   c) $f(x) = \sqrt{x}$ e $g(x) = 0$, em $[0, 9]$
   d) $f(x) = x^3 - 12x^2 + 36x + 10$, em $[0, 6]$
   e) $f(x) = x^3$ e $g(x) = x^3 + 5$, $x \in [-1, 1]$
   f) $f(x) = x^2 - 20x + 36$ e $g(x) = 0$, $2 \leq x \leq 18$
   g) $f(x) = \dfrac{1}{x^2}$ e $g(x) = 0$, em $[1, 3]$
   h) $f(x) = \dfrac{1}{x}$ e $g(x) = 0$, em $[1, 2]$
   i) $f(x) = x^4 - 3x^3 + 3x^2 - x$, $0 \leq x \leq 1$
   j) $f(x) = x - \dfrac{16}{x}$, $x \in [4, 15]$

Exercícios e problemas complementares

1. (ENADE – MAT) Assinale a opção que contém o sistema de inequações que determina a região triangular PQR desenhada abaixo.

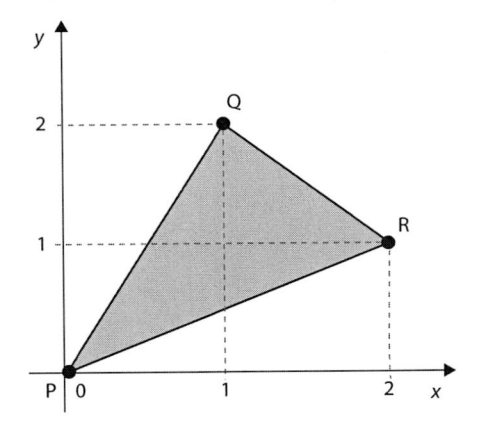

a) $\begin{cases} y - 2x < 0 \\ 2y - x < 0 \\ y + x > 3 \end{cases}$

b) $\begin{cases} y - 2x > 0 \\ 2y - x > 0 \\ y + x > 3 \end{cases}$

c) $\begin{cases} y - 2x < 0 \\ 2y - x < 0 \\ y + x < 3 \end{cases}$

d) $\begin{cases} y - 2x > 0 \\ 2y - x < 0 \\ y + x > 3 \end{cases}$

e) $\begin{cases} y - 2x < 0 \\ 2y - x > 0 \\ y + x < 3 \end{cases}$

2. Determine a região de integração, calcule a área da superfície limitada pelos gráficos das funções e represente-a graficamente:
   a) $f(x) = x^{\frac{2}{3}}$ e $g(x) = x$
   b) $f(x) = \sqrt{x}$ e $g(x) = x^2$
   c) $f(x) = x^2$ e $g(x) = -x^2 + 8$
   d) $f(x) = x$, $g(x) = x^2$, $h(x) = 4$ e a reta de equação $x = 0$
   e) $f(x) = -x + 2$, $g(x) = x^3$ e a reta de equação $x = 0$
   f) $f(x) = 5x + 6$ e $g(x) = x^4$
   g) $f(x) = \cos x$ e $g(x) = \sen x$, $0 \leq x \leq \frac{\pi}{4}$

TECNOLOGIA
Software Gráfico

Utilizando o *Winplot*, confira os resultados do exercício anterior.
Escolha a opção:

Equação – Sombreamento

para destacar a região de integração.

3. Calcule a área da superfície do 1º quadrante limitada pelo gráfico da função $f(x) = \frac{1}{x^2}$ e o eixo Ox nos intervalos:

   a) [1, 2]   b) [1, 10]   c) [1, 100]   d) [1, 1 000]

4. Exemplifique as propriedades a seguir:
   a) $\int_a^a f(x)\,dx = 0$
   b) $\int_a^b f(x)\,dx = -\int_b^a f(x)\,dx$
   c) Se $f(x) \geq 0$ e $a < c < b$, então $\int_a^b f(x)\,dx = \int_a^c f(x) + \int_c^b f(x)$.
   d) Se f é uma função par contínua de domínio $[-a, a]$, $f(x) \geq 0$ em $[0, a]$, então $\int_{-a}^a f(x)\,dx = 2\int_0^a f(x)$.
   e) Se f é uma função ímpar contínua de domínio $[-a, a]$, $f(x) \geq 0$ em $[0, a]$, então $\int_{-a}^a f(x)\,dx = 0$.

5. (ENADE – MAT) Considere a função $f : \mathbb{R} \to \mathbb{R}$ definida por
$$y = f(x) = x^4 - 5x^2 + 4,$$

Capítulo 12

Integral definida **443**

para cada $x \in \mathbb{R}$. A área da região limitada pelo gráfico da função $y = f(x)$, o eixo Ox e as retas $x = 0$ e $x = 2$ é igual a

a) $\dfrac{16}{15}$ unidades de área

b) $\dfrac{38}{15}$ unidades de área

c) $\dfrac{44}{15}$ unidades de área

d) $\dfrac{60}{15}$ unidades de área

e) $\dfrac{76}{15}$ unidades de área

12.2. Aplicações da integral definida

Vamos estudar algumas das aplicações de integral definida: *lucro máximo* e os conceitos de *excedente do consumidor* e de *excedente do produtor*.

Lucro máximo

Considerando $x_{MÁX}$ como a quantidade que permite à empresa atingir o lucro máximo e calculando a integral definida $\int_0^{x_{máx}} L_{Mg} dx$, temos:

$$\int_0^{x_{máx}} L_{Mg} dx = LT(x_{máx}) - LT(0) = LT(x_{máx}) - (-CF) = LT(x_{máx}) + CF$$

que é a área sob a curva gráfico do lucro marginal de 0 a $x_{MÁX}$.

Temos, assim, pelo menos dois modos de calcular o lucro máximo:

▸ dispondo da função lucro total, determinamos a quantidade correspondente ao lucro máximo (x) (por meio do estudo da derivada) e substituímos esse valor em $LT(x)$;

▸ dispondo apenas do lucro marginal e do valor do custo fixo, determinamos a quantidade correspondente ao lucro máximo (x) (por meio do estudo da derivada) e calculamos a integral $\int_0^{x_{máx}} L_{Mg} dx$, subtraindo do valor encontrado o custo fixo.

$$LT(x_{máx}) = \int_0^{x_{máx}} L_{Mg} dx - CF$$

EXEMPLOS

1. Se $L_{Mg}(x) = -3x^2 - 10x + 1\,400$ e $CF = 2\,750$, determine o lucro total máximo.
   $L_{Mg}(x) = 0$ para $x = 20$ e para $x = -\dfrac{70}{3}$ (que vamos desconsiderar).

   Para $x = 20$ o lucro total é máximo, pois $0 \leq x < 20$, $L_{Mg}(x) > 0$ e para $x > 20$, $L_{Mg}(x) < 0$.

   Calculando $\int_0^{20} (-3x^2 - 10x + 1\,400)dx = \left(-x^3 - 5x^2 + 1\,400x\right)_0^{20} =$
   $= -20^3 - 5 \cdot 20^2 + 1\,400 \cdot 20 = 18\,000$

   e

   $$LT_{máx}(20) = \int_0^{20} L_{Mg}\,dx - CF = 18\,000 - 2\,750 = 15\,250$$

2. Para 64 unidades o lucro total de uma empresa com $L_{Mg}(x) = -4x + 256$ é máximo. Considerando os gastos independentes da produção iguais a R$ 5 600,00, calcule o lucro total máximo.

   $$LT(64) = \int_0^{64}(-4x + 256)dx - 5\,600 =$$
   $$= \left(-2x^2 + 256x\right)_0^{64} - 5\,600 = 8\,192 - 5\,600 = 2\,592$$

   O lucro total máximo é R$ 2 592,00.

TECNOLOGIA
Software Gráfico

Utilizando o *Winplot*, construa o gráfico da função lucro marginal do exemplo 1 e confira o valor do lucro máximo. Escolha:

Um – Medidas – Integrar *f(x)dx*

Defina *lim inferior* como 0 e *lim superior* como 20.

Escolha um dos métodos de cálculo (pode ser o "aleatório"), clique em "visualizar" e opte por *definida*.

NO MUNDO REAL

Lançamentos não seguem o ritmo das vendas em 2006
Em SP, comercialização foi 12% superior ao surgimento de novas unidades; procura é maior pelas de 2 e 3 quartos

Edson Valente
Editor-Assistente de Imóveis e Construção

Colocado na balança, o resultado do mercado imobiliário paulistano em 2006 caracteriza-se por um desequilíbrio: o número de imóveis novos vendidos foi 12% maior que o de unidades lançadas.

O lado correspondente à demanda é o exibido com satisfação pelos que querem dar as boas notícias do setor. A comercialização de novos residenciais teve o melhor ritmo dos últimos 12 anos, de acordo com números divulgados pelo Secovi-SP (sindicato da habitação). O número de unidades vendidas cresceu 13,8% em relação a 2005. Mas os que preferem ver o lado vazio do copo também têm o que alardear: os incorporadores lançaram 2,9% menos em 2006, causando desarmonia entre oferta e procura, que pode se tornar preocupante se a quantidade de novos empreendimentos não subir em 2007.

"Já há uma escassez de unidades de dois dormitórios, que têm grande procura", afirma Luiz Paulo Pompéia, sócio da Embraesp (Empresa Brasileira de Estudos de Patrimônio).

Os imóveis de três e de dois quartos lideraram o ranking de comercialização, com 33% e 32% de fatias de mercado, respectivamente.

Os quatro-dormitórios abocanharam 27%, mas, na oferta de lançamentos, há troca de posições no pódio – o topo ficou com as unidades de quatro quartos (33%), seguidas pelas de dois (32%) e de três (30%).

A disparidade entre oferta e demanda de novos imóveis, que fez com que parte das vendas desovasse estoques de unidades "zero-quilômetro" produzidas em anos anteriores, encontra explicações em movimentos conjunturais distintos.

De um lado, houve "disponibilidade dobrada de crédito imobiliário, com redução e prefixação dos juros e aumento dos prazos de financiamento", caracteriza Alberto Du Plessis Filho, vice-presidente de Tecnologia e Relações de Mercado do Secovi-SP.

Mais crédito

Assim, o financiamento imobiliário com recursos do SBPE (Sistema Brasileiro de Poupança e Empréstimo) cresceu 89% em relação a 2005, de acordo com o Banco Central e a Abecip (Associação Brasileira das Entidades de Crédito Imobiliário e Poupança), foram financiadas, em 2006, 115 mil unidades, totalizando R$ 9,5 bilhões.

Por outro lado, alguns fatores intimidaram as iniciativas dos incorporadores. "Houve engessamentos decorrentes do Plano Diretor e da nova Lei de Zoneamento", analisa Romeu Chap Chap, presidente do Secovi-SP. "Caso contrário, o mercado teria feito muito mais."

Restrições impostas pela Lei de Zoneamento que passou a vigorar em 2005, como a diminuição da capacidade média de ocupação dos terrenos – era possível construir, em média, quatro vezes a área do lote pela legislação anterior, e esse coeficiente passou a ser dois –, elevaram os custos de construção.

Fonte: *Folha de S.Paulo*, caderno Imóveis, 7 jan. 2007.
Disponível em: <http://www1.folha.uol.com.br/fsp/imoveis/ci0701200701.htm>.

Excedente do consumidor

Quando se dá a venda de determinada quantidade de um produto (x_E) a certo preço unitário (y_E), estamos no *ponto de equilíbrio de mercado* (x_E, y_E).

Ao adquirir esse número de unidades por esse preço, o consumidor deixou de dispender um valor superior que seria gasto pagando-se um preço mais alto do que o do equilíbrio.

> O *excedente do consumidor* é a diferença entre o que o consumidor gastaria e o que de fato ele gasta por comprar ao preço do equilíbrio.

Observe o gráfico:

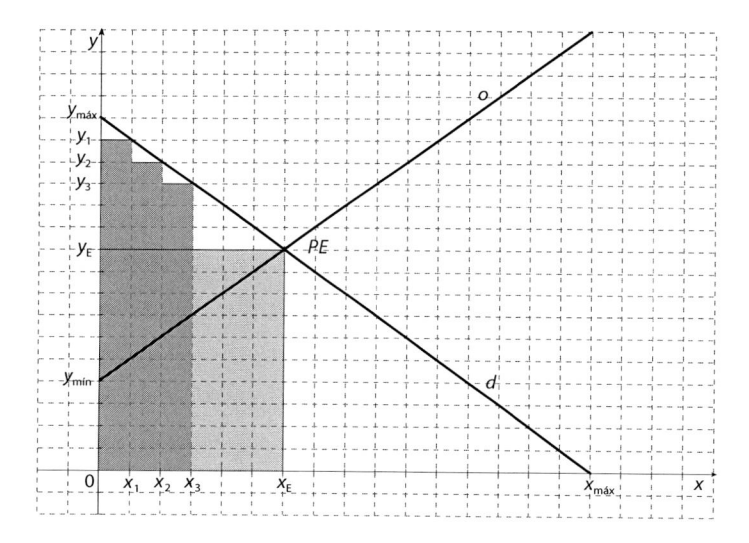

▶ Se o consumidor comprasse x_1 unidades a y_1 reais por unidade, ele gastaria:
$$x_1 y_1 \text{ reais.}$$

$x_1 y_1$ é a área do primeiro retângulo destacado no gráfico.

▶ Se o consumidor comprasse $(x_2 - x_1)$ unidades a y_2 reais por unidade, ele gastaria:
$$(x_2 - x_1) y_2 \text{ reais.}$$

$(x_2 - x_1) y_2$ é a área do segundo retângulo destacado no gráfico.

▶ Caso ele comprasse $(x_n - x_{n-1})$ unidades a y_n reais por unidade, ele gastaria:
$$(x_n - x_{n-1}) y_n \text{ reais.}$$

$(x_n - x_{n-1}) y_n$ é a área de um enésimo retângulo.

Mas, de fato, o consumidor gasta $x_E \cdot y_E$ reais.
$x_E \cdot y_E$ é a área do retângulo destacado em cinza no gráfico.

Assim, o excedente do consumidor é a diferença:

$$x_1 y_1 + (x_2 - x_1) y_2 + \ldots + (x_n - x_{n-1}) y_n - x_E \cdot y_E$$

$x_1 y_1 + (x_2 - x_1) y_2 + \ldots + (x_n - x_{n-1}) y_n$ é a soma das áreas dos retângulos abaixo da curva de demanda (y_d) e, para n muito grande, é a integral definida: $\int_0^{x_E} y_d dx$.

O *excedente do consumidor* é calculado por:

$$\int_0^{x_E} y_d dx - x_E y_E \quad \text{ou por} \quad \int_0^{x_E} (y_d - y_E) dx$$

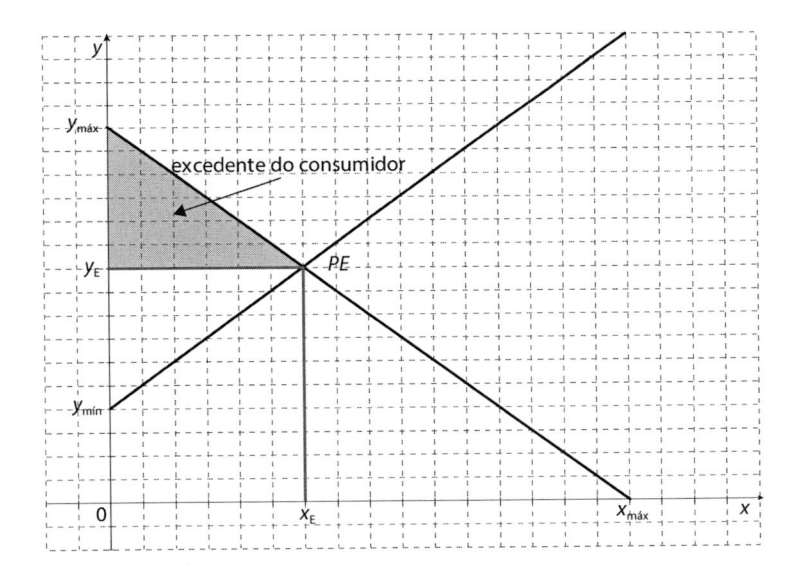

Excedente do produtor

Ao vender x_E unidades pelo preço unitário y_E, o produtor recebeu pelo produto um valor superior ao que receberia se vendesse a um preço mais baixo do que o do equilíbrio.

> O *excedente do produtor* é a diferença entre o que o ofertante de fato recebe por vender ao preço do equilíbrio e o que receberia se o preço fosse menor do que o do equilíbrio.

Observe o gráfico:

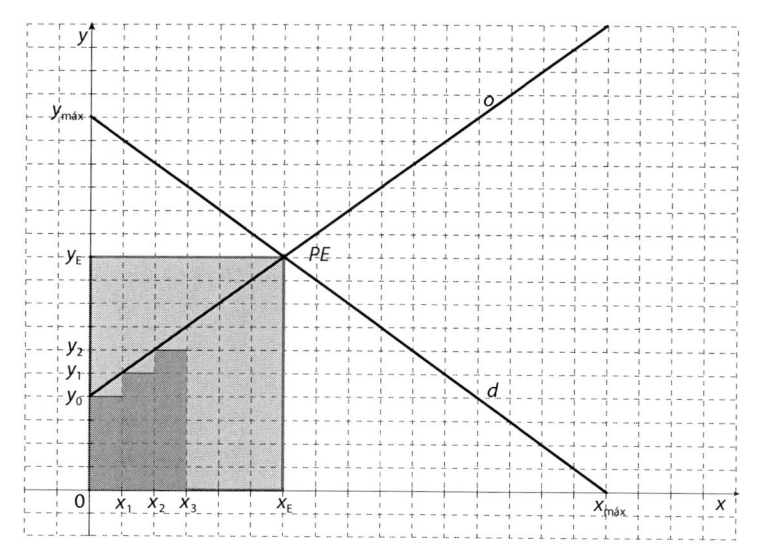

▶ Se o ofertante vendesse x_1 unidades a y_0 reais por unidade, ele receberia:

$$x_1 y_0 \text{ reais.}$$

▶ Se o ofertante vendesse $(x_2 - x_1)$ unidades a y_1 reais por unidade, ele teria:

$$(x_2 - x_1) y_1 \text{ reais.}$$

▶ Caso ele vendesse $(x_n - x_{n-1})$ unidades a y_{n-1} reais por unidade, receberia:

$$(x_n - x_{n-1}) y_{n-1} \text{ reais.}$$

Mas, de fato, o fornecedor recebe $x_E \cdot y_E$ reais.

Assim, o excedente do produtor é determinado pela diferença:

$$x_E \cdot y_E - [x_1 y_0 + (x_2 - x_1) y_1 + \ldots + (x_n - x_{n-1}) y_{n-1}]$$

$x_1 y_0 + (x_2 - x_1) y_1 + \ldots + (x_n - x_{n-1}) y_{n-1}$ é a soma das áreas dos retângulos abaixo da curva de oferta (y_o) e, para n muito grande, é a integral definida: $\int_0^{x_E} y_o \, dx$, e $x_E \cdot y_E$ é a área do retângulo destacado no gráfico.

O *excedente do produtor* é calculado por:

$$x_E y_E - \int_0^{x_E} y_o \, dx \quad \text{ou por} \quad \int_0^{x_E} (y_E - y_o) \, dx$$

Capítulo 12

Integral definida **449**

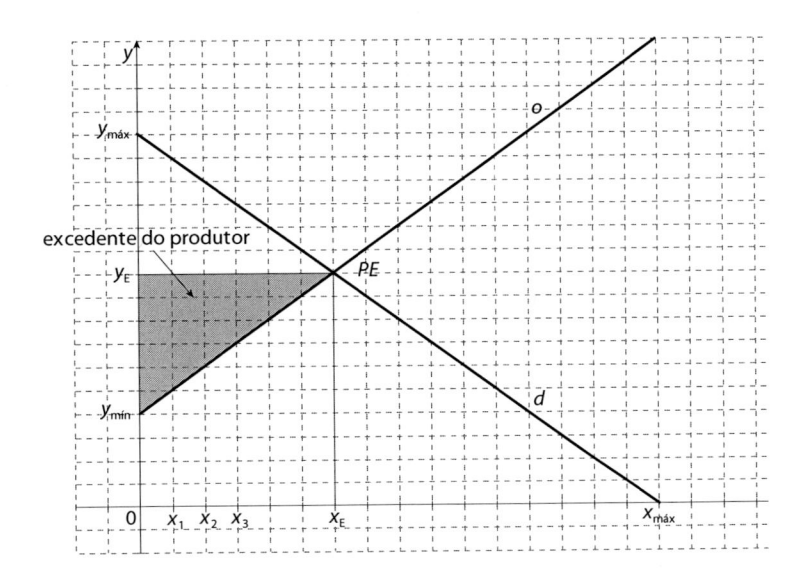

EXEMPLOS

1. Sendo a equação de oferta $y = 0{,}02x + 135$ e a equação de demanda $y = -0{,}01x + 456{,}75$, determine:
   a) o PE de mercado;
   b) o excedente do produtor;
   c) o excedente do consumidor.

O ponto de equilíbrio de mercado é obtido resolvendo-se o sistema formado pelas equações de oferta e demanda:

$$\begin{cases} y = 0{,}02x + 135 \\ y = -0{,}01x + 456{,}75 \end{cases}$$

$\therefore PE\,(10\,725;\ 349{,}50)$

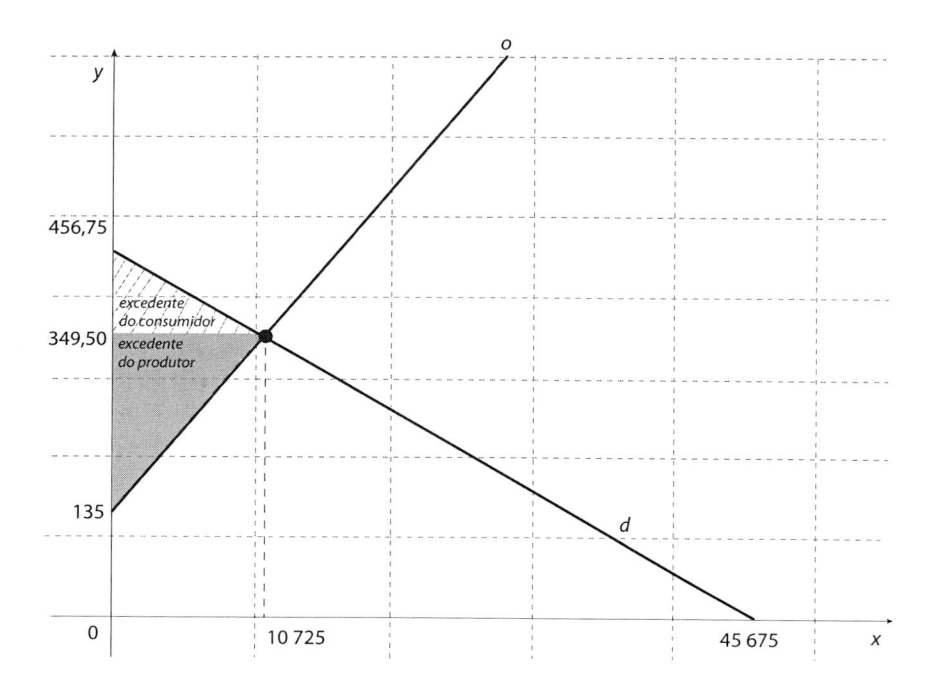

Podemos calcular o *excedente do produtor* utilizando a integral definida ou determinando a área do triângulo destacado no gráfico:

$$\frac{(349,50 - 135)10\,725}{2} = R\$\,1\,150\,256,25$$

Também aqui, no cálculo do *excedente do consumidor*, a integral definida não é necessária; a área do triângulo destacado no gráfico é:

$$\frac{(456,75 - 349,50)10\,725}{2} = R\$\,575\,128,13$$

Note que, nesse exemplo, o "benefício maior" em vender no preço de equilíbrio foi do ofertante.

2. Sendo as equações de oferta e de demanda, respectivamente: $y = x^2 + 7$ e $y = \frac{8}{x+1} + 4$, determine:

a) o PE de mercado;
b) o excedente do produtor;
c) o excedente do consumidor.

Capítulo 12 — Integral definida — 451

O ponto de equilíbrio de mercado é calculado por:

$$\frac{8}{x+1} + 4 = x^2 + 7$$

$$\frac{8}{x+1} = x^2 + 3$$

$$x^3 + x^2 + 3x - 5 = 0$$

1 é raiz desse polinômio. As demais raízes são complexas.
Desse modo, *PE* (1, 8).

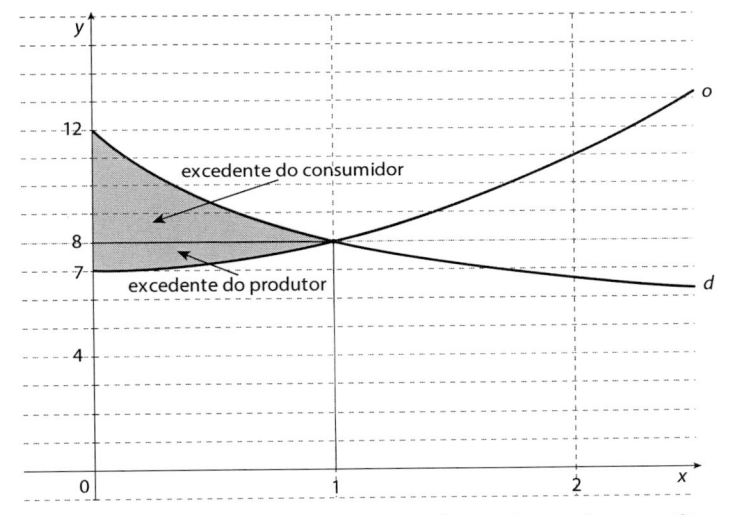

Neste exemplo, só podemos calcular o *excedente do produtor* utilizando a integral definida:

$$x_E y_E - \int_0^{x_E} y_o \, dx$$

$$1 \cdot 8 - \int_0^1 (x^2 + 7) \, dx$$

$$8 - \left(\frac{x^3}{3} + 7x\right)\bigg|_0^1 = 8 - \left(\frac{1}{3} + 7\right) = \frac{2}{3} \approx 0{,}67$$

REVISÃO ORIENTADA
Derivada do logaritmo neperiano

Como para $f(x) = \ln x$, $x > 0$, temos $f'(x) = \frac{1}{x}$, então

$$\int \frac{1}{x} dx = \ln|x| + k, \; k \in \Re$$

Também aqui, no cálculo do *excedente do consumidor*, a integral definida é necessária; a área da região destacada no gráfico é:

$$\int_0^{x_E} y_d \, dx - x_E y_E$$

$$\int_0^1 \left(\frac{8}{x+1} + 4 \right) dx - 1 \cdot 8$$

$$[8\ln|x+1| + 4x]_0^1 - 8 = (8\ln 2 + 4 - 8\ln 1) - 8 = 8\ln 2 - 4 \approx 1{,}55$$

Nesse exemplo, o "benefício maior" foi do consumidor ao comprar pelo preço de equilíbrio.

EXERCÍCIOS E PROBLEMAS PROPOSTOS

1. Considerando $L_{Mg}(x) = -3x^2 + 10x + 1\,000$ e $CF = 3\,000$, determine o lucro total máximo.

2. Sendo $L_{Mg}(x) = x^2 - 540x + 70\,400$ e $CF = 4\,920\,666{,}67$, calcule o lucro total máximo.

3. O que representa a área abaixo da curva no gráfico de L_{Mg}?

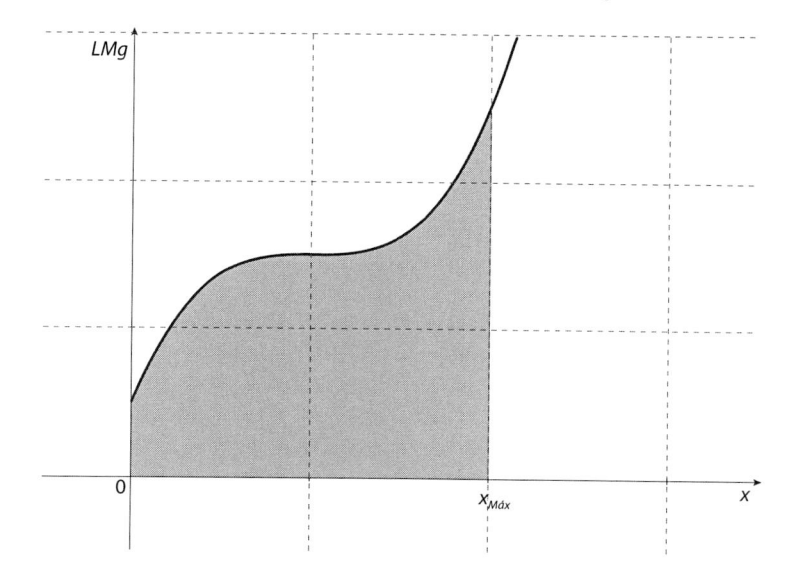

Capítulo 12 — Integral definida — 453

4. O gráfico a seguir representa a receita total (curva) e o custo total (reta) em relação à quantidade vendida de determinado produto. Calcule o lucro total máximo.

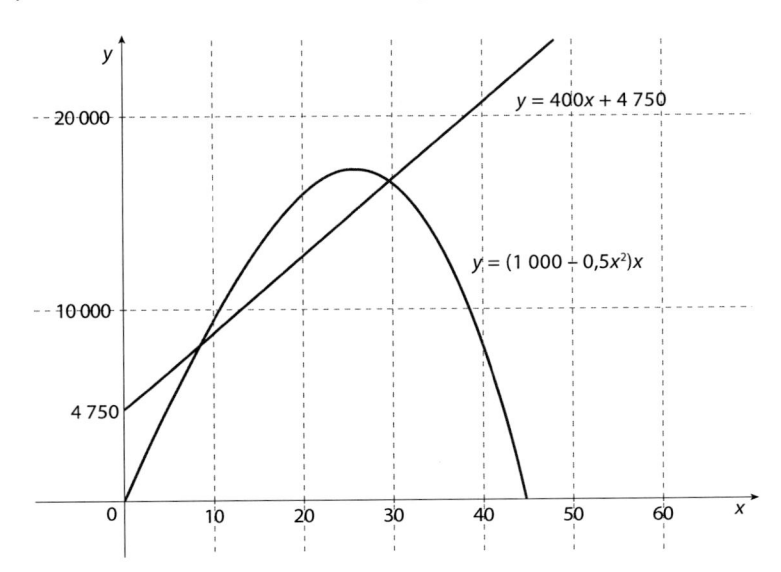

[Gráfico: $y = 400x + 4\,750$ (reta) e $y = (1\,000 - 0{,}5x^2)x$ (curva); eixo y com marcas em 4 750, 10 000 e 20 000; eixo x com marcas em 10, 20, 30, 40, 50, 60.]

5. Determine o excedente do consumidor e o excedente do produtor e represente-os graficamente, considerando as funções oferta e demanda a seguir:

a) $y = 6x + 100$ e $y = -9x + 400$

b) $y = \dfrac{1}{10}x + 15{,}80$ e $y = -\dfrac{1}{5}x + 56{,}90$

c) $y = 5x + 58$ e $y = -3x + 120$

d) $y = 2x^2 + 5$ e $y = \dfrac{4}{x+1} + 5$

e) $y = 4x^2 + 7$ e $y = -2x + 13$

TECNOLOGIA
Software Gráfico

Utilizando o *Winplot*, confira os resultados do exercício anterior e represente os excedentes do consumidor e do produtor. Escolha:

Dois − Integrações $(f(x) - g(x))dx$

Defina *lim inferior* e *lim superior*.

Clique em "visualizar".

Exercícios e problemas complementares

1. Considerando as funções oferta e demanda $y = \frac{1}{50}x + 30$ e $y = -\frac{1}{25}x + 48$, respectivamente, determine:
   a) o ponto de equilíbrio de mercado (PE);
   b) o excedente do produtor;
   c) o excedente do consumidor;
   d) e compare os resultados.

2. Observando o gráfico a seguir, determine:

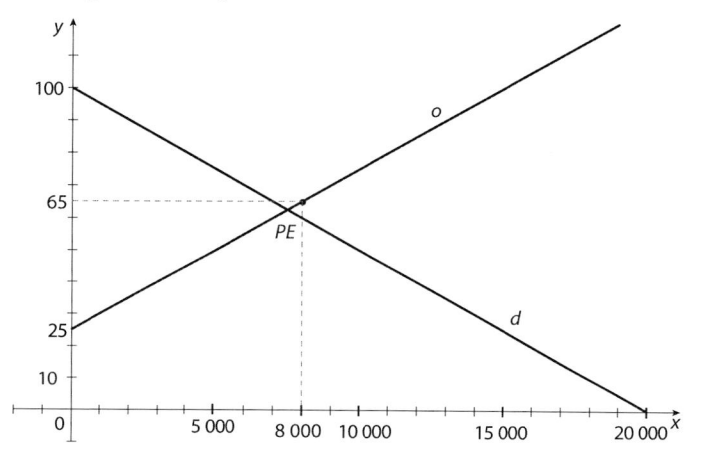

   a) o ponto de equilíbrio de mercado (PE);
   b) o excedente do produtor;
   c) o excedente do consumidor;
   d) e compare os resultados.

3. (ENC ECO) Dada a função de demanda $q = f(p)$, a variação do excedente do consumidor é definida pela área dada por $E(\overline{p}) = \int_{\overline{p}}^{p_0} f(p)dp$, onde p_0 é tal que $f(p_0) = 0$. Se $f(p) = -\frac{p}{3} + 12$ e $\overline{p} = 12$, então
   a) $E(12) < 36$
   b) $36 \leq E(12) < 42$
   c) $42 \leq E(12) < 48$
   d) $48 \leq E(12) < 54$
   e) $54 \leq E(12)$

REVISÃO ORIENTADA
Equação da circunferência

A equação da circunferência de centro (x_0, y_0) e raio r é
$$(x - x_0)^2 + (y - y_0)^2 = r^2$$

4. (UFF – adaptada) Toda medida de desigualdade é uma forma de agregar diferenças de renda entre toda a população em um indicador escalar. Um dos índices de desigualdade mais utilizado é o *coeficiente de Gini*. Sua construção é baseada numa curva denominada *curva de Lorenz*, a qual é obtida a partir da ordenação das pessoas segundo o seu nível de renda. As pessoas são dispostas de forma crescente com suas rendas.

A figura ao lado ilustra uma curva de Lorenz, relacionando a fração acumulada da renda (Φ) com a fração acumulada da população (p).

O *coeficiente de Gini* é definido como o *dobro* da área da região α limitada pela curva de Lorenz (a que forma um arco na figura) e a diagonal $\Phi = p$ do quadrado de vértices (0,0), (1,0), (1,1) e (0,1).

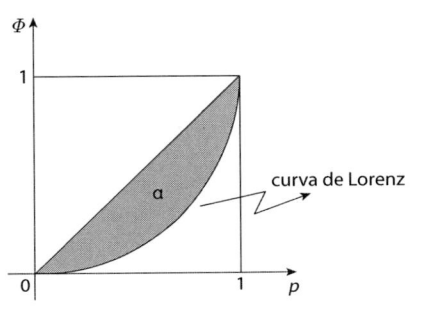

(Adaptado de <http://www.ipea.gov.br/005/00502001.jsp?ttCD_CHAVE=295>.)

Considerando que a curva de Lorenz na figura acima é o arco de círculo com centro no ponto (0, 1), que une os pontos (0,0) e (1,1), calcule o coeficiente de Gini.

5. (ENADE – C. ECONOMICAS) A função logarítmica $f(x) = \ln x$, para $x > 0$, pode descrever uma série de fenômenos em economia, como, por exemplo, a relação entre insumo e produto em uma tecnologia que empregue o insumo em quantias maiores que um.

Quanto às propriedades apresentadas por essa função, é correto afirmar que
a) a derivada de f é uma função crescente.
b) a função f nunca atinge um ponto de máximo no intervalo [1,100].
c) a inversa de f é uma função côncava.
d) o valor de $f(100)$ é a área por baixo da curva $\frac{1}{x}$ no intervalo [1,100].
e) vale a igualdade de $\int \ln x \, dx = e^x$, onde $e = 2,71828...$

NO MUNDO REAL

Rendimento cai no início da safra de cana
Mesmo com moagem maior, início de temporada apresenta produção total menor de açúcar e álcool, aponta Única
Chuva prejudica a maturação dos canaviais para a colheita; previsões apontam mais nebulosidade para os próximos meses

Gitânio Fortes
da redação

Chuvas além da conta vêm prejudicando o rendimento da lavoura neste início de safra no centro-sul do país. Levantamento da Única (União da Indústria de Cana-de-Açúcar) divulgado ontem mostra que, embora o volume de matéria-prima moída na região tenha crescido 5,19%, a quantidade de produtos obtidos por tonelada de cana processada (conhecida pela sigla ATR) recuou 6,02%. Resumo da ópera: a produção total de açúcar e álcool baixou 1,15%.

O levantamento da Única comparou o desempenho no centro-sul do início da colheita, em abril, até 1º de junho, em relação a igual período do ano passado. A produção de açúcar caiu 10,77%, para 3,273 milhões de toneladas. A de álcool, somando anidro e hidratado, cresceu 6,15%, para 3,217 bilhões de litros, o que reforça "o perfil alcooleiro", provocado pela demanda por veículos flex.

Em abril, a Única anunciou previsão de que o centro-sul produza 24,3 bilhões de litros de álcool em 2008/9, mais 19% ante 2007/8. De açúcar, devem ser 28,6 milhões de toneladas, 9% mais.

Com 84 novas usinas desde 2005, a nova oferta no setor desequilibrou o mercado, diz Antonio de Pádua Rodrigues, diretor-técnico da Única. A preferência pelo álcool se deve à possibilidade de "fazer caixa em curto prazo", afirma – algo essencial a empresas com capital de giro restrito.

As previsões para os próximos meses são de mais chuvas e nebulosidade na comparação com a safra passada, o que prejudica a maturação dos canaviais e conseqüentemente leva a rendimento menor. Apesar dos boletins meteorológicos, o mercado avalia ser cedo para cravar produtividade mais baixa para toda a safra.

Momento de pressão
A oferta de início de safra pressiona os preços. Ismael Perina Júnior, presidente da Orplana (Organização de Plantadores de Cana da Região Centro-Sul do Brasil), diz "até entender" as cotações do açúcar, mercado com "armazéns abarrotados". A saca de 50 kg está em R$ 26 em São Paulo. "Mas, para o álcool, não há perspectiva de muita sobra no final da safra. Há, sim, excesso de oferta neste momento."

Perina atribui as cotações retraídas para o álcool à "pressão forte dos distribuidores de combustíveis, que atuam no mercado de forma concentrada". Segundo a assessoria de comunicação do Sindicom (Sindicato Nacional das Empresas Distribuidoras de Combustíveis e de Lubrificantes), cada empresa tem sua estratégia comercial. Por isso, a entidade não se pronuncia especificamente sobre preços.

Para o Cepea (Centro de Estudos Avançados em Economia Aplicada), na semana passada, o preço médio à vista do álcool hidratado combustível pago às usinas ficou em R$ 0,6390 o litro.

Capítulo 12 — Integral definida

As cotações de açúcar e álcool desembocam em um preço de R$ 31 a tonelada para o produtor de cana, contra custo estimado em R$ 50.

Para Julio Maria Martins Borges, diretor-executivo da consultoria JOB, a gasolina funciona como estoque de segurança do mercado de álcool. "Se o preço supera 70% o da gasolina, o consumo migra."

Para o andamento da safra, a analista Renata Marconato, da MB Agro, destaca a evolução favorável do consumo, que tende a deixar o mercado mais ajustado. A Única relata que as vendas mensais ao mercado brasileiro superam 1,5 bilhão de litros, quando se soma o álcool hidratado ao anidro.

Marcos Escobar, consultor de gerenciamento de risco da FCStone, aponta para a expectativa de que o Brasil exporte até 5 bilhões de litros ao ano – 60% desse volume para os EUA, como complemento à estratégia norte-americana para o álcool de milho.

Manoel Bertone, secretário de Produção e Agroenergia do Ministério da Agricultura, concorda que os preços não remuneram, a exemplo do que ocorreu no ano passado. "É um comportamento de cotações típico de uma área em expansão." Segundo ele, a cadeia produtiva dispõe de uma câmara setorial de âmbito nacional que pode ser um fórum para "uma discussão estrutural do setor".

Apontado por Bertone como essencial para que o setor avance em planejamento financeiro, o mercado futuro do álcool ainda "não pegou", diz Arnaldo Corrêa, da assessoria Archer Consulting. O produto ainda não é considerado uma *commodity*. Há divergências sobre qualidade e tributação. O ideal é que mais países produzam álcool, até para mais transparência nos preços internacionais.

Fonte: *Folha de S. Paulo*, 17 jun. 2008.

Referências bibliográficas

Associação de Professores de Matemática – APM. Disponível em: <http://www.apm.pt/>.

ÁVILA, Geraldo. *Introdução às funções e à derivada.* São Paulo: Atual,1994.

BALDINO, Roberto R. O 'mundo-real' e o dia-a-dia na produção de significados matemáticos. *Boletim de Educação Matemática (Bolema)*, ano 11, n. 12, p. 1-11, Rio Claro: IGCE-Unesp, 1996.

_____. *Desenvolvimento de essências de cálculo infinitesimal.* Série Reflexão em Educação Matemática – Universidade Santa Úrsula. Rio de Janeiro: MEM/USU, 1998.

BICUDO, Irineu. Análise não-standard. *Bolema*, ano 7, n. 8, p. 60-67. Rio Claro: IGCE-Unesp, 1992.

BORBA, Marcelo C. Tecnologias informáticas na educação matemática e reorganização do pensamento. In: BICUDO, Maria A. (Org.). *Pesquisa em educação matemática:* concepções & perspectivas. Paulo: Unesp, 1999.

BOULOS, Paulo. *Cálculo diferencial e integral. v. 1.* São Paulo: Makron Books, 1999.

_____. *Pré-cálculo.* São Paulo: Makron Books, 1999.

BOYER, Carl B. *História da matemática.* São Paulo: Edgar Blücher, 1974.

_____. *Tópicos de história da matemática para uso em sala de aula; Cálculo – v. 6.* São Paulo: Atual, 1994.

BUSHAW, Donald et al. *Aplicações da matemática escolar.* Trad. Hygino H. Domingues. São Paulo: Atual, 1997.

CAJORI, Florian. *A history of mathematical notations.* Chicago: Open Court Pub. Co., 1928-1929.

CENTRO DE APERFEIÇOAMENTO DO ENSINO DE MATEMÁTICA – CAEM. Disponível em: <http://www.ime.usp.br/~caem/>.

CONSELHO NACIONAL DE EDUCAÇÃO. Diretrizes Curriculares Nacionais dos Cursos de Graduação em Administração, Ciências Contábeis, Ciências Econômicas. Disponível em: <http://portal.mec.gov.br/cne>.

CONSELHO NACIONAL DE EDUCAÇÃO MATEMÁTICA – NCTM – USA. Disponível em: <http://www.nctm.org/>.

COXFORD, Arthur F.; SHULTE, Albert P. (Org.). *As idéias da álgebra*. Trad. Hygino H. Domingues. São Paulo: Atual, 1994.

D'AMBROSIO, U. *Da realidade à ação:* reflexões sobre educação e matemática. Campinas: Unicamp, 1986.

DEVLIN, Keith. *The language of mathematics:* making the invisible visible. Nova York: W. H. Freeman and Company, 2000.

EATON, B. Curtis; EATON, Diane F. *Microeconomia*. São Paulo: Saraiva, 1999.

EXAME NACIONAL DE DESEMPENHO DE ESTUDANTES – ENADE. Disponível em: <http://www.inep.gov.br/superior/enade/ default.asp>.

FEIRA DE CIÊNCIAS. Disponível em: <http://www.feiradeciencias.com.br/>.

FOLHA DE S.PAULO. Disponível em: <http://www.folha.com.br/>.

FUNDAÇÃO LEMANN. Disponível em: <http://www.fundacaolemann.org.br/>.

FUNDO NACIONAL DE DESENVOLVIMENTO DA EDUCAÇÃO. Disponível em: <http://www.fnde.gov.br/>.

GARBI, Gilberto G. *O romance das equações algébricas*. São Paulo: Makron Books, 1997.

GAZETA MERCANTIL. Disponível em: <http://www.gazetamercantil.com.br/>.

GITMAN, Lawrence J. *Princípios de administração financeira*. 3. ed. São Paulo: Harbra, 1987.

GUIDORIZZI, Hamilton L. *Um curso de cálculo*. v. 1. São Paulo: LTC, 1987.

HEGENBERG, Leônidas. *Definições:* termos teóricos e significado. São Paulo: Cultrix/Editora da USP, 1974.

IEZZI, Gelson; MURAKAMI, Carlos. *Conjuntos e funções – Fundamentos da matemática elementar 1*. São Paulo: Atual, 1997.

IEZZI, Gelson; MURAKAMI, Carlos; MACHADO, Nílson J. *Limites, derivadas e noções de integral – Fundamentos da matemática elementar 8*. São Paulo: Atual, 1998.

IFRAH, Georges. *Os números:* história de uma grande invenção. 11. ed. Trad. Stella Maria de Freitas Senra. Rev. téc. Antonio José Lopes, Jorge José de Oliveira. São Paulo: Globo, 2005.

INSTITUTO DE GEOCIÊNCIAS E CIÊNCIAS EXATAS DA UNIVERSIDADE ESTADUAL PAULISTA – UNESP – RIO CLARO. Disponível em: <http://www.rc.unesp.br/>.

INSTITUTO DE MATEMÁTICA E ESTATÍSTICA – USP. Disponível em: <http://www.ime.usp.br/>.

KHAN ACADEMY. Disponível em: <http://www.khanacademy.org/>.

KNEALE, W.; KNEALE, M. *O desenvolvimento da lógica*. 3. ed. Trad. M. S. Lourenço. Lisboa: Fundação Calouste Gulbenkian, 1991.

LABORATÓRIO DE ENSINO DE MATEMÁTICA – IME – USP. Disponível em: <http://www.ime.usp.br/lem/>.

MACHADO, Nílson J. *Lógica, conjuntos e funções.* Coleção Matemática por assunto. São Paulo: Editora Scipione, 1988.

_____. *Noções de cálculo.* Coleção Matemática por assunto. São Paulo: Scipione, 1988.

_____. *Matemática e língua materna:* análise de uma impregnação mútua. São Paulo: Cortez, 1993.

_____. *Matemática e realidade.* São Paulo: Cortez, 1994.

_____. *Epistemologia e didática:* as concepções de conhecimento e inteligência e a prática docente. São Paulo: Cortez, 1996.

_____ *Educação:* projetos e valores. 5. ed. Coleção Ensaios Transversais. São Paulo: Escrituras Editora, 2004.

MAOR, Eli. e: a história de um número. Trad. Jorge Calife. 7. ed. Rio de Janeiro: Record, 2012.

MINISTÉRIO DA EDUCAÇÃO E CULTURA – MEC. Disponível em: <http://www.mec.gov.br/>.

O ESTADO DE SÃO PAULO. Disponível em: <http://www.estado.com.br/editorias/2008/02/28/>.

PENTEADO, Miriam G. Novos atores, novos cenários: discutindo a inserção dos computadores na profissão docente. In: BICUDO, Maria V. (Org.). *Pesquisa em educação matemática:* concepções & perspectivas. São Paulo: Editora Unesp, 1999.

POLYA, G. *A arte de resolver problemas.* São Paulo: Interciência, 1978.

QUESADA, José F. (Ed.). *Matemáticas y lenguajes:* perspectivas lógica, semiótica, social y computacional (edição bilíngue). Sevilha: Servicio de Publicaciones de la Saem Thales, 1998.

REVISTA CIÊNCIA HOJE. Disponível em: <http://www2.uol.com.br/cienciahoje/ch.htm>.

REVISTA PEQUENAS EMPRESAS & GRANDES NEGÓCIOS. Disponível em: <http://pegntv.globo.com/Pegn/0,6993,5013,00.html>.

REVISTA DO PROFESSOR DE MATEMÁTICA – RPM. Disponível em: <http://www.rpm.org.br/novo/home.htm>.

SECRETARIA DA EDUCAÇÃO DO ESTADO DE SÃO PAULO. Disponível em: <http://www.educacao.sp.gov.br/>.

SOCIEDADE BRASILEIRA DE EDUCAÇÃO MATEMÁTICA. *A educação matemática em revista.* SBM-SP.

_____. Disponível em: <http://www.sbem.com.br/index.php>.

SOCIEDADE BRASILEIRA DE MATEMÁTICA. *Revista do Professor de Matemática*. SBM-RJ.

_____. Disponível em: <http://www.sbm.org.br/nova/website/>.

UNIVERSITY OF TENNESSEE, KNOXVILLE. Disponível em: <http://archives.math.utk.edu/>.

VVAA. Coleção Fundamentos da Matemática Elementar. São Paulo: Atual, 1993.

WEBER, Jean E. *Matemática para Economia e Administração*. 2. ed. Trad. Seiji Hariki. São Paulo: Harbra, 1986.

Impressão e acabamento

psi7 | book7
psi7.com.br book7.com.br